Masnavi i Ma'navi

Vol.1 of 6

Maulana Jalalu-'d-din Muhammad i Rumi

Rumi

Rumi's Path Institute

Vancouver, BC CANADA

Mohammad Ramezani

www.rumispath.com info@rumispath.com

Educational Code: RPI-QM-002

Copyright © 2025 by Rumi's Path Institute.

All rights reserved. No part of this publication may be reproduced, distributed or transmitted in any form or by any means, including photocopying, recording, or other electronic or mechanical methods, without the prior written permission of the publisher, except in the case of brief quotations embodied in critical reviews and certain other noncommercial uses permitted by copyright law. For permission requests, write to the publisher, addressed "Attention: Permissions Coordinator," at the address below.

Published by: Rumi's Path Institute
Vancouver, BC **CANADA**
Email: Info@rumispath.com
www.rumispath.com

Ordering Information:

Quantity sales. Special discounts are available on quantity purchases by universities, schools, corporations, associations, and others. For details, contact the "Sales Department" at the above mentioned email address.

Masnavi i Ma'navi, **Maulana Jalalu-'d-din Muhammad i Rumi**, Vol.1 of 6, Ramezani, 1st ed.
ISBN 978-1-77899-039-7   Paperback
ISBN 978-1-77899-040-3   Hardcover

خویشتن آراسته از بهر او خود ورا پروای غیر دوست کو
آنچنان برگشته از اجلال حق کاندر اوهم ره نیابد آل حق(۱)
لایسع فینا نبی مرسل والملك والروح ایضاً فاعقلوا
گفت مازاغیم همچون زاغ نی مست صباغیم مست باغ نی
چونکه مخزنهای افلاك وعقول چون خسی آمد برچشم رسول
پس چه باشد مکه وشام وعراق که نماید او نبرد و اشتیاق
آن گمان بروی ضمیری بدکند کوقیاس ازجهل وحرص خودکند
زابگینه زرد چون سازی نقاب زرد بینی جمله نور آفتاب
بشکن آنشیشهٔ کبود و زرد را تا شناسی گرد را و مرد را
گِرد فارس گرد سر افراشته گرد را تو مرد حق پنداشته
گردديد ابلیس وگفت این فرع طین چون فزاید بر من آتش جبین
تا تو می بینی عزیزان را بشر دانکه میراث بلیس است آن نظر
گر نه فرزند بلیسی ای عنید پس بتومیراث آن سگ چون رسید
من نیم سگ شیرحقم حق پرست شیرحق آنست کز صورت برست
شیردنیا جوید اشکاری وبرگ شیر مولی جوید آزادیّ ومرگ
چونکه اندرمرگ بیند صدوجود همچو پروانه بسوزاند وجود
شد هوای مرگ طوق صادقان که جهودان را بُد اندم امتحان
در نُبی فرمود کایقوم یهود صادقان را مرگ باشد برگ وسود
همچنانکه آرزوی سود هست آرزوی مرگ بردن زان به است
ای جهودان بهر ناموس کسان بگذرانید این تمنا بر زبان
يك جهودی آنقدر زهره نداشت چون محمد این علم را برفراشت
گفت اگر رانید این را برزبان يك یهودی خود نماند در جهان
پس یهودان مال بردند وخراج که مکن مارا تو رسوا ای سراج
* جزیه پذرفتند و میبودند شاد همچنان والله اعلم بالرشاد
این سخن را نیست پایانی پدید دست با من ده چو چشمت دوست دید
* اندرآ درگلستان از مزبله چونکه درظلمت بدیدی مشغله
* بی توقف زودتر در نه قدم زین چهِ بی‌بن سوی باغ ارم
* هم نبردش گفت ازبهرخدا شرح کن این را که بپذیرم هلا

گفتن امیرالمؤمنین علیه السلام با قرین خود که چون خدو انداختی بر روی من نفس من جنبید و اخلاص عمل نماند مانع کشتن تو آن شد

گفت امیرالمؤمنین با آن جوان که بهنگام نبرد ای پهلوان
چون خدو انداختی برروی من نفس جنبید و تبه شد خوی من
نیم بهر حق شد و نیمی هوا شرکت اندرکار حق نبود روا
تو نگاریدهٔ کف مولیستی آنِ حقی کردهٔ من نیستی
نقش حق را هم بامر حق شکن بر زجاجهٔ دوست سنگ دوست زن
گبر این بشنید ونوری شد پدید در دل او تا که زنّارش برید
گفت من تخم جفا میکاشتم من ترا نوعی دیگر پنداشتم
تو ترازوی احد خو بودهٔ بل زبانهٔ هر ترازو بودهٔ
تو تبار واصل و خویشم بودهٔ تو فروغ شمع کیشم بودهٔ
من غلام آن چراغ شمع خو که چراغت روشنی پذرفت از او
من غلام موج آن دریای نور کو چنین گوهر درآرد درظهور
عرضه کن برمن شهادت را که من مر ترا دیدم سر افراز زمن
قرب پنجه کس زخویش وقوم او عاشقانه سوی دین کردند رو
او بتیغ حلم چندین خلق را واخرید ازتیغ چندین حلق را
تیغ حلم از تیغ آهن تیز تر بل زصد لشکر ظفر انگیزتر(۲)

خاتمهٔ دفتر اول مثنوی معنوی مولوی

ایدریغا لقمهٔ دو خورده شد جوشش فکرت ازآن افسرده شد
گندمی خورشید آدم را کسوف چون ذنب شعشاع بدری را خسوف
اینت لطف دل که از یکمشت گل ماه او چون میشود پروین گسل
نان چومعنی بودو خوردش سودبود چونکه صورت گشت انگیزدجحود
همچو خار سبز کاشتر میخورد زان خورش صدنفع ولذّت میبرد
چونکه آن سبزیش رفت وخشك گشت چون همانرا میخورد اشتر بدشت
میدراند کام و لنجش ای دریغ کان چنان ورد مربّی گشت تیغ
نان چومعنی بود بود آن خار سبز چونکه صورت شدکنون خشکست وگبز
توبدان عادت که اورا پیش ازین خورده بودی ای وجود نازنین
برهمان بومیخوری این خشك را بعد ازآن کامیخت معنی با ثری
گشت خاك آمیز وخشك وگوشت بر زان گیاه اکنون بپرهیز ای شتر
سخت خاك آلود می‌آید سخن آب تیره شد سر چه بند کن
تا خدایش باز صاف وخوش کند آنکه تیره کرد هم صافش کند
صبر آرد آرزو را نی شتاب صبر کن والله اعلم بالصواب

تمّ المجلد الاوّل من المثنویّ المعنوی

---

(۱) مقصود مقام فنای از فنا است که مظهر (کنت کنزاً مخفیاً) میباشد که چون آل حق بمقام بقاء بعد الفناء برگشته فعلا خبری از آن مقام احدّیت که مختص بخاتم (ص) است ندارند و الا در حدیث نبوی (لی مع الله وقت لایسعنی ملك مقرب ولا نبی مرسل) آل حق و ولی حق را استثنا نکرده لذا در کتب احادیث این قدریکه از آل حق و ائمهٔ هدی (ع) اظهار (نحن صفات الله العلیا و نحن اسماء الله الحسنی و امثالها) رسیده از خاتم انبیاء (ص) نرسیده چه او مظهر ذات است و آنها مظاهر اسماء و صفات که دون ذات است نه فوق خاتم (ص).

(۲) بدانکه جهت طبیعی آنکه در حکمت اخلاقی از مذهبی و فلسفی و عرفانی حلم را از صفات علم و زینت آن وعالم بی‌حلم را بمثل عالم بی عمل معرفی کرده‌اند برای چندین جهت است که اجمالا بعضی از آنها را تذکر میدهیم اول آنکه علم حقیقی که از نتائج تمرکز قوا و تنظیم افکار در عقلاء و علمای حقه بمثل علی (ع) یافت شده چون موجب اعمال جدی و عزم و اراده و استقامت و ثبات قدم (و عدم علاقهٔ بدنیا و اهل دنیا) میشده و خلق البته چون متنفر از اخلاق آنها شده و بالاخره محروم از استفاده از معلومات شهودی و فلسفی آنان میگردیدند لذا خالق بشر از علم حقیقی آنها صفت حلم را مشتق کرده تا ببرد باری آنان عموم خلایق بدون تکبر و تنفر استفاده نموده و متنبه بمقامات معنوی آنها شده و قلباً حاضر و راضی برای عمل بعلم الروح و تسلیم بمثل عمروابن عبدود برای علی (ع) بشوند پس بقول مولوی تیغ حلم بالاترین تیغها است که خداوند در قرآن از صفات خود شمرده (والله غفور حلیم والله غنی حلیم و کان الله علیماً حلیما) و دنیا را بحلم خود مهلت خانه تمام صاحبان اختیار قرار داده تاهرکسی با اختیار خود هرچه میخواهد ازصفات ممکنه تحصیل نماید.

اینك شرح مختصر دفتر اول بتوفیق الله تمام شد س ح ت

بقیهٔ قصه امیرالمؤمنین علی علیه السلام و مسامحت و اغماض کردن او با خونی خویش

گفت دشمن را همی بینم بچشم　روزوشب بروی ندارم هیچ خشم　۲　زانکه مرگم همچوجان خوش آمده‌است　مرگ من در بعث چنگ اندرزده‌است
مرگ بی مرگی بود ما را حلال　برگ بی برگی بود ما را نوال　۳　❀برگ بی برگی ترا چون برگ شد　جان باقی یافتی ومرگ شد(۱)
ظاهرش مرگ و بباطن زندگی　ظاهرش ابتر نهان پایندگی　۴　از رحم زادن جنین‌را رفتن‌است　درجهان اورا زنو بشکفتن است
❀آنکه مردن پیش جانش تهلکه‌است　حکم لاتلقوا نگیرد او بدست(۲)　۵　چون مراسوی اجل عشق وهواست　نهی لا تلقوا بایدیکم مراست
زانکه نهی از دانهٔ شیرین بود　تلخ را خود نهی حاجت کی شود　۶　دانهٔ کش تلخ باشد مغز وپوست　تلخی و مکروهیش خودنهی اوست
دانهٔ مردن مرا شیرین شده‌است　بل‌هم احیاء پی من آمده است　۷　اقتلونی یا ثقاتی لائماً　انّ فی قتلی حیوتی دائماً
انّ فی موتی حیوتی یا فتی　کم افارق موطنی حتی متی　۸　فرقتی لولم تکن فی‌ذا السکون　لم یقل انا الیه راجعون
راجع آن باشد که بازآید بشهر　سوی وحدت‌آید ازتفریق دهر　۹　❀این سخن‌پایان ندارد چا کرم　چون شنید این‌سر زسید گشت‌خم

افتادن رکابدار در پای امیرالمؤمنین علی علیه‌السلام که ای امیر مرا بکش و ازین بلیه برهان

باز آمد کای علی زودم بکش　تا نه بینم آندم و وقت ترش　۱۱　من حلالت میکنم خونم بریز　تا نه‌بیند چشم من آن رستخیز
گفتم ار هر ذرهٔ خونی شود　خنجر اندر کف بقصد تو بود　۱۲　یکسر مو از تو نتواند برید　چون قلم برتو چنان خطی‌کشید
لیك بی غم شو شفیع تو منم　خواجهٔ روحم نه مملوك تنم　۱۳　پیش من این تن ندارد قیمتی　بی تن خویشم فتی ابن الفتی
خنجر وشمشیر شد ریحان من　مرگ من‌شد بزم ونرگسدان من　۱۴　آنکه اوتن را بدینسان پی‌کند　حرص میری وخلافت کی‌کند(۳)
زان بظاهرکوشد اندرجاه وحکم　تا امیران را نماید راه وحکم　۱۵　❀ تا بیاراید بهر تن جامهٔ　تا نویسد او بهر کس نامهٔ
تا امیری را دهد جان دگر　تا دهد نخل خلافت را ثمر　۱۶　❀ میری‌اوبینی اندر آن جهان　فکرت پنهانیت گردد عیان
❀هین گمان بد مبر ای ذولباب　۱۷　با خود آ والله اعلم بالصواب

بیان آنکه فتح طلبیدن پیغمبر صلی‌الله علیه وآله درمکه وغیرها جهة دوستی ملك دنیا نبود چونکه فرمود الدنیا جیفة وطالبها کلاب

جهد پیغمبر بفتح مکه هم　کی بود در حبّ دنیا متهم　۲۰　آنکه او ازمخزن هفت آسمان　چشم ودل بربست روزامتحان(٤)
از پی نظاره اش حور جنان　کرده پر آفاق هر هفت آسمان　۲۱　❀قدسیان افتاده برخاك رهش　صد چویوسف اوفتاده در چهش

---

(۱) بدانکه مرگ ارادی فقط بقطع علاقه از دنیا حاصل نمیشود که بعضی گمان کرده اند چه بسیار از علاقه مندان بدنیا (که در حالت خواب ضیعی یا مصنوعی بوسیلهٔ مخدرات وغیره موقتاً طبعاً قطع علاقه عملی ازدنیا مینمایند) که فراموشی ازهمه چیز برای آنها نیزموقتاً حاصل میشود در حالتی که ابداً قدرت برمرگ ارادی ندارند پس مقصود از این مرگ که یگانه حیات ابدی و راحت سرمدی بآنست تحصیل تدریجی ملکهٔ جمع حواس و افکار و تمرکز تمام اراده‌های کوچك و بزرگ روحانی و جسمانی است که بهمت صاحبان همت و ارادهٔ قوی خود طالب بر ترك جمیع اراده های غیر اختیاری و جمیع آرزو ها و آمال مراتب هفتگانه روح انسانی، بریاضت تدریجی حاصل میشود که مولوی تعبیر به برگ بی برگی مطلق نموده چه از این بی برگی تمام آرزوهای نفس، صفای قلب پیدا شده علم بعلم شهودی باتصال معنوی بجان باقی عالم کبیر (که ظهور حیات ذاتی حق است) پیدا خواهد شد چه اتصال تکوینی بجان عالم کبیر همه اعضاء و اجزای عالم دارند و لکن هنر در تحصیل اتصال ارادی و اختیاری است که اگر ملکهٔ اتصال بعلم شهودی بواسطهٔ تمرکز یابد مصداق این بیت گردد (هرگز نمیرد آنکه دلش زنده‌شد بعشق ❀ ثبت است بر جریدهٔ عالم دوام او) و مقصود مولوی ازجان باقی این است . (۲) یعنی محجوبین از مشاهدهٔ ملکوت چون از زمان طفولیت بتمام حواس ظاهره و باطنه انس بدنیا وعادت بعلائق آن تدریجاً یافتند البته هیچ‌گاه بهلاکت وفنای دنیا راضی نمیشوند که نهی (لاتلقوا بایدیکم الی التهلکه) شامل حال آنان گردد پس این نهی قرآنی که حق فرموده که خود را در دنیا بهلاکت و فنای محض نیندازید فقط شامل اشخاصی میشود که تدریجاً قطع علاقه قلبی از همه چیز نموده و بتمرکز قوا انس تدریجی بملکوت یا بجذبه یکمرتبه اتصال بجان عالم کبیر بقسمی یافتند که هر ساعتی میل بتخلیه روح از بدن خود مینمایند کمااینکه از مرتاضین هند نقل شده که هرگاه ارادهٔ مردن میکنند یکدیگر را خبرکرده بمثل اشخاصیکه رو بسفر پر منفعتی میروند در گوشهٔ جمع شده پس رو بقبله جسمانی و روحانی خود خوابیده سپس باتمرکز اراده قوی باختیار خودرا میمیرانند و چون این قسم مردن (ولو آنکه بخوشی و باراده و اختیار جان میدهند) منافات با مصالح الهی دارد آیهٔ (لا تلقوا) در حق آنان نازل شده چه حکمت الهی چنین تقاضا نموده که باید ارواح بتوسط ابدان در حیات دنیا اگر ناقصند تکمیل شود و یا اگر کاملند سعهٔ وجودی یابند (بعلاوه آنکه باید دنیا بحیات اجتماعی آنها اداره و نیز ناقصین بآنها کامل و تربیت شوند) که مرگ را بر عامهٔ خلائق بقسمی تلخ قرار داده که هر کسی از مقدمات مرگ ترسیده و فرار مینماید و اما اشخاصی که بمثل (علی«ع») انس بمرگ بتوحید نفس و علاقه بملاقات خدای خود دارند (که فرموده انس من بمرگ از انس طفل به پستان مادرش زیادتر است) ونیز در وقت مرگ فرموده (فزت برب الکعبه) بنهی‌آیه (لاتلقوا الخ) آنهارا ازاقدام برمرگ ارادی خود ترسانیده بدلیل آنکه مولوی فرموده (زانکه نهی از دانهٔ شیرین بود) (۳) بدانکه دراین چند بیت‌مولوی میخواهد بفرمایدکه علی(ع) درعین آنکه ترك خلافت صوری را کرده خلافت معنوی را دارا بوده که علی (ع) باین‌ترك خلافت صوری مخصوصاً بمقتضای آیهٔ (لا اکراه فی‌الدین) خواسته باهل‌عالم بفهماند که حقیقت دین باید درتمام دنیا آزاد باشد تا هر کسی باختیار خود (که نتیجهٔ خلقت آدمی دردنیا همین دین اختیاری‌است) امتحان داده قبول یاردش بنمایند که مکررخودش فرموده من‌وصی پیغمبرم باینکه معارضه وجنگ با احدی نکنم و درخانه نشسته و دست روی دست بگذارم چه جنگهائیکه لازم بود پیغمبر کرده پس علی وصی آزاد گذاشتن مردم و دین آنها است والبته چون این وصایت را احدی غصب نکرده مولوی اظهار حسن ظن بخلفا هم مینماید. (٤) مقصود از مخزن خزائن اسماء وصفات خداست و مقصود از هفت آسمان (که بمعنی مطلق علو است) عوالم هفت‌گانه غیبیه عالم کبیر از برزخ ومثال و ملکوت جزئی و روح کلی و عقل کلی و فیض مقدس و اقدس است .

شب کند منسوخ شغل روز را — دان جمادی آن خرد افروز را ۱ باز شب منسوخ شد از نور روز — تاجمادی سوخت زان آتش فروز
گرچه ظلمت آمد آن نوم وسبات — نی درون ظلمت است آب حیات ۲ نی در آن ظلمت خردها تازه‌شد — سکتهٔ سرمایهٔ آوازه شد
که ز ضد ها ضدّ ها آید پدید — در سویدا روشنائی آفرید ۳ جنگ پیغمبر مدار صلح شد — صلح این آخرزمان زان جنگ بد
صد هزاران سربرید آن دلستان — تا امان یابد سر اهل جهان ٤ باغبان زان میبرد شاخ خضر — تا بیابد نخل قامتها و بر
میکند از باغ دانا آن حشیش — تا نماید باغ و میوه خرّمیش ٥ میکند دندان بد را آن طبیب — تارهد از درد و بیماری حبیب
بس زیادتها درون نقصهاست — مرشهیدان را حیات اندر فناست ٦ چون بریده گشت حلق رزق خوار — یرزقون فرحین شد خوشگوار
حلق حیوان چون بریده شد بعدل — حلق انسان رست وافزائید فضل ۷ حلق انسان چون ببرّد هین ببین — تاچه زاید کن قیاس آن براین
حلق ثالث زاید و تیمار او — شربت حق باشد و انوار او ۸ حلق ببریده خورد شربت ولی — حلق از لا رسته مرده در بلی
بس کن ای دون همت کوته بنان — تا کیت باشد حیات جان بنان ۹ زان نداری میوهٔ مانند بید — کابرو بردی بی نان سپید
گرندارد صبر زین نان جان حسّ — کیمیارا گیر و زرگردان تو مس ۱۰ جامه شوئی کرد خواهی ای فلان — رو مگردان از محلهٔ گازران
گرچه نان بشکست مر روزهٔ ترا — در شکسته بند پیچ و بر تر آ ۱۱ چون شکسته بند آمد دست او — پس رفو باشد یقین اشکست او
گر تو آنرا بشکنی گوید بیا — تو درستش کن نداری دست‌وپا ۱۲ پس شکستن حقّ او باشد که او — مر شکسته گشته را داند رفو
آنکه داند دوخت او داند درید — هرچه او بفروخت نیکوتر خرید ۱۳ ۞خانه‌را کندوچوجنت ساخت او — پست کرد و بر فلك افراخت او
خانه را ویران کند زیر و زبر — پس بیکساعت کند معمور تر ١٤ گر یکی سر را ببرد از بدن — صدهزاران سر برآرد در زمن
گر نفرمودی قصاصی بر جنات — یا نگفتی فی‌القصاص آمد حیات ۱٥ خود کرا زهره بدی تااو زخود — بر اسیر حکم حق تیغی زند
زانکه داندهرکه چشمش‌را گشود — کان کشنده سخرهٔ تقدیر بود (۱) ١٦ هرکه را آنحکم بر سر آمدی — بر سر فرزند خود تیغی زدی
رو بترس و طعنه‌کم زن بربدان — پیش دام حکم عجز خود بدان ۱۷ ۞پیش‌حکم حق بنه‌گردن زجان — تسخر وطعنه مزن بر گمرهان

تعجب‌کردن آدم از فعل ابلیس و عذر آوردن و توبه‌کردن

روزی آدم بربلیسی‌کو شقی است — از حقارت وز زیافت بنگریست ۱۹ خویش‌بینی‌کرد و آمد خودگزین — خنده زد بر کار ابلیس لعین
بانگ برزد غیرت حق‌کی صفیّ — تو نمیدانی ز اسرار خفی ۲۰ پوستین را بازگونه گر کند — کوه را ازبیخ و از بن برکند
پردهٔ صد آدم آن دم بر درد — صد بلیس نو مسلمان آورد ۲۱ گفت آدم توبه‌کردم زین نظر — این چنین گستاخ نندیشم دگر
۞ یارب‌این‌جرأت زبنده عفوکن — توبه‌کردم می نگیرم زین سخن ۲۲ یا غیاث المستغیثین اهدنا — لا افتخار بالعلوم و الغنی
لاتزغ قلباً هدیت بالکرم — واصرف السوء الذی خطّ القلم ۲۳ بگذران از جان ما سوءالقضا — وامبر ما را ز اخوان الصفا
۞ایخدا ایفضل تو حاجت روا — با تو یاد هیچکس نبودُ روا ٢٤ تلخ‌تر ازفرقت تو هیچ نیست — بی پناهت غیر پیچا پیچ نیست
رخت ماهم رخت مارا راهزن — جسم ما مرجان مارا جامه کن ۲٥ دست ماچون پای مارا میخورد — بی امان توکسی چون جان برد
وربرد جان زین‌خطرهای عظیم — برده باشد مایهٔ ادبار و بیم ۲٦ زانکه جان‌چون واصل‌جانان‌نبود — تا ابد با خویش کورست و کبود
جون‌توندهی‌راه جان‌خود برده‌گیر — جان‌که بی‌تو زنده باشد مرده‌گیر ۲۷ گر تو طعنه میزنی بر بندگان — مر ترا آن میرسد ای کامران
ور تو ماه ومهر را گوئی جفا — ور تو قدّ سرو را گوئی دوتا ۲۸ ورتو چرخ وعرش‌را گوئی‌حقیر — ور توکان و بحر را گوئی فقیر
آن بنسبت با کمال تو رواست — ملك واقبال و غنا ها مرتراست ۲۹ که تو پاکی ازخطر وز نیستی — نیستانرا موجد و مغنیستی
آنکه رویانید تاند سوختن — وانکه بدریده است داند دوختن ۳۰ می بسوزد هرخزان مرباغ را — باز رویاند گل صباغ را
کای بسوزیده برون آ تازه شو — باردیگر خوب وخوش آوازه شو ۳۱ چشم نرگس‌کورشد بازش بساخت — حلق نی‌ببرید وبازش‌خود نواخت
ما چو مصنوعیم وصانع نیستیم — جز زبون و جزکه قانع نیستیم ۳۲ ما همه نفسی و نفسی میزنیم — گر نخواهی ما همه اهریمنیم
زان ز اهریمن رهیدستیم ما — که خریدی جان مارا از عمی ۳۳ توعصا کش هرکه را کەزندگیست — بی‌عصا و بی‌عصا کش کور چیست
غیرتوهرچه‌خوش‌است‌وناخوشست — آدمی سوزاست و عین آتشست ۳٤ هرکه را آتش پناه و پشت شد — هم مجوسی‌گشت وهم‌زردشت شد
کل شیئی ما خلا الله باطل — ان فضل الله غیم هاطل ۳٥ باز رو سوی علیّ و خونیش — وان‌کرم با خونی و افزونیش

---

(۱) بدانکه تمام اسرار قضا و قدر را از خلقت اشرار و مصالح آن اگر از مثال ذیل فهمیدید تمام ابیات این فصل را راجع باین موضوع خواهید دانست مثلا اگر پدر کشته بدون قصد قصاص قاتل پدر خودرا بقصد رزالت و عادت بآدم کشی کشت بدون آنکه او را بشناسد که یك وقتی قاتل پدرش بوده اگر چه حکم تقدیر قضا و قدر را بدون قصد قصاص اجرا کرده ولکن صوابی از این اجرا چون بقصد قصاص نکرده نخواهد برد پس کما اینکه این عمل اگر چه نسبت بخدا قصاص و حکمت لازمهٔ نظام عالم و آلت حق است و لکن نسبت بقصد بد مجری عمل معصیت و خودش مورد ملامت و قصاص است لذا در یکی از احادیث معصومین وارد است که اگر سرّ قدر برهمهٔ خلائق آشکار میشد احدی احدی‌را ملامت نمیکرد چه (جهان چون چشم وخال و زلف وابروست۞ که هرچیزی بجای خویش نیکوست) بمثل آنکه همانطور که شر نسبت بخیر شراست خیرهم نسبت بشر شراست پس هرکه برای خود خیر ونسبت بدیگری ضد وشراست پس ملامت شرعی و قانونی اشرار یکی برای همین محجوبیت اسرار قضا و قدر و مصالح الهی است که مولوی ذیلا تعبیر به پوستین واژگونه که بمعنی طبع و طبیعت وارونه است نموده و دیگری برای عدم نیات خیریه است که چون بمقاصد خود خواهی اجرای احکام قضا و قدر را نمودند عقلاً و وجداناً مسئول شدند یعنی ولو آنکه رفع حجاب میشد باز مأمور باجرای عین همین اعمال خودشان مطلقا میشدند ولکن البته بعد از رفع حجاب بمقاصد الهی اجرا میشد نه نفسانی خلاصه پس اگر آدم صفی بمثل علی نظر بدشمن خود شیطان کرده و میگفت (آلت حقی و فاعل دست حق الخ) مورد ملامت الهی واقع نمیشد که در این فصل مولوی این مطلب را بیان نموده .

دفتر اول — صفحه هفتاد و چهارم

❁ باد کبر و باد عجب و باد خلم   برد او را که نبود از اهل علم   ۱   کوهم و هستیّ من بنیاد اوست   ور شوم چون کاه بادم باد اوست
جز بباد او نجنبد میل من   نیست جز عشق احد سرخیل من   ۲   خشم بر شاهان شه و مارا غلام   خشم را من بسته‌ام زیر لگام
تیغ حلمم گردن خشمم زده است   خشم‌حق برمن‌چو رحمت‌آمده‌است   ۳   غرق نورم گرچه سقفم‌شد خراب   روضه گشتم گرچه هستم بوتراب
چون در آمد علتی اندر غزا   تیغ را دیدم نهان کردن سزا   ۴   تا اَحب لله آید نام من   تاکه ابغض لله آید کام من
تاکه اعطا لله آید جود من   تاکه امسك لله آید بود من   ۵   بخل من لله عطا لله و بس   جمله لله‌ام نیم من آن کس
و آنچه لله میکنم تقلید نیست   نیست تخییل وگمان جز دیدنیست   ۶   ز اجتهاد و از تحرّی رسته‌ام   آستین بر دامن حق بسته‌ام
گر همی پرّم همی بینم مطار   ور همی گردم همی بینم مدار   ۷   ور کشم باری بدانم تا کجا   ماهم و خورشید پیشم پیشوا
بیش‌ازاین‌باخلق گفتن‌روی نیست   بحر را گنجائی اندر جوی‌نیست   ۸   پست میگویم باندازهٔ عقول   عیب نبود این بود کار رسول
ازغرض حرّم گواهی حرّ شنو   که گواهی بندگان نرزد دوجو   ۹   در شریعت مر گواهی بنده را   نیست قدری وقت دعوی و قضا
گر هزاران بنده باشندت گواه   شرع نپذیرد گواهیشان بکاه   ۱۰   بندهٔ شهوت بتر نزدیك حق   از غلام و بندگان مسترق
کاین بیك‌لفظی شود ازخواجه‌حرّ   وآن زید شیرین ومیرد سخت مُر   ۱۱   بندهٔ شهوت ندارد خود خلاص   جز بفضل ایزد و انعام خاص
درچهی افتادگان را غور نیست   وان گناه اوست جبر وجورنیست   ۱۲   در چهی انداخت اوخودرا که من   در خور قعرش نمی یابم رسن
❁ چون گناه‌اوست‌ای‌جان‌چون‌کنم   که ورا از قعر چه بیرون کنم   ۱۳   بس‌کنم‌گر این سخن افزون‌شود   خود جگر چبود که‌خاراخون شود
این‌جگرها خون نشدازسختی‌است   غفلت و مشغولی و بدبختی است   ۱۴   خون‌شودروزی که‌خونش‌سودنیست   خون‌شوآنوقتی‌که خون‌مردودنیست
چون گواهی بندگان مقبول‌نیست   عدل اوباشد که بنده غول نیست   ۱۵   گفت ارسلناك شاهد در نذر   زانکه‌شد از کون اوحرّ بن حرّ
چونکه حرّم خشم کی بندد مرا   نیست آنجا جز صفات حق درا   ۱۶   اندرا کازاد کردت لطف حق   زانکه‌رحمت داشت‌برخشمش‌سبق
اندرآ اکنون که رستی ازخطر   سنگ بودی کیمیا کردت گهر   ۱۷   رستهٔ از کفر و خارستان او   چون گلی بشکفته در بستان هو
تو منیّ ومن تو با تو من خوشم   توعلی بودی علی را چون کشم   ۱۸   معصیت کردی به از هر طاعتی   آسمان پیمودهٔ در ساعتی(۱)
بس خجسته معصیت‌کان مرد کرد   نی ز خاری بردمد اوراق ورد   ۱۹   نی عمر را قصد آزار رسول   میکشیدش تا بدرگاه قبول
نی بسحر ساحران فرعونشان   میکشید و گشت دولت عونشان   ۲۰   گر نبودی سحرشان و آن جحود   کی کشیدیشان بفرعون عنود
کی بدیدندی عصا و معجزات   معصیت طاعت شد ای‌قوم‌عُصات   ۲۱   ناامیدی را خدا گردن زدست   چون گنه مانند طاعت آمدست
چون مبدل میکند او سیآت   عین طاعت‌میکندرغم‌و ُشات(۲)   ۲۲   زین شود مرجوم شیطان رجیم   واز حسد او بطرقد گردد دو نیم
او بکوشد تاگناهی آورد   زان گنه ما را بچاهی آورد   ۲۳   چون ببیند کان گنه شد طاعتی   گردد او را نامبارك ساعتی
اندرآ من در گشادم مر ترا   تُف زدی وتحفه دادم مرترا(۳)   ۲۴   چون جفاگر را چنینها میدهم   پیش پای چپ ز جان سر مینهم
پس وفاگر را چه بخشم تو بدان   گنجها و ملکهای جاودان   ۲۵   ❁ جاودانه پادشاهی بخشمش   آنچه اندر وهم ناید بدهمش
من چنان‌مردم که برخونیّ خوبش   ۲۶   نوش لطف من‌نشد در قهر نیش

گفتن پیغمبر بگوش رکابدار امیرالمؤمنین علی(ع) که هر آینه کشتن علی بدست تو خواهد بود

گفت پیغمبر بگوش چاکرم   کو بُرد روزی ز گردن این سرم   ۲۸   کردآگه آن‌رسول‌ازوحی دوست   که هلاکم عاقبت بر دست اوست
اوهمی گوید بکش پیشین مرا   تا نیاید از من این منکر خطا   ۲۹   من همیگویم چو مرگ من‌زتست   با قضا من چون توانم حیله‌جست
اوهمی افتد به پیشم کای کریم   مر مراکن از برای حق دو نیم   ۳۰   تا نیاید بر من این انجام بد   تا نسوزد جان من برجان خود
من همیگویم برو جفّ القلم   زان قلم بس سرنگون گردد علم   ۳۱   هیچ بغضی نیست در جانم ز تو   زانکه این را من نمیدانم ز تو
آلت حقی تو فاعل دست حق   چون زنم برآلت حقّ طعن ودق   ۳۲   گفت‌اوپس‌این قصاص‌ازبهرچیست   گفت‌هم ازحقّ وآن سِرّ خفیست
گر کند برفعل خود او اعتراض   ز اعتراض خود برویاند ریاض   ۳۳   اعتراض او را رسد برفعل خود   زانکه‌درقهر است درلطف اواحد
اندر این شهرحوادث میر اوست   در ممالك مالك تدبیر اوست   ۳۴   آلت خود را اگر او بشکند   آن شکسته گشته را نیکو کند
رمز ننسخ آیة اوننسها   نات خیراً درعقب میدان مها(٤)   ۳۵   هر شریعت را که‌حق منسوخ‌کرد   اوگیا برد و عوض آورد ورد

---

(۱) بدانکه معصیت اهل حق چون بقصد فرمان بردن حق است خصوصاً که بر خلاف نفس باشد از هر طاعتی که مخصوصاً موافق عادات و نفس باشد بهتر بلکه روح همهٔ عبادات ظاهره و باطنه است. (۲) بدانکه تبدیل تمام سیئات که مفاد جمع مضاف در آیهٔ تبدیل است بحسنات ممکن نیست الا به‌پیوند ولایت‌علی که بجمع حواس نشووارتقا نموده وتمام تلخیهای‌درخت وجود آدمی‌را تبدیل بشیرینی معارف بمحض عبور از پیوند مینماید اگر قویاً گرفته باشد و الا محو بدون تبدیل یا تکفیر بدون محو یا غفران بدون تکفیر بعضی یا همه سیئات میشود و الا با تفرقهٔ حواس در خبط اعمال معذّب بعذاب خواهد شد (۳) بدانکه جزای دشمن‌را باحسن دادن بغیر از مانند علی شخصی از همه کس و در همه جا مطلوب نیست الا آنکه تحفه را از علی بدشمن خود اضافی معنا نمائیم کما قال الله تعالی (ادفع بالتیّ هی احسن السیئه) که مخاطب محمد و مجزی علی است یعنی اشخاصیکه هنوز مغلوب نفس هستند جزای احسن آنها نسبت بدشمن خود خود داری از زیادی مکافات است که طبعاً چون میل بزیاده دارند باید خود داری کرده بقصد قصاص و اجرای حکم بمقتضای آیهٔ (ان عاقبتم فعاقبوا بمثل ما عوقبتم) معاقبه نمایند و اشخاصیکه بملکه تمرکز خیالات و ارادات قدرت برکظم غیظ دارند جزای احسن آنها کظم غیظ و حلم و کوشش کردن برپا کی دل خود از دشمن وعفو وصفح است و اشخاصیکه قدرت بر احسان بمثل علی بر دشمن خود دارند باید احسان باحسن یعنی (ولو بصورت قصاص باشد) بنمایند تا موجب طغیان دشمن و احساس تملق از احسان و تحفه علی نکرده خود را حق و طرف را باطل نداند و الا بمقتضای آیهٔ فوق الذکر جزای باحسن نخواهد بود. (٤) اشاره بقانون نشو و ارتقاء است که طبیعت بزرگ بمثل خدا حق دارد که برای قصد تکمیل طبیعت بزرگتری و برای حفظ نظام عالم، طبایع ضعیفه را قربانی حفظ نظام عالم بنماید و این یگانه علت ریاضت مرتاضین است که قوای حیوانیه و بدنیه خود را بریاضت درهم می شکنند تا زمام نفس‌دست‌آمده و مطیع عقل گردد

گفت بر من تیغ تیز افراشتی — از چه افکندی مرا بگذاشتی
آن چه دیدی بهتر از پیکار من — تا شدی تو سست در اشکار من
آنچه دیدی کهچنین خشمت نشست — تا چنان برقی نمود و باز جست
آن چه دیدی که مرا زان عکس دید — در دل و جان شعلهٔ آمد پدید
آنچه دیدی برتر از کون ومکان — که به از جان بود وبخشیدیم جان
در شجاعت شیر ربّانیستی — در مروت خود که داند کیستی
در مروّت ابر موسائی به تیه — کامدازوی خوان ونان بی‌شبیه(۱)
ابرها گندم دهد کانرا بجهد — پخته وشیرین کند مردم چو شهد
ابر موسیٰ پرّ رحمت بر گشاد — پخته و شیرین وبی زحمت بداد
از برای پخته خواران کرم — رحمتش افراخت در عالم علم
تاچهل سال آن وظیفه وآن عطا — کم نشد یك روز از آن اهل‌رجا
تاهم ایشان از خسیسی خاستند — گندنا و ترّه و خس خواستند
٭جملگی گفتند با موسی زآز — بقل و قثاء و عدس سیر و پیاز
٭زان‌گدا روئیّ وحرص‌وآزشان — منقطع شد منّ وسلوی زآسمان
امّت احمد که هستند از کرام — هست باقی تا قیامت آن طعام
چون ابیت عند ربّی فاش شد — یطعم‌ویسقی کنایت‌زاش شد(۲)
هیچ بی تأویل این را در پذیر — تادرآید در گلوچون شهد وشیر
زانکه تأویل است واداد عطا — چونکه بیند آن حقیقت را خطا
آن خطادیدن زضعف عقل‌اوست — عقل کل‌مغز است وعقل‌جزوپوست
خویش را تأویل کن نه اخبار را — مغز را بد گوی نی گلزار را
ای علی که جمله عقل و دیدهٔ — شمهٔ وا گو از آنچه دیدهٔ(۳)
تیغ حلمت جان ما را چاك کرد — آب علمت خاك ما را پاك کرد
بازگو دانم که این اسرارهوست — زانکه بی‌شمشیر کشتن کاراوست
صانع بی آلت و بی جارحه — واهب این هدیهای رابحه
٭صد هزاران میچشاند روح را — که خبر نبود دهان را ای فتی
صد هزاران روح بخشدهوش را — که خبر نبود دو چشم وگوش را
بازگو ای‌باز عرش خوش‌شکار — تاچه دیدی این زمان ازکردگار
چشم تو ادراك غیب آموخته — چشمهای حاضران بر دوخته
آن یکی ماهی همی بیند عیان — وان یکی تاریك می بیند جهان
وان یکی سه ماه می بیند بهم — این سه‌کس‌بنشسته یك‌موضع‌نعم(۴)
چشم هرسه بازو گوش هرسه تیز — در تو آویزان و از من درگریز
سحرعین‌است‌این‌عجب‌لطف‌خفیست — بر تو نقش‌گرگ‌وبرمن‌یوسفی‌است
عالم ارهزده هزار است‌وفزون — هرنظر را نیست این هزده زبون
راز بگشا ای علیّ مرتضی — ای پس سوء القضا حسن القضا
یا تو واگو آنچه عقلت یافته است — یا بگویم آنچه بر من تافته است
٭ازتوبرمن‌تافت چون‌داری‌نهان — میفشانی نور چون مه بی زبان
از توبرمن تافت پنهان چون‌کنی — بی زبان چون ماه پرتو میزنی
لیك اگر درگفت آید قرص ماه — شب روان را زودتر آرد براه
از غلط ایمن شوند و از ذهول — بانگ مه‌غالب شود بر بانگ غول
ماه بی گفتن چو باشد رهنما — چون بگوید شد ضیا اندر ضیا
چون تو بابی آن مدینهٔ علم را — چون شعاعی آفتاب حلم را
باز باش ای باب بر جویای باب — تارسد از تو قشور اندر لباب
باز باش ای باب رحمت تاابد — بارگاه ماله کفواً احد
هر هوا و ذرّه خود منظریست — ناگشاده کی گود آنجا دریست
تا بنگشاید دری را دیدبان — در درون هرگز نگنجد این‌گمان
چون گشاده‌شد دری حیران‌شود — مرغ اومید و طمع پرّان شود
غافلی ناگه بویران گنج یافت — سوی هرویرانه زان پس‌میشتافت
تا ز درویشی نیابی تو گهر — کی گهر جوئی ز درویشی دگر
سالها گر ظن دود باپای‌خویش — نگذرد ز اشکاف بینیهای‌خویش
تابینی نایدت از غیب بو — غیر بینی هیچ می بینی بگو

سؤال کردن آن کافر از آن حضرت که چون بر من ظفر یافتی چرا از قتل من اعراض فرمودی و مرا نکشتی

پس بگفت آن نو مسلمان ولی — از سر مستی و لذّت با علی
که بفرما یا امیرالمؤمنین — تا بجنبد جان بتن درچون جنین
هفت اختر هر جنین را مدتی — میکند ای جان بنوبت خدمتی
چونکه‌وقت آیدکه جان گیردجنین — آفتابش آن زمان گردد معین
چون جنین را نوبت تدبیر رو — از ستاره سوی خورشید آید او
این جنین درجنبش آید ز آفتاب — کافتابش جان همی بخشد شتاب
از دگر انجم بجز نقشی نیافت — این جنین تا آفتابش بر تافت
از کدامین ره تعلق یافت او — در رحم با آفتاب خوب رو
از ره پنهان‌که دور از حسّ‌ماست — آفتاب چرخ را بس راههاست
آن رهی که زر بیابد قوت ازو — وان‌رهی که سنگ‌شد یاقوت ازو
آن رهی که سرخ سازد لعل را — وآن‌رهی که برق بخشد نعل را
آن رهی که پخته سازد میوه را — وان رهی که دل دهدکالیوه را
بازگو ای باز پر افروخته — با شه و باساعدش آموخته
بازگو ای باز عنقا گیر شاه — ای سپاه اشکن بخود نی با سپاه
امت وحدی یکیّ وصد هزار — بازگو ای بنده بازت را شکار
درمحلّ قهر این رحمت زچیست — اژدها را دست دادن راه کیست

جواب گفتن امیرالمؤمنین که سبب افکندن شمشیر چه بود در آن حالت

گفت من تیغ از پی حق میزنم — بندهٔ حقم نه مأمور تنم
شیر حقّم نیستم شیر هوا — فعل من بر دین من باشد گوا
من چو تیغم و آن زننده آفتاب — ما رمیتَ اذ رمیتُ در حراب
رخت خودرا من ز ره برداشتم — غیر حق را من عدم انگاشتم
من چو تیغم پرگهر های وصال — زنده گردانم نه کشته در قتال
سایه‌ام من کدخدایم آفتاب — حاجبم من نیستم‌او راحجاب(۵)
خون نپوشد گوهر تیغ مرا — باد از جاکی برد میغ مرا
که نیم کوهم ز صبر وحلم و داد — کوه را کی در رباید تند باد
آنکه‌ازبادی رود ازجاخسی است — زانکه باد ناموافق خودبسی‌است
باد خشم و باد شهوت باد آز — برد او را که نبود اهل نیاز

---

(۱) مقصود از تیه وادی اوّل از هفت وادی سلاك‌است‌که ممکن است تا چهل سال در وادی تفرقهٔ حواس بمثل بنی اسرائیل سرگردان بماند ولو علامهٔ دهر باشد تا تدریجاً بولایت علی جمع حواس کرده بارض مقدس توحید نفس برسد . (۲) یعنی بواسطهٔ سعهٔ وجودی طعامهای الهی را که همه در روز قیامت میخورند من درشب دنیای ظلمانی خورده ومقام عندیّت‌را دریافتم که تعبیر به بیتوته نموده والا (لیس‌عند ربنا صباح ولامساء) مخفی نماند که مقصود از این طعام معنویات است که منافی با روزهٔ وصال نیست ؛ (۳) اشاره بحدیث علوی است که فرمود (لم اعبدربّاً لم‌اره) (٤) مقصود از سما دیدن ماه وحدت در کثرت و ماه کثرت در وحدت و ماه معتدل است که علی در حق چشم خود این‌سه مرتبه را فرموده (مارأیتُ شیئاً الا و رأیتُ‌الله قبله وبعده ومعه) (٥) اگر بگوئی که خود علی درخطبهٔ فرموده منم حجاب اعظم خدا جواب آنستکه درون خانه از ماورای حجاب محجوب است نه از خود حجاب و این رتبهٔ حاجب است که مولوی اشاره کرده

Maulana Jalalu-'d-din Muhammad i Rumi

آن جلود وآن عظام ریخته　فارسان گشته غبار انگیخته
حمله آرند از عدم سوی وجود　در قیامت هم شکوروهم کنود
سرچه می پیچی کنون نادیدهٔ　در عدم ز اول نه سر پیچیدهٔ
در عدم افشرده بودی پای‌خویش　که مرا که برکند از جای‌خویش
می نبینی صنع ربانیت را　چون کشید او موی پیشانیت را
تاکشیدت اندر این انواع حال　که نبودت در گمان و در خیال
آن عدم اورا هماره بنده است　کارکن دیوا سلیمان زنده‌است(۱)
دیو میسازد جفان کالجواب　زهره نی تا دفع گوید یا جواب
خویش رابین‌چون‌همی‌لرزی زبیم　مر عدم‌را نیز لرزان بین مقیم
ور تو دست اندر مناصب میزنی　هم ز ترست آنکه جانی میکنی
هرچه جز عشق‌خدای‌احسن‌است　گرشکرخواریست‌آن‌جان کندنست
چیست‌جان‌کندن سوی‌مرگ‌آمدن　دست در آب حیاتی نا زدن
خلق را دو دیده در خاك ممات　صد گمان دارند در آب حیات
جهد کن تا صد گمان گردد نود　شب برو ورنه بخسبی شب رود
در شب تاریك جو آن روز را　پیش کن آن عقل ظلمت سوزرا
درشب بدرنگ بس نیکی بود　آب حیوان جفت تاریکی بود
سر ز خفتن کی توان برداشتن　باچنین خشخاش غفلت کاشتن
خواب مرده لقمه مرده یار شد　خواجه خفت و دزد شب‌درکارشد
تو نمیدانی که خصمانت کیند　ناریان خصم وجود خاکیند
نار خصم آب و فرزندان اوست　همچنانکه آب خصم جان اوست
آب آتش را کشد زیرا که او　خصم فرزندان آبست و عدو
بعداز آن این نار نار شهوتست　کاندر او اصل گناه وزلت است
※ نار بیرونی بآبی بفسرد　نار شهوت تا بدوزخ میبرد
※ نار شهوت می نیارامد بآب　زانکه دارد طبع دوزخ در عذاب
نار شهوت را چه چاره نور دین　نور کم اطفاء نار الکافرین
چه کشد این نار را نور خدا　نور ابراهیم را ساز اوستا
تا ز نار نفس چون نمرود تو　وارهد این جسم همچون‌عود تو
※ نار پاکان‌را ندارد خودزیان　کی ز خاشاکی شود دریا نهان
※هرکه تریاق خدائی رابخورد　گر خورد زهری مگویش‌که بمرد
※خود کند رنجور را رنجورتر　وانکه معمور است ازاو معمورتر
※گر طبیبت‌گوید ای رنجور زار　از عسل پرهیز کن هین هوشدار
گرجوابش گوئی ازجهل ای‌سقیم　که چرا تو میخوری بی‌ترس وبیم
گویدت در دل حکیم نکته دان　کج قیاسی کردهٔ چون ابلهان
آب چشمه‌بین ز ریزش شدفزون　آب خم‌بین‌که زخوردن شد نگون
در تو علت میفروزد همچو نار　هین مکن با نار هیزم را تو یار
※زین دوآتش‌خانه‌اتویران شود　قالب زنده از آن بیجان شود
※درمن‌ارناریست‌هست‌آن‌همچونور　نار صحت در تن افزاید سرور
※نارصحت چون فروزد دروجود　بیزبان زوتن برد صدگونه سود
شهوت ناری براندن کم نشد　آن بماندن کم شود بی هیچ بد
تا که هیزم مینهی بر آتشی　کی بمیرد آتش از هیزم کشی
چونکه هیزم باز گیری نار مرد　زانکه تقوی آب‌سوی نار برد
کی سیه گردد بآتش روی خوب　کو نهد گلگونه از تقوی‌القلوب

آتش افتادن در شهر در ایام عمر

آتشی افتاد در عهد عمر　همچوچوب خشک‌میخورد اوحجر
در فتاد اندر بنا و خانها　تا زد اندر پرّ مرغ و لانها
نیم شهر از شعلها آتش گرفت　آب میترسید از آن و میشکفت
مشکهای آب و سرکه میزدند　بر سر آتش کسان هوشمند
آتش از استیزه افزودی لهب　میرسید اورا مدد از صنع رب
میرسید او را مدد از بیحدی　آتش از استیزه افزون میشدی
خلق آمد جانب عمّر شتاب　کاتش مامی نمیرد هیچ از آب
گفت این آتش زآیات خداست　شعلهٔ از آتش بخل شماست
آب بگذارید و نان قسمت کنید　بخل بگذارید اگر آن منید
خلق گفتندش که در بگشوده ایم　ما سخیّ و اهل فتوت بوده‌ایم
گفت نان بر رسم وعادت‌داده‌اید　از برای حق دری نگشاده‌اید
بهر فخر و بهر بوش و بهر ناز　نز برای ترس و تقوی و نیاز
مال تخم است و بهر شوره منه　تیغ را دردست هر رهزن مده
اهل دین را باردان ازاهل کین　همنشین حق بجو با او نشین
هرکسی بر قوم خود ایثار کرد　کاغه پندارد که او خودکار کرد

خدو انداختن خصم بر روی امیرالمؤمنین علی علیه السلام و انداختن آن حضرت شمشیر را ازدست

از علی آموز اخلاص عمل　شیر حق را دان منزّه از دغل
در غزا بر پهلوانی دست یافت　زود شمشیری برآورد و شتافت
اوخدو انداخت بر روی علی　افتخار هر نبیّ و هر ولی(۲)
او خدو انداخت بر روئی‌که ماه　سجده‌آرد پیش‌اودرسجده‌گاه(۳)
در زمان انداخت شمشیرآن علی　کرد او اندر غزایش کاهلی
گشت حیران آن‌مبارز زین عمل　وز نمودن عفو ورحم بی محلّ

---

(۱) مقصود ازعدم عدم اضافی است چه عدم مطلق قابل وجود نیست و مقصود ازسلیمان خدا است بدلیل موی پیشانی‌که اشاره به‌آیه (مامن دابّة الا هوآخذ بناصیتها) است (۲) بدانکه (افتخار هر نبیّ وهرولی) بولایت علی (ع) بدون هیچ استثنائی (حتی خاتم انبیاء ٤) بولایت نوعی علی است که پیغمبر مفتخراً فرموده یاعلی تو باهمه انبیاء بطور سرّی بودی و با من علنی آمدی یعنی بمقتضای آیهٔ (ان‌الله خلق‌السموات والارض فی‌ستة ایام ثم‌استوا علی العرش) از باب تطبیق خلقت تشریعاً یا تکویناً باید بعد از خلقت و نزول احکام سماوی و ارضی شرایع بشش روز یعنی بمبعوث شدن شش پیغمبر اولوالعزم از (آدم و نوح و ابراهیم و موسی و عیسی و محمد) خود خدا بصفت رحمانیت که درهمهٔ ادیان بطور سری بوده علناً درعرش خود که قلب علی‌است جلوس فرموده اسرار ادیان را بمرکز قوا و توحید نفس که عین توحید رب‌الارباب است مطابق علوم مثبته تکوینا بین شافی و کافی بمثل نهج البلاغه در حدیث ماالحقیقة و غیره بنماید لذا در هیچ دینی مخصوصاً بنام ولایت علی ٤ اسرار علم‌الروح باندازهٔ دین محمد افشا نشده پس اگر نگوئیم مقصود ازسرّ ولایت علم بعلم نداشتن انبیاء ویا باندازهٔ جزئی داشتن آنها باسرار ولایت بوده ومقصود ازعلنی بودن بامحمد علم کمالی بعلی داشته البته خواهند گفت که برفرض علم بعلم داشتن انبیاء مامور بافشا نبودند که آیه (وما انزل من قبلك) بمعنی مای نافیه نازل شده ولکن محمد مامور بافشا بوده که آیهٔ (بلغ ما انزل الیك) نازل شده چه افتخار هرنبی و ولی در اخلاص عمل علی به قوه تمرکز است که قدرت جلوگیری و خودداری از خیالات واراده های درهم و برهم خود درهرمقامی که سرمایهٔ تمام افتخارات است دارد یعنی هرنبی و ولی بچنین آدمکه نتیجهٔ همه ادیان است افتخار خواهد نمود و هیچ پیغمبری بمثل محمد قوه جذب چنین افتخاری را از عالم غیب بسوی مادیات درمحل مناسبی چون علی نداشت (۳) افتخار هر نبیّ وهر ولی صفت علی است که فرمود کنت مع جمیع الانبیاء سراً و مع خاتمهم جهراً نه صفت خیو وخدو چه صبر علی درمخالفت نفس سرمایه افتخار همه انبیاء واولیاء است

حکایت ماهی‌گیر و مرد جوان وگمان او که ماهی گیر سلیمانست

بر لب جو برد ظنی یك فتا　　که سلیمانست ماهی گیر ما　۲　گرویست این ازچه فردست وخفیست　　ورنه سیمای سلیمانیش چیست
اندرین اندیشه می بود او دو دل　　تا سلیمان گشت شاه مستقل　۳　دیو رفت ازتخت وملك‌اوگریخت　　تیغ بختش خون آن‌شیطان بریخت
کرد در انگشت خود انگشتری　　جمع آمد لشکر دیو و پری　٤　آمدند از بهر نظاره رجال　　درمیانشان آنکه بد صاحب‌خیال
چون در انگشتش بدید انگشتری　　رفت اندیشه و تحرّی یکسری　٥　وهم آنگاهست کو پوشیده است　　این‌تحرّی از پی نادیده‌است(۱)
بد خیال غایب اندر سینه زفت　　چونکه‌شد حاضر خیال او برفت　٦　گر سمای نور بی باریدنی است　　هم زمین تار بی بالیده‌نیست
گرچه هست اظهار کردن هم‌کمال　　میرهاند جانها را از خیال　۷　یؤمنون بالغیب میباید مرا　　زان ببستم روزن فانی سرا
لیك یك در صد بود ایمان بغیب　　نیك‌دان و بگذر ازتردید وریب　۸　چون شکافم آسمان را درظهور　　چون بگویم هل‌تری فیها فطور
تا در این ظلمت تحرّی گسترند　　هرکسی رو جانبی می آورند　۹　مدتی معکوس باشد کار ها　　شحنه را دزد آورد بردارها(۲)
تا که بس سلطان وعالی همتی　　بندهٔ بندهٔ خود آید مدتی　۱۰　بندگی درغیب آمد خوب و کش　　حفظ غیب آید دراستبعاد خوش
کو که مدح شاه گوید پیش او　　تا که در غیبت بود او شرم رو　۱۱　قلعه داری کز کنار مملکت　　دورْ از سلطان و سایهٔ سلطنت
پاس دارد قلعه را از دشمنان　　قلعه نفروشد بمال بیکران　۱۲　غایب از شه در کنار ثغر ها　　همچو حاضر اونگه دارد وفا
نزد شه بهتر بود از دیگران　　که بخدمت حاضرند وجانفشان　۱۳　پس بغیبت نیم ذرّه حفظ کار　　به‌که اندر حاضری زان صدهزار
طاعت و ایمان کنون محمود شد　　بعد مرگ اندر عیان مردود شد　۱٤　چونکه غیب وغایب و روپوش به　　پس دهان بر بسته لب‌خاموش به
ای برادر دست وادار ازسخن　　خود خدا پیدا کند علم لدُن　۱۵　بس بود خورشیدرا رویش گواه.　　ای شیئی اعظم الشاهد اله
نی بگویم چون قرین شد بربیان　　هم خدا و هم ملك هم عالمان　۱٦　یشهدالله و الملك و اهل العلوم　　انه لا ربّ الا من یدوم
چون گواهی‌داد حق که بود ملك　　تا شود اندر گواهی مشترك　۱۷　زانکه شعشاع و حضور آفتاب　　برنتابد چشم و دلهای خراب
چون خفاشی کوتف خورشید را　　بر نتابد بگسلد امید را　۱۸　پس ملایك را چو ماهان بازدان　　جلوه گر خورشید را برآسمان
کاین ضیا ما زافتابی یافتیم　　چون خلیفه بر ضعیفان تافتیم　۱۹　چون مه نو یا سه روزه یاکه بدر　　مرتبهٔ هریك ملك در نور قدر
ز اجنحهٔ نور ثلاث او رباع　　برمراتب هرملك را آن شعاع　۲۰　همچو پر های عقول انسیان　　که بسی فرقستشان اندر میان
پس قرین هر بشر درنیك و بد　　آن ملك باشد که مانندش بود(۳)　۲۱　چشم اعمش نورخور چون برتافت　　اختر اورا شمع‌شد تا ره بیافت

گفتن پیغمبر صلی الله علیه وآله مر زید را که این سرّ را فاش تر از این مکن

گفت پیغمبر که اصحابی نجوم　　رهروان‌راشمع وشیطان‌را رجوم　۲۳　هرکسی‌را گربُدی آن‌چشم وزور　　که گرفتی ز آفتاب چرخ نور
کی ستاره حاجتستی ای ذلیل　　که بود بر نور خورشید او دلیل　۲٤　هیچ ماه و اختری حاجت نبود　　که بود بر آفتاب حق شهود
ماه میگوید با بر و خاك وفی　　من بشر بودم ولی یوحی الی　۲۵　چون شما تاریك بودم از نهاد　　وحی خورشیدم چنین نوری بداد
ظلمتی دارم بنسبت با شموس　　نور دارم بهر ظلمات نفوس　۲٦　زان ضعیفم تا تو تابی آوری　　که نه مرد آفتاب انوری
همچو شهد و سرکه درهم بافتم　　تا سوی رنج جگر ره یافتم　۲۷　چون زعلت وا رهیدی ابرهین　　سرکه را بگذار میخور انگبین
تخت دل معمور شد پاك از هوا　　بروی الرحمن‌علی‌العرش استوی　۲۸　حکم بردل بعد ازاین بی واسطه　　حق کند چون یافت دل این‌رابطه
این سخن پایان ندارد زید کو　　تا دهم پندش که رسوائی مجو　۲۹　نیست حکمت‌گفتن این اسرار را　　چون قیامت میرسد اظهار را
زید را اکنون نیابی کو گریخت　　جست از صفّ نعال ونعل‌ریخت　۳۰　توکه باشی زید هم خودرا نیافت　　همچو اخترکه براو خورشیدتافت
نی از او نقشی یابی نه نشان　　نی کهی یابی نه راه کهکشان　۳۱　شد حواس و نطق بی پایان ما　　محو نور دانش سلطان ما
حسّها عقلهاشان در درون　　موج در موج لدینا محضرون　۳۲　چون بیامد شام و وقت بار شد　　انجم پنهان شده بر کار شد
۞خلق عالم جملگی بیهش‌شوند　　پردها بر رو کشند و بغنوند　۳۳　۞صبح چون‌دم‌زدعلم‌برداشت‌خور　　هر تنی از خوابگه برداشت سر
بیهشان را وادهد حق هوشها　　حلقه حلقه حلقها در گوشها　۳٤　پای کوبان دست افشان در ثنا　　ناز نازان ربنا احییتنا

---

(۱) مقصود از ابیات ذیل آنستکه قوهٔ واهمه و خیال در غیبت سلیمان روح چون دیویست که تدلیساً بجای او نشسته و مشغول تحرّی و شك و خوف و رجا شده اگر چه در ظهور سلیمان روح همه این صفات از وهم وخیال منزود ولکن برای سعهٔ وجودی وتربیت اختیاری که بتمرکز خیال و وهم حاصل میشود امر بایمان بغیب و طاعت در غیبت حق که در ظلمت خانه دنیاست باین دو شده تا یك بصد بلکه هزاران مرتبه ترقی نماید و خلیفه سلیمان روح بحق گردد ولکن بدانکه دیو موهومات و متخیلات مطلقاً (مطابق محسوسات یا غیر مطابق) چون از مراتب نازله سلیمانی روح بعنوان خلافت برای آبادی دنیای بشریت خلقت شده ناچار درعین آنکه ازجنس مراتب نازله او است چون پشت باو و روی بعالم اجتماعیات دنیویه دارد البته بآسانی ایمان بغیبت سلیمان روح نخواهد آورد ولو آنکه‌از باب سنخیت در خلقت ظاهراً مؤمن شود ولکن باطناً در مقام عمل منکر خواهد شد(کما قال‌الله تعالی و ما یؤمن اکثرهم الاوهم مشرکون) (۲) این دوبیت اشاره بفلسفه تحرّی درغیبت است که بمعکوس چیدن حروف طابع در مطبعهٔ طبیعت بقسمی حقائق معکوس میشود که ابا یزید بسطامی فرموده که سیصد مدعی کاذب را در حالت تحرّی و کوشش خدمت کردم تابهمت خود بصادقی رسیدم (۳) ملائکه نیك وبد را که قرین انسان معرّفی نموده کرام‌الکاتبین استکه بدو جهت خلقی وربیّ تمام اعمال نیك و بد را باین دوجهت مینویسد یعنی اگر اعمال از ارتباط جان انسان بربوبیت ناشی شود ملك نیك و اگر از ارتباط ببدن و هوای نفس ناشی شود ملك بد در این دوصفحه فوقانی و تحتانی عین آن اعمال را یا آثار و لوازم آنها را منقش مینمایند کما آنکه مقصود از پر های مذکورهٔ در ابیات که نقل از سورهٔ فاطر شده همین دو جهت مذکوره است یعنی پر های طرف راست که ارتباط بربوبیت صعود در آسمانهای ملکوة و به پر های چپ که ارتباط بجهات خلقیه است نزول بزمینهای طبیعت برای وساطت فیوض تکوینی و تشریعی مینمایند پس کثرت این پرها بعدد غیر متناهی مراتب حقائق وجودیه‌است یعنیٔ ذکر دو و سه وچهار پردر ابیات مولوی از باب تکثیر است نه تعیین عدد .

هم دُمَل را هم بغل را بردرد　نی جنون ماند به پیشش نی خرد　۱　گفت یك اصبع چو بر چشمی نهی　بینی از خورشید عالم را تهی
یك سرانگشت پردهٔ ماه شد　وین نشان ساتری الله شد　۲　تا بپوشاند جهان را نقطهٔ　مهر گردد منکسف از سقطهٔ
لب به بند وغور دریائی نگر　بحر را حق کرد محکوم بشر　۳　همچو چشمهٔ زنجبیل و سلسبیل　هست در حکم بهشتی جلیل
چارجوی جنت اندرحکم ِ ماست　این نه زور ما زفرمان خداست　۴　هرکجا خواهیم داریش روان　همچو سحر اندر مراد ساحران
همچو این دوچشمهٔ چشم روان　هست درحکم دل وفرمان جان　۵　گر بخواهد رفت سوی زهرمار　ور بخواهد رفت سوی اعتبار
گر بخواهد سوی محسوسات شد　ور بخواهد سوی ملبوسات شد　۶　گر بخواهد سوی کلیّات راند　ور بخواهد حبس جزئیات ماند
همچنین هرپنج حسّ چون نایزه　بر مراد امر دل شد جایزه　۷　هر طرف که دل اشارت کردشان　میدود هر پنج حسّ دامن‌کشان
دست وپا درامر دل اندر ملا　همچو اندر دست موسی آن‌عصا　۸　دل بخواهد پا در آید زو برقص　یا گریزد سوی افزونی ز نقص
دل بخواهد دست آید درحساب　یا اصابع تا نوسد او کتاب　۹　دست دردست نهانی مانده است　اودرون تن برون بنشانده است
گر بخواهد برعدو ماری شود　وربخواهد بر ولی یاری شود　۱۰　گر بخواهد کنچهٔ درخوردنی　ور بخواهد همچو گرز ده منی
دل چه میگوید بدیشان ای‌عجب　طرفه وصلت طرفه پنهانی سبب　۱۱　دل مگرمُهر سلیمان یافته است　که مهار پنج حس برتافته است
پنج‌حسّی ازبرون مأسور اوست　پنج‌حسّی ازدرون مأمور اواست　۱۲　ده حس‌است وهفت اندام ودگر　آنچه اندر گفت ناید میشمر(۱)
چون سلیمانی دلا در مهتری　برپریّ و دیو زن‌انگشتری(۲)　۱۳　گر درین ملکت بری‌باشی زریو　خاتم از دست تو نستاند سدیو
بعد ازان عالم بگیرد اسم تو　دوجهان محکوم تو چون‌جسم‌تو(۳)　۱٤　ور ز دستت دیو خاتم را ببرد　پادشاهی فوت شد بختت بمرد
بعد ازان یا حسرتاً شد للعباد　بر شما مختوم تا یوم التّناد　۱۵　ور تو دیو خویشتن را منکری　❁چون روی‌آنجا توروشن‌بنگری
مکر خودرا گر تو انکارآوری❁　از ترازو و آینه کی جان بری　۱٦　❁این‌سخن پایان‌ندارد چون‌کنم　بعد از این برقصهٔ لقمان تنم

متهم‌کردن غلامان و خواجه تاشان لقمانرا که میوه های خوب را خورده

بود لقمان پیش خواجهٔ خویشتن　در میان بندگانش خوار تن　۱۸　میفرستاد او غلامان را بباغ　تا که میوه آیدش بهر فراغ
بود لقمان درغلامان چون طفیل　پُر معانی تیره صورت همچولیل　۱۹　آن غلامان میوه های جمع را　خوش بخوردند از نهیب طمع را
خواجه راگفتند لقمان خوردآن　خواجه برلقمان‌ترُش‌گشت وگران　۲۰　چون تفحص‌کرد لقمان از سبب　در عتاب خواجه اش بگشاد لب
گفت لقمان سیّدا پیش خدا　بندهٔ خائن نباشد مرتجی　۲۱　❁ امتحان را کار فرما ای کیا　شربت گرم آب ده بهر نما
امتحان‌کن جمله مارا ای‌کریم　سیرمان در ده تو از آب حمیم　۲۲　بعد از آن مارا بصحرای‌کلان　تو سواره ما پیاده بردوان
آنگهان بنگر تو بدکردار را　صنعهای کاشف الاسرار را　۲۳　گشت خواجه ساقی از آب حمیم　مر غلامان‌را وخوردند آن ز بیم
بعد ازآن می راندشان دردشتها　میدویدندی میان کشتها　۲٤　قی در افتادند ایشان از عنا　آب می‌آورد ز ایشان میوه ها
چونکه لقمانرا درآمد قی زناف　می درآمد از درونش آب صاف　۲۵　حکمت لقمان چو تاند این نمود　پس چه باشد حکمت ربّ‌الوجود
یوم تُبلی السرآئر کلها　بانَ منکم کامِن لاُیشتهی　۲٦　چون سُقوا ماءً حمیماً قُطعت　جملة الاستارِ مما افضحت
نار ازآن آمد عذاب کافران　که حجر را نار باشد امتحان　۲۷　این‌دل چون سنگ‌را تاچند چند　پند گفتیم و نمی پذرفت پند
ریش بد را داروی بدیافت رگ　مر سر خر را سزد دندان سگ　۲۸　للخبیثات الخبیثین حکمت است　زشت را هم زشت جفت وبابتست
پس تو هرجفتی‌که میخواهی برو　محو و همرنگ صفات جفت شو　۲۹　نور خواهی مستعد شو نور گیر　محو او باش و صفاتش را پذیر
ور رهی‌خواهی ازاین‌سجن‌خرب　سرمکش ازدوست واسجدواقترب　۳۰　❁سرکشانرااین سراسردرعذاب　سر بنه والله اعلم بالصواب

این سخن پایان ندارد خیز زید　۳۱　بر براق ناطقه بربند قید

بقیهٔ حکایت زید با پیغمبر صلی‌الله علیه و آله وجواب اوبه آنحضرت

ناطقه چون فاضح آمد عیب را　میدراند پرده های غیب را　۳۳　غیب مطلوب حق آمد چندگاه　این دهل زن‌را بران بربند راه
تک مران درکش عنان مستوربه　هرکس از پندار خود مسرور به　۳٤　حق همی‌خواهد که نومیدان او　زین عبادت هم نگردانند رو
❁ هم مشرف در عبادتهای او　مشتغل گشته بطاعتهای او　۳۵　هم بامیدی مشرّف میشوند　چند روزی در رکابش میدوند
خواهد آن‌رحمت بتابد برهمه　بر بد و نیك از عموم مرحمه　۳٦　حق همی‌خواهدکه هر میرواسیر　با رجا و خوف باشند وحذیر
این رجاء و خوف درپرده بود　تا پس این پرده پرورده بود　۳۷　چون دریدی‌پرده کوخوف ورجا　غیب‌را شد کرّ و فرّی برملا(٤)

---

(۱) مقصود از اندام اعضاء وجوارح نیست بلکه ازباب عرض اندام است که بمعنی‌استقلال اراده‌است(۲) مقصود ازپری ودیو وانگشتر در مملکت سلیمان روح عبارت از کثرت اراده های متضاده کوچك و بزرگ درهم وبرهم اواست چه ازهزاران اراده‌های اجباری اویکی عملی نشده وهمیشه سلیمان روح را بکثرت امواج اراده های درهم و برهم و پست و بلند که چون هیچیك بمثل کثرت امواج خیالات درهم و برهم تحت اختیار و قدرت او نیست بعذاب ابدی گرفتاردارد الا آنکه سلیمان روح باید باراده بزرگ قوی خود همه اراده های اجباری را از تفرقه بجمع اختیاری بکشاند وبمثل ملکهٔ جمع حواس انگشتر و مهر توحید نفس را بآن زده تا تحصیل قدرت باندازهٔ اراده شده و اراده ها اختیاری گردیده و سلیمان روح در تخت سلطنت قلب خود که عرش الرحمن است فاعل ما یشاء نشسته حکم رانی نماید . (۳) بدانکه از چندین استشهاد مولوی در ابیات فوق درباب استقلال اراده که استشهاد بنفوذ اراده در اعضاء وجوارحیکه قابل فرمان بردن اراده است نموده چنین‌معلوم میشود که میخواهد بفرماید انسان‌کامل الاراده آن شخصی است که اراده و قدرت و علم وعمل را بمثل خداوند (که فاعل مایشاء است) مساوی داشته باشد یعنی (بداند آنچه را که میتواند و بتواند آنچه را که میداند) همچنانکه (مورچه پردار قبل ازروئیدن پرهایش اراده پریدن ابدا نمیکند وهرحیوانی چنین است) بخلاف انسان عادی‌که چون زیادتی اراده برقدرت وعلم برعمل دارد ناقص است مگر انسان فوق‌العاده سلیمان صفت‌که بمهر سلیمانی فوق‌الذکر میتواند این اعتدال‌را یافته تدریجاً قدرت را بورزش توسعه دهد (٤) مقصود از ابیات این فصل آنستکه عالم شهادت دنیا باید بخوف و رجا اداره شود .

پرسیدن پیغمبر صلی‌الله علیه وآله وسلم مرزید راکه امروز چونی وچگونه ازخواب برخاستی و جواب او که اصبحتُ مومناً حقا

گفت پیغمبر صباحی زید را	کیف اصبحت ای رفیق با صفا	۳	گفت عبداً مومناً باز اوش گفت	کو نشان ازباغ ایمان گر شکفت
گفت تشنه بوده ام من روزها	شب نخفتستم زعشق وسوز ها	٤	تا ز روز وشب گذرکردم‌چنان	که ز اسپر بگذرد نوك سنان(۱)
که ازآنسو جملهٔ ملت یکیست	صدهزاران سال ویکساعت‌یکیست	٥	هست ازل را وابد را اتّحاد	عقل را ره نیست آنسو زافتقاد
گفت ازین ره کو ره‌آوردی‌بیار	درخور فهم و عقول این دیار	٦	گفت خلقان چون به‌بینند آسمان	من به‌بینم عرش را با عرشیان
هشت‌جنت هفت دوزخ پیش من	هست پیدا همچو بت پیش شمن	٧	یك یك وامبشناسم خلق را	همچو گندم من ز جو درآسیا
که بهشتی که و بیگانه کیست	پیش من پیدا چومار وماهیست	٨	❀روززادن روم‌وزنگ‌وهر گروه	یوم تبیضّ و تسودّ وجوه
❀ این‌زمان پیدا شده براین‌گروه	ازحبش بودند یا از چین گروه	٩	پیش‌ازاین‌هرچندجان پرعیب‌بود	در رحم بود و زخلقان غیب‌بود
الشقیّ من شقی فی بطن ام	من سمات الجسم یعرف حالهم	١٠	تن چو مادر طفل جان‌را حامله	مرگ درد زادنست و زلزله(۲)
جمله جانهای گذشته منتظر	تا چگونه زاید این جان بطر	١١	زنگیان گویند خود ازماست او	رومیان گویند بس زیباست او
چون بزاید درجهان جان و جود	پس نماید اختلاف بیض وسود	١٢	گر بود زنگی برندش زنگیان	ور بود رومی کشندش رومیان
تا نزاد او مشکلات عالم است	آنکه نازاده شناسد اوکم‌است	١٣	او مگر ینظر بنورالله بود	کاندرون پوست اورا ره بود
اصل آب نطفه اسپیداست‌وخوش	لیك عکس جان رومیّ وحبش	١٤	میدهد رنگ احسنُ التقویم را	تا باسفل میبرد این نیم را
یوم تبیضّ و تسودّ وجوه	ترك‌وهندو شهره‌گردد زین‌گروه	١٥	❀ فاش گردد که‌توکاهی یا که کوه	هندوئی یا ترك پیش هرگروه
در رحم پیدا نگردد هندوترك	چونکه زاید بیندش خرد وبزرگ	١٦	این سخن پایان ندارد باز راح	تا نمانیم از قطار کاروان

بقیه جواب گفتن زید رسول خدا صلی‌الله علیه و آله راکه احوال خلق برمن پوشیده نیست و همه را میشناسم

جمله را چون روز رستاخیز من	فاش می‌بینم عیان ازمرد وزن	١٨	هین بگویم یا فرو بندم نفس	لب گزیدش مصطفی یعنی‌که بس
یا رسول‌الله بگویم سرّ حشر	درجهان پیدا کنم امروز نشر	١٩	هل مرا تا پرده ها را بر درم	تا چو خورشیدی بتابد گوهرم
تاکسوف آید زمن خورشید را	تا نمایم نخل را و بید را	٢٠	وانمایم راز رستاخیز را	نقد را و نقد قلب آمیز را
دستها ببریده اصحاب شمال	وانمایم رنگ کفر و رنگ آل	٢١	واگشایم هفت سوراخ نفاق	در ضیای ماه بی خسف ومحاق
وانمایم من پلاس اشقیا	بشنوانم طبل و کوس انبیا	٢٢	دوزخ و جنات و برزخ درمیان	پیش چشم کافران آرم عیان
وانمایم حوض کوثر را بجوش	کاب‌برروشان زند بانگش بگوش	٢٣	وانکسانکه تشنه برگردش دوان	گشته اند ایندم نمایم من عیان
❀ وانکه تشنه گرد کوثر میدوند	یك یك را نام گویم که کیند	٢٤	❀وانکسانکه تشنه گردش میزنند	یك یك را وانمایم تا کیند
می بساید دوششان بردوش من	نعرهاشان میرسد درگوش من	٢٥	اهل جنت پیش چشمم ز اختیار	درکشیده یکدگر را درکنار
دست همدیگر زیارت میکنند	واز لبان هم بوسه غارت میکنند	٢٦	کرشد این گوشم ز بانگ آه آه	از حنین و نعرهٔ واحسرتاه
این اشارتهاست گویم ازنغول	لیك می ترسم ز آزار رسول	٢٧	همچنین‌میگفت سرمست وخراب	داد پیغمبر گریبانش بتاب
گفت‌هین درکش‌که اسب‌گرم‌شد	عکس‌حق لایستحیی زد شرم شد	٢٨	آینهٔ تو جست بیرون از غلاف	آینه و میزان کجا گوید خلاف
آینه و میزان کجا بندد نفس	بهر آزار و حیای هیچ کس	٢٩	آینه و میزان محکها ای سنی	گر دوصد سالش تو خدمتها کنی
کز برای من بپوشان راستی	بل فزون بنما و منما کاستی	٣٠	اوت‌گوید ریش وسبلت برمخند	آینه ومیزان وانگه ریو و بند
چون خدا مارا برای آن‌فراخت	که بما بتوان حقیقت را شناخت	٣١	این نباشد ما چه ارزیم ایجوان	کی شویم آیین روی نیکوان
لیك درکش در بغل آینه را	گر تجلی کرد سینا سینه را	٣٢	گفت آخر هیچ گنجد در بغل	آفتاب حقّ و خورشید ازل

---

(۱) یعنی زید نامی‌که چون از امتان خصوصی پیغمبر آخرالزمان بوده زمان را بریاضت آخر کرده از اسپر افلاك و کرات (که بحرکات دوریه و جوهریه مبدء زمان و روز و شب است) بنوك سنان یعنی بباریك شدن جمع حواس و افکار از ازمنه محدوده شب وروز و ابعاد سه‌گانه اجسام و امکنه محدوده در مقام توحید نفس بیرون رفته یعنی زمان چون نسبت باو آخر شده او امت پیغمبر آخرالزمان در مقام تمرکز قوا و صیقلی روح گردیده سپس درمقام برگشت‌بکثرات دربعد چهارم زمان که محیط بتمام ابعاد ثلاثه مکان وفضای عالم است واقع شده وباندازهٔ خروج از زمان و مکان هر موجودی را در حدود و ازمنهٔ خودش از جهات الهیه طولیه که جهات قیامت است با چشم قلب‌که حس ششم است مشاهده نموده خبر از گذشته و آینده زمانی و دهری و سرمدی و ازلی برای پیغمبر داده کما آنکه از یکی از فلاسفه آلمان (انشتین) مضمون این مثال ذیل را دربعضی ازکتب علم‌الروح نقل کرده اند که این وقایع نیست که از زیر چشمهای ما میگذرد بلکه چشم ماست که از روی وقایع میگذرد و الا حوادث در حدود و ازمنه خود ازلا و ابداً بدون تغییر موجودند (۲) بدانکه چون دنیا محل حرکات طبیعه است درنشو وارتقا و ورزش خانه هرسعادت وشقاوتی باختیار مختص بانسان است پس میتواند هر بد و خوبی را (بآسانی یا بزحمت) (دیر یا زود) یعنی (موافق ساختمان شکم مادر یا مخالف آن) تدریجاً بورزش تحصیل نماید حتی تمام مقدرات و فطریات انسان موقوف بحرکات اختیاری خوب یا بد او است کما آنکه حکیم سبزواری در منظومه حکمت فرموده (اذخمرت طینتنا بالملکه و تلك فینا حصلت بالحرکة) و الا اگر شقاوت و سعادت ذاتی و بدون اختیار بودی شرایع و قوانین لغو بودی لذا ذیلا فرمود (تا نزاد او مشکلات عالم است الخ) پس مقصود از شکم مادر یا عقلیات و وجدانیات است یا ولایت و نبوت که فرمودند (انا وعلی ابوا هذه‌الامه) چه هرکس بحسن اختیار خود قبول احکام آنهارا بنماید سعید و الا شقی است و این منافات با سعادت و شقاوت ازلی که درشکم مادر علم فعلی یاصفاتی یا ذاتی حق تمیز یافته ندارد چه سوابق ازلیه روح‌زمانیاتست که ذاتاً مقدم و ظهوراً مؤخر و با اختیار ما همراه بلکه مؤید است لذا فوقاً فرمود (هست ازل را وابد را اتحاد الخ). (۳) یعنی ادعای (اناالله ولیس فی‌جبتی سوی‌الله) از بعضی صوفیها غلط ومحال است.

دربیان آنکه حال خود ومستی خود پنهان باید داشت

بشنو الفاظ حکیم پردهٔ سر همانجا نه که باده خوردهٔ(۱)
چونکه ازمیخانه مستی ضال شد تسخر و بازیچهٔ اطفال شد
میفتد او سو بسو در هر رهی در گل و میخندش هر ابلهی
او چنین و کودکان اندر پیش بیخبر از مستی وذوق میش(۲)
خلق اطفالند جز مست خدا نیست بالغ جز رهیده از هوا
گفت دنیا لعب ولهو است وشما کودکید و راست فرماید خدا
از لعب بیرون نرفتی کودکی بیزکات روح کی باشی زکی
چون جماع طفل دان این شهوتی که همی رانند اینجا ای فتی
این جماع طفل چبود بازئی با جماع رستمی و غازئی
جنگ خلقان همچوجنگ کودکان جمله بیمعنی و بیمغز و مهان
جمله با شمشیر چوبین جنگشان جمله در لاینفعی آهنگشان
جمله شان گشته سواره برنئی کاین براق ماست یادلدل پئی
حاملند و خود ز جهل افراشته راکب و محمول ره پنداشته
باش تاروزی که محمولان حق اسب تازان بگذرند از نه طبق
یعرج الروح الیه و الملك من عروج الروح یهتز الفلك
همچو طفلان جملتان دامن سوار گوشهٔ دامن گرفته اسب وار
از حق ان الظن لایغنی رسید مرکب ظن بر فلك هاکی دوید
اغلب الظنین فی الترجیح ذا لاتماری الشمس فی توضیحها
آفتاب حق چو گردد مستوی در قیامت بر رشید و بر غوی
آنگهی بینید مرکبهای خویش مرکبی سازیده اید ازپای خویش
وهم وحس وفکر وادراکات ما همچو نی دان مرکب کودك هلا
علمهای اهل دل حمالشان علمهای اهل تن احمالشان
علم چون بردل زند یاری شود علم چون برتن زند باری شود
گفت ایزد یحمل اسفاره بار باشد علم کان نبود ز هو
علم کان نبود زهو بیواسطه آن نپاید همچو رنگ ماشطه
لیك چون این باررا نیکوکشی باربرگیرند و بخشندت خوشی(۳)
هین مکش بهرهوا آن بار علم تا شوی راکب تو بررهوارعلم
هین بکش بهرخدا این بارعلم تا ببینی در درون انبار علم
تا که بر رهوارعلم آئی سوار آنگهان افتد ترا از دوش بار
از هواها کی رهی بیجام هو ای ز هو قانع شده با نام هو
ازصفت وز نام چه زاید خیال وانخیالش هست دلال وصال
دیدهٔ دلال بی مدلول هیچ تا نباشد جاده نبود غول هیچ
هیچ نامی بی حقیقت دیدهٔ یا زگاف و لام گل گل چیدهٔ
اسم خواندی رو مسمیرا بجو مه ببالا دان نه اندر آب جو
گرز نام وحرف خواهی بگذری پاك کن خودرا زخود هان یکسری
همچو آهن زآهنی بیرنگ شو در ریاضت آینهٔ بی زنگ شو
خویش راصافی کن ازاوصاف خویش تا ببینی ذات پاك صاف خویش
بینی اندر دل علوم انبیا بی کتاب و بی معید و اوستا
گفت پیغمبر که هست از امتم که بود هم گوهر و هم همتم
مرمرا زان نور بیند جانشان که من ایشان را همی بینم بدان
بی صحیحین واحادیث و روات بلکه اندر مشرب آب حیات
سر امسینا لکردیا بدان راز اصبحنا عرابیاً بخوان
سر امسینا و اصبحنا تو را میرساند جانب راه خدا
ورمثالی خواهی از علم نهان قصه گو از رومیان و چینیان

قصهٔ مری کردن رومیان وچینیان درصفت نقاشی

چینیان گفتند ما نقاش تر رومیان گفتند مارا کر و فر
گفت سلطان امتحان خواهم دراین کز شما خودکیست دردعوی گزین
چینیان گفتند خدمتها کنیم رومیان گفتند در حکمت تنیم
اهل چین و روم دربحث آمدند رومیان در علم واقف تر بدند
چینیان گفتند یك خانه بما خاص بسپارید و یك آن شما
بود دو خانه مقابل در بدر زان یکی چینی ستد رومی دگر
چینیان صدرنگ ازشه خواستند پس خزینه باز کرد آن ارجمند
هر صباحی از خزینه رنگها چینیانرا راتبه بود و عطا
رومیان گفتند نه نقش و نه رنگ درخور آید کار را جز دفع زنگ
در فرو بستند و صیقل میزدند همچوگردون صافی وساده شدند
ازدوصدرنگی بهبیرنگی رهیست رنگ چون ابراست وبیرنگی مهیست
هرچه اندر ابرضو بینی وتاب آن زاختر دان و ماه و آفتاب
چینیان چون ازعمل فارغ شدند از پی شادی دهلها میزدند
شه در آمد دید آنجا نقشها میربود آن عقل را و فهم را
بعد از ان آمد بسوی رومیان پرده را بالا کشیدند از میان
عکس آن تصویر وآن کردار ها زد براین صافی شده دیوار ها
هرچه آنجا بود اینجا به نمود دیده را از دیده خانه میربود
رومیان آن صوفیانند ای پسر نی زتکرار وکتاب و نی هنر
لیك صیقل کرده اند آن سینها پاك از آز وحرص وبخل وکینها
سینها صیقل زده در ذکر وفکر از پی اظهار آن معنی بکر
آن صفای آینه وصف دلست صورت بی منتها را قابل است
صورت بی صورت بیحد غیب زآینهٔ دل تافت برموسی زجیب
گرچه اینصورت نگنجد درفلك نی بعرش وفرش ودریا وسمك
زانکه محدوداست ومعدوداست آن آینه دل را نباشد حد بدان
عقل اینجا ساکت آید یامضل زانکه دل بااوست یا خوداوست دل
عکس هر نقشی نتابد تا ابد جز زدل هم با عدد هم بیعدد
تا ابد نونو صور کاید بر او مینماید بی حجابی اندر او
اهل صیقل رسته انداز بو ورنگ هر دمی بینند خوبی بی درنگ
نقش وقشر علم را بگذاشتند رایت عین الیقین افراشتند
رفت فکر و روشنائی یافتند بر و بحر آشنائی یافتند
مرگ کازوی جمله اندر وحشتند میکنند آنقوم بر وی ریشخند
کس نیابد بر دل ایشان ظفر چون صدف گشتند ایشان پرگهر
گرچه نحو وفقه را بگذاشتند لیك محو و فقر را برداشتند
تانقوش هشت جنت تافته است لوح دلشان را پذیرا یافته است
برترند ازعرش وکرسی و خلا ساکنان مقعد صدق خدا
صدنشان دارند ومحو مطلق اند چه نشان بل عین دیدار حق اند

---

(۱) یعنی در هرکجا که وجدان و عقلت بی اختیار متوجه شد فوراً بااختیار سر تسلیم (چون قوه خیال در سر ونیز خودش سر است) فرودآر تا چون حکیم بردهٔ (یعنی مجذوب حق) شوی . (۲) مقصود از اطفال نوع بشراست که گویند در زمان آدم بمنزلهٔ نطفه و نوح علقه وابراهیم مضغه و موسی عظام و عیسی لحم ومحمد روح (که انشاناه خلقا آخر) وزمان علی تولد شده (که اسدالله دروجود آمد ﷺ درپس پرده هرچه بود آمد) و در زمان ائمه شیر خواره و زمان مولوی تاکنون بمثل اطفال مشغول لهو ولعب دنیا بنام تمدن هستند وبنابر قانون نشو وارتقا هنوز نوع بحد بلوغ نرسیده تاقابل احکام حقیقی شده ومعلم حقائق ظاهرشود ولکن دراین اثنا ممکن است که بعضی ازافراد بحد بلوغ عقل رهیدهٔ از هوا بتمرکز قوا وتنظیم افکار برسند . (۳) یعنی بمقتضای علم و وجدان خود عمل نماید تا بالغ شود .

بعدازآن گفتش چه خوردی گفت زهر   گفت نوشت باد افزون گشت قهر
بعد از آن گفت از طبیبان کیست او   که همی آید بچاره پیش تو
گفت عزرائیل می آید برو   گفت پایش بس مبارك شاد شو
❀این زمان از نزد او آیم برت   گفتم او را تا که گردد غمخورت
کر برون آمد بگفت او شادمان   شکر کش کردم مراعات این زمان
❀خودگمانش از کری معکوس بود   این زیان محض را پنداشت سود
❀رو بره میگفت با خود از عمی   شکر که کردم عیادت جار را
گفت رنجور این عدوی جان ماست   ما ندانستیم کو کاین جفاست
خاطر رنجور جویان صد سقط   تاکه پیغامش کند از هر نمط
چون کسی که خورده باشد آش بد   می بشوراند دلش تا قی کند
کظم غیظ اینست آنرا قی مکن   تابیابی در جزا شیرین سخن
چون نبودش صبر می پیچید او   کاین سگ زن روسپی حیز کو
تابریزم بر وی آنچه گفته بود   کان زمان شیر ضمیرم خفته بود
چون عیادت بهر دل آرامی است   این عیادت نیست دشمن کامی است
تا ببیند دشمن خود را نزار   تا بگیرد خاطر زشتش قرار
بس کسان کایشان عبادتها کنند   دل برضوان و ثواب آن نهند
خود حقیقت معصیت باشد خفی   بس کدر کان را تو پنداری صفی
همچو آن کر کو همی پنداشته است   که نکوئی کرد وآن خود بد بده است
اونشسته خوش که خدمت کرده ام   حق همسایه بجا آورده ام
بهر خود او آتشی افروخته است   دردل رنجور وخودراسوخته است
فاتقوا النار التی اوقدتم   انکم فی المعصیة ازددتم
گفت پیغمبر بیك صاحب ریا   صلّ انك لم تصلّ یا فتی
از برای چارهٔ این خوفها   آمد اندر هر نمازی اهدنا (١)
کاین نمازم را میامیز ای خدا   با نماز ضالین و اهل ریا
ازقیاسی که بکرد آن کر گزین   صحبت ده ساله باطل شد بدین
خواجه پندارد که طاعت میکند   بیخبر کز معصیت جان میکند
❀این قیاس خویش را روترك کن   کز قیاس تو شود ریشت کهن
خاصه ای خواجه قیاس حسّ دون   اندران وحیی که شد ازحد برون
گوش حسّ تو بحرف اردر خوراست   دانکه گوش عیب گیر تو کراست

در بیان آنکه اول کسی که در مقابل نصّ صریح قیاس آورد ابلیس علیه اللعنه بود

اول آنکس کاین قیاسکها نمود   پیش انوار خدا ابلیس بود(٢)
گفت نار از خاك بی شك بهتر است   من زنار واو زخاك اكدر است(٣)
پس قیاس فرع بر اصلش کنیم   او ز ظلمت ما ز نور روشنیم
گفت حق نی بلکه لاانساب شد   زهدوتقوی فضل را محراب شد(٤)
این نه میراث جهان فانی است   که بر انسابش بیابی جانی است
بلکه این میراث های انبیاست   وارث این جانهای اتقیاست
پور آن بوجهل شد مؤمن عیان   پور آن نوح نبی از گمرهان
زادهٔ خاکی منوّر شد چو ماه   زادهٔ آتش توئی ای رو سیاه
این قیاسات و تحرّی روز ابر   یا بشب مرقبله را کرده است حبر
لیك با خورشید وکعبه پیش رو   این قیاس و این تحرّی را مجو
کعبه نادیده مکن رو زو متاب   از قیاس الله اعلم بالصّواب
چون صفیری بشنوی ازمرغ حق   ظاهرش را یاد گیری چون سبق
وانگهی از خود قیاساتی کنی   مر خیال محض را ذاتی کنی
اصطلاحاتی است مرا بدال را   که نباشد زان خبر غفّال را
منطق الطیری بصوت آموختی   صد قیاس و صد هوس افروختی
همچو آن رنجور دلها ازتوخست   تو به پندار اصابت گشته مست
کاتب آن وحی زان آواز مرغ   برده ظنی که منم انباز مرغ
مرغ پرّی زد مر اورا کورکرد   نك فرو بردش بقعر مرگ ودرد
هین بظنّی یا بعکسی هم شما   در میفتید از مقامات سما
گرچه هاروتید و ماروت وفزون   از همه بر بام نحنُ الصّافّون
بر بدی‌های بدان رحمت کنید   بر منیّ وخویش بینی کم تنید
هین مبادا غیرت آید از کمین   سر نگون افتید در قعر زمین
هردوگفتند ای خدا فرمان تراست   بی امان تو امانی خود کجاست
این همی گفتند و دلشان میطپید   بد کجا آید ز ما نعم العبید
خار خار دو فرشته می نهشت   تاکه تخم خویش بینی را نکشت
پس همی گفتند کای ارکانیان   بیخبر از پاکی روحانیان
ما بر این گردون تتقها می تنیم   بر زمین آئیم و شادروان زنیم
❀هردوشان گفتندمارا باك نیست   که سرشت ما زآب و خاك نیست
عدل ورزیم و عبادت آوریم   باز هرشب سوی گردون بر پریم
تا شویم اعجوبهٔ دور زمان   تا نهیم اندر زمین امن وامان
این قیاس حال گردون برزمین   راست ناید فرق دارد در کمین

(١) چون هر کاری ممکنست هم برای خداوهم برای ریا باشد پس اعتباری بظواهر عبادات عباد وزهاد وعلم علماء ودعاوی انبیاء واولیانیست (الا بهدایت خداوند که روی قلب آنها را از خلق بحق در همهٔ اعمال و احوال و صفات روحی وجسمی میگرداند) ونیز اینهم امریست قلبی که علامات صوری عمومی ندارد الابازبهدایت خصوصی خداوند که فرمود (ان الله یهدی من یشاء) مشروط باینکه ضمیر یشاء بمن برگردد که نزدیك است نه بالله که دوراست. ونیز اختلاف اختیاراست (٢) اگر بگوئی که اگرقیاس ابلیس بداست پس چرا خودمولوی قیاس جهال را بقیاس ابلیس قیاس کرده کمااینکه حضرت صادق(ع) در قیاسات ابوحنیفه فرموده (اول من قاس ابلیس) جواب اجمالی آنکه عکوس حق در هر باطلی کماآنکه انعکاس باطل میدهد البته عکس باطل هم در هر حقی انعکاس حق خواهد داد پس تاقیاس کننده چه نفسی باشد و برای چه مقصدی قیاس کند . (٣) در حالتیکه اگر این قیاسات دلیلیت برای ابلیس داشته باشد خاك میتواند برای خود برعکس او قیاس نماید چه خاك آتش را میکشد و آتش در خاك اثری ندارد لذا (ظهور آدم ریاست روحانی ابلیس را باطل کرد و او در آدم چندان اثری ننمود) و نیز خاك اگر یکدانه را بخورد هزاران دانها میرویاند پس امین و بدون ضرر است بخلاف آتش و نیز تاکرات آتشی در کهکشان تبدیل بخاك تدریجاً نشود قابل خلقت موالید و ظهور ارواح در اجسام نخواهدشد (٤) این پنج بیت اشاره بفلسفه این آیه (واذا نفخ فی الصور فلا انساب بینهم ویومئذٍ ولا یتسائلون) واشاره باین حدیث نبوی است (کل نسب و سبب منقطع یوم القیمة الانسبی وسببی) بدانکه چون اثرات باید عقلا همیشه ازعالی بدانی واز روح بجسم یعنی از علت به معلول باشد نه بالعکس (الا در قوس صعود که بطور انعکاس نه علیت ازدانی در مبادی عالیه یعنی در مراتب نازله آنها اثرات منعکس میشود که احکام شرایع وصدقات و ادعیه معقول شده است و الا همهٔ آنها لغو میشد) پس احکام مادیات از انساب و غیره در مبادی عالیه که یوم القیامه است بطور علیت و معلولیت منقطع است الا قوم و خویشی روحانی که وارث اخلاق انبیا بتقوای از مادیات بدون خلط انساب میتوان باشند ولکن در انساب جسمانی عرضی ممکن است خلط و اشتباه بقسمی بشود که از ابوجهل پسر مؤمن و ازنوح پسر گمراه واز نور ظلمت وازظلمت نور ظاهر شود .

بس چووحشی شد ازان دم آدمی   کی بود معذور ای یار سمی
لاجرم کفار را خون شد مباح   همچووحشی پیش نشاب ورماح(١)
جفت و فرزندانشان جمله سبیل   زانکه بی‌عقلند ومطرود و ذلیل
باز عقلی کو رمد از عقل‌عقل   کرد از عقلی بجوانات نقل

اعتماد کردن هاروت و ماروت بر عصمت خویش در هر فتنهٔ

همچو هاروت وچو ماروت شهیر   از بطر خوردند زهر آلوده تیر
اعتمادی بودشان بر قدس خویش   چیست بر شیر اعتماد گاومیش
گرچه او با شاخ صد چاره کند   شاخ شاخش شیر نر پاره کند
گر شود پرشاخ همچون خارپشت   شیر خواهد گاو را ناچارکشت
باد صرصر کو درختان میکند   باگیاه پست احسان میکند
بر ضعیفیّ گیاه آن باد تند   رحم کرد ای‌دل تو ازقوّت ملند
تیشه را ز انبوهی شاخ درخت   کی هراس آید بیرّد لخت لخت
لیك بر برگی نکوبد خویش را   جز که بر ریشه نکوبد نیش را
شعله را ز انبوهی هیزم چه غم   کی رمد قصّاب ز انبوهی غنم
پیش معنی چیست‌صورت‌بس‌زبون   چرخ را معنیش میدارد نگون
تو قیاس از چرخ دولابی بگیر   گردشش ازکیست ازعقل‌منیر(٢)
گردش این قالب همچون سپر   هست از روح مستّر ای پسر
گردش این باد از معنیّ اوست   همچو چرخی‌کو اسیر آب‌جوست
جز رومد دخل وخرج این نفس   ازکه باشد جز زجان پرهوس (٣)
گاه جبمش مبکند گه حا و دال   گاه صلحش مبکند گاهی جدال
گه یمینش میبرد گاهی یسار   گه گلستان میکند گاهیش خار
※همچنین این آبرا یزدان پاك   کرد بر فرعون خون سهمناك
همچنین این باد را یزدان ما   کرده ُبد برعاد همچون اژدها
باز هم آن باد را بر مؤمنان   کرده ُبد صلح ومراعات وامان
گفت المعنی هو الله شیخ دین   بحر معنیهاست ربّ العالمین
جمله اطباق زمین و آسمان   همچو خاشاکی برآن بحر روان
حملها و رقص خاشاك اندر آب   هم ز آب آمد بوقت اضطراب
چونکه‌ساکن خواهدش‌کرداز‌مرا   سوی ساحل افکند خاشاك را
چون‌کشد از ساحلش درموجگاه   آن کند با او که آتش باگیاه
این حدیث آخر ندارد باز ران   جانب هاروت‌و ماروت ای‌جوان

بقیه قصهٔ هاروت و ماروت و نکال وعقوبت ایشان

چون‌گناه وفسق خلقان جهان   مبشدی روشن بایشان آن زمان
دست خائیدن گرفتندی زخشم   لیك عیب خود ندیدندی بچشم
خویش‌درآئینه دید آن زشت مرد   رو بگرداند از آن وخشم کرد
خویش بین‌چون‌ازکسی ُجرمی‌بدید   آتشی در وی ز دوزخ شد پدید
حمیت دین خواند اوآن کبر را   ننگرد در خویش نفس گبر را
حمیت دین را نشانی دیگر است   که ازآن‌آتش جهانی اخضراست
گفت حق‌شان گرشما روشن‌گرید   در سه کاران مقفل منگرید
شکر گوئید ای سپاه و چاکران   رسته‌اید از شهوت وازچاك ران
گر ازان معنی نهم من برشما   مر شما را پیش نپذیرد سما
عصمتی کر مرشما را در تن است   آن‌زعکس‌عصمت‌وحفظ‌من‌است(٤)
آن زمن بینید نز خود هین وهین   تا نچربد بر شما دیو لعین
آن چنان کان‌کاتب وحی رسول   دید درخود حکمت و نور وصول
خویش را هم‌لحن مرغان خدا   میشمردآن ُبد صفیری چون صدا
لحن مرغان را اگر واصف‌شوی   بر ضمیر مرغ کی واقف شوی
گر بیاموزی صفیر بلبلی   تو چه دانی‌کو چه گوید باگلی
ور بدانی از قیاس و از گمان   ※باشد آن برعکس‌آن ای‌ناتوان
باشد آن تصویر تو درامتحان※   چون زلب جنبان گمانهای گران

بعیادت رفتن کر بخانه همسایهٔ بیمار و رنجیدن بیمار

آن کری را گفت افزون مایهٔ   که ترا رنجور شد همسایهٔ
گفت باخود کر که با گوش گران   من چه‌دریابم ز گفت‌آن جوان
خاصه رنجور وضعیف آواز شد   لیك باید رفت آنجا نیست ُبد
چون ببینم کان لبش‌جنبان شود   من قیاسی گیرم آن را ازخرد
چون بگویم چونی ای محنت‌کشم   او بخواهد گفت نیکم یاخوشم
من بگویم شکر چه خوردی ابا   او بگوید شربتی یا ماشبا
من بگویم صحّ نوشت کیست آن   از طبیبان پیش تو گوید فلان
من بگویم بس مبارك پاست او   چونکه او آید شود کارت نکو
پای او را آزمودستیم ما   هر کجا شد میشود حاجت روا
این جوابات قیاسی راست کرد   عکس آن واقع شد ای آزادمرد
※گوئیا رنجور راخاطر ز کر   اندکی رنجیده بود ای پرهنر
※ کر درآمدپیش رنجور ونشست   برسر او خوش همی مالید دست
گفت چونی‌گفت ُمردم‌گفت شکر   شد ازاین رنجور پر آزارونکر
کاین‌چه‌شکراست‌این‌عدوی‌ما ُبدست   کر قیاسی کرد وآن کژ آمدست

---

(١) فلسفهٔ کشتن پیغمبر کفار را برای همین مطلب بوده که انکار توحید فطری بمقتضای آیهٔ (فطرةالله التی فطرالناس علیها) و (افی‌الله شك) نمودند و انکار مقتضیات فطرت انکار حق و حقیقت واضحه بدون احتیاج بیرهان و معجزه است و چون این انکار توحید فطری مرضیست مسری وروحانی بدون‌هیچ محاکمهٔ انسان کامل حق‌دارد که اگرقابل هدایت نیستند آنها را برای کفر و شرکشان بکشد. (٢) این چند بیت اشاره بجاذبهٔ عمومی‌است که بذات خود غیب وبآثار مطابق عقول سلیمه تنظیم کرات و سایر اجزای عالم را مینماید (٣) کما آنکه مادهٔ کلمات و حروف نفس (بفتح) انسانی است که (از جنس هوای لطیف و غایب و واحد است) و بتوسط مخارج سی‌ودو گانه دهان حروف و ترکیبات کلمات را با اثر های انقلابی دریك جامعه بلکه در یك عالم بشریت بطور اختلافات نفی و اثباتی با معانی لطیفه و عقلیه ظاهر ازیگانه نفس (باسکون وفتح) خود میسازد همچنین نفس الرحمن از حقیقت الوجود بتوسط مخارج تعینات و ماهیات ترکیبات غیر متناهیه کلمات تکوینیه را ظاهر میسازد.

(٤) این‌چندبیت درفلسفه مدعیان باطل برخلاف مشیت وعصمت عکسی خداونداست درحالتیکه اگر اشکال‌نمائی‌کهبمقتضای‌آیهٔ (وماتشاؤن الاان‌یشاء‌الله) و آیهٔ (والله غالب علی امره) و بمقتضای عموم عصمت و قدرت ومشیت واراده و استقلال و سلطنت و عزت و علو و استغنا و منیت و تکبر و علم و اختیار و احاطه سایر صفات خداوند نباید بمثل شیطان و تابعین‌آن در مقابل اقتدار عمومی واحاطه صفات قاهر او اظهار مخالفت و تکبر نماید ودر دنیا هم ظاهراً پیش برده وتاقیامت مهلت بگیرند مولوی از این اشکال جواب داده که همهٔ صفات کمالیه درهر مخلوقی از عکس صفات خداوند و عصمت وحفظ اوست که‌هرکس فرق بین عکس و اصل داده وهمه را ازحق دانست دیو لعین (یعنی شیاطین) براو نخواهد چربید وهر کس فرق بین عکس واصل نداده وهمه عکوس حق را از صفات فوق‌الذکر اشتباهاً از خود دانست البته صفات دیوی بر او خواهد چربید اگرچه خود خداوند برای سعهٔ وجودی خود از این عکسهای متکبره که عکس تکبر واستغنای خود او است لذت برده (فاحببت ان اعرف) فرموده

مرد را زنبور اگر نیشی زند طبع او آن‌لحظه بر دفعی تند
زخم نیش اماچو ازهستیّ تست غم قوی باشد نگردد درد سست
شرح این ازسینه بیرون میجهد لیك میترسم كه نومیدی دهد
نی مشونومید وخودرا شاد كن پیش آن فریاد رس فریاد كن
كای محبّ عفو ازما عفو كن ای طبیب رنج ناسور كهن
عكس حكمت آن‌شقی‌را یاوه‌كرد خود مبین تا برنیارد از تو گرد
ای‌برادر برتوحكمت جاریه‌است آن زابدالست وبرتو عاریه‌است
گرچه درخودخانه نوری‌تافته‌است آن ز همسایهٔ منوّر یافته است
شكر كن غرّه مشو بینی مكن گوش دار وهیچ خودبینی‌مكن
صد دریغ و درد كاین عاریّتی معجبانرا دور كرد از آمتی
من غلام آنكه او در هر رباط خویش‌را واصل نداند برسماط
بس رباطی كه بباید ترك كرد تا بمسكن در رسد یكروز مرد
گرچه آهن سرخ‌شد اوسرخ نیست پرتو عاریّت آتش زنیست
گر شود پرنور روزن یا سرا تومدان روشن مگر خورشیدرا
ور در و دیوار گوید روشنم پرتو غیری ندارم این منم
پس بگوید آفتاب ای نارشید چونكه من غارب شوم آید پدید
سبزها گویند ما سبز از خودیم شاد و خندانیم و بس زیبا خدیم
فصل تابستان بگوید كای امم خویش را بینیدچون من بگذرم
تن همی نازد بخوبیّ و جمال روح پنهان‌كرده فرّ و پرّ وبال
گویدش كای مزبله تو كیستی یكدو روز از پرتو من زیستی
غنج ونازت می‌نگنجد درجهان باش تا كه من شوم از تو جهان
گرم دارانت تورا گوری كنند ❀كشكشانت در تك‌گور افكنند
تا كه‌چون درگور یارانت كنند❀ طعمهٔ موران و مارانت كنند
بینی ازگند توگیرد آن كسی كه به‌پیش تو همی مردی بسی
پرتو روح‌است‌نطق وچشم‌وگوش پرتو آتش بود در آب جوش
آنچنانكه پرتو جان برتن‌است پرتو ابدال بر جان من است
جان‌جان‌چون‌وا كشد پارا زجان جان‌چنان‌گرددكه بیجان تن بدان
سر ازان رو می‌نهم من برزمین تا گواه من بود در یوم دین
یوم دین كه زلزلت زلزالها این زمین باشد گواه حالها
كو تحدّث جهرة اخبارها در سخن‌آمد زمین و خار ها(۱)
فلسفی گوید ز معقولات دون عقل از دهلیز میماند بروت
فلسفی منكر شود درفكر وظن گو برو سررا برآن دیوار زن
نطق‌آب ونطق خاك ونطق گل هست محسوس حواس اهل دل
فلسفی كو منكر حنانه است از حواس انبیا بیگانه است
گوید اوكه پرتو سودای خلق بس خیالات آورد دررای خلق
بلكه عكس‌آن فساد وكفر او این خیال منكری را زد براو
فلسفی مر دیو را منكر شود در همان دم سخرهٔ دیوی بود
گر ندیدی دیورا خودرا ببین بی جنون نبود كبودی بر جبین
هركه را دردل‌شك وپیچانی‌است درجهان او فلسفی پنهانی‌است
مینماید اعتقاد او گاه گاه آن رگ فلسف‌كند رویش سیاه
الحذر ایمؤمنان كان در شماست در شما بس عالم بی منتهاست
جمله هفتاد و دوملت در تواست وه‌كه آن‌روزی برآرد ازتو دست
هركه اورا برگ این ایمان بود همچو برگ ازبیم اولرزان بود
بر بلیس و دیو زان خندیدهٔ كه تو خود را نیك مردم دیدهٔ
چون‌كند جان بازگونه پوستین چند واویلا برآید ز اهل دین
بردكان‌هرزرنما خندان شده‌است زانكه سنگ‌امتحان پنهان‌شده‌است
پرده ای ستار از ما وامگیر باش اندر امتحان مارا مجیر
قلب پهلو میزند با زر بشب انتظار روز میدارد ذهب
با زبان حال زر گوید كه باش ای مزوّر تا برآید روز فاش
صدهزاران سال ابلیس لعین بود ز ابدال و امیر مؤمنین
پنجه زد با آدم ازنازی‌كه داشت گشت‌رسواهمچوسرگین‌وقت‌چاشت
پنجه بامردان‌مزن ای بوالهوس برتر از سلطان چه میرانی فرس

دعا كردن‌بلعم‌با عوركه‌موسی وقومش‌را از این شهر كه حصار داده‌اند بی مراد بازگردان و مستجاب شدن

بلعم باعور را خلق جهان سغبه شد مانند عیسیّ زمان
سجده ناوردند كس را دون او صحت رنجور بود افسون او
پنجه زد با موسی ازكبر وكمال آن چنان شدكه شنیدستی توحال
صد هزار ابلیس وبلعم در جهان همچنین بوده است پیدا و نهان
این دورا مشهور گردانید اله تا كه باشند این دو برباقی گواه
❀رهزنان رادر بیابان‌چون‌كشند یك‌دوتن را سوی‌ده زایشان كشند
❀تا ببینند اهل ده گیرند پند رؤیت ایشان بودشان همچو بند
این دو دزد آویخت بردار بلند ورنه اندر شهر بس دزدان بدند
این دورا پرچم بسوی شهر برد كشتگان قهر را نتوان شمرد
نازنینی تو ولی در حدّ خویش الله الله پامنه ز اندازه بیش
گر زنی بر نازنین‌تر از خودت در تگ هفتم زمین زیر آردت
قصهٔ عاد و ثمود از بهر چیست تا بدانی كانبیا را نازكیست
این نشان خسف و قذف وصاعقه شد بیان عزّ نفس ناطقه
جمله حیوان را پی انسان بكش جمله‌انسان رابكش ازبهرهش(۲)
هش‌چه باشد عقل كل ای‌هوشمند عقل جزوی هش بود امّا نژند
جمله حیوانات وحشی زآدمی باشد از حیوان انسی دركمی
خون آنها خلق را باشد سبیل زانكه وحشی‌اند از عقل جلیل
❀ خون ایشان‌خلق‌را باشد روا زانكه انسان وا نبند ایشان سزا
عزّت‌وحشی بدان ساقط‌شده‌است كامِ انسان را مخالف آمده‌است
پس چه عزّت باشدت ای نادره چون شدی تو حمر مستنفره
خر نشاید كشت از بهر صلاح چون بود وحشی‌شودخونش مباح
گر چه خر را دانش زاجر نبود هیچ معذورش نمیدارد ودود

(۱) این‌دوبیت اشاره بیكی ازاسرار خلقت است‌كه هروقت نوع بشر تمام اخبار زمین‌طبیعت را بحواس خود برای سعهٔ وجودی خودجوهر كشی نمود بقسمی‌كه دیگر برای عالم‌خبری وجوهری ازعبرت وصنعت نماند قیامت بزرگ‌تكمیل شده وتمام عالم‌ازهم خواهد پاشید وباید خداوندمتعال عالم دیگری باز برای دیگران ابداع واختراع نماید . تا تعطیل در فیض نشود . (۲) این چند بیت اشاره بفلسفه مجاهده بدلیل قانون نشو وارتقای نظام عالم طبیعت است كه تاآنكه طبیعت برای اصلح غیر اصلح را از بین نبرد محال‌است كه ترقی وتنظیم نماید همچنین درنظامات اجتماعی تاضعفای عقول فدای اقویا نشوند محال است كه اقویا تقویت یافته مدنیت اجتماعی‌را ترقی دهند وهمچنین درزندگانی انفرادی برای ریاضات روحانی و سعهٔ عقلانی تاقوای‌جاهلانه نفسانیه درمملكت بدن‌بتمركزقوا كشته نگشته یابمخالفت نفس ضعیف‌نشود محال‌است‌كه قوای بعداز تمركز تنظیم یافته دست‌تصرف روی‌كشتها، ویاضعفای قوای نفسانی خود گذاشته آنهارا برای سعهٔ عقل خود زنده وتربیت‌نماید پس اشخاصی كه بمرتاضین هوای نفس كش‌كه قوای بدن خودرا بریاضت تحلیل میبرند باین‌قضیه كه (روح سالم باید دربدن‌سالم باشد) حمله میاورند مولوی جواب فرموده كه روح‌جاهل در بدن جاهل چون مریض بامراض مهلكه مسریه است باید بریاضت تحلیل رفته تاسرایت باغیار در زندگانی انفرادی برای معالجه نكند و پس از اصلاح و صحت در جامعه آمده روح سالم در بدن سالم را كه از نتائج است نه از مقدمات عملا و اخلاقاً ترویج نماید .

حبهٔ را جانب کان چون برم   قطرهٔ را سوی عمان چون برم   ۱   زیره را من سوی کرمان آورم   گر به‌پیش تو دل وجان آورم
نیست تخمی کاندر این انبارنیست   غیرحسن تو که آنرا یار نیست   ۲   لایق آن دیدم که من آینهٔ   پیش تو آرم چو نور سینهٔ
تا ببینی روی خوب خود درآن   ای توچون خورشید شمع‌آسمان   ۳   آینه آوردمت ای روشنی   تا چوبینی روی خود یادم‌کنی
آینه بیرون کشید او از بغل   خوب را آینه باشد مشتغل   ٤   آینهٔ هستی چه باشد نیستی   نیستی بگزین گر ابله نیستی(۱)
هستی اندر نیستی بتوان نمود   مالداران بر فقیر آرند جود   ۵   آینهٔ صافیّ نان خودگرسنه است   سوخته هم آینهٔ آتش زنه است
نیستیّ ونقص هرجائی‌که خاست   آینهٔ خوبیّ جمله هستهاست   ٦   ✻ بهرآنکه نیستی پالودگی است   وآنچه این‌هستی همه آلودگی‌است
چونکه جامه چست ودوزیده بود   مظهر فرهنگ درزی کی شود   ۷   ناتراشیده همی باید جذوع   تا دروگر اصل سازد یا فروع
خواجهٔ اشکسته بند آنجا رود   که در آنجا پای اشکسته بود   ۸   کی‌شود چون‌نیست رنجور ونزار   آنجمال صنعت طبّ آشکار
خواری و دونیّ مسها برملا   گر نباشد کی نماید کیمیا   ۹   نقصها آینهٔ وصف کمال   وان حقارت آینه عزّ و جلال
زانکه ضدّ را ضدّ کندپیدایقین   زانکه با سرکه پدیدست انگبین   ۱۰   هرکه نقص‌خویش‌را دیدوشناخت   اندراستکمال خود دواسبه تاخت
زان نمیپرّد بسوی ذوالجلال   کو گمانی میبرد خود را کمال   ۱۱   علتی بدتر ز پندار کمال   نیست اندر جانت ایمغرور ضال
ازدل و ازدیده‌ات بس خون‌رود   تا زتو این معجبی بیرون شود   ۱۲   علت ابلیس انا خیر بدست   وین‌مرض‌درنفس‌هرمخلوق‌هست(۲)
گرچه خودرا بس شکسته بیند او   آب صافی دان وسرگین زیرجو   ۱۳   چون بشورانی مراورا زامتحان   آب سرگین رنگ گردد درزمان
در تک جو هست سرگین ایفتی   گرچه جو صافی نماید مر ترا   ١٤   هست پیر راه دان پر فطن   باغهای نفس کل را جوی کن
جوی خودرا کی تواند پاک‌کرد   نافع ازعلم خدا شد علم مرد   ۱۵   آب جو سرگین نتاند پاک‌کرد   جهل نفسش را نروبد علم مرد
کی تراشد تیغ دستهٔ خویش را   رو بجرّاحی سپار این‌ریش را   ١٦   برسر هر ریش جمع‌آید مگس   تا نبیند قبح ریش خویش کس
وانمگس اندیشها و امال تو   ریش تو آن‌ظلمت احوال تو   ۱۷   ور نهد مرهم‌دران ریش توپیر   آن‌زمان ساکن شود درد ونفیر
تا نه پنداری‌که صحّت یافته‌است   پرتو مرهم بر آنجا تافته است   ۱۸   هین‌زمرهم‌سرمکش ای‌پشت‌ریش   وآن زپرتودان‌مدان‌ازاصل‌خویش
✻این‌سخن پایان ندارد ای‌جوان   ۱۹   بشنو اکنون قصهٔ درضمن آن

مرتد شدن کاتب‌وحی بسبب آنکه پرتو وحی بروی زد وآن آیه را پیش ازپیغمبر خواند وگفت‌من‌هم محلّ وحیم

پیش از عثمان یکی نسّاخ بود   کو بنسخ وحی جدّی می نمود   ۲۱   چون‌نبی ازوحی فرمودی سبق   او همانرا وانوشتی بر ورق
پرتو آن وحی بر وی تافتی   او درون خویش حکمت یافتی   ۲۲   عین آن حکمت‌بفرمودی رسول   زین قدر گمراه شدآن بوالفضول
کانچه میگوید رسول مستنیر   مرمرا هست‌آن حقیقت درضمیر   ۲۳   پرتو اندیشه اش زد بررسول   قهر حق آورد بر جانش نزول
✻ پرتو آن ناگهش بردل بتافت   در درون خویشتن حرفی نیافت   ٢٤   هم زنسّاخی برآمد هم ز دین   شد عدوی مصطفی از روی‌کین
مصطفی فرمود کای گبر عنود   چون‌سیه‌گشتی اگرنور ازتو بود   ۲۵   گر تو ینبوع الهی بوده ای   این چنین آب سیه نگشوده ای
اندرون میسوختش‌هم زین سبب   توبه کردن می نیارست ای عجب   ٢٦   تا که ناموسش به‌پیش این وآن   نشکند بربست از توبه دهان
آه میکرد و نبودش آه سود   چون در آمد تیغ و سر رادر ربود   ۲۷   کرده حق ناموس‌را صدمن حدید   ای بسا بسته به بند ناپدید
کبرو کفرآنسان ببست آن راه را   کو نیارد کرد ظاهر آه را   ۲۸   گفت اغلالا فهم به مقمحون   نیست آن اغلال مارا از برون
خلفهم سدّاً فاغشیناهم   می نبیند بند را پیش وپس او   ۲۹   رنگ‌صحرادارد آسدّی‌که خاست   او نمیداند که آن سدّ قضاست
شاهد تو سدّ روی شاهد است   مرشد تو سدّ گفت مرشد است   ۳۰   ای بسا کفار را سودای دین   بندشان ناموس وکبر و آن واین
بند پنهان لیك از آهن بتر(۳)   بند آهن را کند پاره تبر   ۳۱   بند آهن را توان کردن جدا   بند غیبی را نداند کس دوا

---

(۱) یعنی حقیقت آینه که غیرخودرا مینماید برای آنستکه ازخودنمائی گذشته و بمثل سایراجسام معدنی و اجسام کثیفه بزبان حال‌من من نمیزنند یعنی خودرا نشان نمیدهد لذا بمثل هوای صافی وآب زلال چون از خودنمائی گذشته همیشه غیر خود رانشان میدهد ونیز بمثل نور چون خود نما نیست همهٔ الوان و اشکال واجسام غیر خودرا نشان میدهد واگر تو بگوئی که من بالحس والعیان نور را می بینم که خود را نشان میدهد جواب میدهم که تو آنچه از نور مشاهده میکنی رنگ‌زردی وشکل‌گردی خورشید وضوبری شعله‌است نه حقیقت نور ونیز بمثل جاذبهٔ عموی وملکوت آن چون از خودنمائی درنزد حواس گذشته و ذاتاً پنهان شده همهٔ ترکیبات اجسام‌را باآثار وصفات نشان‌میدهد مثال بالا تراز همهٔ اینها ذات غیب الغیوب‌است که چون باحدی تاکنون خود نمائی نکرده و نخواهد هم کرد توانسته که همهٔ خلق را ظاهر نماید بقسمی که اگر بنای خودنمائی بهر موجودی مینمود آن‌موجود فوراً معدوم‌میشد پس‌خلق درآینه حق مشاهده میشود (چون مابه‌النظر است حق محسوس نیست) لذا صلاح‌عالم درغیبت حق‌است‌پس چون ظرف حقائق هستیها فضای نیستی است (والا هستی بر هستی تسلسل یادور محال لازم آید) پس نتیجه این دو صفحه ابیات مولوی درترك خودنمائی بمثال‌آینه غیرنما برای‌هرطالبی‌که میخواهد بحقائق (یا بعلم‌صوری یافلسفی یاعرفانی یابمکاشفه وبریاضت) برسد چنین‌میشود که تااز خودنمائی (که‌جولان‌خیال‌است) بمشق تمرکز وتوحیدنفس نگذرد وبمثل‌آینهٔ صیقلی یابمثل آب بی‌لجن وهوای بی‌غبار یعنی‌اخلاق بی‌رذیله وبمثل‌ملکوت بی علاقه بدنیا و بمثل ذات غیب الغیوب منزه از ما سوی الله نشود ممکن نیست که از مراتب خودنمائی گذشته و آینه حقائق نما بشود چه بدون این‌گذشت کلی این در مسدود و این طلب مردود است . (۲) فلسفه خودنمائی ابلیس واشتباه آن‌در تکبربدانکه ذره بین در مقابل آفتاب چون از خودآفتاب سوزنده‌تر است اگر شعور واختیار داشت ممکن‌بود اشتباه براو شده مقام خودرا ازآفتاب بمثل ابلیس از آدم بالاتر بداند چه ازباب کبر وحسادتی که بآدم داشته فقط نظر بطین و جسم آدم نموده نه بروح او در حالتی که سوزندگی آتش خلقت او که در قرآن است از ماوراء ذره‌بین خیال آدم بوده که ازتابش خورشید روح آدم در قوهٔ خیال که نفس آماره او باشد آتش خلقت اویافت شده و ابلیس از این نکته غفلت داشته که تکبر نموده (وانا خیر منه و خلقتنی من نار و خلقته من طین گفته) . (۳) مقصود از این بندها در آیهٔ ابیات فوق که درسورهٔ یس است بندهای ده‌گانه حواس ظاهره وباطنه است که علاقهٔ مادی بمراتب هفت‌گانه حب ریاست درانسان و علاقهٔ بصفات حیوانیه و نباتیه و معدنیه و عنصریه وجسمیه ومطلق مواد دنیویه بنام دیانت یا خدمت بجامعه وطلب نام نیك‌وناموس یافته که بچشم اهل دنیا پنهان و بچشم اهل آخرت محسوس‌خواهد شد

پیش سبحان بس نگهدارید دل　تا نگردید از گمان بد خجل　۱　کو ببیند سرّ وفکر و جستجو　همچو اندر شیر خالص تار مو
آنکه اوبی نقش وساده سینه‌شد　نقشهای غیب را آینه شد　۲　سرّ مارا بی گمان موقن شود　زانکه مؤمن آینهٔ مؤمن بود
❀مؤمنی او مؤمنی تو بی‌گمان　در میان هر دو فرقی بیکران(۱)　۳　چون زند این نقد مارا برمحك　پس یقین را باز داند او ز شك
　　　　چون شود جانش محكّ نقدها　۴　پس ببیند نقد را و قلب را

نشاندن پادشاهان صوفیان عارف را پیش‌روی خود تا چشمشان روشن شود

پادشاهان را چنین عادت بود　این شنیده باشی اریادت بود　۶　دست چپشان پهلوانان ایستند　زانکه دل پهلوی چپ باشد بیند
مشرف واهل قلم بردست راست　زانکه‌علم‌ثبت‌وخط‌آن‌دست راست　۷　صوفیان را پیش رو موضع دهند　کاینهٔ جانند وز آینه بهند
❀حاجیان این صوفیانند ای‌پسر　ساده و آزاده و افکنده سر　۸　سینها صیقل زده از ذکر وفکر　تا پذیرد آینهٔ دل نقش بکر
هرکه اوازصلب فطرت‌خوب زاد　آینه در پیش او باید نهاد　۹　عاشق آینه باشد روی خوب　صیقل جان آمد از تقوی‌القلوب
هر که دارد روی خوب بانظام　طالب آینه باشد والسلام　۱۰　بشنو اکنون یك مثال معنوی　تا تو دیگر قول صورت نشنوی

آمدن آشنائی از سفر بدیدن حضرت یوسف علیه‌السلام

آمد از آفاق یار مهربان　یوسف صدّیق را شد میهمان　۱۲　کاشنا بودند وقت کودکی　بر وسادهٔ آشنائی متکی
یاد دادش جور اخوان و حسد　گفت آن زنجیر بود وما اسد　۱۳　عار نبود شیر را از سلسله　نیست ما را ازقضای حق گله
شیر را بر گردن ار زنجیر بود　بر همهٔ زنجیر سازان میر بود　۱٤　گفت چون‌بودی تودرزندان‌وچاه　گفت همچون در محاق‌وکاست‌ماه
در محاق ار ماه نو گردد دوتا　نی در آخر بدر گردد بر سما　۱۵　گرچه دُر دانه بهاون کوفتند　نورچشم ودل شد و دفع گزند
گندمی را زیر خاك انداختند　پس ز خاکش خوشها برساختند　۱٦　بار دیگر کوفتندش ز آسیا　قیمتش افزود و نان شد جانفزا
باز نانرا زیر دندان کوفتند　گشت عقل و جان وفهم هوشمند　۱۷　بازآن جان‌چونکه‌محو عشق‌گشت　یعجب الزّراع آمد بعد کشت
باز آن جان چون بحق‌اومحوشد　باز ماند از سکر وسوی صحوشد　۱۸　❀عالمی را زان صلاح آمد ثمر　قوم دیگر را فلاح منتظر
　　　　این سخن پایان ندارد بازگرد　۱۹　تاکه بایوسف چه‌گفت آن نیکمرد

طلب کردن یوسف علیه‌السلام ارمغان ازمهمان

بعد قصه گفتنش گفت ایفلان　هین چه‌آوردی تو مارا ارمغان　۲۱　بر در یاران تهی دست آمدن　هست بی‌گندم سوی‌طاحون‌شدن
حقتعالی خلق را گوید بحشر　ارمغان کو ازبرای روز نشر　۲۲　جئتمونا و فرادی بینوا　هم بدانسان که خلقنا کم کذا
هین چه آوردید دست‌آویز را　ارمغان روز رستاخیز را　۲۳　یا امید بازگشتنتان نبود　وعدهٔ امروز باطلتان نمود
وعدهٔ مهمانیش را منکری　پس‌زمطبخ خاك‌وخاکستر بری　۲٤　ورنهٔ منکر چنین دست تهی　بردر آن دوست یاچون منهی
اندکی صرفه بکن‌ازخواب وخور　ارمغان بهر ملاقاتش ببر　۲۵　شو قلیل‌النوم مما یهجعون　باش در اسحار ازیستغفرون(۲)
اندکی جنبش بکن همچون جنین　تا ببخشندت حواس نوربین　۲٦　وزجهان چون‌رحم بیرون‌روی　اززمین در عرصهٔ واسع شوی
آنکه ارض‌الله واسع گفته اند　عرصهٔ دان‌کانبیا در رفته اند　۲۷　دل نگردد تنگ زانعرصهٔ فراخ　نخل تر آنجا نگردد خشك شاخ
حاملی تو مر حواست را کنون　کند ومانده میشویّ وسرنگون　۲۸　چونکه محمولی‌نه‌حامل وقت‌خواب　ماندگی رفت و شدی بی‌پیچ وتاب
چاشنیّ دان توحال خواب را　پیش محمولیّ حال اولیا　۲۹　اولیا اصحاب کهفند ایعنود　در قیام و در تقلب هم رقود
میکشدشان بی تکلف در فعال　بیخبر ذات الیمین ذات الشمال　۳۰　چیست آن ذات‌الیمین فعل حسن　چیست آن‌ذات الشمال اشغال تن
❀ گرتوبینی‌شان‌بدشواری درون　نیستشان خوفی ولاهم یحزنون　۳۱　❀ میرود این‌هردو ازمردم پدید　بیخبر زین هردو ایشان درمزید
میرود این هردوکار از انبیا　بیخبر زین هردو ایشان چون‌صدا　۳۲　گر صدایت بشنواند خیر وشرّ　ذات که باشد ز هر دو بیخبر

گفتن مهمان یوسف علیه السلام را که ارمغان بهر تو آینه آورده ام تا چون در آن نگری مرا یاد آوری

گفت یوسف هین بیاور ارمغان　او زشرم این تقاضا در فغان　۳٤　گفت من‌چند ارمغان جستم ترا　ارمغانی در نظر نامد مرا

---

(۱) یعنی بنابر تشکیك ذاتی وجود که درهر مرتبه و ماهیتی ظهوری دارد غیراز ظهورات دیگری پس ذات هر مؤمنی و پیغمبری چون مخصوص بمرتبهٔ از مراتب مختلفه وجود است انتهی درجه صعود هر مؤمن و پیغمبری بمرتبه و ذات خود است یعنی هیچ مؤمنی و پیغمبری ممکن نیست که از ذات خود گذشته بذات و مرتبهٔ دیگری برسد چه جای بذات اقدس خدا لذا عدد مؤمنین و پیغمبران بعدد مراتب تشکیکیّه حقیقت الوجود است که مولوی در این فصل مثال‌رابآئینه زده یعنی همینطوریکه آینه بصفای خود حکایت ازصفات اشعّه خورشید (بدون اینکه ازجمادّیت خود بالا رفته بذات خورشید برسد) مینماید همچنین محال‌استکه هر انسانی از انسانیت خود بالا رفته بانسانیت دیگری یابذات خداوند برسد بلکه بمثل آینه باید درمرتبهٔ خود بتمرکز قوا وتوحید نفس صیقلی شده تا نزول اشعه خداوندی را درخود باندازه سعه وضیق یا بقدر صیقلی حکایت بنماید.

(۲) اسرار طبیعی والهی سحرخیزی اما طبیعی چون الکتریسته مخصوصاً درثلث آخر شب نزدیکتر بسطح زمین و در روز برای تابش آفتاب بالاتر میرودکه غالباً تلگرافات دور را در شب مینمایند پس صاحبان علم‌الروح اگر میخواهند ازنزول الکتریسته برای جمع افکار خود استفاده نمایند باید سرشب خوابیده وکمتر غذا و آب میل نموده تا خواب سبك شده ثلث آخر شب بیدار شده مشغول استغفار از تفرقه حواس بشوند و امّا جهت الهی چون ملکوت بمثل دنیا دو جهت شب و روز دارد یعنی جهتیکه بخورشید حقیقت (الله نورالسموات والارض) داردکه روز آنها است فیض حقائق را گرفته و بجهتیکه بطبایع ظلمانی داردکه شب آنها است فیض خلقت را در این شب یعنی در این جهت تحتانی بطبایع میرساند پس چون شبهای حسّی مظهر شبهای غیبی و روز های حسی مظهر روز های غیبی است عبّاد و زهاد و مخصوصاً صاحبان علم‌الرّوح را مناسب آنستکه درشب مخصوصاً درسحرکه محلّ نزول ملائکه برای فیض‌بخشی‌است مشغول تمرکز افکار واستغفار ازتفرقهٔ حواس ومتوجه باذکار قلبی برای توحید نفس بشوند تا ازتوجهات تحتانی ملکوت بهتر از روز استفاده نمایند.

گر دوپا گر چارپا ره را بُرد   همچو مقراض دو تا یکتا بُرد   ۱   آن دو انبازان گازر را ببین   هست در ظاهر خلاف آن واین
آن یکی کرباس درجو میزند   وان دگر انباز خشکش میکند   ۲   باز او آن خشك را تر میکند   گوئیا ز استیزه ضد بر می تند
لیك آن دو ضدّ استیزه نما   یك دل و یك کار باشند ای‌فتی   ۳   هرنبیّ‌وهرولی‌را مسلکی است   لیك تا حق میبرد جمله یکیست(۱)
چونکه جمع مستمع را خواب‌برد   ۴   سنگهای آسیا را آب برد

روی درکشیدن سخن از ملالت مستمعان

رفتن این آب فوق آسیاست   رفتنش در آسیا بهر شماست   ۶   چون شمارا حاجت طاحون نماند   آب‌را در جوی اصلی‌باز راند(۲)
ناطقه سوی دهان تعلیم راست   ورنه خودآن آبراجوئی‌جداست(۳)   ۷   میرود بی بانگ و بی تکرارها   تحتها الانهار تا گلزار ها
ای خدا جان را تو بنما آن مقام   کاندران بی حرف میروید کلام   ۸   تا که سازد جان پاك از سرقدم   سوی عرصهٔ دور پهنای عدم
عرصهٔ بس باگشاد و با فضا   وین خیال و هست زو یابد نوا   ۹   تنگ تر آمد خیالات از عدم   زان سبب باشد خیال اسباب غم
باز هستی تنگ تر بود از خیال   زآن‌شود در وی‌قمر همچون‌هلال   ۱۰   باز هستیّ جهان حسّ و رنگ   تنگ تر آمد که زندانیست تنگ
علت تنگی است ترکیب و عدد   جانب ترکیب حسها می کشد   ۱۱   زان سوی حسّ عالم توحیددان   گر یکی خواهی بدانجانب بران
امر کن‌یك فعل بود ونونْ وکاف   در سخن افتاد و معنی بود صاف   ۱۲   این سخن پایان ندارد باز گرد   تاچه شد احوال گرگ اندر نبرد

ادب کردن شیر گرگ را بجهة بی ادبی او

گرگ را برکند سر آن سرفراز   تا نماند دو سریّ و امتیاز   ۱۴   فانتقمنا منهم‌است ای گرگ پیر   چون نبودی مرده در پیش امیر
بعد از آن رو شیر با روباه کرد   گفت‌این را بخش‌کن ازبهرخورد   ۱۵   سجده کرد وگفت‌کاین‌گاو سمین   چاشت خوردت باشدای شاه مهین
وین بز از بهر میانه روز را   یخنئی باشد شه پیروز را   ۱۶   وآن دگر خرگوش بهر شام هم   شبچره ای شاه با لطف و کرم
گفت ای روبه توعدل افروختی   این چنین قسمت ز که آموختی   ۱۷   از کجا آموختی این‌ای بزرگ   گفت ای شاه جهان ازحال گرگ
گفت‌همچون درعشق ماگشتی‌گرو   هر سه را برگیر و بستان وبرو   ۱۸   روبها چون جملگی ما را شدی   چونت آزاریم چون تو ما شدی
ما ترا و جمله اشکاران ترا   پای بر گردون هفتم نه برآ   ۱۹   چون گرفتی عبرت از گرگ دنی   پس تو روبه نیستی شیر منی
عاقل آن باشد که عبرت گیرداز   مرگ یاران در بلای محترز   ۲۰   روبه‌آن دم برزبان صد شکر راند   که مرا شیر ازپس‌آن گرگ‌خواند
گرمرا اوّل بفرمودی که تو   بخش‌کن‌این‌را که بردی جان‌ازاو   ۲۱   پس سپاس اورا که مارا درجهان   کرد پیدا از پس پیشینیان
تا شنیدیم آن سیاستهای حق   بر قرون ماضیه اندر سبق   ۲۲   تا که ما از حال آن گرگان پیش   همچو روبه پاس‌خود داریم بیش
امت مرحومه زین رو خواندمان   آن رسول حقّ وصادق در بیان   ۲۳   استخوان و پشم آن‌گرگان عیان   بنگرید و پند گیرید ای مهان
عاقل از سر بنهداین هستیّ وباد   چون شنید انجام فرعونان و عاد   ۲۴   ورنه بنهد دیگران از حال او   عبرتی گیرند از اضلال او

تهدید کردن نوح علیه السلام مر قوم را که بامن میپچید که من روی پوشم خدایرا پس با خدا می پیچید نه با من

❀ گفت‌نوح اندر نصیحت قوم‌را   در پذیرید از خدا آخر عطا   ۲۷   بنگرید ای سرکشان من من نیم   من ز جان مردم بجانان میزیم
چون ز جان مردم بجانان زنده‌ام   نیست مرگم تا ابد پاینده‌ام   ۲۸   چون بمردم از حواس بوالبشر   حق مرا شد سمع وادراك وبصر
چونکه من‌من‌نیستم این‌دم‌زهوست   پیش این‌دم‌هرکه دم‌زدکافر اوست   ۲۹   هست اندر نقش این روباه شیر   سوی این روبه نشاید شد دلیر
گر زروی صورتش می نگروی   غرّش شیران از او می نشنوی   ۳۰   گر نبودی نوح را از حق یدی   پس جهانی را چسان بر همزدی
صد هزاران شیر بود اندر تنی   ❀ هر دوعالم را همی دید ارزنی   ۳۱   او برون رفته بُد از ما ومنی❀   او چو آتش بود و عالم خرمنی
چونکه‌خرمن پاس‌عشر اونداشت   او چنان شعله‌بران خرمن گماشت   ۳۲   هرکه او در پیش این شیر نهان   بی ادب چون‌گرگ بگشایددهان
همچوگرگ شیر آن بر درّاندش   فانتقمنا منهمُ بر خواندش   ۳۳   زخم‌یابد همچوگرگ ازدست شیر   پیش شیر ابله بود کو شد دلیر
کاشکی آن زخم بر جسم آمدی   تا بُدی کایمان و دل سالم بدی   ۳۴   قوّتم بگسست چون اینجا رسید   چون توانم کردن‌این‌سرّ را پدید
❀لیك هم رمزی بگویم با شما   بوکه دریابید و گردید آشنا   ۳۵   همچو آن روبه کم اشکم کنید   پیش او روباه بازی کم کنید
جمله ما و من بپیش او نهید   ملك ملك اوست ملك اورا دهید   ۳۶   چون فقیر آئید اندر راه راست   شیر وصید شیرخود آن شماست
زانکه‌اوپاکست‌وسبحان‌وصف‌اوست   بی‌نیازاست او ز مغز نغز وپوست   ۳۷   هر شکار وهر کراماتی که هست   از برای بندگان آن شه است
❀ گفت الیس الله بکاف عبده   تا نگردد بنده هر سو حیله جو   ۳۸   ❀هرکه او برحق توکل میکند   او بجای خود تفضل میکند
نیست‌شه راطمع‌وبهر خلق ساخت   این همه دولت خنك آنکو شناخت   ۳۹   آنکه دولت آفرید و دو سرا   ملك و دولتها چکار آید ورا

---

(۱) یعنی چون مقصود همهٔ انبیاء و اولیاء ازهمه اجزای شرایع این سه اصل است (توحید رب‌که مبدء است و توحید نفس بملکه جمع حواس که معاداست وعمل صالح‌که برای خدا نه برای نفس باشد) یعنی هرکس باین سه اصل عمل نماید اهل نجات است کما قال الله تعالی (انّ‌الذین آمنوا والذین هادوا والنصاری والصابئین من آمن بالله والیوم‌الاخر وعمل‌صالحاً فلهم اجرهم عند ربهم الخ) پس‌چون تمام مذاهب بقول مولوی یکی‌وجمع در حقانیت بودند درآخرآیه هم ضمیرهای آنان بااختلافاتی‌که داشتند تعبیربجمع شده‌است پس نظر بظاهر این‌آیه خصوص مذهبی بمدخلیت درنجات ندارد (۲) یعنی اگر شما احتیاج بآسیای دهان انبیاء و اولیاء (که مطالب الهی را از عوالم غیب تنزل داده و نرم‌کرده و مطابق عقول شما در دهان ارواح شما جویده و گذاشته تا خوب فهمیده و هضم نمائید) نداشته باشید یعنی شمارا از شنیدن خواب غفلت بگیرد که در بیت سابق اشاره باین خواب نمود آب آسیا که حقیقت‌الوجود است بنهر های خود که جویهای اسماء و صفات تحت جنت ذات است (که اصل آب علم انبیاء همانا از آنجا است) باصل خود برگشته یعنی دهان آنها از سخن بسته خواهد شد . (۳) یعنی بادراك کلیات که فصل ممیز نفس ناطقه است‌که تجلی در دهان برای اتصال‌جزئیات خلقیه بکلیات الهیه نموده لذاباید محمولات قضایای ملفوظه بکلیات لابشرط مقسمی‌باشد والاحمل برموضوعات نخواهدشد

چون ز که دریشه آوردندشان کشته ومجروح و اندر خون کشان ۱ گرگ و روبه را طمع بد اندرآن که رود قسمت بعدل خسروان
عکس طمع هر دوشان برشیر زد شیر دانست آن طمعها را سند ۲ هرکه باشد شیر اسرار و امیر او بداند هرچه اندیشد ضمیر
هین نگه دار ای دل اندیشه خو دل ز اندیشهٔ بدی در پیش او ۳ داند و خررا همی راند خموش بر رخت خندد برای روی پوش
شیرچون دانست آن وسواسشان وانگفت و داشت آن‌دم پاسشان ۴ لیك با خود گفت بنمایم سزا مر شما را ای خسیسان گدا
مر شما را بس نیامد رای من ظنتان این است در اعطای من ۵ ای وجود رایتان از رای من از عطاهای جهان آرای من
نقش بانقاش چه اسگالد دگر چون سگالش اوش بخشید ونظر ۶ این چنین ظنّ خسیسانه بمن مر شما را بود ننگان زمن
ظانین بالله ظنّ السوء را گر نبرّم سر بود عین خطا ۷ وارهانم چرخ را از ننگتان تا بماند در جهان این داستان
شیر با این فکرمیزد خنده فاش بر تبسمهای شیر ایمن مباش ۸ مال دنیا شد تبسمهای حق کردمارا مست وهم مغرور خلق
فقر و رنجوری بهست ای سند ۹ کان تبسم دام خود را برکند

امتحان کردن شیر گرگ را وگفتن که این صید ها را قسمت کن

گفت شیر ای گرگ این‌رابخش کن معدلت‌را نوکن ای گرگ کهن ۱۱ نایب من باش در قسمت گری تا پدید آید که تو چه گوهری
گفت ای‌شه گاو وحشی بخش‌تست آن‌بزرگ وتوبزرگ وزفت‌وچست ۱۲ بزمرا که بز میانه است و وسط روبها خرگوش بستان بی غلط
شیرگفت‌ای‌گرگ چون‌گفتی بگو چونکه من باشم تو گوئی ما وتو ۱۳ گرگ‌خودچه‌سگ بودکوخویش دید پیش‌چون من‌شیر بی‌مثل و ندید
گفت پیش‌آ کس‌خری‌چون‌تو‌ندید پیشش آمد پنجه زد او را درید ۱۴ چون ندیدش مغز و تدبیر رشید در سیاست پوستش از سرکشید
گفت چون دیدمنت ازخود نبرد این چنین جان را بباید زارمرد ۱۵ چون نبودی فانی اندر پیش من فرض آمد مر ترا گردن زدن
٭گرچه‌غالب دارم اندربذل‌فضل گاه گاهی هم کنم از عدل فضل ۱۶ کل شیئی هالكٌ جز وجه او چون نهٔ در وجه او هستی مجو
هر که اندر وجه ما باشد فنا کل شئی هالك نبود ورا (۱) ۱۷ زانکه در الاست او ازلاگذشت هرکه در الا است‌او فانی‌نگشت
هرکه بر در او من و مامیزند ۱۸ ردّ بابست او و برلا میتند

قصهٔ آنکس که در یاری بکوفت از درون گفت کیست گفت منم گفت چون تو توئی در نمیگشایم که کسی ازیاران را نشناسم که من باشد

آن یکی آمد در یاری بزد گفت یارش کیستی ای معتمد ۲۱ گفت من‌گفتش برو هنگام نیست بر چنین خوانی مقام خام نیست
خام را جز آتش هجر و فراق که پزد که وارهاند از نفاق ۲۲ چون توئیّ تو هنوز ازتو نرفت سوختن باید ترا در نار تفت
رفت آن مسکین وسالی در سفر در فراق یار سوزید از شرر ۲۳ پخته‌گشت‌آن‌سوخته پس باز گشت باز گرد خانهٔ انباز گشت
حلقه زد بر در بصد ترس وادب تا بنجهد بی ادب لفظی ز لب ۲۴ بانگ زدیارش‌که بردر کیست آن گفت بردرهم توئی ای دلستان
گفت اکنون‌چون‌منی ای‌من درا نیست‌گنجائی دو من در یك سرا ۲۵ ٭ چون‌یکی‌باشد همه نبود دوئی هم منی برخیزد آنجا هم‌توئی(۲)
نیست سوزن را سر رشته دو تا چونکه‌یکتائی در این سوزن درآ ۲۶ رشته را باسوزن آمد ارتباط نیست‌درخورباجمل سمّ‌الخیاط(۳)
کی شود باریك هستیّ جمل جز بمقراض ریاضات و عمل ۲۷ دست حق باید مر آنرا ای فلان کان بود برهر محالی کن فکان
هر محال از دست او ممکن شود هر حرون ازبیم او ساکن شود ۲۸ اکمه و ابرص چه باشد مرده نیز زنده گردد از فسون آن عزیز
وآن عدم کز مرده مرده‌تر بود در کف ایجاد او مضطر بود ۲۹ کل یوم هو فی شان‌را بخوان مرورا بی‌کاروبی فعلی مدان(۴)
کمترین کارش بهرروز آن بود کوسه لشکر را روانه میکند ۳۰ لشکری ز اصلاب سوی امهات بهر آن تا در رحم روید نبات
لشکری ز ارحام سوی خاکدان تا ز نرّ و ماده پر گردد جهان ۳۱ لشکری از خاکدان سوی اجل تا ببیند هر کسی حسن عمل
٭باز بی‌شك بیش‌ازآنها میرسد آنچه ازحق‌سوی‌جانها میرسد(۵) ۳۲ ٭وآنچه از جانها بدلها میرسد و آنچه از دلها بگلها میرسد
٭اینت لشکرهای حق بیحدّ ومر ازپی این گفت ذکری للبشر ۳۳ این سخن پایان‌ندارد هین بتاز سوی آن دویار پاك باز

خواندن آن یار یار خود را پس از تربیت یافتن

گفت یارش کاندرآ ای جمله‌من نی مخالف چون گل و خار چمن ۳۵ رشته یکتا شد غلط کم شد کنون گر دوتابینی حروف کاف و نون
کاف‌ونون‌همچون‌کمندآمد جذوب تاکشاند مرعدم‌را درخطوب(۶) ۳۶ پس دوتا باید کمند اندر صور گرچه یکتا باشد آن دو در اثر

---

(۱) مقصود از وجه‌الله حقیقت‌الوجود است‌که چون نقیض هرعدمی است محال استکه فنا گردد پس هرکس بمشق جمع حواس و مراقبه تامه فانی در اوگردد بعلاوه آنکه هیچ‌گاه ذاتاً و روحاً فانی نخواهد شد همه هستیهای اشیاء مطابق نظام عالم‌که مظهر الهست از او شده و او وجه‌الله الباقی در همه اشیاء خواهد شد . (۲) یعنی من و تو چون از امور اضافیه وبدون یکدیگر نمیشود و نیز درقلب واحد نمیگنجد پس هریك از بین برود هردو از بین رفته وصاحب قلب ازکشمکش هردو نجات یافته و بوحدت وجود که فوق هردو است رسیده و راحت ابدی خواهد شد پس مقصود از من وتو خیال وتفرقهٔ حواس است‌که حجاب راحت ابدی ومعشوق ازلی است (۳) اشاره باین آیه است (لا یدخلون‌الجنة حتی یلج‌الجمل فی سمّ‌الخیاط) یعنی داخل جنت ملکوت و جنت اسماء و صفات حق و جنت سلب علاقه‌که راحت ابدیست نخواهند شد تا آنکه بدنهای آنان (که بمنزله شتر بارکش روح است) بمقراض ریاضت در مقام تمرکز قوا و جمع حواس بمثل رشتهٔ باریك قابل سوزن نشود اگرچه این آیه درشان کفار وتعلیق برمحال است ولکن با محال عادی‌بودن ریاضات تامه در تحصیل توحید نفس مشترك است که مولوی فرموده (هرمحال از دست او ممکن شود) یعنی با توجهات استاد کامل ممکن‌شود . (٤) نکره بودن شان دلالت برشئون غیر متناهی مینماید ؛ (۵) یعنی چون ذرعوالم غیبیه حجاب نیست بر حسب قانون افاضات اشراقیه برنفوس مجرده از نورالانوار و سایر اشعه بواسطه ویا بلا واسطه اشراقات غیر متناهیه بمثل عکوس غیر متناهیه در آینه های متقابله خواهد شد . (٦) مقصود از خطاب کن وحقیقت ایجاد است که چون هر ایجادی دو روی بحق وخلق دارد در عالم الفاظ تعبیر ازاین ایجاد بدو حرف کاف ونون شده والا درحقیقت یکیست .

دفتر اول

❀ آفتاب روح نی آن فلک   که ز نورش زنده‌اند انس و ملک
در بشر روپوش گشتست آفتاب   فهم کن والله اعلم بالصواب
یا علی از جملهٔ طاعات راه   برگزین تو سایهٔ خاص اله(۱)
هرکسی در طاعتی بگریختند   خویشتن را مخلصی انگیختند
تو برو در سایهٔ عاقل گریز   تا رهی زان‌دشمن‌پنهان ستیز(۲)
ازهمه طاعات اینت لایق است   سبق یابی برهرانکو سابق است
چون گرفتی پیر هین تسلیم شو   همچو موسی زیر حکم خضر رو
صبرکن برکار خضرای بی نفاق   تا نگوید خضر رو هذا فراق
گرچه کشتی بشکند تو دم مزن   گرچه طفلی را کشد تو مومکن
دست‌اوراحق‌چودست‌خویش‌خواند   پس یدالله فوق ایدیهم براند
دست حق میرانش زنده‌اش کند   زنده چبود جان پاینده‌اش کند
❀ یار باید راه را تنها مرو   از سر خود اندراین صحرا مرو
هرکه تنها نادرا این ره برید   هم بعون همت پیران رسید
دست پیر از غایبان کوتاه نیست   دست او جز قبضهٔ الله نیست
غائبان راچون چنین خلعت دهند   حاضران از غائبان لاشك بهند
غائبان را چون نواله می دهند   پیش مهمان تا چه نعمتها نهند
کو کسی که پیش شه بندد کمر   تاکسی که هست از بیرون در
❀فرق‌بسیار است ونابد درحساب   آن زاهل‌کشف واین‌زاهل‌حجاب
جهد میکن تا رهی یابی درون   ورنه‌مانی حلقه‌وار از در برون
چون‌گزیدی پیر نازك دل مباش   سست وریزیده چوآب وگل مباش
ور بهر زخمی تو پر کینه شوی   پس کجا بی صیقل آینه شوی

کبودی زدن مرد قزوینی بر شانه گاه وپشیمان شدن او بسبب زخم سوزن

این حکایت بشنو ازصاحب بیان   در طریق و عادت قزوینیان
برتن ودست و کتفها بی درنگ   میزدند از صورت شیر و پلنگ
بر چنان صورت پیابی بی گزند   از سر سوزن کبودیها زنند
سوی دلاکی بشد قزوینئی   که کبودم زن بکن شیرینئی
گفت چه‌صورت زنم ای پهلوان   گفت برزن صورت شیر ژیان
طالعم شیر است نقش شیر زن   جهد کن رنگ کبودی سیر زن
گفت برچه موضعت صورت‌زنم   گفت برشانه گهم زن آن رقم
تا شود پشتم قوی در رزم و بزم   با چنین شیر ژیان در عزم حزم
چونکه اوسوزن فروبردن گرفت   درد آن در شانگه مسکن گرفت
پهلوان در ناله آمد کای سنی   مر مرا کشتی چه صورت میزنی
گفت آخر شیر فرمودی مرا   گفت از چه عضو کردی ابتدا
گفت از دمگاه آغازیده‌ام   گفت دم بگذار ای دو دیده‌ام
از دم و دمگاه شیرم دم گرفت   دمگه او دمگهم محکم گرفت
شیر بی دم باش گو ای‌شیرساز   که دلم سستی گرفت از زخم‌گاز
جانب دیگر گرفت‌آن شخص زخم   بی محابا بی مواسائی و رحم
بانگ‌زد اوکاین‌چه اندامست‌ازاو   گفت اوگوش است این ای نیکخو
گفت تاگوشش نباشد ای همام   گوش را بگذار وکوته کن کلام
جانب دیگر خلش آغاز کرد   باز قزوینی فغان را ساز کرد
کاین سیم جانب‌چه اندامست نیز   گفت این‌است اشکم شیرای‌عزیز
گفت گو اشکم نباشد شیر را   خود چه اشکم باید این ادبیر را
❀دردافزون گشت کم‌زن زخمها   اشکم چه شیر را بهر خدا
خیره شددلاك وبس حیران بماند   تا بدیر انگشت بر دندان بماند
بر زمین زد سوزن آندم اوستاد   گفت در عالم کسی را این فتاد
شیربی دم وسر و اشکم که دید   این چنین شیری خدا کی آفرید
❀ چون‌نداری طاقت سوزن‌زدن   از چنین شیر ژیان پس دم‌مزن
ای برادر صبر کن بردرد نیش   تارهی از نیش نفس گبر خویش
کان گروهی که رهیدند ازوجود   چرخ ومهر و ماهشان آرد سجود
هرکه‌مرد اندر تن او نفس گبر   مرورا فرمان برد خورشید وابر
چون دلش آموخت شمع افروختن   آفتاب او را نیارد سوختن
گفت حق در آفتاب منتجم   ذکر تزاور کذا عن کهفهم
خفتگانی کز خدا بد کارشان   میل کردی آفتاب از غارشان
خار جمله لطف چون گل میشود   پیش جزوی کو بر کل میشود
چیست تعظیم خدا افراشتن   خویشتن راخوار و خاکی داشتن
چیست توحید خدا آموختن   خویشتن را پیش واحد سوختن
گرهمی‌خواهی که‌بفروزی چوروز   هستی همچون شب‌خود را بسوز
هستیت در هست‌ آن هستی نواز   همچو مس در کیمیا اندر گداز
درمن وما سخت کردستی دودست   هست این جمله خرابی ازدوهست

رفتن گرگ و روباه در خدمت شیر بشکار

شیر وگرگ و روبهی بهر شکار   رفته بودند از طلب در کوهسار
کان‌سه باهم‌اندرآن صحرای‌ژرف   صیدها گیرند بسیار و شگرف
تا پشت همدگر از صید ها   سخت بربندند بار و قید ها
گرچه ز ایشان شیر نر رانتگ‌بود   لیك کرد اکرام و همراهی نمود
این‌چنین شه را ز لشکر زحمتست   لیك همره شد جماعت رحمتست
همچنین مه را ز اختر ننگهاست   او میان اختران بهر سخاست
امر شاورهم پیمبر را رسید   گرچه رایش رانبد رائی مزید(۳)
در ترازو جو رفیق زرشده‌است   نی‌ازآنکه‌جوچوزر گوهر شده است
روح‌قالب‌را کنون‌همره شده‌است   مدتی سگ حارس درگه شده است
چونکه رفتند آن‌جماعت سوی‌کوه   در رکاب شیر با فر و شکوه
گاوکوهی و بز و خرگوش زفت   یافتند و کار ایشان پیش رفت
هرکه باشد در پی شیر حراب   کم نیاید روز و شب او را کباب

---

(۱) یعنی چون هر راهی را براه دارش سپردند پس پایه محکم تمام هفت وادی بقول مرتاضین وهفتاد و دو عقبه بقول متشرعین و صحت اصول دیانت بقول متکلمین بسته بشناختن بدون اشتباه عالم وقت (در فن علم الرّوح است) بقسمی‌که اگر در این اشتباه بشود ومدّعیان کاذب رااز خاصان اله تمیز ندهد درهمهٔ آنها اشتباه خواهد شد چه در حقائق و روحیات اشتباه در مدّعی عین اشتباه درمدّعا است. (۲) یعنی یکی از علائم حقیقت عالم وقت‌قوهٔ عاقله او است که باید ازعهدهٔ معقولات این راه تعلیم و تربیت نفس در هرمنهب وملتی مطابق عقول آنان برآید چه مهمترین اصول پنج‌گانه دیانت ازتوحید ونبوت وامامت وخضر وقت شناسی وعقل همین اصل پنجم است کمااینکه دراول اصول‌کافی از « حضرت صادق (ع) » وارد است (من‌کان له عقل‌کان له دین) یعنی اهل هر منهبی که‌عقل دارند دین دارند چه هر کسی مسئول عقل و وجدان خود است نه حقائق پس‌مقصود مولوی در این بیت آنست‌که اگرمیخواهی تقلید نمائی از عقل خود ویا ازعاقلی که تقویت و تربیت عقل تورا بعقل بنماید تقلید کن .
(۳) اشاره بآیهٔ (و شاورهم فی‌الامرو اذا عزمت فتوکل علی‌الله) بدانکه عزم واراده بامشورت وتوکل ظاهراً منافات دارد کما اینکه در فرد دوم اشاره باستقلال عزم ختمی مرتبت نموده اما باطناً مؤید و دلیل سعهٔ عزم است چه توکل که راضی شدن بنفی و اثبات مقصد و انجام و عدم انجام عزم است البته عزم را در مقام بسط قلب تقویت خواهد نمود (بخلاف عزم محدود ومقید بانجام فقط) که البته مضطرب است چه هر اندازه عزم قوی باشد باز احتمال شدن ونشد دارد واین دلیل اضطراب عزم است واما مشورت پیغمبربرای تشویق اصحاب‌است و این مؤید عزم است .

۱ لطف سبزه جزو لطف گل بود / بانگ قمری جزو آن بلبل بود(۱) — گر شوم مشغول اشکال وجواب / تشنگانرا کی توانم داد آب
۲ ور تو اشکالی بکلی و حرج / صبر کن کالصبرُ مفتاح الفرج — احتما کن احتمی ز اندیشها / زانکه شیرانند در این بیشها (۲)
۳ احتما ها مر دواها را سراست / هضم دار و علت نو دیگر است — احتما ها بر دواها سرور است / زانکه خاریدن فزونیّ گراست
۴ ❀ احتما اصل دوا آمد یقین / احتما کن قوت جانت ببین — قابل این گفتها شو گوش وار / تا که ازرز سازمت من گوشوار
۵ گوشواره چه که کان زر شوی / تا بماه و تا ثریّا بر شوی — اولا بشنو که خلق مختلف / مختلف جانند از یا تا الف
۶ درحروف مختلف شور وشکی است / گرچه ازیکروز سرتا پا یکی است — از یکی رو ضدّ و یکرو متحدّ / ازیکی روهزل واز یکروی جدّ
۷ پس قیامت روزعرض اکبراست / عرض اوخواهدکه بازیب وفراست — هرکه چون هندوُ بد وسودائیست / روز عرضش نوبت رسوائیست
۸ چون ندارد روی همچون آفتاب / او نخواهد جزشب همچون نقاب — برگ یک گل چون ندارد خار او / شد بهاران دشمن اسرار او
۹ وانکه سرتاپا گلست وسوسن است / پس بهاراورا دوچشم روشن است — خار بیمعنی خزان خواهد خزان / تا زند پهلوی خود با گلستان
۱۰ تا بپوشد حسن آن و ننگِ این / تا نبینی ننگ آن و رنگ این — پس خزان او را بهارست وحیات / یك نماید سنگ و یاقوت زکات
۱۱ باغبان هم داند آنرا در خزان / لیك دیدِ یك به از دید جهان — خودجهان آن یك کست واوشه است / هرستاره برفلك جزو مه است
۱۲ خود جهان آن یك کس است وباقیان / جمله اتباع و طفیلند ای فلان — ❀ اوجهان کامل است ومفرداست / نسخهٔ کل وجود او را بداست
۱۳ پس همی گویند هرنقش ونگار / مژده مژده نك همی آید بهار — تا بود تابان شکوفه چون زره / کی کنند آن میوه ها پیدا گره
۱۴ چون شکوفه ریخت میوه سرکند / چونکه تن بشکست جان سربرکند — میوه معنیّ و شکوفه صورتش / آن شکوفه مژده میوه نعمتش
۱۵ چون شکوفه ریخت میوه شد پدید / چونکه آن کم شد شد این اندرمزید — تا که نان نشکست قوّت کی دهد / ناشکسته خوشها کی می دهد
۱۶ تا هلیله نشکند با ادویه / کی شود خود صحت افزا درریه — ایضیاء الحق حسام الدین بگیر / یکدو کاغذ برفزا دروصف پیر

در صفت پیرو مطاوعت کردن با او

۱۸ گرچه جسمت نازکست وبس نزار / بر نمی آید جهانرا بی توکار — گرچه جسم نازکت رازور نیست / لیك بی خورشید مارا نور نیست
۱۹ گر چه مصباح و زجاجه گشتهٔ / لیك سرخیل دل و سر رشتهٔ — چون سررشته بدست وکام تست / درّهای عقد دل ز انعام تست
۲۰ برنویس احوال پیر راه دان / پیر را بگزین وعین راه دان — پیر تابستان و خلقان تیر ماه / خلق مانند شبند و پیر ماه
۲۱ کرده‌ام بخت جوان را نام پیر / کو زحق پیراست نز ایّام پیر(۳) — او چنان پیراست کش آغاز نیست / با چنان دُرّ یتیم انباز نیست
۲۲ خود قوی تر میبود خمر کهن / خاصه آن خمری که باشد من لدن — ❀خود قوی‌تر میشود خمر قدیم / این کهن تر بهتر ایشیخ علیم
۲۳ پیر را بگزین که بی پیر این سفر / هست بس پرآفت وخوف وخطر — آن رهی که بار ها تو رفتهٔ / بی قلاوز اندر آن آشفتهٔ
۲۴ پس رهی را که نرفتی توهیچ / هین مرو تنها ز رهبر سر مپیچ — ❀ هرکه او بی مرشدی درراه شد / او ز غولان گمره ودر چاه شد
۲۵ گر نباشد سایهٔ پیر ای فضول / بس تراسرگشته دارد بانگ غول — غولت از راه افکند اندر گزند / ازتوداهی‌تر دراین ره بس بُدند
۲۶ از نُبی بشنو ضلال رهروان / که چسان کردشان ابلیس بد روان — صدهزاران ساله راه ازجاده دور / بردشان و کردشان ز ادبار عور
۲۷ استخوانهاشان ببین و مویشان / عبرتی گیر و مران خر سویشان — گردن خر گیر و سوی راه کش / سوی رهبانان و رهدانان خوش
۲۸ هین مهل خررا ودست ازوی مدار / زانکه عشق اوست سوی سبزه‌زار — گر یکی دم تو بغفلت واهلیش / او رود فرسنگها سوی حشیش
۲۹ دشمن راهست خرمستِ علف / ای بسا خربنده کزوی شد تلف — گر ندانی رهبر آنچه خربخواست / عکس آنرا کن که هست آن راه راست
۳۰ شاوروهنّ پس آنگه خالفوا / انّ مَن لم یعصهن تالفُ — با هوا و آرزو کم باش دوست / چون یُضلك عن سبیل الله اوست
۳۱ این هوا را نشکند اندر جهان / هیچ چیزی همچو سایهٔ همرهان

وصیت کردن رسول خدا صلعم مرعلی (ع) را که چون هرکسی بنوع طاعتی تقرب بحق جوید توتقرب جوی بصحبت عاقل و بندهٔ خاص تا ازایشان همه پیش قدم باشی قال النبی اذا تقرّب الناس الی خالقهم بانواع البرّ فتقرب الی ربك با العقل والسر تستبقهم بالدرجات والزلفی عندالناس فی الدنیا و عندالله فی الآخره

۳۵ گفت پیغمبر علی را کای علی / شیر حقیّ پهلوانی پُر دلی — لیك بر شیری مکن هم اعتمید / اندرآ در سایهٔ نخل امید
۳۶ ❀ هرکسی گرطاعتی پیش آورند / بهر قرب حضرت بیچون و چند — ❀تو تقرّب جو بعقل وسرّ خویش / نی چو ایشان برکمال وبرّ خویش
۳۷ اندرا در سایهٔ آن عاقلی / کش نتاند برد از ره ناقلی — ❀ پس تقرب جو بدو سوی اله / سر مپیچ از طاعت او هیچ گاه
۳۸ ❀زانکه او هرخار را گلشن کند / دیدهٔ هر کور را روشن کند — ظلّ او اندر زمین چون کوه قاف / روح او سیمرغ بس عالی طواف
۳۹ ❀ دستگیر و بندهٔ خاص اله / طالبان را میبرد تا پیشگاه — گر بگویم تا قیامت نعت او / هیچ آنرا غایت و مقطع مجو

---

(۱) این چند مثال برای حلّ مسئله فوق است یعنی اگر جزوی بخواهد پی بکلی خود یابی بنسبت بین خود و کلی ببرد باید (بمثل بوی گل وگل ولطف سبزه و لطف گل و بانگ قمری وبلبل که هردو ازیك اصل وسنخیت است سنخیت باکلی بگذشت ازصفات جزئیت وفنای درکلی احاطی خود که حقیقت الوجود است بتمرکز قوا پیدا کند و الا این در مسدود وطلب مردود است . (۲) یعنی یگانه راه ریاضت و تکمیل نفس پرهیز از اندیشهای درهم و برهم و افکار غیر منظمه بمشق تمرکز افکار است چه هر فکری در بیشه اندیشه شیری است که جان را بتفرقهٔ حواس پاره پاره کرده سرمایهٔ عمر آدمی را میخورد (کما اینکه درطب پرهیز در معالجه مؤثر تر از خوردن دوا است زیرا خوردن دوا تحمیل بر معده و هضم دیگری لازم دارد) همچنین در معالجات روحی اعتبار در پرهیز یعنی ملاك سلب علاقه مطلق است لا غیر چه هر چه غیراین سلب باشد باز گرفتاری و قید وحجاب معشوق بی قید و منزه است . (۳) یعنی مقصود از پیر پیرروحی ارشاداست که بهر اندازه ازطرف روبرو یعنی ازطرف دنیا وتفرقهٔ حواس مرده باشد از طرف پشت سر که (دهریات و سرمدیات وازلیات است) عمر روحانیش طولانی شده ویاد از همه آنها بعنوان مکاشفه داده برای مریدان بعنوان هدایت بیان مینماید اگرچه صورتاً جوان باشد .

چون‌خلیفه دید واحوالش شنید   آن سبو را پر ز زرکرد ومزید
پس نقیبی را بفرمود آن قباد   آن‌جهان بخشش وآن بحر داد
ازره خشك آمده است وآن‌سفر   از ره دجله اش بود نزدیکتر
☸ همچنان‌کردند ودادندش سبو   پر زر و بردند تا دجله دوتو
کای‌عجب لطف آن‌شه وهاب‌را   وین عجب‌تر کو ستد آن آب‌را
کلّ عالم را سبو دان ای‌پسر   کان بود از لطف وخوبی تابسر
گنج مخفی بُد ز پرّی چاک‌کرد   خاك را تابان تر از افلاك کرد
ور بدیدی قطره از دجله خدا   آن سبو را او فنا کردی فنا
ای زغیرت برسبو سنگی زده   آن سبو زاشکست کاملتر شده
جزوجزو خُم برقص‌است وبحال   عقل جزوی‌را نموده این‌محال(۱)
چون در معنی زنی بازت کنند   پرّ فکرت زن‌که شهبازت‌کنند(۲)
نان‌گلست وگوشت‌کمترخورازاین   تا نمانی همچو گل اندرزمین(۳)
چون‌گرسنه میشوی سگ میشوی   تند و بدپیوند وبد رگ میشوی
پس دمی مردار و دیگر دم سگی   چون کنی درراه شیران هم تگی
زانکه‌سگ‌چون‌سیرشدسرکش‌شود   کی سوی صید شکاری خوش‌رود
درحکایت گفته ایم احسان شاه   در حق آن بینوای بی پناه
گر بگوید فقه فقر آید همه   بوی فقر آید ازآن خوش دمدمه
ور بگوید کژ نماید راستی   ای‌کژی که راست را آراستی
آن‌کفش را صافی ومحقوق دان   همچو دشنام لب معشوق دان
از شکر گر شکل نانی میپزی   طعم قندآید نه نان چون میمزی
☸چون بیابد مؤمنی زرّین وثن   می بنگذارد ورا بهر شمن
تا نماند بر ذهب نقش وثن   چونکه صورت مانع است وراهزن
بهر کیکی تو گلیمی رامسوز   وز صداع هرمگس مگذار روز
مرد حجی همره حاجی طلب   خواه هند وخواه ترك ویا عرب
گر سیاهست وهم آهنگ تواست   توسپیدش دان‌که همرنگ تواست
این حکایت گفته شد زیروزبر   همچو فکر عاشقان بی پاو سر
بلکه چون‌آبست‌وهر قطره ازان   هم سراست وپا وهم بی‌هردوان
پیش هرصوفی‌که او با فر بود   هرچه آنماضی‌است لا یُذکر بود(۷)
هم عرب ماهم سبو ما هم ملك   جمله ما یؤفك عنه من افك(۸)
بشنو اکنون‌اصل‌انکارازچه‌خاست   زانکه‌کل را گونه‌گونه جزوهاست

داد بخششها و خلعتهای خاص   آن عرب‌را کرد از فاقه خلاص
که بوی ده‌این سبوی پر ز زر   چونکه وا گرددسوی دجله‌اش ببر
چون بکشتی درنشیند رنج راه   خود فراموشش شود آنجایگاه
چون بکشتی درنشست ودجله دید   سجده میکرد از حیا و میخمید
چون پذیرفت ازمن آن‌دریای‌جود   آنچنان جنس دغل‌را زود زود
قطرهٔ از دجلهٔ خوبیّ اوست   کان نمیگنجد زپرّی زیر پوست
گنج مخفی بد زپرّی جوش‌کرد   خاك‌را سلطان اطلس پوش‌کرد
وانکه دیدندش همیشه بیخودند   بیخودانه بر سبو سنگی زدند
خُم شکسته آب ازان ناریخته   صد درستی زین شکست انگیخته
نه سبو پیدا در اینحالت نه آب   خوش ببین والله اعلم بالصواب
پرّ فکرت شدگل آلود و گران   زانکه گل‌خواری‌ترا گل‌شدچونان
☸ خاك می‌خوردیم عمری درغذا   خاك مارا خورد آخر در جزا
چون‌شدی توسیر مرداری شوی   بیخبر چون نقش دیواری شوی
آلت اشکار خود جزسگ مدان   کمترك‌انداز سگ‌را استخوان(٤)
آن‌عرب زا بی‌نوائی میکشید   تابدان درگاه وآن دولت رسید
هرچه‌گوید مرد عاشق بوی‌عشق   ازدهانش میجهددرکوی‌عشق(۵)
ور بگوید کفر آید بوی دین   آید ازگفت شکش بوی یقین
کفّ کژکزبحر صافی خاسته‌است   اصل‌صاف‌آن‌فرع‌را آراسته‌است
گشت این دشنام نامطلوب او   خوش زبهر عارض محبوب او
گر بت زرّین بیابد مؤمنی   کی هلد اورا بی سجده‌کنی
بلکه گیرد؛ اندر آتش افکند   صورت عاریّتش را بشکند
ذات زرّش داد ربّانیت است   نقش بت برنقد زر عاریّت است
بت پرستی گر بمانی در صور   صورتش بگذار و در معنی نگر
منگر اندر نقش واندر رنگ‌او   بنگر اندر عزم ودر آهنگ او
☸ ورسفیداست‌ورا آهنگ نیست   زو ببرکز دل‌مراورا رنگ نیست
سرنداردکز ازل بوده‌است پیش   پاندارد باابد بوده‌است‌خویش(۶)
حاش لله این حکایت نیست هین   نقدحال ما وتست این‌خوش ببین
☸چون‌بود فکرش همه مشغول‌حال   ناید اندر ذهن او فکر مآل
عقل‌راشودان وزن‌این‌نفس وطمع   این دوظلمانیّ و منکرعقل شمع(۹)
جزوکل نی جزو ها نسبت بکل   نی‌چوبوی‌گل‌که‌باشدجزوگل(۱۰)

---

(۱) مقصود ازعقل جزئی عقول فلاسفه مادی یاعقل معاش درتدابیر دنیاست .(۲) یعنی درمعانی جمع پرهای افکار در نقطهٔ توحیدنفس است‌که ماده خاقت شهباز نفس ناطقه‌است ولکن با استقامت . (۳) مضرات گوشت خواری مخصوصاً برای مرتاضین درکتب عصرجدید از بدیهیات و مسلمیات گردیده مراجعه نمائید . (٤) یعنی هرسگی بدادن نان رام میشود الا سگ نفس که هرچه باو بدهی سرکش تر میشود . (۵) این پانزده بیت اشاره بآنست که آنچه اولیاء حق‌بنمایند حق وحقیقت است ولوآنکه صورتا و درنزد عقول ناقصه بد نماید بمثل‌اینکه سیاهی خال‌صورت محبوب وکجی‌ابرو وشمشیر وکمان برای اهلش مطلوب وزینت است (۶) کمااینکه درحق کاملترین این‌انسان «محمد ص» گفته شده (منم معلول بی‌علت‌که علت‌گشت پیوندم ازل فرزند من باشد ابد فرزندفرزندم) لذا «محمد(ص)» را پیغمبر آخرالزمان از طرف طول گفته‌اند یعنی زمان نسبت باو آخر و او از زمان مجرد و فوق زمان بلکه فوق دهر وسرمد وازل بقسمی واقع‌شده که تمام ازلیات وابدیات فرزند ظلی اواست. (۷) یعنی‌چون مشغول تمرکز قوا وتوحید نفس‌حالی بقسمی‌شده که قهراً از زمان ماضی ومستقبل بی‌خبر وباندازهٔ بی‌خبری مصداق پیغمبر آخرالزمان شده‌است. (۸) یعنی (وفی انفسکم افلاتبصرون) جمله ما فارسی‌است یعنی انسان کامل مصداق این بیت‌است (ای نسخهٔ نامهٔ الهی‌که توئی☸ ای‌آینه جمال‌شاهی‌که توئی☸ بیرون زتو نیست هرآنچه درعالم‌هست ☸ ازخود بطلب هرآنچه خواهی‌که توئی) (یؤفك عنه من‌افك) ضمیرعنه راجع برسول یاقرآن است واین آیه راجع بمنکرین قرآن است‌که در علم ازلی چون انکار علمی داشتند در اینجا هم انکار حق را نمودند . (۹) این بیت اشاره بمثال ابیات فوق است که فرمود هرقصه وحکایتی نقد حال ما است باین‌معنا که آنچه جهات خیریه وسعادت وهدایت است منطبق با عقل خدا شناسی ودانستن معرفت نفس است و آنچه جهات شرور و شقاوت و ضلالت و غفلت است منطبق با نفس و طبع است که هردو طبعاً منکر عقلیات و نقلیات است مشروط باینکه منکر را مضاف بعقل وشمع را سمع بخوانیم . (۱۰) یعنی هر جزوی از اجزای کل مجموعی یا کل‌طبیعی غیرکل خود وغیرجزوهای دیگر است (چه هر محدودی غیر محدود دیگر وغیر محیط بخود است) کما اینکه تمام اجزای عالم غیر یکدیگر و غیر احاطه حقیقت الوجود است بمثل غیریت اعضا و جوارح از یکدیگر که نیز هریك غیر روح محیط است ومخفی نماند که این غیریت از طرف اجزا و اعضا وتجلیات وشئون محدوده است نه از طرف کل و روح و حقیقت الوجود چه محیط را هیچ مانعی دراحاطه نیست کما اینکه در قرآن فرموده (هو معکم) ونفرموده (انتم معه) واین است سرّ اینکه نسبت بین حق و خلق مثل نسبت بین روح و بدن یا کلی و جزئی مخصوصاً کلی طبیعی مجهول‌الادراك است یعنی بر عقل سنگین است که یك نسبت را از طرفی بی حجاب و از طرف دیگرباحجاب تصور نماید .

فازن بالحرّه یی این شد مثل　　فاسرق الدره بدین شد منتقل(۱)
بنده سوی خواجه شد او ماندزار　　بوی گل شد سوی گل اوماند خار
⊛ همچو آن ابله که تاب آفتاب　　دید بردیوار وحیران شد شتاب
⊛عاشق دیوارشد کاین باضیا است　　یبخبر کاین عکس خورشید سماست
⊛ چون باصل خویش پیوست آنضیا　　دید دیوار سیه مانده بجا
او بمانده دوراز مطلوب خویش　　سعی ضایع رنج باطل پای ریش
همچو صیّادی که گیرد سایهٔ　　سایه کی گردد ورا سرمایهٔ
سایهٔ مرغی گرفته مرد سخت　　مرغ حیران گشته برشاخ درخت
کاین مدمّغ برکه میخندد عجب　　اینت باطل اینت پوسیده سبب
ور تو گوئی جزو پیوستهٔ کلست　　خار میخور خار مقرون گلست
جزو یکرو نیست پیوسته بکل　　ورنه خودباطل بدی بعث رسل(۲)
چون رسولان از پی پیوستن‌اند　　پس‌چه پیوندندشان‌چون یکتن‌اند
این سخن پایان ندارد ایغلام　　⊛زانکه جرّی سخت دارد این کلام

سپردن عرب هدیهٔ خود را بغلامان خلیفه

شرح کن حال عرب ای بانظام⊛　　روز بیگه شد حکایت کن تمام
⊛ باتقیان حال خودرا آن عرب　　چون بگفت او دید هنگام طلب
آن سبوی آبرا در پیش داشت　　تخم خدمت‌را درآنحضرت بکاشت
گفت این هدیه بر سلطان‌برید　　سائل شه را ز حاجت واخرید
آب شیرین و سبوی سبز و نو　　زاب بارانی که جمع آمد بگو
خنده می آمد نقیبان را از آن　　لیك پذرفتند آن را همچو جان
زانکه لطف شاهِ خوب با خبر　　کرده بود اندر همه ارکان اثر
خوی شاهان در رعیّت جا کند　　چرخ اخضر خاك را خضرا کند
شه چوحوضی‌دان‌حشم چون‌لولها　　آب از لوله رود در کولها
چونکه‌آب‌جمله ازحوضی‌است پاك　　هریکی آبی دهد خوش ذوق‌ناك
وردرآن‌حوض‌آب‌شوراست وپلید　　هر یکی لوله همان آرد پدید
زانکه پیوسته‌است‌هرلوله بحوض　　خوض کن در معنی این‌حرف‌خوض
لطف شاهنشاه جان بی وطن　　چون اثرکرده است اندر کلّ تن
لطف عقل خوش نهاد خوش نسب　　چون‌همه تن‌را در آرددر ادب(۳)
عشق شنگ بی قرار بی سکون　　چون درآرد کلّ تن را درجنون
لطف‌آب بحرکو چون کوثراست　　سنگ‌ریزه‌اش‌جمله درّ وگوهراست
هرهنرکاستا بدان معروف شد　　جان شا گردش بدان‌موصوف شد
پیش استاد اصولی هم اصول　　خواندآن شاگرد چست باحصول
پیش استاد فقیه آن فقه خوان　　فقه خواند بی‌اصول و نی بیان
پیش استادی که آن نحوی بود　　جان شاگردش از آن نحوی‌شود
باز استادی که آن محوِره است　　جان‌شاگردش ازان‌محوشه است
زین‌همه انواع دانش روز مرگ　　دانش فقر است ساز راه وبرگ

ماجرای مرد نحوی در کشتی با کشتیبان

آن یکی نحوی بکشتی درنشست　　روبکشتیبان نمود آن خود پرست
گفت‌هیچ ازنحو خواندی گفت‌لا　　گفت نیم عمر تو شد بر فنا
دل‌شکسته گشت کشتیبان ز تاب　　لیك آندم‌گشت خاموش از جواب
باد کشتی را بگردابی فکند　　گفت کشتیبان بدان نحوی بلند
هیچ دانی آشنا کردن بگو　　گفت نی ازمن تو سبّاحی مجو
گفت‌کلّ‌عمرت ای نحوی فناست　　زانکه کشتی‌غرق درگردابهاست
محو میباید نه نحو اینجا بدان　　گر تو محوی بی‌خطر درآب ران
آب دریا مرده را بر سر نهد　　ور بود زنده زدریا کی رهد
چون بمردی تو ز اوصاف بشر　　بحر اسرارت نهد بر فرق سر
ایکه خلقان را تو خر میخواندهٔ　　این زمان‌چون خربراین یخ‌ماندهٔ
گر تو علامهٔ زمانی در جهان　　نك فنای اینجهان بین اینزمان
مرد نحوی را از آن در دوختیم　　تا شما را نحو محو آموختیم
فقه فقه ونحونحو وصرف صرف　　در کم آمدیابی‌ای یار شگرف(٤)
آن سبوی آب دانشهای ماست　　وان خلیفه دجلهٔ علم خداست
ما سبو ها پر بدجله میبریم　　گرنه خردانیم ما خود را خریم
آن عرب باری بدان معذور بود　　کو ز دجله غافل وبس دور بود
گر زدجله با خبر بودی چو ما　　او نبردی آن سبو را جا بجا
بلکه از دجله اگر واقف بدی　　آن سبو را بر سر سنگی زدی
⊛ آن‌سبوی تنگ پرناموس ورنگ　　شد حجاب بحر آنرا زن بسنگ

قبول کردن خلیفه هدیه را و عطای بسیار فرمودن با کمال بی‌نیازی از آن هدیه

---

(۱) یعنی اگر زنا میکنی با خوشگلی باشد واگر ننگ دزدی برخود میتهی مروارید غلطانی بدزدکه کنایه ازهمت عالی در هرکاریست (۲) یعنی هر موجودی دو روی بحق و خلق دارد ولکن اکثر خلائق روی بحق را علم بعلم ندارند بلکه برای غفلت از روی بحق روی بخلق را هم غالباً غافلند (کما آنکه طبیعت علم بخود ندارد چه جای علم‌بصانع خود) بمثل مریضی که پشت گردن خود دمل دارد و نمیتواند سر خود را بلند کرده بخورشید نظرکند پس‌لابد روشنائی دیواررا ابلهانه ازطرف‌خود دیوار(مخصوصاً اگر خورشید ثابت‌بازمین بلاحرکت باشد) میداند پس رسولان مبعوث شدند تا اولا معالجه نفوس‌را کرده سپس سرعقل‌آنها را باصل روشنائی که خورشید است بلند نمایند یعنی قلوب‌را باصل انوار الهی که همه پیوند تکوینی دارند پیوند تشریعی یعنی اختیاری هم بنماید . (۳) یعنی اگر فعلیت وحقیقت عقل یا عشق در انسان غالب بر سایر ملکات و فعلیات بشود همه مغلوبین مملکت وجود آدمی تحت حکومت عقل یا عشق بیرون خواهد آمد کما اینکه این مضمون در قرآن وارد است (لیکفرالله عنهم اسؤالذی عملواو یجزیهم اجرهم باحسنّ الذّی کانوا یعملون) یعنی بدترین اعمال محکوم بحکم بهترین اعمال بمثل آیهٔ دیگر (یبدل‌الله سیأتهم حسنات) خواهدشد بمثل‌آنکه همه قوای‌عنصری درجمادات محکوم بحکم جمادات ودرنباتات محکوم بنباتات ودرحیوانات محکوم بحیوانیت وهمه‌اینها درانسان‌محکوم باحکام انسانیت‌است همچنین تمام مراتب انسانیت ازبدنیات وروحیات درعاقل وعاشق محکوم باحکام عقل وعشق میباشد (چه قل کلٌ یعمل‌علی‌شاکلته) (٤) مقصود از فقه ونحو وصرف اول معنی لغوی واز دویم معنی اصطلاحی است (در کم‌آمد یابی) اصطلاح بعضی از مرتاضین است که از دم مرگ ارادی یاطبیعی تعبیر به کم آمد نمایند و در اینجا یعنی بی حقیقتی علوم صوریه دم مرگ معلوم خواهد شد چه هر علمی را از علوم دنیوی و اخروی و حکمتی وعرفانی وصنعتی و اجتماعی را اگر از راه خواندنیها وارد در مغز نمائی و خوشحال و مغرور و راضی بآنها باشی بدانکه تا دم مرگ بیشتر با تو همراه نخواهد بود چه هر علمیکه از راه صفحه تحتانی نفس که تعلق بمزاج وبسلولهای مغز دارد وارد روح گردیده وبحفظ مغز و سلامتی آن محفوظ در لوح حافظه میشود البته پس از مرگ که مغز متلاشی میشود دیگر محلی برای محفوظات این‌علوم بعینها نخواهد ماند مگر نتائج از ملکات آنها وفقط علم توحید است که عالم‌را تکویناً پرکرده ولکن در انسان تشریعاً موقوف است بتذکیه وتصفیه اختیاری که بتوحید نفس و ملکهٔ جمع حواس‌نفس‌آرام گرفته قابل عکس توحید که مبدء هر علمیست خواهد شد.

مرغ خانه است او نه سیمرغ هوا   لوت نوشد اونوشد از خدا(۱)
عاشق حقّ است او بهر نوال   نیست جانش عاشق حسن وجمال
گر توّهم میکند او عشق ذات   ذات نبود وهم اسماء صفات(۲)
وهم مخلوقست ومولود آمده است   حق نزائیده‌است واولم یولداست
عاشق تصویر و وهم خویشتن   کی بود از عاشقان ذوالمنن
عاشق آن وهم اگر صادق بود   آن مجازش تاحقیقت میرود
شرح میخواهد بیان این سخن   لیك میترسم ز افهام کهن
فهم های کهنهٔ کوته نظر   صد خیال بد در آرد در فکر
بر سماع راست هرکس چیرنیست   لقمهٔ هر مرغکی انجیر نیست
خاصه مرغ مردهٔ پوسیدهٔ   پُر خیالی اعمی بی دیدهٔ
نقش ماهی را چه دریا وچه‌خاك   رنگ‌هندو راچه‌صابون وچه‌زاك
نقش اگر غمگین نگاری بر ورق   او ندارد از غم و شادی سبق
صورتش غمگین واوفارغ از آن   صورتش خندان واوزان بی‌نشان
وین‌غم وشادی‌که اندر دل‌خفیست   پیش آن‌شادیّ وغم‌جز نقش‌نیست
صورت خندان نقش از بهرتست   تاازان صورت شود معنی درست
۞صورت غمگین نقش‌ازبهرماست   تاکه ما را یاد آید راه راست
نقشهائی کاندرین گرمابهاست   از برون جامه کن‌چون جامهاست
تا برونی جامها بینیّ و بس   جامه بیرون کن درآ ای همنفس
زانکه‌باجامه درآن‌سو راه نیست   تن‌زجان جامه زتن آگاه نیست(۳)

پیش آمدن نقیبان و دربانان خلیفه از بهر اکرام اعرابی و پذیرفتن هدیهٔ اورا

باز میگردم سوی قصهٔ عرب   از بیان راز و سِرّ بوالعجب
آن عرابی از بیابان بعید   بر در دارالخلافه چون رسید
پس نقیبان پیش اعرابی شدند   بس‌گلاب لطف بررویش زدند
حاجت او فهمشان شد بی‌مقال   کارایشان بد عطا پیش ازسؤال
پس بدو گفتند یا وجه العرب   ازکجائی چونی ازراه و تعب
گفت وجهم گر مرا وجهی دهید   بی وجوهم چون پس پشتم نهید
ای‌که‌در روتان نشان مهتریست   فرّتان خوشتر ز زرّ جعفریست
ای‌که یك‌دیدارتان دیدار ها   ای نثار دیده تان دینار ها
ای همه ینظر بنورالله شده   از برحق بهر بخشش آمده(٤)
تا زنید آن کیمیاهای نظر   بر سر مسهای اشخاص بشر
من غریبم از بیابان آمدم   بر امید لطف سلطان آمدم
بوی لطف او بیابانها گرفت   ذرهای ریگ هم جانها گرفت
تا بدینجا بهر دینار آمدم   چون رسیدم مست دیدار آمدم
بهرنان شخصی سوی نانوا دوید   داد جان‌چون حسن نانوارا بدید
بهر فرجه شد یکی تا گلستان   فرجهٔ او شد جمال باغبان
همچو اعرابی‌که آب ازچه‌کشید   آب حیوان از رخ یوسف چشید
رفت موسی کاتشی آرد بدست   آتشی دید اوکه از آتش برست
جست عیسی تا رهد ازدشمنان   بردش آن جستن بچارم آسمان
دام آدم دانهٔ گندم شده   تا وجودش خوشهٔ مردم شده
باز آمد سوی دام از بهر خور   ساعد شه یافت او باصد خطر
طفل شد مکتب پی‌کسب هنر   بر امید مرغ و یا لطف پدر
پس زمکتب‌آن یکی‌صدری شده   ماهیانه داده و بدری شده
آمده عباس حرب از بهرکین   بهر قمع احمد و استیز دین
گشت دین را تا قیامت پشت ورو   در خلافت او و فرزندان او
۞ آمده عمرّ بحرب مصطفی   تیغ در کف بسته بس میثاقها
۞گشته اندرشرع امیرالمؤمنین   پیشوا و مقتدای اهل دین
۞آن علف‌کش‌سوی‌ویرانها شده   بیخبر بر گنج ناگه پا زده
تشنه آمد سوی جوی آب در   دید اندر جوی خود عکس قمر
من براین در طالب چیزآمدم   صدر گشتم چون بدهلیز آمدم
آب آوردم بتحفه بهر نان   بوی نانم برد تا صدر جهان
نان برون بردآدمی را ازبهشت   نان مرا اندر بهشتی در سرشت
رستم از آب و زنان همچون ملك   بیغرض‌گردم بر این در چون فلك
بیغرض نبود بگردش در جهان   غیر جسم و غیر جان عاشقان

در بیان آنکه عاشق دنیا بر مثال عاشق دیواریست که بر او آفتاب تافته و جهد نکرد تا فهم کند که آن تاب از دیوار نیست از آفتابست از آسمان چهارم لاجرم کلیّ دل بر دیوار نهاد وچون پرتو آفتاب بافتاب پیوست او محروم ماند وحیل بینهم و بین مایشتهون

عاشقان کل نه این عشاق جزو   ماند ازکل هرکه شد مشتاق جزو
چونکه جزوی‌عاشق جزوی شود   زود معشوقش بکلّ خود رود
ریش گاو و بندهٔ غیر آمد او   غرقه شدکف درضعیفی درزد او
نیست حاکم تاکند تیمار او   کار خواجهٔ خود کند یاکار او

---

(۱) همچنانکه تخم مرغ خانگی و آبی و هوائی را در زیر بال یك مرغ ممکن است تربیت کرد تا جوجه گشته بیرون آید و لکن عاقبت هریك باصل خود پرواز خواهند نمود همچنان درویش نان و درویش خدا و علمای سوء و حقیقی عاقبت جدا خواهند شد . (۲) این چهار بیت کاملا رد بر تمام صوفیه ودراویش باطله است که ادعای وصول بذات احدیت را بریاضت نمودند ودم از (انا الله ولیس فی‌جبتی سوی‌الله ومانند اینها زدند) و چون مولوی فوقاً مثال مرتاض را بآینه زده شارح هم ازهمین مثال استدلال مینمایدکه احدی بذات احدیت محال است برسد ولو آنکه بهر اندازه ریاضت بکشد و آینه نفس را صیقلی بنماید چه آینه بهر اندازه صیقلی شود باز محالست‌که از مرتبهٔ معدنی و سنگی خارج شده وبمقام خورشیدی یاسایر صاحبان عکوس برسد ولکن چون اشتباهات در تمام مراتب ریاضت هست‌که در قرآن وارد است (وللمخلصین فی خطر عظیم) ممکن بلکه واقع است که هر مرتاضی اگر نزد استادکاملی مشغول بریاضت نشود بعد از تصفیه ناقص‌که قابل ظهور اشعهٔ ملکوتی میشود بمثل آینه که قابل شعاع خورشیدی شده البته آن شعاع و عکس آن خورشید را در خود توهم خود خورشید نموده و در حالت غفلت و مستی معنوی تمیز بین عکس و صاحب عکس نداده ادعای خورشیدی مینماید در حالتیکه ممکن‌است فرسنگها هنوز از صفات خورشید دور باشد چه جای ذات خورشید لذا بعضی زبان ملامت باز کرده وگویند یاللعجب خدائی را که هنوز وجودش مسلم کل ملل نشده بلکه عدهٔ از حکماء منکر و عدهٔ مشکوك وعدهٔ مجهول‌الکنه دانسته وعدهٔ ازمثبتین اینقدر اختلافات دراسماء و صفاتش نمودندکه تا کنون یك مطلب مسلم ازصفات خدا دست نیامده چطور این طایفه بنای دیانت خودرا عشق بازی با ذات مجهول‌الهویه دانسته اند لذا مولوی در بیت سیم و چهارم تصریح میفرماید که مرتاضین اگر صادق درریاضت و عشق‌ورزی با خدا باشند تازه عشق ورزی با موهوم خود نموده‌اند بقسمیکه اگر استقامت در این موهوم بخرج بدهند بحقیقت (یعنی بذات خود بتمرکز قوا) خواهند رسید (نه بذات الله) . (۳) یعنی جان وتن‌که فعلا علم بعلم بیکدیگر ندارند اگر خلع جامه یعنی اوصاف رذیله و سلب علاقه نمایند مربوط بیکدیگر بطور علم بعلم خواهند شد . (٤) یعنی آخرین منزل هرمرتاضی از اولیاء حق رسیدن بنورالله است نه بذات الله‌که فوقاً تحقیق شد .

گفت کی بی آلتی سودا کنم تا نه من بی آلتی پیدا کنم
پس گواهی بایدم بر مفلسی تاشهم رحمی کند در مفلسی
توگواهی غیر گفت و گو ورنگ وا نما تا رحم آرد شاه شنگ
کین گواهی که ز گفت ورنگ بد نزد آن قاضی القضاة آن جرح شد
پس گواهی زاندرون میبایدم نی گواهی برون میبایدم
صدق میباید گواه حال او تا بتابد نور او بی قال او
گفت زن صدق آن بود کز بود خویش پاك برخیزی تو ازمجهود خویش

هدیه بردن آن اعرابی سبوی آب باران ازمیان بادیه سوی بغداد نزد خلیفه و پنداشتن که آنجا قحط آبست

آب بارانست ما را در سبو ملکت و سرمایه و اسباب تو
این سبوی آب را بردار و رو هدیه ساز و پیش شاهنشاه شو
گوکه مارا غیر ازاین اسباب نیست درمفازه هیچ به زین آب نیست
گرخزانه‌اش پر ز دُرّ فاخراست این‌چنین آبش نباشد نادر است
چیست آن کوزه تن محصور ما اندر آن آب حواس شور ما
ای خداوند این خُم وکوزهٔ مرا در پذیر از فضل الله اشتری
کوزهٔ با پنج لوله پنج حسّ پاك دار این آب راز هرنجس
تاشود زین کوزه منفذ سوی بحر تا بگیرد کوزهٔ ما خوی بحر
تاچو هدیه پیش سلطانش بری پاك بیند باشدش شه مشتری
بی نهایت گردد آبش بعد از آن پر شود از کوزهٔ ما صد جهان
لولها بر بند و پُر دارش زُخم گفت غضوا عن هوی ابصارکم
ریش او پرباد کاین هدیه کراست لایق چونان شهی این‌است‌راست
وآن نمیدانست کانجا بر گذر هست جاری دجلهٔ همچون شکر
در میان شهر چون دریا روان پُر ز کشتیها و شست ماهیان
رو بر سلطان وکار و بار بین حسّ تجری تحتها الانهار بین
اینچنین حسها و ادراکات ما قطرهٔ باشد در آن بحر صفا
باز جوی و باز بین و بازیاب از که از من عنده امّ الکتاب

درنمد دوختن زن سبوی آب را ومهر بر وی نهادن ازاعتقاد

مرد گفت آری سبو را سربیند هین که‌این‌هدیه است ماراسودمند
در نمد در دوز تو این کوزه را تاگشاید شه بهدیه روزه را
کین چنین اندر همه آفاق نیست جز رحیق و مایهٔ اذواق نیست
زانکه ایشان زآبهای تلخ وشور دائماً پُر علتند و نیم کور
مرغ کاب شور باشد مسکنش او چه داند جای آب روشنش
ایکه اندر چشمهٔ شور است جات توچه دانی شطّ وجیحون وفرات
ای تو نارسته از این فانی رباط توچه دانی‌صحو و سکر وانبساط
وربدانی نقلت ازآبّ وجد است پیش‌تو این نامها چون ابجداست
ابجد وهوّز چه فاش‌است وپدید بر همه طفلان و معنی بس بعید
پس سبو برداشت آن مرد عرب در سفرشد میکشیدش روز وشب
برسبو لرزان بُد از آفات دهر هم کشیدش از بیابان تا بشهر
زن مصلی باز کرده از نیاز ربّ سلم وِرد کرده در نماز
که نگهدار آب ما را از خسان یارب این گوهر بدان دریا رسان
گرچه شویم آگهست وپرفن است لیك گوهررا هزاران‌دشمن است
خود چه باشدگوهر آب‌کوثر است قطرهٔ زان آب‌کاصل گوهر است
از دعا های زن و زاریّ او وز غم مرد و گران باریّ او
سالم ازدزدان و ازآسیب سنگ برد تا دارالخلافه بیدرنگ
دید درگاهی پر از انعامها اهل حاجت گسترده دامها
دمبدم هر سوی صاحب حاجتی یافته زان در عطا و خلعتی
بهر گبر و مؤمن وزیبا و زشت همچوخورشید ومطر بل‌چون‌بهشت
دید قومی در نظر آراسته قوم دیگر منتظر بر خاسته
خاص و عامه از سلیمان تا بمور زنده گشته چون جهان‌ازنفخ‌صور
اهل صورت چون جواهر بافته اهل معنی بحر نادر یافته
آنکه بی همت چه با همت شده وانکه با همّت چه بانعمت‌شده(۱)

در بیان آنکه چنانکه گدا عاشق کریم است کریم هم عاشق گداست اگر گدا را صبر بیش بود کریم بر در او آید و اگر کریم را صبر بیش بود گدا بر در او آید اما صبر کمال گدا و نقص کریم است

بانگ می آید که ای طالب بیا جود محتاج گدایان چون گدا (۲)
جود محتاج‌است وخواهد طالبی همچنانکه توبه خواهد تایبی
جود میجوید گدایان و ضعاف همچو خوبان کاینه جویند صاف
روی خوبان ز آینه زیبا شود روی احسان از گدا پیدا شود
چون گدا آینهٔ جود است هان دم بود بر روی آئینه زیان
پس ازاین‌فرمود حق دروالضحی بانگ کم زن ای محمد بر گدا
آن یکی جودش گدا آرد پدید وین دگر بخشد گدایان را مزید
پس گدایان آینهٔ جود حقند وانکه باحقند جود مطلق‌اند(۳)
وانکه‌جزاین‌دواست‌اوخودمرده‌است او براین درنیست نقش‌پرده‌است

فرق میان انکه درویش است بخدا و تشنهٔ خداست و انکه درویش‌است از خدا و تشنه است بغیر او

لیك درویشی که‌آن‌تشنهٔ خداست هست دایم ازخدایش کار راست
لیك درویشی که تشنهٔ غیر شد او حقیر و ابله و بی خبر شد
نقش درویش‌است اونی اهل‌جان نقش سگ راتو بینداز استخوان
فقر لقمه دارد او نی فقر حق پیش نقش مردهٔ کم نه طبق
ماهی خاکی بود درویش نان شکل ماهی لیك از دریا رمان
نقش ما هی‌کی بود درویش‌آب آن ز بی آبی نمیگردد خراب

---

(۱) یعنی همت وعزم و اراده تقویت اختیاری (که مبدء هر نعمتی است) نخواهد شد مگر بترك همتهای مادی کوچك چه همت در ترك همت قوی تر از عمل همت های غیر منظم است و الا در ظاهر این بیت تناقض است (۲) بدانکه در این بیت مولوی اشکال علمیست که از مثل مولوی دور است که از جود حق برای گدا و مستحق تعبیر باحتیاج نماید اگر چه نظر مولوی بآنستکه جود از امور اضافیه و هر دو طرف اضافه محتاج بیکدیگر مثل خود اضافه محتاج بطرفین است ولکن اضافات الهیه از اضافه اشراقیه است که طرف آور است (نه مقولیه که محتاج بطرفین است) پس این اشکال حل نخواهد شد الا بتحقیق و تعبیر ذیل که بگوئیم هر گدا و مستحقی بلکه جمله خلائق در حقیقت‌الوجود مصداق محتاج بجود خالق هستند ولکن از طرف خالق جود در ظهور محتاج بمظاهر است نه درذات چه اضافهٔ اشراقیه طرف آور است نه محتاج بطرف کما آنکه انوار و الوان در ظهور محتاج بسطوح و اجسام است نه در ذات بخلاف اجسام‌که در ذوات وجودی خود محتاج بترا کم و تکاثف انوار معنویست که ترا کم الکتریسیته و اثر باشد کما اینکه گفته شده ظهور تو بمن است و جود من از تو فلست تظهر لولای لم اکن لولاك (۳) چون جمادات غالباً خود نما ولکن آینه غیر نما و تو نماست یعنی هرگاه گدای در خانه خدا از خود نمائی بمثل آینه صیقلی شده و حق‌نما گردیده جود واحسان مطلق حق‌را ازخود ظاهر خواهد ساخت والا جود خلقی عدد گدایان را زیاد خواهد نمود.

تاابد هرچه که ازپس بود و پیش　　درس کرد ازعلم الاسماءخویش(۱)　۱　تاملك بیخود شد از تدریس او　　قدس دیگر یافت از تقدیس او
آن گشادیشان که آدم وا نمود　　در گشاد آسمانهاشان نبود　۲　در فراخی عرصهٔ آن پاك جان　　تنگ آمد عرصهٔ هفت آسمان
گفت پیغمبر که حق فرموده است　　من نگنجم هیچ در بالا وپست　۳　در زمین و آسمان و عرش نیز　　من نگنجم این یقین دان ای عزیز
در دل مؤمن بگنجم ای عجب　　گر مرا جوئی در آن دلها طلب　۴　گفت فادخل فی عبادی تلتقی　　جنة من رؤیتی یا متقی
عرش با آن نور وباپهنای خویش　　چون بدیداورا برفت ازجای خویش　۵　خود بزرگی عرش باشد بس پدید　　لیك صورت کیست چون معنی رسید
هر ملك میگفت مارا پیش از این　　الفتی میبود با روی زمین　۶　تخم خدمت در زمین می کاشتیم　　زان تعلق ما عجب می داشتیم
کین تعلق چیست با این خاکمان　　چون سرشت ما بدست ازآسمان　۷　الف این انوار با ظلمات چیست　　چون تواند نور باظلمات زیست
آدما آن الف از بوی تو بود　　زانکه جسمت را زمین بدتار وپود　۸　جسم خاکت را از اینجا یافتند　　نورپاکت را در اینجا تافتند(۲)
اینکه جان ما زروحت یافته است　　پیش پیش ازخاك آن میتافته است(۳)　۹　در زمین بودیم و غافل از زمین　　غافل ازگنجی که بدروی دفین(٤)
چون سفر فرمود مارا زان مقام　　تلخ شد ما را از این تحویل کام　۱۰　تاکه حجتها همی گفتیم ما　　که بجای ما که آید ای خدا
نور این تسبیح و این تهلیل را　　میفروشی بهر قال و قیل را　۱۱　حکم حق گسترد بهر ما بساط　　که بگوئید از طریق انبساط
هرچه آید بر زبانتان بی حذر　　همچو طفلان یگانه با پدر　۱۲　۞ ما همی دانیم خود راز شما　　لیك میخواهیم آواز شما
زانکه این دمها اگر نالایقست　　رحمت من برغضب هم سابق است　۱۳　از پی اظهار این سبق ای ملك　　در تو بنهم داعیهٔ اشکال وشك(٥)
تا بگوئی و نگیرم بر تو من　　منکر حلمم نیارد دم زدن　۱٤　صد پدر صد مادر اندر حلم ما　　هر نفس زاید در افتد در فنا
حلم ایشان کف بحر حلم ماست　　کف رود آید ولی دریا بجاست　۱٥　خودچه گویم پیش آن در این صدف　　نیست الا کف کف کف کف
حق آن کف حق آن دریای صاف　　کامتحانی نیست این گفت ونه لاف　۱٦　از سر مهروصفاء است و خضوع　　حق آنکس که بدو دارم رجوع
گر بپیشت امتحانست این هوس　　امتحان را امتحان کن یکنفس(٦)　۱۷　سر میوشان تا پدید آید سرم　　امر کن تو هرچه بر وی قادرم
دل میوشان تا پدید آید دلم　　تا قبول آرم هر آنچه قابلم　۱۸　چون کنم درذست من چه چاره است　　در نگر تا جان من چه کاره است

تعیین کردن زن طریق طلب روزی شوی خودرا و قبول او

گفت زن نك آفتابی تافته است　　عالمی زو روشنائی یافته است　۲۰　نایب رحمان خلیفهٔ کردگار　　شهربغداد است ازوی چون بهار
گر بپیوندی بدان شه شه شوی　　سوی هر ادبار تاکی میروی　۲۱　دوستی مقبلان چون کیمیا است　　چون نظرشان کیمیائی خودکجاست
چشم احمد بر ابوبکری زده　　او ز یك تصدیق صدیق آمده　۲۲　گفت من شه را پذیرا چون شوم　　بی بهانه سوی او من چون روم
نسبتی باید مرا یا حیلتی　　هیچ پیشه راست شد بی آلتی(۷)　۲۳　همچو مجنونی که بشنید از یکی　　که مرض آمد بلیلی اندکی
گفت آوه بی بهانه چون روم　　ور بمانم از عیادت چون شوم　۲٤　لیتنی کنت طبیبا حاذقا　　کنت امشی نحو لیلی سائقا
قل تعالوا گفت حق ما را بدان　　تابود شرم اشکنی ما را نشان　۲٥　شب پرانرا گر نظر وآلت بدی　　روزشان جولان وخوش حالت بدی
گفت چون شاه کرم میدان رود　　عین هر بی آلتی آلت شود　۲٦　زانکه آلت دعویست وهستی است　　کار در بی آلتی و پستی است

---

(۱) چون تمام حقائق بمثل ارتباطات حلقهای زنجیر و زره بقسمی یك دگر متصل است که اگر یك حقیقت از حقائق منکشف بتمرکز قوا و توحید نفس نه بخواندنیهای فقط بشود (چون برای هرحقیقتی مراتب است) بقدر انکشاف آن حقیقت یکمرتبه همهٔ حقائق نزد قلب روشن عارف بتوحید نفس منکشف خواهد شد و این انکشاف یکمرتبهٔ اعلای علوم غریزیه است که درهمهٔ موجودات میباشد (۲) بدانکه در این فصل ببعضی از امتیازات خلقت آدمی اشاره شده که مهم ترین آنها توضیح داده میشود که منجملهٔ از ترکیب بین روح و بدن بالفت تعبیر نموده در حالتیکه نور و ظلمت را الفت و اتحادی نیست پس مقصود از این الفت نه همان تنها جامعیت آدم هست که بروح خود جامع جمیع مراتب ملکوت و بجسم خود جامع جمیع اجسام و ببرزخ خود جامع جمیع برازخ عالم باشدکه در چندین بیت فوقا اشاره نموده بلکه مقصود از این الفت بالاتر از این جامعیت است و آن آنستکه روح و بدن در آدم قسیم یکدیگر یعنی در عرض یکدیگر نیست که ترکیب انضمامی باشد بلکه در طول و ترکیب اتحادیست که تعبیر بالفت نموده یعنی روح هرآدمی جسمی است مروح وجسم هرآدمی روحیست مجسم یعنی هیچکدام مانع ازنفوذ در یکدیگر بطور الفت و اتحاد نیست بلکه هریك صفات یکدیگر را کاملا بطور نقصان (ازطرف بدن) وبطورکمال (از طرف روح) داراست یعنی بدن عین روح است ولکن روحی است ناقص و روح عین بدن است ولکن بدنیست کامل کما آنکه نطفه عین آدم است ولکن آدمی است ناقص و آدم عین نطفه است ولکن نطفه ایست کامل و از اینجهتست که بدنهای مرتاضین بزرگ از انبیاء و اولیاء بریاضت و تمرکز قوا بقسمی لطافت یافته که کار ملکوت و ملکوت آنان کار بدنهای آنان را مینماید . (۳) یعنی جان هرآدمی ذاتا مقدم از اعضای بدنیه در خلقت است ولکن ظهوراً و اثراً بقسمی مؤخر است که یگانه موجب اشتباه مادیون در مادی بودن روح همین تأخر ظهوری و اثری شده کما آنکه الکتریسیته ذاتا درخلقت مقدم برآلات و ادوات کارخانجات است ولکن از جهت اثروظهور بقسمی مؤخر است که تا آلات مادی درکار خود منظماً مصنوع نگردد محال است که آثار الکتریسیته ظهور یابد و ممکن است این تقدم وتأخر ذاتی وظهوری هم موجب اشتباه الکتریسیته بآلات خودگردد که گفته شود مبدء اثرهمانا آلات وادوات مصنوعه است نه ذات الکتریسیته . (٤) وآنچه ملائکه نفهمیده اشکال درخلقت آدم کرده اند برای غفلت ازخصوصیت الفت و اتحاد روح و بدن آدم بوده که فوقا شرح شد چه برای خصوصیت این الفت است که هیچ روحی بروح آدمی و هیچ جسمی ببدن آدمی نمیماند چه هرروح وبدنی مثل نور وظلمت با یکدیگر ضد است و بغیر از آدمی زیر بار جمع بین ضدین نرفته و نخواهد هم رفت لذا مقام آدم مقام مجمع الاضداد (که صفت مختص خداوندی در جمع بین کثرات خلقیه و ظهور وحدت الهیه است) میباشد که ملائکه از این مقام اختصاصی آدم غافل بوده واشکال و ایراد درخلقت آدم مینمودند . (٥) یعنی چون رحمت من برغضب من سبقت دارد ای ملائکه بعلم من شما جرئت اشکال در خلقت آدم نمودید . (٦) یعنی هر ترازوئی را از حواس ظاهره و باطنه باید اولا تصفیه و میزان نمود سپس سایر اشیاء را باو سنجید . (۷) یعنی تا سنخیت و نسبت باولیاء بمحبت و اسباب مناسب پیدا نکنی از آنها در تو اثری پیدا نخواهد شد

در بیان آنکه آنچه ولیّ کامل کند مرید را نشاید گستاخی کردن وهمان فعل کردن که حلوا طبیب را زیان ندارد و مریض را زیان دارد و سرما و برف انگور رسیده را زیان ندارد اما غوره را زیان دارد که در راهست و نا رسیده لیغفر لك الله ما تقدم من ذنبك و ما تأخر صدق اللهُ العلیّ العظیم

گرولی زهری خورد نوشی شود ور خورد طالب سیه هوشی شود
ربّ هب لی ازسلیمان آمده است که مده غیر مرا این ملک دست(۱)
تومکن باغیرمن این لطف وجود این حسد را ماند امّا آن نبود
نکتهٔ لاینبغی میخوان بجان سِرّ من بعدی زبخل او مدان
بلکه اندرملك دید اوصد خطر مو بمو ملك جهان بد بیم سر
بیم سر با بیم سِرّ با بیم دین امتحانی نیست ما را مثل این
پس سلیمان همتی باید که او بگذرد زین صدهزاران رنگ وبو
با چنان قوّت که اورا بود هم موج آن ملکش فرو می‌بست دم
خوان که القینا علی کرسیه چون بماند ازتخت وملك خودتهی
چون بروبنشست زین اندوه گرد بر همه شاهان عالم رحم کرد
شد شفیع وگفت این ملك واوا با کمالی ده که دادی مرمرا
هرکرا بدهیّ وبکنی آن کرم او سلیمانست وآنکس هم منم
او نباشد بعدی او باشد معی خود معی چه بود منم بی‌مدّعی
شرح این فرضست گفتن لیك من باز میگردم بقصهٔ مرد و زن

مخلص ماجرای عرب و جفت او در فقر و شکایت

ماجرای مرد و زن را مخلصی باز میجوید درون مخلصی
ماجرای مرد و زن افتاد نقل این مثال نفس خود میدان وعقل
این زن ومردی که نفس است وخرد نیك بایست است بهر نیك و بد
وین دو بایسته در این خاکی سرا روزوشب درجنگ واندر ماجرا
زن همی جوید حویج خانقاه یعنی آبروّ ونان وخوان و جاه
نفس همچون زن بی چاره گری گاه خاکی گاه جوید سروری
عقل خود زین فکرها آگاه نیست در دماغش جزغم الله نیست(۲)
گرچه سرّ قصه این دانه است ودام صورت قصه شنو اکنون تمام
گر بیان معنوی کامل شدی خلق عالم عاطل وباطل بدی(۳)
گر محبت فکرت و معنیستی صورت صوم و نمازت نیستی
هدیهای دوستان با یکدگر نیست اندر دوستی الاصور(٤)
تا گواهی داده باشد هدیه ها بر محبتهای مضمر در خفا
زانکه احسانهای ظاهر شاهدند بر محبتهای سرّ ای ارجمند
شاهدت که راست باشد که دروغ مست گاهی از می وگاهی ز دوغ
دوغ خورده مستئی پیدا کند های و هوی و سر گرانیها کند
آن مُرائی در صلوة و در صیام مینماید جدّ و جهدی بس تمام
تا گمان آید که او مست ولاست چون حقیقت بنگری غرق ریاست
حاصل افعال برونی رهبر است تا نشان باشد برآنچه مضمر است
راهبر که حق بود گاهی غلط گه گزیده باشد وگاهی سقط
یارب آن تمیز ده مارا بخواست تا شناسیم آن نشان کژ ز راست
حسّ را تمیز دانی چون شود آنکه حس ینظر بنورالله بود(۵)
ور اثر نبود سبب هم مظهراست همچو خویشی کز محبت مخبر است
نبود آنکه نور حقش شد امام مر اثرها یا سببها را غلام
چونکه نورالله درآمد در مشام مر اثر را یا سبب نبود غلام
تا محبت در درون شعله زند زفت گردد وز اثر فارغ کند
حاجتش نبود پی اعلام مهر چون محبت نور خود زد برسپهر
هست تفصیلات تا گردد تمام این سخن لیکن بجو تو والسلام
گرچه شد معنی دراین صورت پدید صورت ازمعنی قریب است وبعید
در دلالت همچوآبند و درخت چون بماهیت روی دورند سخت
دانه بین کزآب وخاك و آفتاب چون درختی گشت عالم در شتاب
ور بماهیت بگردانی نظر دور دورند این همه از یکدگر
ترك ماهیات و خاصیات گو شرح کن احوال آن دو رزق جو(٦)

دل نهادن مرد عرب بر التماس دلبر خویش و مبالغه نمودن که مرا در این تسلیم حیله وامتحانی نیست

بازگو از ماجرای مرد و زن زانکه انجامی ندارد این سخن
مردگفت اکنون گذشتم ازخلاف حکم داری تیغ برکش از غلاف
هرچه گوئی مر ترا فرمان برم ور بد ونیك آید آن را ننگرم
در وجود تو شوم من منعدم چون محبم حبّ یُعمی و یصمّ
گفت زن آهنگ بِرّم میکنی یا بحیلت کشف سِرّم میکنی
گفت والله عالم السرّ و الخفی کافرید از خاك آدم را صفی
در سه گز قالب که دادش وانمود آنچه در الواح و در ارواح بود
یاد دادش لوح محفوظ وجود تا بدانست آنچه در الواح بود

---

(۱) اشاره باین آیه است (ربّ هب لی ملکا لاینبغی لاحد من بعدی) یعنی خدایا بده ملکی که سزاوار نباشد احدیرا بعدازمن واین ازمثل سلیمانی ظاهراً سزاوار نیست که ازجهت بخل وحسد نتواند ملك خودرا درغیر بعداز خود ببیند ومقصود از تفسیر وتوجیه مولوی آنستکه یعنی هرکس متصف بصفات ملك داری من ازجهت سلب علاقه وقوهٔ گذشت و بی غرضانه بعارض ومعروض نظرکردن وهرحکمی را بجای خود نمودن وغرور نداشتن و مانند اینها نباشد ملك را درتصرف اونمیتوانم دید پس الهی برای خطرات ملك داری ملك را مختص بمن و بمتصفین بصفات سلیمانی من کن) چنانکه دربیت آخر فرموده (اونباشدبعدی اوباشدمعی) (۲) این بیت وبیت قبل نمره راجع بتاویل وتشبیه نفس بزن وعقل بمرداست کمااینکه این مضمون عقلی از این آیهٔ شریفه (خلق لکم من انفسکم ازواجا) کاملا فهمیده میشود و مطابق است با احادیث خلقت حوّا از پهلوی چپ حضرت آدم چه ازبرای روح هرآدمی دو پهلوی راست وچپ معنوی ازعقلانی ونفسانی است چه هرروحی روئی بحق وملکوت داردکه نامش عقل وروئی بخلق ومزاج بدن خود داردکه نامش نفس است کما آنکه در اصول کافی وارد است (العقل ما عُبد به الرحمن وا کتسب به الجنان) پس اگر این دوپهلوی راست و چپ معنوی هر-انسانی از عقل و نفس بمثل اعتدال دوپهلوی راست وچپ جسمانی (که بورزش دادن طرف چپ بیشتر ازطرف راست مزاج معتدل میشود آن دوپهلوی معنویهم درمقام روحانیت بتربیت وورزش دادن طرف چپ که اداره نفس اماره تحت حکومت طرف راست عقل باشد) مقام اعتدال را در شرکت زندگانی بریاضت نفس پیدا کنند براحت ابدی این زن ومرد معنوی خواهند رسید و نزاع قطع خواهدشد والا معنای حکیمانه نداردکه حوّا ازپهلوی چپ جسمانی آدم خلقت شده باشد وآدم باپهلوی چپ خود نگاه کرده باشد. (۳) یعنی حقائق را برای اهل کثرات باید بزبان خودشان و بصورت قصه وغیره درآورد والا یانخواهند فهمید ویا دست ازکثرات برداشته عاطل وباطل خواهندشد. (٤) کما اینکه بین عوام معروف است که ریزش دست کاشف از محبت قلب بلکه موجد و مقوم و مؤید و تکمیل کنندهٔ محبت است. (۵) مقصود حس ششم است که ازمستکشفات تیاصوفی درکتب علم الروح عصر جدید شرح مفصلی مطابق علوم مثبته دارد. (٦) مقصود از ماهیات جهان امتیازیه اشیاء و اختلافات در ذوات وصفات و آثار و اشکال و حدود است.

www.rumispath.com Maulana Jalalu-'d-din Muhammad i Rumi

من بگفته پند و شد بند از جفا	شیرپند از مهر جوشد وز صفا	بس که گردید از جفا برجای من	شیر پند افسرد در رگهای من
حق مرا گفته تو را لطفی دهم	بر سر آن زخمها مرهم نهم	صاف کرده حق دلم راچون سما	روفته از خاطرم جور شما
در نصیحت من شده بار دگر	گفته امثال و سخنها چون شکر	شیر تازه از شکر انگیخته	شیر و شهدی با سخن آمیخته
در شما چون زهرگشته این سخن	زانکه زهرستان بدید ازبیخ و بن	چون شوم غمگین که غم شد سرنگون	غم شما بودید ای قوم حرون
هیچ کس برمرگ غم نوحه کند	ریش وسرچون شد کسی مو برکند	روبخود کرد وبگفت ای نوحه گر	نوحه‌ات را می نبرزند این نفر
کژ مخوان ای راست‌خواننده مبین	کیفَ آسا خلف قوم آخرین	باز اندر چشم دل او گریه یافت	رحمت بی علتی بر وی بتافت
قطره میبارید و حیران گشته‌بود	قطرهٔ بی علت از دریای جود	عقل میگفتش که این گریه زچیست	برچنان افسوسیان شاید گریست
برچه میگرئی بگو بر فعلشان	بر سیاه کینهٔ بد نعلشان	بر دل تاریك پر زنگارشان	بر زبان زهر همچون مارشان
بردم و دندان سگسارانه شان	بردهان و چشم کژدم خانه‌شان	برستیز و تسخر و افسوسشان	شکر کن چون کرد حق محبوسشان
دستشان کژ پایشان کژچشم کژ	مهرشان کژ صلحشان کژخشم کژ	از پی تقلید و از رایات نقل	پا نهاده بر جمال پیر عقل
پیر خر نی جمله گشته پیر خر	از زبان و چشم و گوش همدگر	از بهشت آورد یزدان بردگان	تانمایدشان سقر پروردگان
	اهل نار و خلد را بین همدگان	در میانشان برزخ لا یبغیان	

تفسیر آیهٔ کریمهٔ مرج البحرین یلتقیان بینهما برزخ لایبغیان

اهل نار و اهل نور آمیخته	درمیانشان کوه قاف انگیخته (۱)	۞ اهل نار ونور با هم درمیان	در میانشان بحر ژرفی بیکران
همچودرکان خاك وزرکرد اختلاط	در میانشان صد بیابان و رباط	همچنانکه عقد در دُرّ و شبه	مختلط چون میهمان یك شبه
۞ صالح وطالح بصورت مشتبه	دیده بگشا که تو گردی منتبه	بحررا نیمیش شیرین چون شکر	طعم‌شیرین‌رنگ روشن چون‌قمر
نیم دیگر تلخ همچون زهرمار	طعم تلخ و رنگ مظلم قیروار	هردو برهم میزنند ازتخت واوج	بر مثال آب دریاموج موج (۲)
صورت برهم زدن ازچشم تنگ	اختلاط جانها در صلح و جنگ	موجهای صلح برهم میزنند	کینه ها از سینه ها بر میکنند
موجهای جنگ بر شکل دگر	مهر ها را میکند زیر و زبر	مهر تلخان را بشیرین میکشد	زانکه اصل مهرها باشد رَشد
قهر شیرین را بتلخی میبرد	تلخ با شیرین کجا اندر خورد	تلخ وشیرین زین‌نظر ناید پدید	از دریچهٔ عاقبت تانند دید
چشم آخر بین تواند دید راست	چشم آخربین غرور است وخطاست	ای بسا شیرین که چون‌شکر بود	لیك زهر اندرشکر مضمر بود
آنکه زیرکتر بود بشناسدش	چونکه دیداز دورش اندرکشمکش	۞وان‌دگر بشناسدش چون بوکند	وان‌دگر چون برلب ودندان زند
۞ وان‌دگر درپیش‌رو بوئی برد	وان‌دگر چون دست بنهد کردرد	پس لبش ردُش کند پیش ازگلو	گرچه نعره میزند شیطان کلوا
وان دگر را در گلو پیدا کند	وان دگر را دربدن رسوا کند	وان دگر را درحدث سوزش دهد	خرج آن از دخل آموزش دهد
وان دگر را بعد ایام و شهور	وان‌دگررا بعد مرگ از قعرگور	ور دهندش مهلت اندرقعرگور	لابد آن پیدا شود یوم‌النشور
هر نبات و شکوی‌را در جهان	مهلتی پیداست از دور زمان	سالها باید که تا از آفتاب	لعل یابد رنگ و رخشائی و تاب
۞پنج‌سال وهفت باید تا درخت	یابد ازمیوه رسانی فرّ و بخت	باز تره در دو ماه اندر رسد	باز تا سالی گل احمر رسد
بهر این فرمود حق عزّ وجل	سورةالانعام در ذکر اجل	این شنیدی مو بمویت گوش باد	آب حیوانست خوردی نوش باد
آب‌حیوان‌خوان‌مخوان‌اینرا سخن	جان نو بین درتن حرف کهن	نکتهٔ دیگر تو بشنو ای رفیق	همچو جان اوسخت پیدا ورقیق
درمقامی هست این‌هم زهرمار	ازتصاریف خدائی خوش گوار (۳)	درمقامی زهر و در جائی دوا	درمقامی کفر و در جائی روا
۞ درمقامی خار ودر جائی چوگل	درمقامی سرکه درجائی چو مل	۞ درمقامی خوف ودرجائی رجا	درمقامی بخل و در جائی سخا
۞ در مقامی فقر در جائی غنا	درمقامی قهر و در جائی رضا	۞ درمقامی جور ودر جائی وفا	درمقامی منع و در جائی عطا
۞ درمقامی دُرد و در جائی صفا	درمقامی خاك و در جائی گیا	۞ درمقامی عیب ودرجائی هنر	درمقامی سنگ ودر جائی گهر
۞ درمقامی حنظل وجائی شکر	درمقامی خشکی و جائی مطر	۞ درمقامی ظلم وجائی محض عدل	درمقامی جهل وجائی عین عقل
گرچه آنجا آن گزند جان بود	چون بدینجا دررسد درمان بود	آب درغوره ترش باشد ولیك	چون بانگوری رسد شیرین ونیك
باز درخُمّ اوشود تلخ وحرام	در مقام سرکگی نعم‌الادام	۞ اینچنین باشد تفاوت درامور	مردکامل این شناسد درظهور (۴)

---

(۱) یعنی جهات خلقیه و الهیه و شرّیه وخیریه وشیطانیه ورحمانیه که جهات ماهیات ووجودات ملکی وملکوتی در اهل معصیت و عبادت تکوینی وتشریعی باشد بمثل دو دریای شور و شیرین است که بابرزخی غیر مشهود بینشان موجها بر هم میزنند (لذا ابداً مخلوط نمیشوند) همچنین تمام اضداد صوری ومعنوی این عالم با آنکه بواسطهٔ قرب مکانی و معنوی که (مبنای خلقت و ترکیب در هر موجود مرکبی همین قرب است) که دارند باز بواسطهٔ فاصلهٔ کوه قاف که کنایه از عدم سنخیت و جنسیت است محال است که مخلوط شده و ممکن نیست که بمثل زر و خاك که در بیت سیم است برحسب خاصیت اتحاد یابند . (۲) یعنی تکمیل نفس تدریجی است و اشخاصیکه بجذبه یك دفعه بمنزل مقصود میرسند چندان بهرهٔ از فوائد خلقت (و وسعت وجودی که در ضمن تکمیل تدریجی یافت میشود) ندارند پس در اهل جذبه خطر وصال کمتر وضیق وجودی زیادتر ودر اهل تدریج خطرات وصول و زحمت سلوك بیشتر ولکن ضیق وجودی کمتر خواهد بود. (۳) یعنی حقیقت‌الوجود بمثل آفتاب که در هر رنگی بشکل آن رنگ جلوه میکند همچنین نور هستی در حالتیکه از طرف خداوند یکسان بهمهٔ اشیاء میتابد ولکن در هرموجودی و ماهیتی بشکل آن متجلی میشود یعنی در عقل عقل ودر نفس نفس و در جسم جسم ودر ماده ماده و در جماد جماد و درنبات نبات و در حیوان حیوان و در انسان انسان خلاصه در زمین زمین و در آسمان آسمان یعنی باطن و ماهیت هر موجودی را بآن طوریکه در علم حق ثابت بوده ظاهر مینماید . (٤) یعنی مردکامل حقائق را تازه بعد ازکشف و ظهور بامتیازات اشیاء تمیز خواهد داد والا قبل ازکشف وتمیز چون در مقام بطون واندماج است غیر از ذات احدیت احدی حق تمیز ندارد کما آنکه با هزاران آلات تمیز در عصر جدید هنوز نمیتوانند اجزای گلی و خاریرا مثلا در دانه آن تمیز بدهند لذا احدی علم بحقائق غیر از ذات احدیت قبل ازخلقت ندارد .

بلکه دفعش میکند از شش جهات / تا بماند در میان عاصیات
پس ز دفع خاطر اهل کمال / جان فرعونان بماند اندر ضلال(۱)
پس ز دفع این جهان وآن جهان / مانده اند این بی رهان بی این وآن
سرکشی از بندگان ذوالجلال / زانکه دارند از وجود تو ملال
کهربا دارند چون پیدا کنند / کاه هستیّ ترا شیدا کنند
کهربای خویش چون پنهان کنند / زود تسلیم ترا طغیان کنند
آن چنانکه مرتبهٔ حیوانیست / کو اسیر و سغبهٔ انسانی است
مرتبهٔ انسان بدست اولیا / سغبه چون حیوان شناسش ای کیا
بندهٔ خود خواند احمد در رشاد / جمله عالم را بخوان قُل یا عباد
عقل تو همچون شتربان تو شتر / میکشاند هر طرف در حکم مُر
عقل عقلند اولیا و عقلها / بر مثال اشتران تا انتها
اندر ایشان بنگر آخر ز اعتبار / یك قلاوز است جان صد هزار
چه قلاوز و چه اشتربان بیاب / دیدهٔ کان دیده بیند آفتاب
نك جهان درشب بمانده میخ دوز / منتظر موقوف خورشیداست و روز
اینت خورشیدی نهان در ذرّهٔ / شیر نر در پوستین برّهٔ (۲)
اینت دریائی نهان در زیر کاه / پا براین که هین منه با اشتباه
اشتباهیّ و گمانی در درون / رحمت حقّ است بهر رهنمون
هر پیمبر فرد آمد در جهان / فرد بود و صد جهانش در نهان
عالم کبری بقدرت سخره کرد / کرد خود را در کهین نقشی نورد
ابلهانش فرد دیدند و ضعیف / کی ضعیف است آنکه با شه شد حریف
ابلهان گفتند مردی بیش نیست / وای آن کو عاقبت اندیش نیست
❀ عاقبت دیدن بود از کاملی / دور بودن هر نفس از جاهلی

حقیر دیدن خصمان صالح ناقهٔ را چون حق تعالی خواهد لشکری را هلاك گرداند در نظر ایشان خصمان را حقیر نماید و یقللکم فی اعینهم لیقضی الله امراً کان مفعولا

❀ بشنو اکنون قصهٔ صالح روان / بگذر از صورت طلب معنیّ آن(۳)
❀ زانکه صورت بین نبیند عاقبت / عاقبت بینی بیابی عاقبت
ناقهٔ صالح بصورت بد شتر / پی بریدندش زجهل آن قوم مُرّ
از برای آب جو خصمش شدند / آب کور و نان کور ایشان بُدند
ناقة الله آب خورد از جوی میغ / آب حق را داشتند ازحق دریغ
ناقهٔ صالح چو جسم صالحان / شد کمینی در هلاك طالحان
تابران امت ز حکم مرگ و درد / ناقة الله وسقیاها چه کرد
شحنهٔ قهر خدا زیشان بجست / خونبهای اشتری شهری دُرست
❀ روح صالح برمثال اشتریست / نفس گره مرورا چون پی بریست
روح همچون صالح وتن ناقه است / روح اندر وصل وتن درفاقه است
روح صالح قابل آفات نیست / زخم بر ناقه بود بر ذات نیست
روح صالح قابل آزار نیست / نور یزدان سغبهٔ کفار نیست
حق ازآن پیوست باجسمی نهان / تاش آزارند و بینند امتحان
بیخبر کازار این آزار او است / آب این خُم متصل با آب جوست
زان تعلق کرد با جسمش اله / تا که گردد جمله عالم را پناه(۴)
کس نیابد بر دل ایشان ظفر / بر صدف آید ضرر نی بر گهر
ناقهٔ جسم ولی را بنده باش / تاشوی باروح صالح خواجه‌تاش(۵)
گفت صالح چونکه کردید این حسد / بعد سه روز از خدا نقمت رسد
بعد سه روز دگر از جانستان / آفتی آید که دارد سه نشان
رنگ روی جمله تان گردد دگر / رنگ رنگ مختلف اندر نظر
روز اوّل رویتان چون زعفران / در دوم رو سرخ همچون ارغوان
در سیم گردد همه روها سیاه / بعد از آن اندر رسد قهر اله
گر نشان خواهید ازمن زین وعید / کرّهٔ ناقه بسوی که دوید
❀ کرّهٔ ناقه بسوی که دوان / شد چنانکه باد در وقت خزان
گر توانیدش گرفتن چاره هست / ورنه خود مرغ امید از دام جست
❀ چون شنیدند این از اوجمله بتک / در دویدند از پی اشتر چو سگ
کس نتانست اندران کرّه رسید / رفت و در کهسارها شد ناپدید
همچو روح پاك کو از تنگ تن / میگریزد جانب ربّ المنن
گفت دیدید این قضا مُبرم شده است / صورت اُمیدرا گردن زده است
کرّهٔ ناقه چه باشد خاطرش / که بجا آرید ز احسان و برش
گر بجا آید دلش رستید از آن / ور نه نومیدید و ساعدها گزان
❀ چون شنیدند آن وعید منکدر / چشم بنهادند آنرا منتظر
روز اوّل روی خود دیدند زرد / میزدند از نا امیدی آه سرد
سرخ شد روی همه روز دوم / نوبت اُمید و توبه گشت گم
شد سیه روز سیم روی همه / حکم صالح راست شد بی ملحمه
چون همه درنا امیدی سر زدند / همچو اشتر در دو زانو آمدند
در نُبی آورد جبریل امین / شرح این زانو زدن را جاثمین
زانو آن دم زن که تعلیمت کنند / وز چنین زانو زدن بیمت کنند
منتظر گشتند زخم قهر را / قهر آمد نیست کرد آن شهررا
صالح از خلوت بسوی شهر رفت / شهر دید اندر میان دود و تفت
ناله از اجزای ایشان مبشنید / نوحه پیدا نوحه گویان ناپدید
❀ گریه چون از حد گذشت وهایهای / گریه های جان فزای دلربای
ز استخوانهاشان شنید او نالها / اشك خون ازجانشان چون ژالها
صالح آن بشنید وگریه ساز کرد / نوحه بر نوحه گران آغاز کرد
گفت ای قوم بباطل زیسته / وز شما من پیش حق بگریسته
حق بگفته صبر کن بر جورشان / پندشان ده بس نماند از دورشان

---

(۱) یعنی تنفر قلبی اقویای نفوس بقسمی در هر شخصی عکس العمل دارد که آن شخص هم بدون جهت یك مرتبه ازصاحبان نفوس قویه و زکیه قلباً متنفر شده غافل ازاینکه مبدء تنفر اینها از آنهاست . (۲) تصریح بالکترون که از مستکشفات جدیده است که درهر ذرّهٔ و آتومی آثار یك دورهٔ منظومهٔ شمسیه بلکه یك کهکشان میباشد (۳) یعنی مقصود از هر قصه چون عبرت است پس باید دراین قصه قرآنی احکام صالح را جریان بروح و احکام شتر را ببدن و احکام کرّه را بخاطر نفس بدهی تا عبرت از این قصه ببری . (٤) این بیت یکی از علل فوائد خلقت انسان است که عالم در پناه انسان کامل خلق شده بمثل درخت که در پناه ثمرهٔ خود خلق میشود همچنین انسان کامل که ثمرهٔ درخت کائنات است هر وقت نوع این ثمره بدون هیچیك از افراد خود معدوم یعنی عالم خالی از آدم بشود قیامت عالم قیام کرده و نظام عالم ازهم خواهد پاشید ومخفی نماند که افراد کامله نوع آدم منحصر بزمین ما نیست بلکه ممکن است که اگر در اینجا بمثل قبل ازخلقت آدم مفقود شود نظام عالم ببقای آدمهای سایر کرات باقی باشد و در پناه آنها نشو و ارتقا نماید (۵) یعنی ارواح انبیاء بواسطهٔ ملکهٔ تمرکز قوا بنقطهٔ واحدهٔ توحید نفس ابداً متأثر ازبلیات و نا ملایمات (بلکه از زخمها و تیرها و نیزها و قتل و غارت دشمنان) نمیشوند چه تألم فرع بر احساس و توجه تام است و توجهات آنان قلباً و ذاتاً بحق است نه بجهات خلقیه الا بالعرض (وگاهی) لذا ادراك ناملایم ازخلق را بطور انزجار قلبی چندان نمیکنند . (۳) همچنانکه جریان الکتریسیته بدون اتصالات آلات محسوسه ممکن نیست همچنین قرب معنوی اولیاء حق بدون اتصال صوری وعبادات و اطاعتهای ظاهری ممکن نه

تسلیم کردن مرد خود را بامر زن و اعتراض اورا اشارهٔ حق دانستن

نظامی در شیرین و خسرو فرموده

بنزد عقل هر دانندهٔ هست که باگردندهٔ گردانندهٔ هست از آن چرخه که گرداند زن پیر قیاس چرخ گردونرا همی گیر

مرد از آن گفتن پشیمان شدچنان کز عوانی ساعت مردن عوان ٤ گفت خصم جان جان چون آمدم برسر جان من لگدها چون زدم
﷽چون قضا آید نماند فهم ورای کس نمیداند قضا را جز خدای ٥ چون قضا آید فرو پوشد بصر تا نداند عقل ما پا را ز سر
﷽زان امام المتقین داد این خبر گفت اذا جاء القضا عمی البصر ٦ چون قضا بگذشت خود رامیخورد پرده بدریده گریبان میدرد
مرد گفت ای زن پشیمان میشوم گر بدم کافر مسلمان میشوم ٧ من گنه کار توام رحمی بکن عذر من بپذیر وبشنو این سخن
کافر پیر ار پشیمان می شود چونکه عذر آرد مسلمان میشود ٨ حضرتی پررحمت است وپرکرم عاشق اوهم وجود وهم عدم

در بیان آنکه موسی علیه السلام و فرعون هر دو مسخر یك مشیت‌اند چنانکه زهر وفازهر وظلمات ونور ومناجات فرعون با حق تعالی

کفر و ایمان عاشق آن کبریا مس و نقره بندهٔ آن کیمیا ١١ موسی و فرعون معنی را رهی ظاهر این ره دارد و آن بیرهی
روز موسی پیش حق نالان شده نیم شب فرعون گریان آمده ١٢ کاین چه غلست ای خدا برگردنم ور نه غل باشد که گوید من منم
﷽ زانکه موسی را منور کردهٔ مر مراهم زان مکدر کردهٔ ١٣ زانکه موسی را تو مه رو کردهٔ ماه جانم را سیه رو کردهٔ
بهتر از ماهی نبود استاره‌ام چون خسوف آمد چه باشد چاره‌ام ١٤ نوبتم گر رب و سلطان میزنند مه گرفت و خلق پنگان میزنند
میزنند آن طاس وغوغا می کنند ماه را از زخمه رسوا می کنند ١٥ من که فرعونم ز شهرت وای من زخم طاس آن ربی الاعلای من
خواجه تاشانیم اما تیشه ات میشکافد شاخ را در بیشه ات ١٦ باز شاخی را موصل میکنی شاخ دیگر را معطل میکنی
شاخ را بر تیشه دستی هست نی هیچ شاخ از دست تیشه رست نی ١٧ حق آن قدرت که درتیشه تراست ازکرم کن این کجیهارا توراست
باز باخود گفته فرعون ای عجب من نه در یاربنا ام جمله شب ١٨ در نهان خاکی و موزون میشوم چون بموسی میرسم چون میشوم
رنگ زر قلب ده تو میشود پیش آتش چون سیه رو میشود ١٩ نی که قلب وقالبم درحکم اوست لحظهٔ مغزم کند یك لحظه پوست
یکدمی ماهم کند یکدم سیاه خود چه باشد غیر از این کار اله ٢٠ سبزگردم چونکه گوید کشت باش زردگردم چونکه گوید زشت باش
پیش چوگانهای حکم کن فکان میدویم اندر مکان و لامکان ٢١ چونکه بیرنگی اسیر رنگ شد موسئی با موسئی درجنگ شد(١)
چون به بیرنگی رسی کان داشتی موسی و فرعون دارند آشتی ٢٢ گر ترا آید بر این گفته سؤال رنگ کی خالی بود ازقیل وقال
این عجب کین رنگ از بیرنگ خاست رنگ با بیرنگ چون درجنگ خاست ٢٣ اصل روغن ز آب افزون میشود عاقبت با آب ضد چون میشود
چونکه روغن را زآب اسرشته اند آب با روغن چرا ضد گشته اند ٢٤ چون گل ازخارست وخارازگل چرا هر دو در جنگند و اندر ماجرا
یانه جنگست این برای حکمت است همچوجنگ خر فروشان صنعتست(٢) ٢٥ یا نه این است ونه آن حیرانیست گنج باید جست این ویرانیست
آنچه تو گنجش توهم میکنی زان توهم گنج را گم میکنی ٢٦ چون عمارت دان تو وهم ورایها گنج نبود در عمارت جایها
در عمارت هستی و جنگی بود نیست را از هستها ننگی بود(٣) ٢٧ نی که هست از نیستی فریاد کرد نیست خود آن هست را واداد کرد
تو مگو که من گریزانم ز نیست بلکه او از تو گریزانست ایست ٢٨ ظاهرا میخواندت او سوی خود وز درون میراندت با چوب رد
قومی اندرآتش سوزان چو ورد قومی اندر گلستان با رنج ودرد ٢٩ نعلهای باژگونه است ای سلیم نفرت فرعون را دان از کلیم

سبب حرمان اشقیاء از دوجهان که خسرالدنیا و الاخرة

چون حکیمك اعتقادی کرده است کاسمان بیضه زمین چون زرده است ٣١ گفت سائل چون بماند این خاکدان در میان این محیط آسمان
همچو قندیلی معلق در هوا نی بر اسفل میرود نی بر علا ٣٢ آن حکیمش گفت کز جذب سما از جهات شش بماند اندر هوا
چون ز مقناطیس قبه ریخته در میان ماند آهنی آویخته(٤) ٣٣ آن دگر گفت آسمان با صفا کی کشد در خود زمین تیره را

---

(١) مقصود از جنگ موسی باموسی اختلافات مراتب تشکیکیه ذاتیه وجودیه یا اختلافات وجودات بتبع ماهیات است بمثل اختلافات ذاتیه انوار در مراتب شدیده و ضعیفه یا بواسطهٔ الوان و سطوح اجسام که عرضا پیدا میشود کما اینکه درجات مختلفه انبیاء و مؤمنین در عین آنکه اتحاد در حقیقت و حقانیت دارند باز همه باهم مختلف اند بامقصود از جنگ موسی با موسی و صلح موسی با فرعون از باب تأکید در قیود وحدود وضیق کثرات دربیت اول و تأکید در وسعت دربیت دوم که وحدت است میباشد چه درمرتبهٔ اسیر شدن هستی مطلق بقیود کثرات اینقدر مراتب وجود تنگ خواهد شد که دوتا همکار و هم جنس که موسی با موسی باشد یکدیگر را نمیتوانند دیده و بواسطهٔ همجنسی هر دو از یکدیگر مستغنی شده و لابد در جنگ خواهند افتاد (بمثل اینکه دو زمان دریك زمان و دو مکان در یك مکان ممکن نیست جمع بشود) ولکن در مقام بی رنگی و تمرکز قوا وتوحید نفس چنان روح آدمی بیرنگ گردیده و چنان فانی در مقام بی رنگی حقیقت الوجود بتوحید نظر شده که پس از برگشت بکثرات چنان بی غرضانه بتمام مراتب مختلفه نظر انداخته که همه را لازم و ملزوم یکدیگر یعنی همه را کارگر برای یکنفر محیط (حتی جنگهای تکوینی خلقت و جنگهای اختیاری بشر را مقدمهٔ صلح کل و موجب بقای نظام بلکه موجب نشو و ارتقای هر دو عالم) دیده که بازبان حال بمثل شیخ بهائی در نان و حلوا خواهد گفت (صلح کل کردیم با کل بشر تو بما خصمی کن و نیکو نگر) . (٢) جنگهای مذهبی بمثل جنگهای تکوینی چون همه برای یك صاحب و یك خدا و در یك ملك کار میکنند و همه شاخ و برگ یك درخت و نیش و نوش یك زنبور و زمستان و تابستان و بهار و پائیز یك سال و خاك و باد و آب و آتش و عناصر یك مزاج و اعضای یك بدن و قوای یك عالم و ادارات یك دولت هستند پس اختلافات وجنگهاشان مصلحتی وزرگری است اگرچه فرمان دهندگان جنگ خود ندانند که جنگ زرگری و مصلحتی است و باید هم ندانند که مصلحتاً محجوب از این دانائی طبعاً شدند و الا از حفظ حدود و کار و کوشش برای ترقیات خود و نوع خود باز میماندند (٣)مقصود ازنیستی درفرد دویم وجود مطلق است که نسبت بوجودهای محدوده نیست مینماید. (٤)اشاره بجاذبه عمومی است بلکه تصریح است .

مستمع چون تازه آید بی ملال ‌ صد زبان گردد بگفتن گنگ ولال ۱ چونکه نا محرم در آید از درم ‌ در پس پرده شوند اهل حرم
ور درآید محرمی دور از گزند ‌ برگشایند آن ستیران روی بند ۲ هرچه‌را خوب وکش وزیبا کنند ‌ از برای دیدهٔ بینا کنند
کی بود آواز چنگ از زیر وبم ‌ از برای گوش بی حسّ اصّم ۳ مشک‌راحق بیهده خوش‌دم نکرد ‌ بهرشم کرد و بی اخشم نکرد
ای راحق بیهده خوش دم نکرد ‌ بهر انس آمد بی اهرم نکرد ٤ حق زمین وآسمان برساخته است ‌ در میان‌بس نارو نورافراخته‌است
این زمین را از برای خاکیان ‌ آسمان را مسکن افلاکیان ٥ مرد سفلی دشمن بالا بود ‌ مشتریّ هر مکان پیدا بود
ای ستیره هیچ تو بر خاستی ‌ خویشتن را بهر کور آراستی ٦ گر جهان را پر دُر مکنون‌کنم ‌ روزی تو چون نباشد چون کنم
ترك جنگ وسرزنش ای زن‌بگو ‌ ور نمیگوئی بترك من بگو ۷ مر مرا چه جای جنگ نیك وبد ‌ کاین دلم از صلحها هم میرمد
برسر این ریشها نیشم مزن ‌ زخمها بر جان بی خویشم مزن ۸ گر خمش گردی وگرنه آن کنم ‌ که همین دم ترك خان و مان کنم
یاتهی گشتن بهست از کفش تنگ ۹ رنج غربت به‌که اندر خانه جنگ

مراعات کردن زن شو را واستغفار نمودن از گفتار خود

زن چودید اوراکه تندوتوسن‌است ‌ گشت گریان گریه خوددام زنست ۱۱ گفت از تو کی چنین پنداشتم ‌ از تو من امیدّ دیگر داشتم
زن در آمد از طریق نیستی ‌ گفت من خاك شمایم نی سَتی ۱۲ جسم وجان‌وهرچه‌هستم آن تست ‌ حکم وفرمان جملگی فرمان‌تست
گر زدرویشی دلم از صبر جست ‌ بهر خویشم‌نیست آن بهر تواست ۱۳ تو مرا در درد ها بودی دوا ‌ من نمیخواهم که باشی بی نوا
جان توکز بهرخویشم‌نیست این ‌ ازبرای تستم این بانگ و حنین ۱٤ خویش من والله که بهرخویش‌تو ‌ هر نفس خواهد که میرد پیش تو
کاش جانت کش روان من فدی ‌ از ضمیر جان من واقف شدی ۱٥ چون‌توبامن این چنین‌بودی بظن ‌ هم ز جان بیزار گشتم هم زتن
خاك را برسیم و زر کردیم چون ‌ تو چنینی با من ایجان‌را سکون ۱٦ توکه درجان و دلم جا میکنی ‌ زین قدر از من تبرّا می کنی
تو تبرّا کن که هستت دستگاه ‌ ای تبرّای ترا جان عذر خواه ۱۷ یاد میکن آن زمانی را که من ‌ چون صنم بودم توبودی‌چون‌شمن
بنده بروفق تو دل افروخته است ‌ هرچه‌گوئی بخت‌گوید سوخته‌است ۱۸ من سپاناخ تو ام هر چم پزی ‌ یاترش‌با یا که شیرین میسزی
کفر گفتم نك بایمان آمدم ‌ پیش حکمت از سر و جان آمدم ۱۹ خوی شاهانهٔ ترا نشناختم ‌ پیش تو گستاخ خود در باختم
چون ز عفو تو چراغی ساختم ‌ توبه کردم اعتراض انداختم ۲۰ مینهم پیش تو شمشیر و کفن ‌ میکشم پیش تو گردن را بزن
از فراق تلخ میگوئی سخن ‌ هرچه خواهی کن ولیکن این‌مکن ۲۱ درتو ازمن‌عذرخواهی هست سرّ ‌ باتو بی من او شفیعی مستمرّ
عذر خواهم دردرونت خُلق تست ‌ ز اعتماد اودل من جُرم جُست ۲۲ رحم‌کن پنهان زخود ای‌خشمگین ‌ ایکه خُلقت به زصد من انگبین
زین نسق میگفت بالطف وگشاد ‌ در میان گریه بر روی اوفتاد ۲۳ گریه چون‌ازحدّ گذشت‌وهای‌های ‌ ازحنینش‌مردرا دل‌شد زجای(۱)
چون قرارش ماند وصبرش بجای ‌ زانکه بی‌گریه بد او خود دلربای ۲٤ شد از آن باران یکی برقی‌بدید ‌ زد شراری بردل مرد وحید
آنکه بندهٔ روی خوبش بود مرد ‌ چون بود چون بندگی آغاز کرد ۲٥ آنکه از کبرش دلت لرزان بود ‌ چون‌شوی‌چون پیش توگریان‌شود
آنکه ازنازش دل وجان‌خون بود ‌ چونکه‌آید درنیاز او چون‌بود(۲) ۲٦ آنکه در جور وجفایش دام‌ماست ‌ عذرماچبود چواو در عذر خاست
آن که جرخونریزیش کاری‌نبود ‌ چون نهد گردن زهی سوداوسود ۲۷ آنکه جز گردن کشی ناید ازو ‌ خوش درآید باتو چون باشد بگو
زُیّن للناس حق آراسته است ‌ زانچه‌حق آراست‌چون تانند رست ۲۸ چون پی یسکن الیهاش آفرید ‌ کی تواند آدم از حوّا برید(۳)
رستم زال ار بود وز حمزه‌بیش ‌ هست‌درفرمان اسیرزال‌خویش(٤) ۲۹ آنکه عالم مست گفتش آمدی ‌ کلمینی یا حُمیرا می زدی(٥)
آب غالب شد بر آتش ازنهیب ‌ ز آتش‌اوجوشد چوباشد درحجیب ۳۰ چونکه دیگی حایل آمد هردورا ‌ نیست کردآن آب را کردش هوا
ظاهراً بر زن چو آب ار غالبی ‌ باطناً مغلوب و زن را طالبی ۳۱ این چنین خاصیتی درآدمی‌است ‌ مهرحیوان‌راکمست‌آن ازکمی‌است(٦)

در بیان حدیث انهن یغلبن العاقل و یغلبهنّ الجاهل

گفت پیغمبر که زن بر عاقلان ‌ غالب آید سخت بر صاحبدلان ۳۳ باز برزن جاهلان غالب شوند ‌ زانکه‌ایشان تند و بس‌خیره‌روند
کم بودشان رقّت ولطف و وداد ‌ زانکه حیوانیست غالب بر نهاد ۳٤ مهر ورقّت وصف انسانی بود ‌ خشم و شهوت وصف حیوانی‌بود
پرتوحق است وآن معشوق‌نیست ۳٥ خالق است‌آن گوئیا مخلوق نیست

---

(۱) گویا جنس زن طبعاً میداند که مرد بهر اندازه قسی‌القلب باشد میتواند بچند دانهٔ اشک چشم خود مخصوصاً باآن اوضاع مخصوصی‌که در ناز و غمزه برای دلربائی مرد دارد او را مطیع اخلاق خود و رحم دل بنماید که در بیت اول فصل از گریه زن تعبیر بدام نمود چه هردانهٔ اشك چشم زن قطرات بنزینیست که برآتش محبت مرد پاشیده شود ولو بجای بنزین آب پاشیده شود باز آتش خواهد گرفت (بمثل گریهٔ بیجا) .
(۲) دلربائی زن برای همین دو قوهٔ ناز و نیازاست که هیچگاه تمام شدنی نیست (بخلاف محبتهای یك جهته که مخصوصاً درمادیات غالباً تمام شدنی است) حتی در روحیات هم تربیت هر سالکی بقبض و بسط قلبی و در تکوینیات نیز بجاذبه و دافعه است . (۳) یعنی سکونت جسمانی و روحانی هر مردی بعلاقهٔ بزن خود است مخصوصاً زنیکه توافق اخلاق بامرد خود داشته و بمقتضای آیهٔ (و خلق لکم من انفسکم ازواجاً) مظهر نفس واخلاقاً گردیده و چون مرد هیچگاه از نفس خود و مظهر خود که زن آینهٔ مرد است نمیتواند برید پس لابد شهوات کاذبه بر مرد بی زن غالب شده همیشه سرگردان و بی قرار است که آیهٔ (هو الذی خلقکم من نفس واحده و جعل منها زوجها لیسکن علیها) در حق او نازل شده
(٤) یعنی مرد بهر اندازه جسماً و روحاً قوی باشد باز محتاج بآینهٔ زن است که صفات نفسانی او را بصورت فعلیات لذائذ نفسانی بیرون آورده بمرد برگرداند پس زن در این باب فاعل وغالب است و مرد منفعل ومغلوب زن است . (٥) احتیاج «پیغمبر خاتم (ص)» بآینهٔ زن بمثل احتیاج ظهور حق در مقام (فاحببت ان اعرف) بآینهٔ مخلوقات صیقلی شده از ظرفا است لذا در آخر فصل آینده فرمود (پر تو حق است الخ)
(٦) لذا دراشخاص قسیّ القلب که غالب‌ایلات وعشایر و غیره باشند برای نداشتن محبت های روحی کمتر عشق یافت می شود .

www.rumispath.com
Maulana Jalalu-'d-din Muhammad i Rumi

از قناعت کی تو جان افروختی   از قناعتها تو نام آموختی
گفت پیغمبر قناعت چیست گنج   گنج را تو وانمیدانی زرنج(۱)
این قناعت نیست جز گنج روان   تو مزن لاف ای غم ورنج روان
تو نخوانم جفت و کمتر زن بغل   جفت انصافم نیم جفت دغل
از چه دم ازشاه و ازبگ میزنی   در هوا چون پشه را رگ میزنی
باسگان بر استخوان در چالشی   چون نی اشکم تهی در نالشی
سوی من منگر بخواری سست سست   تا نگویم آنچه در رگهای تست
عقل ِ خودرا از من افزون دیدهٔ   تو من ِ کم عقل را چون دیدهٔ
همچو گرگ زشت اندر ما مجه   ای ز ننگ عقل تو بی عقل به
چونکه عقل تو عقیلهٔ مردم است   آن نه عقلست آن که مار وکژدم است
خصم ظلم و مکر تو الله باد   دست مکر تو ز ما کوتاه باد
هم تو ماری هم فسون گرای عجب   مار گیر و ماری ای ننگ عرب
زاغ اگر زشتیّ خود بشناختی   همچو برف ازدرد وغم بگداختی
مرد افسونگر بخواند چون عدو   او فسون برمار ومار افسون براو
گر نبودی دام او افسون ِ مار   کی فسون مار را گشتی شکار
مرد افسونگر زحرص وکسب وکار   در نیابد آن زمان افسون ِ مار
مار گوید ای فسون گر هین وهین   آن خود دیدی فسون من ببین
تو بنام حق فریبی مر مرا   تا کنی رسوای شور و شر مرا
نام ِ حقم بست نی آن رای ِ تو   نام حق را دام کردی وای تو
※نام حق بستاند از تو داد من   من بنام حق سپردم جان وتن(۲)
تا بزخم من رگ جانت بُبرد   یا ترا چون من بزندانت برد
※زن ازاین گونه خشن گفتارها   خواند بر شوی خود او طومارها
※مردچون این طعنها ازرن شنفت   مستمع شو بعد از آن بین تاچه گفت

نصیحت مرد زن راکه درفقر فقیران بخواری منگر و در کار حق بگمان کمال نگر و طعنه مزن در فقر فقیران و شکوه مکن

گفت ای زن تو زنی یابوالحزن   فقر فخر آمد مرا طعنه مزن
مال وزر سررا بود همچون کلاه   کل بود آن کز کله سازد پناه
آنکه زلف و جعد رعنا باشدش   چون کلاهش رفت خوش تر آیدش
مرد حق باشد بمانند بصر   پس برهنه به که پوشیده نظر
وقت عرضه کردن آن برده فروش   برکند از بنده جامهٔ عیب پوش
ور بود عیبی برهنه اش کی کند   بل بجامه خدعهٔ باوی کند
گوید این شرمنده است ازنیك وبد   از برهنه کردن او از تو رمد
خواجه درعیب است غرقه تا بگوش   خواجه رامالست ومالش عیب پوش
کز طمع عیبش نبیند طامعی   گشت دلها را طمعها جامعی
ورگدا گوید سخن چون زر کان   ره نیابد کالهٔ او در دکان
کار درویشی و رای ِ فهم تست   سوی درویشان بمنگر سست سست
※زانکه درویشی ورای کارهااست   دمبدم ازحق مرایشان راعطا است
ملك درویشان ورای ملك ومال   روزئی دارند ژرف از ذوالجلال
حق تعالی عادلست و عادلان   کی کنند استمگری بر بیدلان
آن یکی را نعمت و کالا دهند   وین دگر را بر سر آتش نهند
آتشش سوزد که دارد این گمان   برخدای خالق هر دو جهان
فقرُ فخری نز گزافست ومجاز   صد هزاران عزّ پنهانست و ناز
از غضب بر من لقبها راندی   مار خوی و مارگیرم خواندی
گر بگیرم مار دندانش کنم   تا ش از سر کوفتن ایمن کنم
زانکه آن دندان عدوی جان اوست   من عدورا میکنم زین علم دوست
از طمع هرگز نخوانم من فسون   این طمع را میکنم من سرنگون
حاش لله طمع من از خلق نیست   از قناعت در دل من عالمیست

دربیان آنکه جنبیدن هر کسی ازآنجاست که ویست هر کسی ازچنبرهٔ وجود خود بیند تابهٔ شیشهٔ کبود آفتاب را کبود نماید و تابهٔ شیشهٔ سرخ سرخ و چون تابها از رنگ بیرون آید سپید شود و از همهٔ تابهای دیگر او راستگو تر باشد

از سر امرود ُبن بینی چنان   زان فرود آ تا نماند این گمان
چونکه برگردی وسرگشته شوی   خانه را گردنده بینی آن توئی
دید احمد را ابوجهل و بگفت   زشت نقشی کز بنی هاشم شکفت
گفت احمد مرو را که راستی   راست گفتی گرچه کار افزاستی
دید صدّیقش بگفت ای آفتاب   نی ز شرقی نی ز غربی خوش بتاب
گفت احمد راست گفتی ِای عزیز   ای رهیده تو ز دنیای نه چیز
حاضران گفتند ای صدرالوری   راستگو گفتی دو ضدّ گورا چرا
گفت من آینه ام مصقول ِ دست   ترك وهندو درمن آن بیند که هست
※هرکه را آینه باشد پیش رو   زشت وخوب خویش رابیند در او
ای زن از طماع می بینی مرا   زین تحرّی زنانه برتر آ
آن طمع را ماند و رحمت بود   کو طمع آنجا که آن نعمت بود
امتحان کن فقر را روزی دو تو   تا بفقر اندر غنا بینی دو تو(۳)
صبر کن بافقر و بگذار این ملال   زانکه در فقراست عزّ ذوالجلال
سرکه مفروش وهزاران جان ببین   از قناعت غرق بحر انگبین
صد هزاران جان تلخی کش نگر   همچو گل آغشته اندر گل شکر
ای دریغا مر ترا کانجا بدی   تازجانم شرح دل پیدا شدی
این سخن شیراست دربستان جان   بی کشنده خوش نمیگردد روان
مستمع چون تشنه و جوینده شد   واعظ ار مرده بود گوینده شد

---

(۱) یعنی وقتی قناعت گنج است که ملکه بشود و حرص را بکشد و قلب را راضی بآنچه خدا داده است بنماید و الا صبر کردن بر فقر با عدم رضایت قلبی رنج است نه گنج . (۲) انتقام نام حق از علمای سوء که بنام حق جلب دنیا مینمایند همانا همان غفلت و کوری باطنی و خفه کردن احساسات الهی وارتداد فطری آنها است که برای چهار روزهٔ دنیا زیر بار ذلت ابدی رفته و میروند یعنی (بر سر کوریش کوریها نهند) .

(۳) در فصل سابق فقر را بعزت و ناز و اشاره بحدیث نبوی الفقرُ فخری نمود و در این دوبیت بغنا وعزّت ذی الجلالش خوانده در حالتیکه ظاهر فقر وفلاکت بااین صفات چهارگانه مذکوره در چهار بیت منافات دارد پس محتاج بتحقیق دفع منافات است . بدانکه فقر دو قسم است فقر بسوی خدا وفقربسوی خلق اما اول کما قال الله تعالی (یا ایها الناس انتم الفقرا والله هو الغنی الحمید) کشف حقیقت این آیهٔ شریفه خاصه درویشان یعنی فقیر بسوی خداوند است که باچشم قلب ذات خداوندی را غنیّ مطلق و نفس خود را محتاج مطلق (که مصداق معلولیت وعین ربط وفقر وفاقه بغنای اوست) دیده لذا احتیاجات خود را از کلیهٔ خلائق قلباً بریده اگرچه ظاهراً بمثل سلیمان دارای ملك و مکنت دنیا باشد ولکن قلباً همهٔ آنهارا امانت خدا و بتمام جهت خودرا محتاج غنی محض بقسمی در مقام تمرکز قوا و توحید نفس مشاهده میکند که از عکس صفت غنای حق مطلق در نفس خود خودرا دارای استغنای الهی و فخر محمدی وعز وناز ذی الجلال نیز مشاهده مینماید واین است فقر محمود که با مال دنیا ابداً منافات ندارد و اما فقر مذموم احتیاج خودرا بسوی خلق دیدن وپشت بحق کردن وتملق وتذلل نزد خلق محتاج نمودن اظهار احتیاج بمحتاج است .

مغرور شدن مریدان محتاج وتشبیه بمدّعیان مزوّر وایشان را شیخ واصل پنداشتن ونقد را از نقل نادانستن ونیافتن

تو مرید و میهمان آن کسی　کو ستاند حاصلت را از خسی　۲　نیست چیره چون ترا چیره کند　نور ندهد مر ترا تیره کند
چون ورا نوری نبود اندرقران　نورکی یابند از وی دیگران　۳　همچو اعمش کو کند داروی چشم　چه کشد در چشمها الاّ که یشم
حال ما این است درفقر وعنا　هیچ مهمانی مبا مغرور ما　٤　قحط ده سال ارندیدی در صور　چشمها بگشا و اندر ما نگر
ظاهر ما چون درون مدّعی　در دلش ظلمت زبانش شعشعی　٥　از خدانه بوئی او را نه اثر　دعویش افزون زشیث و بوالبشر
❀حرف درویشان بدزدیده درون　تا بخواند بر سلیمان این فنون　٦　دیو ننموده ورا هم نقش خویش　او همی گوید ز ابدالیم بیش
حرف درویشان بدزدیده بسی　تاگمان آید که هست او خود کسی(۱)　۷　خرده‌گیرد در سخن بر بایزید　ننگ دارد از درون او یزید
❀هرکه داند مرو را چون بایزید　روز محشر حشر گردد با یزید　۸　بینوا از نان و خوان آسمان　پیش او نداخت حق یك استخوان
او ندا کرده که خوان بنهاده ام　نایب حقم خلیفه زاده ام　۹　الصّلا ساده دلان پیچ پیچ　تا خوریدازخوان جودم هیچ‌هیچ
سالها بر وعدهٔ فردا کسان　گرد آن در گشته فردا نا رسان　۱۰　دیر باید تا که سرّ آدمی　آشکارا گردد از بیش وکمی
زیر دیوار تنش گنجیست یا　خانهٔ مار است و مور و اژدها　۱۱　❀چونکه پیدا گشت کان چیزی نبود　عمر طالب رفته آ گاهی چه سود

دربیان آنکه نادر افتد که مریدی در مدعی مزور اعتقاد کند بصدق وبمقامی رسد که شیخش بخواب ندیده باشد وآب وآتش اورا گزند نرساند و شیخش را گزند برساند ولی نادر است

لیك نادر طالب آید کز فروغ　درحق او نافع آید آن دروغ(۲)　۱٤　او بقصد نیك خود جائی رسد　گرچه جان پنداشت آن آمد جسد
چون تحرّی دردل شب قبله را　قبله نی وآن نماز اورا روا(۳)　۱٥　مدّعی را قحط جان اندر سراست　لیك مارا قحط نان برظاهر است
ما چرا چون مدّعی پنهان کنیم　بهر ناموس مزوّر جان کنیم　۱٦　❀ مرو را رو می نماید حالها　که ندید آن هیچ شیخش سالها

صبر فرمودن اعرابی زن خود را

شوی گفتش چندجوئی دخل وکشت　خودچه ماند ازعمرافزونتر گذشت　۱۸　عاقل اندر بیش و نقصان ننگرد　زانکه هردو همچو سیلی بگذرد
خواه صاف و خواه سیل تیره رو　چون نمی پاید دمی از وی مگو　۱۹　اندر این عالم هزاران جانور　میزید خوش عیش بی‌زیر و زبر
شکر میگوید خدا را فاخته　بر درخت و برگ شب نا ساخته　۲۰　حمد میگوید خدا را عندلیب　کاعتماد رزق برتست ای مجیب
باز دست شاهرا کرده نوید　از همه مردار ببریده امید　۲۱　همچنین از پشّه گیری تا بفیل　شد عیالُ الله و حق نعمَ المعیل
این همه غمها که اندر سینهاست　از غبار گرد باد و بود ماست　۲۲　این غمان بیخ‌کن چون‌داس ماست　این‌چنین‌شدوان‌چنان‌وسواس‌ماست(٤)
دان که هر رنجی زمردن پاره‌ایست(٥)　جزو مرگ ازخودبران گرچاره‌ایست　۲۳　چون زجزو مرگ نتوانی گریخت　دان که کلش برسرت خواهندریخت
جزومرگ ارگشت شیرین مرترا　دان که شیرین میکند کل را خدا　۲٤　دردها از مرگ می آید رسول　ازرسولش رو مگردان ای فضول
هرکه شیرین میزید او تلخ مُرد　هرکه او تن را پرستد جان نبرد　۲٥　گوسفندان را ز صحرا میکشند　آنکه فربه‌تر مر او را میکشند
شب گذشت و صبح آمد ای قمر　چند گیری این فسانه را ز سر　۲٦　تو جوان بودی و قانع تر بدی　زر طلب گشتی خود اوّل زربدی
زر بدی پرمیوه چون کاسد شدی　وقت میوه پختنت فاسد شدی　۲۷　میوه‌ات باید که شیرین تر شود　چون رسن تابان نه واپس‌تر رود
جفت مائی جفت باید هم صفت　تا براید کار ها با مصلحت(٦)　۲۸　جفت باید بر مثال همدگر　در دوجفت کفش و موزه درنگر
گریکی کفش از دو تنگ آمدیا　هر دو جفتش کار ناید مر ترا　۲۹　جفت این یك خرد وآن دیگر بزرگ　جفت شیر بیشه دیدی هیچ گرگ
راست ناید برشتر جفت جوال　آن یکی خالیّ وآن یك مال مال　۳۰　من روم سوی قناعت دل قوی　تو چرا سوی شناعت میروی
مرد قانع از سر اخلاص و سوز　۳۱　زین نسق میگفت بازن تابروز

نصیحت کردن زن مر شوی را که سخن افزون از قدر ومقام خود مگو که لِم تقولونَ مالا تفعلون که این سخنها اگرچه راست است اما این مقام ترا نیست و سخن فوق مقام زیان دارد

زن براو زدبانگ کای ناموس کیش　من فسون تو نخواهم خورد بیش　۳٤　ترهات از دعوی و دعوت مجو　رو سخن از کبرو از نخوت مگو
چند حرف طمطراق وکار وبار　کار وحال خود ببین وشرم دار　۳٥　❀نخوت ودعویّ وکبر وترّهات　دور کن از دل که تا یابی نجات
کبر زشت و از گدایان زشت تر　روز سرد وبرف وآنگه جامه‌تر　۳٦　چند آخر دعوی و باد و بروت　ای ترا خانه چو بیت‌العنکبوت(۷)

---

(۱) یعنی کسیکه دارای این مقام احسان نباشد اگر دم از درویشی و دعوت زند دزد درویشی است . (۲) این برای آنست که تمام مذاهب عالم مسئول حقائق باشند نه فقط وجدان ولکن بنابراین که هرکسی مسئول وجدان خود باشد اگربمقتضای وجدانیات خود عمل کند همان وظیفه اوست ولو در واقع باطل و دروغ باشد چه حقیقت حق بمقتضای احاطهٔ ربّ العالمین است نه فقط رب مذهبی وشخصی پس مقصود مولوی از ندرت آنست که این کجا با آن کسی که وجدانش بمعاهدهٔ پاك شده و باحق حقیقی پاك و بیرنگ مطابقه کند . (۳) تحرّی یعنی کسی که مثلا در بیابان قبله را گم کرده در چهار جهت نماز بخواند بقصد آنکه یکی از چهار شاید قبله باشد (٤) این دوبیت اشاره بآنست که اگر کسی باندازهٔ احتیاجات طبیعی که کمتر از آن میمیرد جمع مال‌نماید طبیعی و زود بدست آمده و براحت زندگانی خواهد نمود ولکن اگر خواست قدری‌زیادتر از احتیاجات طبیعی حرص بزند دیگر هیچگاه خود را بواسطهٔ حرص و خیالات ناملایم (درچکنم چکنم) خوش ندیده و در راحت ابدی را بروی خود خواهد بست اگر چه تمام دنیا را باو بدهند باز حرص او را خوش نخواهد گذاشت وهمیشه در وسواس خیالات ناملایم برای زیادتر از احتیاجات طبیعی گرفتار خواهد شد . (٥) یعنی حقیقت مرگ گذشت ازهمه چیزاست که بسیار سخت و منفور است و معنی ریاضت مرتاضین مشق گذشت قلبی است که مردن ارادی باشد تامرگ طبیعی شیرین شود . (٦) این شش بیت تصریح بعقائد متمدنین عصریه است که زن باید از همه جهت شریك زندگانی مرد باشد . (۷) این چند بیت اشاره بادّعای دروغی مدعیان درویشی ویاروحانیین است که تدلیساً بنام دیانت علماً وعملا در قلوب خلق جامینمایند .

تفسیر دعای آن دوفرشته که هرروز برسربازار منادی کنند که اللهم اعط کل منفق خلفاً وکل ممسك تلفاً و بیان آنکه منفق مجاهد راه حق است نه مسرف راه هوی

گفت پیغمبر که دایم بهر پند دوفرشته خوش منادی میکنند(۱)
کای خدایا منفقانرا سیر دار هر درمشان را عوض ده صدهزار
ای خدایا ممسکان را درجهان تو مده الا زیان اندر زیان
۞ ایخدایا منفقان را ده خلف ای خدایا ممسکان را ده تلف
۞منفق وممسك محل بین به بود چون محل باشد مؤثرمیشود(۲)
ای بسا امساك کز انفاق به مال حق را جز بامر حق مده
تا عوض یابی تو مال بیکران تا نباشی از عداد کافران
کاشتران قربان همی کردند تا چیره گردد تیغشان بر مصطفی
امر حق را باز جو از واصلی امر حق را درنیابد هر دلی
چون غلام باغئی کو عدل کرد مال شه بر باغیان او بذل کرد
طرفه‌ترکان او همی‌پنداشت عدل کز سخاوت‌کرده ام ایثار وبذل
عدل این باغی ودادش نزد شاه چه فزاید دوری و روی سیاه
در نبی انذار اهل غفلت است کان همه انفاقهاشان حسرتست

قربانی کردن سروران عرب بامید قبول افتادن

سروران مکه در حرب رسول بودشان قربان بامید قبول
بهر این مؤمن همی گوید ز بیم در نماز اهدنا الصراط المستقیم
آن درم دادن سخی را لایق‌است جان‌سپردن‌خود سخای‌عاشق‌است
نان دهی ازبهر حق نانت دهند جان دهی از بهرحق جانت‌دهند
گر بریزد برگهای آن چنار برگ بی‌برگیش بخشد کردگار
گر نماند از جود دردست تومال کی کند فضل الهت پایمال
هرکه کارد گردد انبارش تهی لیکش اندر مزرعه باشد بهی
وانکه درانبار ماند و صرفه کرد اشپش وموش وحوادثهاش خورد
اینجهان نفی‌است در اثبات جو صورتت صفر است درمعنات جو
جان شور و تلخ پیش تیغ بر جان‌چون دریای شیرین را بخر
ور نمیتانی شدن زاین آستان گوش‌کن باری زمن این داستان

قصهٔ خلیفه که درکرم از حاتم طائی گذشته بود

یك خلیفه بود در ایام پیش کرده حاتم را غلام جود خویش
رایت اکرام و جود افراشته فقر و حاجت از جهان برداشته
بحروکان ازبخشش صاف‌آمده داد او از قاف تا قاف آمده
در جهان خاك ابر و آب بود مظهر بخشایش وهّاب بود
از عطایش بحروکان در زلزله سوی جودش قافله بر قافله
قبلهٔ حاجت در و دروازه‌اش رفته در عالم بجود آوازه اش
هم‌عجم هم‌روم هم ترك وعرب مانده از جود وعطایش درعجب
آب حیوان بود و دریای کرم زنده گشته هم‌عرب زو هم عجم
۞ اندر ایام چنین سلطان داد بشنو اکنون داستانی باگشاد

قصهٔ اعرابی درویش و ماجرا کردن زن با او از فقر و درد

یکشب اعرابی زنی مر شوی‌را گفت وازحد بردگفت‌وگوی را
کاین همه فقر و جفا ما میکشیم جمله عالم در خوشی ما ناخوشیم
نانمان‌نی نانخورشمان درد ورشك کوزه مان نی آبمان ازدیده اشك
جامهٔ ما روز تاب آفتاب شب نهالین و لحاف از ماهتاب
قرص مه را قرص نان پنداشته دست سوی آسمان برداشته
ننگ درویشان ز درویشی ما روز وشب از روزی اندیشی ما
خویش وبیگانه شده از ما رمان بر مثال سامری از مردمان
گر بخواهم ازکسی یکمشت نسك مرمراگوید خمش‌کن‌مرگ‌وجسك
مر عربرا فخر غزو است وعطا درعرب ما همچو اندرخط خطا
۞شب بخفتم روز باشد هیچ نه در درون جز سوزوپیچا پیچ نه
چه غزا ما بی غزا خود کشته‌ایم ما بتیغ فقر بی سر گشته ایم
۞چه خطا مابی خطا در آتشیم چه نوا ما درد و غم را مفرشیم
چه عطا ما بر گدائی می تنیم مرمگس را درهوا رگ می زنیم
گر کسی مهمان رسدگر من منم شب بخسبد دلقش ازتن برکنم
۞ زین نمط زین ماجرا وگفتگو برد از حد عبارت پیش شو
۞ کز عنا وفقر ما گشتیم خار سوختیم از اضطراب واضطرار
۞ تا یکی‌ماااین‌چنین خاری کشیم غرقه اندر بحر ژرف آتشیم
۞ ناگه ار روزی درآید میهمان شرمساریها بریم از وی بجان
۞ لیك مهمان گردرآید بی‌ثبوت دان‌که کفش میهمان سازیم قوت
بهر این گفتند دانایان بفن میهمان محسنان باید شدن(۳)

---

(۱) مقصود از ملك در این حدیث نبوی حرکات جوهریه و تبدلات ذاتیه در ناموس نشو وارتقا است چون نبی‌کامل باچشم الهی بباطن حرکات نشو وارتقا نظر ملکوتی میکند ومی‌بیند که وجه خلقی هر طبیعت وحرکتی مقهور و مسخر و مملوك وجه الهی آنها هست ونیز باگوش ملکوتی ندای آنها را یعنی خواص آنها را شنیده از روی صدق تعبیر بندای ملك از آن وجه الهی که مالك وجه خلقی است نموده پس مقصود از دو ملك آنست‌که در هر نشو وارتقائی دوخاصیت سلبی وایجابی و نقصی وکمالی (که یکی برای ممسك و دیگری برای منفق آناً فآناً دعا میکند یعنی دو عمل متضاد مینماید) موجود است . (۲) و این مطلب مخصوص انفاق و امساك نیست بلکه هر مطلبی بطور کلی خوبی و بدیش زود نزدعقل آشکار میشود اما مصادیق وجزئیاتش در کمال دشواری و مخصوص بحقائق بینان است کما آنکه مثلا کارهای خیریه و عقلانی خوب و خلافش بد بر همه‌کس واضح است اما کدام‌کار خوب وعقلانی وکدام بد و جاهلانه است در غایت اختلاف و اشکال است و همچنین قضیهٔ ظلم بد و عدل خوب را همه‌کس میدانند اما کدام کار ظلم و کدام عدل است هنوز معلوم اتفاقی‌نزد احدی نشده بلکه هرکسی مطابق مزاج و اخلاق‌ووجدانیات مخصوص خود هر کاری را خوب و خلافش را بد میداند لذا در بیت پنجم فرمود (امر حق را باز جو از واصلی الخ) چه حقائق هر بد و خوبی نزد او مکشوف است ولکن شناختن بشخص واصل بحق درغایت اشکال است چه مدعی وصل زیاد و واصل از گوگرد احمر کمتراست (۳) لغت احسان باصطلاح عرفا وفرق آن بامترادفات آن از انفاق و جود وکرم وسخا وعطا وایثار وبذل وهبه وترحم و مانند اینها که انفامولوی ببعضی‌ازآنها اشاره نموده اجمالا آنست‌که انفاق اگر بعنوان وجوه الهیه ازقبیل خمس‌وزکوة باهلش باشدانفاق واگر بازدیاد باشد کرم واگرهیچگونه حق‌الله برذمه نداشته باشد باز هم انفاق نماید هبه است و در بعضی از موارد عطا است و اگر با احتیاجات خودش باز هم انفاق کند ایثار است و اگر بر دوست و دشمن انفاق نماید جود و اگر منفق جان خود را برای معشوق حاضر برای انفاق شود مولوی در این بیت فعلا تعبیر بسخا نموده (جان سپردن خود سخای عاشق است) واگر مقام سالك بجائی برسد که در این انفاق وجان دادن ابدا منت هم نداشته بلکه در مقام فنای از فنا ازانفاقش ابداً یادش نماند مقام احسان است که مولوی در این بیت متذکر شده و در قرآن مجید است (والله یحب المحسنین)

گفت این نبود دگر باره دوید   مانده گشت وغیر آن پیر اوندید
گفت حق فرموده مارا بنده ایست   صافی و شایسته و فرخنده ایست
پیر چنگی کی بود خاص خدا   حبّذا ای سرّ پنهان حبذا
بار دیگر گرد گورستان بگشت   همچوآن شیر شکاری گرد دشت
چون یقین‌گشتش که غیر پیر نیست   گفت درظلمت دل روشن بسیست
آمد و باصد ادب آنجا نشست   بر عمر عطسه فتاد و پیر جست
مر عمر رادید و ماند اندر شگفت   عزم رفتن کرد و لرزیدن گرفت
گفت در باطن خدایا از تو داد   محتسب بر پیرک چنگی فتاد
چون نظر اندر رخ آن پیرکرد   دید او را شرمسار و روی زرد
پس عمرگفتش مترس از من مرم   کت بشارتها ز حق آورده‌ام
چند یزدان مدحت خوی توکرد   تا عمر را عاشق روی تو کرد
پیش من بنشین و مهجوری مساز   تا بگوشت گویم از اقبال راز
حق سلامت میکند میپرسدت   چونی از رنج و غمان بیحدت
نك قراضهٔ چند ابریشم بها   خرج کن این را وباز اینجا بیا
پیرلرزان‌گشت چون این را شنید   دست میخائید و برخود می طپید
بانگ میزد کای خدای بی نظیر   بس که ازشرم آب شد بیچاره‌پیر
چون بسی بگریست وزحد رفت‌درد   چنگ‌را زد برزمین و خُرد کرد
گفت ای بوده حجابم از اله   ای مرا تو راهزن از شاهراه
ای بخورده خون من هفتاد سال   ای ز تو رویم سیه پیش کمال
ای خدای با عطای با وفا   رحم کن بر عمر رفته در جفا
داد عمری‌حق که هرروزی ازآن   کس نداند قیمت آن درجهان(۱)
خرج‌کردم عمر خود را دمبدم   در دمیدم جمله را درزیر و بم
آه‌کز یاد ره و پردهٔ عراق   رفت از یادم دم تلخ فراق
وای‌کز تری زیر افکند خرد   خشك‌شد کشت دل من دل بمرد
وای‌کز آواز این بیست وچهار   کاروان بگذشت و بیگه شد نهار
ای خدا فریاد ازاین فریادخواه   داد خواهم نی زکس از دادخواه
داد خود چون من ندادم درجهان   عمرشد هفتاد سال از من جهان
داد خود ازکس نیابم جز مگر   زانکه هست از من بمن نزدیکتر
کاین منی ازوی رسد دم‌دم مرا   پس ورا بینم چو این شدکم مرا
همچو آن کو باتو باشد زرشمر   سوی اوداری نه‌سوی خود نظر
❀ همچنین درگریه و درناله او   میشمردی جرم چندین ساله او

گردانیدن عمر نظر اورا از مقام‌گریه که هستی است بمقام استغراق که نیستیست

پس عمرگفتش‌که این زاری تو   هست هم آثار هشیاری تو
❀ بعد ازآن اورا ازان‌حالت‌براند   ز اعتذارش سوی استغراق خواند
هست هشیاری زیاد ما مضی   ماضی ومستقبلت پردهٔ خدا(۲)
آتش اندر زن بهر دوتا بکی   برگره باشی از این هردو چونی
تاگره با نی بود همراز نیست   همنشین آن لب و آواز نیست
چون بطوف‌خود بطوفی مرتدی   چون بخانه آمدی‌هم باخودی(۳)
ای خبرهات از خبرده بیخبر   توبهٔ تو از گناه تو بتر(٤)
راه فانی‌گشته راهی دیگر است   زانکه هشیاری گناهی دیگراست
ای تو از حال‌گذشته توبه جو   کی‌کنی توبه از این توبه بگو
گاه بانگ زیر را قبله کنی   گاه گریهٔ زار را قُبله زنی
چونکه فاروق آینهٔ اسرار شد   جان پیر از اندرون بیدار شد
همچوجان بی‌گریه وبی خنده شد   جانش رفت وجان دیگر زنده شد
حیرتی آمد درونش آن زمان   که برون شد از زمین و آسمان
جستجوئی ماورای جستجو   من نمیدانم تو میدانی بگو
حال وقالی از ورای حال وقال   غرق‌گشته در جمال ذوالجلال
غرقهٔ نی که خلاصی باشدش   یا بجز دریا کسی بشناسدش(۵)
عقل جزو ازکلّ پذیرا نیستی   گر تقاضا بر تقاضا نیستی(۶)
چون تقاضا بر تقاضا میرسد   موج آن دریا بدینجا میرسد
چونکه قصهٔ حال پیر اینجا رسید   پیر و جانش روی درپرده کشید
پیردامن را زگفت وگو فشاند   نیم گفته در دهان او بماند
از پی این عیش وعشرت ساختن   صد هزاران جان بشاید باختن
در شکار بیشهٔ جان باز باش   همچو خورشید جهان جانبازباش
جانفشان افتاد خورشید بلند   میشود هردم تهی پر میکنند(۷)
جان فشان ای آفتاب معنوی   مر جهان کهنه را بنما نوی
در وجود آدمی جان و روان   میرسد از غیب چون‌آب روان
❀ هرزمان ازغیب نونو میرسد   و از جهان تن برونشو میرسد

---

(۱) بدانکه قیمت هر چیزی بلزوم و کمی او است تا برسد باین که منحصر بفرد و بلاعوض و ظرف تمام ملزومات باشد که دیگر در گرانی‌قیمت نخواهد داشت وعمرانسان از این قبیل‌است چه هرچیز خوبی که ازآن بالاتر درعالم مادیات نباشد (ازقبیل مال وثروت وریاست وصنعت وشهرت و اولاد و برادر و رفیق) حتی پدر و مادر عوض دارد (چه زن پدر ممکن‌است ازمادر وشوهر مادر از پدر باممحبت‌تر اتفاق‌افتد)اما هرساعت وثانیه که ازعمر گرانبهای‌آدمی میگذرد دیگر بلاعوض و محال‌است که مثل‌خصوصیات آن وکارهای لازمهٔ درآن برای صاحبش برگردد چه هرزمانی که ازعمرمیگذرد مخصوص کاری‌است که اگر آن‌کار درآن‌زمان نشود یا اصلا آن‌کار فوت میشود و یاغصب اوقات آینده را درکارهای دیگر که لازمهٔ آن وقت خود است خواهد نمود بعلاوهٔ آنکه اوقات طبیعی اثر خود را در اوقات غصبی نخواهد داد پس بنا بر قول مولوی قیمت عمر را بغیر از وقت شناس احدی نمیداند . (۲) یعنی نور خداوند درتمام ازلیات و ابدیات بدون تجدد موجود است ولکن درانظار ماکه‌زمانی هستیم بواسطهٔ گرفتاری فکری و هوشیاری بگذشته و آینده متجدد و نور خدا مخفی شده پس اگر بخواهیم بنور ثابت حق از طرف تمرکز قوا و توحید نفس برسیم باید از پرده های متجدده ماضی و مستقبل بلکه از مطلق زمانیات و مکانیات که هردو یکی در ابعاد اربعه هستند بیرون آمده و امت پیغمبر آخر الزمان شده یعنی زمان گذشته و آینده را بتحصیل ملکهٔ جمع حواس نسبت بخود آخر نمائیم تاتوحید نفس که عین توحید رب است بی‌پرده در همهٔ زمانیات ومکانیات ظاهر شود . (۳) مقصود از خودی قوهٔ خیال است که اگر در خانهٔ کعبه یعنی داخل در هرعبادتی و عملی باخیالات نفسانی بشوی مرتدی یعنی روگردان از حق و حقیقت خواهی بود ولو اینکه اول زاهد و عابد عالم درخانهٔ کعبه باشی . (٤) این دوبیت اشاره بعلما وحکمای صوری از اهل توحید است که بدون فنای در راه حق وبدون تذکیه و تصفیهٔ نفس بهر اندازه که خبر از حقایق و معارف وتوحید در تصنیفات و تألیفات خود داده‌اند لقلقهٔ زبان و جانشان بی‌خبر از حقایق بوده اگر چه در نزد بی خبران از مبادی مقبول افتاده باشد . (۵) مقصود از غرقه بی‌خلاصی ملکهٔ درفنا وعادت درتمرکز قوا بامر توحید نفس ورب است . (٦) مقصود ازعقل جزو عقل‌معاش‌دنیوی است که محال است از عقل کل استفاده تنظیم معاش را برای معاد بقسمی بنماید که توحید نفس و تمرکز قوا حاصل شود الا بتقاضا برتقاضا یعنی ملکهٔ فوق‌الذکر امری است تدریجی . (۷) از این جهت فلاسفهٔ عصر جدید گفتند که زمانی خواهد آمد که خورشید بتدریج نورش تمام شده و آتشش خاکستر بمثل کرهٔ زمین خواهد انداخت .

یا درآن عالم حقت سروی کند   تا تر و تازه بمانی تا ابد   ۱ گفت آن خواهم که دایم شد بقاش   بشنو ای غافل کم از چوبی مباش
آن ستون را دفن کرد اندرزمین   تاچو مردم حشرگردد یوم دین(۱)   ۲ تا بدانی هرکه را یزدان بخواند   از همه کار جهان بیکار ماند
هرکه را باشد ز یزدان کار وبار   یافت بار آنجا وبیرون شد ز کار   ۳ وانکه اورا نبود از اسرار داد   کی کند تصدیق او نالهٔ جماد
گوید آری نی ز دل بهر وفاق   تا نگویندش که هست اهل نفاق   ۴ گر نبندی واقفان امر کن   درجهان ردگشته بودی این سخن(۲)
صد هزاران زاهل تقلید ونشان   افکندشان نیم وهمی در گمان(۳)   ۵ که بظن تقلید و استدلالشان   قائم است و بسته پرّ و بالشان
شبهه میانگیزد آن شیطان دون   درفتند این جمله کوران سرنگون   ۶ پای استدلالیان چوبین بود   پای چوبین سخت بی‌تمکین بود
غیر آن قطب زمان دیده ور   کز ثباتش کوه گردد خیره سر   ۷ پای نابینا عصا باشد عصا   تا نیفتد سرنگون او برحصا(٤)
آن سواری کو سپه راشد ظفر   اهل دین را کیست سلطان بصر   ۸ با عصا کوران اگر ره دیده اند   در پناه خلق روشن دیده‌اند
گر نه بینایان بدندی و شهان   جمله کوران خود بمردندی عیان   ۹ نی زکوران کشت آید نی درود   نی عمارت نی تجارتها و سود
گر نکردی رحمت و افضالشان   در شکستی چوب استدلالشان   ۱۰ این عصا چبود قیاسات و دلیل   آن عصا که دادشان بینا جلیل
او عصاتان داد تا پیش آمدید   آن عصا از خشم هم بروی زدید   ۱۱ چون عصا شد آلت جنگ ونفیر   آن عصارا خرد بشکن ای ضریر
حلقهٔ کوران بچه کار اندرید   دیدبانرا در میانه آورید   ۱۲ دامن او گیر کو دادت عصا   درنگر کادم چها دید از عصی
چون عصاشد مار واستن باخبر   معجزهٔ موسی و احمد درنگر   ۱۳ از عصا ماری و از استن حنین   پنج نوبت میزنند از بهر دین
گرنه نامعقول بودی این مزه   کی بدی حاجت بچندین معجزه   ۱٤ هرچه معقولست عقلش میخرد   بی بیان معجزه بی جزر و مد
این طریق نکر نامعقول بین   در دل هر مقبلی مقبول بین   ۱۵ آنچنان کز بیم آدم دیو و دد   در جزایر در رمیدند از حسد
هم ز بیم معجزات انبیا   سر کشیده منکران زیر گیا   ۱٦ تا بناموس مسلمانی زیند   در تسلس تا ندانی که کیند
همچو قلابان بران نقد تباه   نقره میمالند و نام پادشاه   ۱۷ ظاهر الفاظشان توحید و شرع   باطن آن همچو دران تخم ضرع
فلسفی را زهره نی تا دم زند   دم زند دین حقش برهم زند   ۱۸ دست وپای او جماد وجان او   هرچه‌گوید آن دو در فرمان او
زبان گرچه که تهمت مینهند   دست و پاهاشان گواهی میدهند   ۱۹ سنگها اندر کف بوجهل بود   گفت ای احمد بگو این چیست زود
گر رسولی چیست درمشتم نهان   ۲۰ چون خبر دادی ز راز آسمان

اظهار معجزهٔ پیغمبر علیه‌السلام وبسخن آمدن سنگریزه دردست ابوجهل وگواهی دادن برسالت آنحضرت

گفت چون خواهی بگویم کان چهاست   یابگویند آنکه ماحقیم و راست   ۲۲ گفت بوجهل آن دوم نادر تراست   گفت آری حق ازاین قادرتراست
گفت شش پاره حجر دردست تست   بشنواز هریك تو تسبیحی درست(۵)   ۲۳ از میان مشت او هر پاره سنگ   در شهادت گفتن آمد بی درنگ
لا اله گفت و الا الله گفت   گوهر احمد رسول الله سفت   ۲٤ چون شنید از سنگها بوجهل این   زد ز خشم آن سنگها را بر زمین
گفت نبود مثل تو ساحر دگر   ساحران را سرتوئی و تاج سر   ۲۵ چون بدید آن معجزه بوجهل تفت   گشت درخشم وبسوی خانه رفت
ره گرفت ورفت ازپیش رسول   اوفتاد اندر چه آن زشت جهول   ۲٦ معجزهٔ اودید وشد بدبخت زفت   سوی کفر و زندقه سر تیز رفت
خاك بر فرقش که بدکرد ولعین   چشم او ابلیس آمد خاك بین   ۲۷ این سخن را نیست پایان ای عمو   قصهٔ آن پیر چنگی باز گو
بازگرد و حال مطرب گوش دار   ۲۸ زانکه عاجز گشت مطرب زانتظار

بقیه قصهٔ پیر چنگی وپیغام رسانیدن باو

بانگ آمد مر عمر راکای عمر   بندهٔ ما را ز حاجت باز خر   ۳۰ بندهٔ داریم خاص و محترم   سوی گورستان تورنجه کن قدم
ای عمر برجه ز بیت‌المال عام   هفت صد دینار درکف نه تمام   ۳۱ پیش او برکای توما را اختیار   اینقدر بستان کنون معذور دار
اینقدر از بهر ابریشم بها   خرج کن چون خرج شد اینجا بیا   ۳۲ پس عمر زان هیبت آواز جست   تامیان را بهر آن خدمت ببست
سوی گورستان عمر بنهاد رو   در بغل همیان دوان در جستجو   ۳۳ گرد گورستان دوان شد او بسی   غیر آن پیر او ندید آنجا کسی

---

(۱) اگر درحال تعجب بگوئی که چطور ممکن است ستون حنانه بمثل آدمی مرده و دفن شده و فردای قیامت ببهشت رود بعلاوه آنکه جواب بشعور غریزی وفطری درهمه موجودات حتی درآتوم والکترونها وعناصر و مواد میدهیم که فقط انبیاء واولیاء بعلم فطری وصفای نفس عالم باین شعورهای جمادات هستند و زبان اینها را آنها میدانند باز جواب میدهیم که ستون حنانه در نباتات و جمادات کمتر از سگ اصحاب کهف و خر حضرت عیسی (ع) در حیوانات و شیطان محمد (که فرمود شیطان من مسلمان در دست من شده یعنی تسلیم من است.) نیست که فردای قیامت هر چهار برای غلبهٔ ملکوت بر آنها ببهشت ملکوت خواهند رفت. (۲) یعنی اگر کسانیکه واقف باسرار طبیعت وخلقت که دانش غریزی موجودات باشد (که باین دانش غریزی امر ایجادکن را شنیده و قبول وجود ونظام خلقت را کردند) نبودند اصول کلمات انبیاء رد میشد. (۳) این چند بیت زیر بیان آنست که اشخاصیکه از فلاسفه و علمای اهل بیان خواستند به برهان و دلیل های خیالی و فکری حقائق و اسرار خلقت را دریابند بقسمی عاجز شده و از عهده بر نیامدند که از اول دنیا تاکنون هنوز نتوانستند یك مطلب علمی را بدون اختلاف بین خودشان برهان مسلم نمایند بلکه برای یك فیلسوف اهل برهان و بیان ممکن است چندین مرتبه عقائد علمیش باستدلالات خودش برای خودش عوض شده ودر دورهٔ تحصیلات علمی چندین مرتبه عقائد مختلفه پیدا کند واین خود سلب اطمینان کنندهٔ از هربرهانی است چه احتمال خلاف باین بیان فوق الذکر درهربرهانی برای هرفیلسوفی که منجمد درعقیده یااهل تقلید نباشد داده‌میشود. (٤) این‌چند بیت زیر نمره اشاره بآنست که براهین فلاسفه اگر چه کاشف ازحقایق (بمثل چشم قلب که طایفه تیاصوفی حس ششم مینامند) نیست ولکن بمنزلهٔ عصا برای نابینا بقدر ضرورت کار ورفع‌حاجت مینماید (۵) کما اینکه‌بدن هرانسانی‌بتبع احاطه روح احساسات غریزی‌پیدا میکند همچنین تمام ذرات‌موجودات‌بتبع‌احاطه خداوند تمام اسماء وصفات‌واحساسات خداوند راازخود بروزمیدهد منتهی پیغمبری‌باید که بقوهٔ احاطه الهی احساسات الهی‌را بعنوان تسبیح وشهادت‌توحیداز کمون اشیا ظاهروپس ازتصرف درگوشهای سامعین بایجاد وگوش ملکوتی در آنان باکمال فصاحت وبلاغت برساند.

این ز بارانهای رحمت بود یا   بهر تهدید است و عدل کبریا   ۱   این از آن لطف بهاریات بود   یا ز پائیزی پر آفات بود
گفت این از بهر تسکین غمست   کز مصیبت بر نژاد آدمست   ۲   گر بر آن آتش بماندی آدمی   بس خرابی او فتادی و کمی
اینجهان ویران‌شدی اندر زمان   حرصها بیرون شدی از مردمان   ۳   اُستن این عالم‌ای‌جان غفلت‌است   هوشیاری‌این جهانرا آفت‌است(۱)
هوشیاری زان جهانست و چو آن   غالب آید پست گردد این جهان   ۴   هوشیاری آفتاب و حرص یخ   هوشیاری آب واین عالم وسخ
زان جهان اندك ترشّح میرسد   تانخیزد زین‌جهان‌حرص‌وحسد(۲)   ۵   ور ترشّح بیشتر گردد ز غیب   نی هنرماند در این عالم نه عیب
این ندارد حدّ سوی آغاز رو   ۶   سوی قصّه مرد چنگی باز رو

بقیه قصهٔ پیر چنگی در زمان عمر و مخلص آن

مطربی کز وی جهان بدپرطرب   رسته ز آوازش خیالات عجب   ۸   ازنوایش مرغ دل پرّان شدی   وزصدایش‌هوش جان‌حیران‌شدی
چون برآمد روزگار و پیر شد   بازجانش از عجز پشه گیر شد   ۹   ❁ باز چه گر پیل باشد بیگمان   پشه‌اش سازد ضعیف و ناتوان
پشت اوخم‌گشت همچون‌پشت خم   ابروان بر چشم همچون پار دم   ۱۰   گشت آواز لطیف جانفراش   ناخوش ومکروه‌وزشت ودلخراش
آن نوا که رشك زهره آمده   همچو آواز خر پیری شده   ۱۱   خودکدامین‌خوش‌که‌آن‌ناخوش‌نشد   یا کدامین سقف کان مفرش نشد
غیر آواز عزیزان در صدور   که‌بوداز‌عکس دمشان نفخ‌صور(۳)   ۱۲   آن‌درونی‌کاین‌درونها‌مست‌ازوست   نیستی‌کاین‌هستهامان هست‌ازاوست
کهربای فکر و هر آواز از او   لذّت الهام و وحی وراز از او   ۱۳   چونکه‌مطرب پیرتر‌گشت وضعیف   شد ز بی کسبی رهین یك رغیف
گفت عمر و مهلتم دادی بسی   لطفها کردی خدایا با خسی   ۱۴   معصیت ورزیده‌ام هفتاد سال   باز نگرفتی ز من روزی نوال
نیست کسب امروز مهمان توأم   چنگ بهر تو زنم کآن توام   ۱۵   چنگ را برداشت شد الله جو   تا بگورستان یثرب آه گو
گفت از حق خواهم ابریشم بها   کو بنیکوئی پذیرد قلب ها   ۱۶   چنگ زد بسیار و گریان سرنهاد   چنگ بالین کرد و برگوری فتاد
خواب‌بردش‌مرغ‌جانش‌ازحبس‌رست   چنگ وچنگی را رها کرد وبجست   ۱۷   گشت آزاد از تن و رنج جهان   در جهان ساده و صحرای جان
جان او آنجا سرایان ماجرا   کاندر اینجا گر بماندندی مرا   ۱۸   خوش بدی‌جانم ازاین باغ وبهار   مست این صحرای غیب لاله‌زار
بی پر و بی پا سفر میکردمی   بی‌لب ودندان شکرمیخوردمی(٤)   ۱۹   ذکر وفکری فارغ از رنج دماغ   کردمی با ساکنان چرخ لاغ
چشم بسته عالمی می‌دیدمی   ورد و ریحان بی کفی میچیدمی   ۲۰   مرغ آبی غرق دریای عسل   عین ایوّبی شراب مغتسل
که بدو ایوب از پا تا بفرق   پاك شد از رنجها چون‌نور شرق   ۲۱   ❁گربوداین‌چرخ ده‌چندین که‌هست   نیست نزد آن‌جهان‌جز‌تنگ وپست
مثنوی درحجم اگربودی‌چوچرخ   در نگنجیدی درآن جزنیم برخ   ۲۲   کان زمین و آسمان بس فراخ   کرد از تنگی دلم را شاخ شاخ
و این جهانی کاندراین‌خوابم نمود   از گشایش پرّ و بالم را گشود   ۲۳   آن جهان و راهش ارپیدا بدی   کم کسی یك لحظه دراینجا بدی
امر می آمد که هین طامع مشو   چون ز پایت خاربیرون شد برو   ۲٤   مول مولی میزد آنجا جان او   در فضای رحمت و احسان او

در خواب گفتن هاتف با عمر که چندین زر ازبیت‌المال بان مرد ده که در گورستان خفته است

آن زمان‌حق برعمرخوابی گماشت   تاکه‌خویش‌ازخواب‌نتوانست‌داشت   ۲۶   درعجب افتاد کاین معهود نیست   این ز غیب افتاد بی‌مقصود نیست
سرنهاد وخواب بردش خواب‌دید   کامدش از حق ندا جانش شنید   ۲۷   آن ندا کاصل هربانگ ونواست   خودندا آنست واین‌باقی صداست
کرد و تُرك وزنگ وتاجیك‌وعرب   فهم‌کرده آن ندا بی گوش و لب   ۲۸   خودچه‌جای‌ترك‌وتاجیك‌است‌وزنگ   فهم‌کرداست‌آن‌ندارا چوب وسنگ
هردمی از وی همی آید الست   جوهر واعراض میگردند مست(٥)   ۲۹   گر نمیآید بلی ز ایشان ولی   آمدنشان از عدم باشد بلی
آنچه‌گفتم زآگهیّ سنگ وچوب   ۳۰   در بیانش قصهٔ هشدار خوب

نالیدن ستون حنانه از فراق پیغمبر علیه‌السلام که جماعت انبوه شدند که ما روی مبارك ترا چون بر آن نشستهٔ نمی بینیم ومنبرساختند وشنیدن رسول خدا (ص) ناله ستون را بصریح ومکالمات آنحضرت باآن

استن حنانه از هجر رسول   ناله میزد همچو ارباب عقول   ۳۳   ❁ در میان مجلس وعظ آنچنان   کزوی‌آگه گشت هم پیر وجوان
❁ درتحیّر مانده اصحاب رسول   کزچه مینالدستون باعرض وطول   ۳٤   گفت‌پیغمبر چه خواهی ای‌ستون   گفت جانم از فراقت گشت خون
❁ازفراق تومراچون سوخت‌جان   چون ننالم بیتو ایجان جهان   ۳۵   مسندت من بودم از من تاختی   بر سر منبر تو مسند ساختی
پس‌رسولش‌گفت‌کای‌نیکو درخت   ای شده با سرّ تو همراز بخت   ۳٦   گر همی خواهی ترا نخلی کنند   شرقی و غربی ز تو میوه چنند

---

(۱) بدانکه مضامین این چهار بیت امثال زیاد دارد که یکی‌از آنها را بنام بازی شطرنج و نرد ذیلا اشاره مینمائیم که در عین آنکه قمار باز از روی اختیار وعلم و فکر ودقت و تدبیر از اول تا بآخر بازی میکند باز عاقبت‌کار را دربرد وباخت نمیداند و عجب آنست‌که صلاح احدی هم نیست که بداند و الا حاضر برای بازی یعنی هیچ کاری نمیشود و کار های قمار خانهٔ خلقت معوق خواهد ماند پس ستون قمار خانهٔ عالم طبیعت غفلت بندانستن عاقبت کار است تا آنکه هرکسی بخیال و امید منافع دویده و حرص زده وکار بکند تا دنیا آباد شود . (۲) یعنی اگرچه گاه گاهی عاقبت بعضی ازکارها برای بعضی بتدبیر صحیح از عالم غیب در افکار آنان ریزش مینماید ولکن اگر خوب ملاحظه شود معلوم گردد که این هم برای اغفال و تطمیع ارباب فکر و دیگران است که بخیال اینکه چند مرتبه بتدبیر عاقبت‌کار خود را مطابق واقع دانسته و نتیجه‌گرفته بهمان خیال و امید باز دویده و بخت و اتفاق و تصادف را ملاك حقائق دانسته و دیگران هم بحس رقابت تدبیر کار های او را ملاك کارهای خود دانسته بامید و خیال باندازهٔ حرص منافع شخصی زده بدوند تادنیا باین احوال بهتر از بهتر اداره شود .(۳) یعنی صاحبان عزت نفس بتحصیل ملکهٔ جمع حواس و توحید نفس قوهٔ فاعله و ایجادی درکلمات یافته‌اند که بهرکس باتمرکز قوا هر چه بگویند فوراً ایجاد بانفاس پاك خود مینمایند . (٤) هماطور که درحالت مستی‌که تمام حواس و سلولهای اعضا تعطیل است بدون هیچ آلتی از حواس باز احساس ادراك لذت مستی را مینماید همچنین صاحب توحید نفس بواسطهٔ یك جهت شدن روح لذائذ معنوی را بدون مدخلیت حواس‌ظاهری و باطنی میبرد . (٥) مقصود از الست بربکم همان قوهٔ ایجاد خداوند است و مقصود از شنیدن این ندا همان قبول ایجاد و جواهر و اعراض عالم است .

همچو بطان سر فرو برده بآب   گشته طاوسان وبوده چون غراب
در زمستانشان اگر محبوس کرد   آن غرابان را خدا طاوس کرد

در زمستانشان اگرچه داد مرگ   زنده‌شان کرد از بهار و دادبرگ
منکران گویند خودهست این قدیم   این چرا بندیم بر ربّ کریم

جمله پندارند کاین خوددائم است   واز قدم این جمله عالم قائم است
کوری ایشان درون دوستان   حق برویانید باغ و بوستان

هر گلی کاندر درون بویا بود   آن گل از اسرارکل گویا بود
بوی ایشان رغم انف منکران   گرد عالم میرود پرده دران

منکران همچون جعل زان بوی گل   یا چو نازك مغز در بانگ دهل
خویشتن مشغول میسازند وغرق   چشم میدوزند از لمعان برق

چشم میدزدند و آنجا چشم نی   چشم آن باشد که بیند مأمنی
چون ز گورستان پیمبر بازگشت   سوی صدّیقه شد و همراز گشت

چشم صدّیقه چو بر رویش فتاد   پیش آمد دست بر وی مینهاد
برعمامه و روی او وموی او   بر گریبان و برو بازوی او

گفت پیغمبر چه میجوئی شتاب   گفت باران آمد امروز ازسحاب
جامهایت می بجویم در طلب   تر نمی بینم ز باران ای عجب

گفت چه برسرکشیدی از ازار   گفت کردم آن ردای تو خمار
گفت بهر آن نمود ای پاك‌جیب   چشم پاکت را خدا باران غیب

نیست آن باران از این ابر شما   هست ابری دیگر و دیگر سما
این چنین باران ز ابردیگر است   رحمت‌حق در نزولش مضمراست

بشنو از قول سنائی در رموز   معنئی تا واقف آئی بر کنوز

تفسیر بیت حکیم سنائی

آسمانهاست درولایت جان   کار فرمای آسمان جهان
درره روح پست وبالاهاست   کوههای بلند وصحراهاست

گر تو بگشائی ز باطن دیدهٔ   زود یابی سرمهٔ بگزیدهٔ
پیردانا اندر این رمزی که گفت   درحقیقت زین صدف دری بسفت

غیب را ابریّ و آبی دیگر است   آسمان و آفتابی دیگر است
ناید آن الاّ که برخاصان پدید   باقیان فی لبس من خلق جدید

هست باران از پی پروردگی   هست باران از پی پژمردگی
نفع باران بهاران بوالعجب   باغ را باران پائیزی چوتب

آن بهاری ناز پروردش کند   وین خزانی ناخوش وزردش کند
همچنین سرما و باد و آفتاب   بر تفاوت دان وسر رشته بیاب

همچنین درغیب انواع است این   در زیان‌وسود ودررنج وغبین(۱)
این دم ابدال باشد زان بهار   دردل وجان‌روید ازوی‌سبزه‌زار

فعل باران بهاری با درخت   آید از انفاسشان با نیکبخت (۲)
گردرخت خشك باشد در مکان   عیب آن از باد جان افزا مدان

باد کار خویش کرد وبر وزید   آنکه جانی داشت برجانش گزید
وانکه‌جامد بودخود واقف نشد   وای آن جانی‌که او عارف نشد

قول پیغمبر شنو ای جان‌من   دور کن از خویشتن انکار وظنّ

درمعنی حدیث اغتنموا بردالربیع فانه یعمل بابدانکم کمایعمل باشجارکم واجتنبوا بردالخریف فانه یعمل بابدانکم کما یعمل باشجارکم

گفت پیغمبر ز سرمای بهار   تن مپوشانید یاران زینهار
زانکه با جان شما آن میکند   کان بهاران با درختان میکند

پس‌غنیمت باشد آن سرمای او   درجهان بر عارفان وقت جو
در بهاران جامه‌از تن‌برکنید   تن برهنه جانب گلشن روید

لیك بگریزید از برد خزان   کان کند کان کرد با باغ ورزان
راویان این را بظاهر برده‌اند   هم برآن صورت قناعت کرده‌اند

بیخبر بودند از سرّ آن گروه   کوه را دیده ندیده کان بکوه
آن‌خزان نزد خدانفس‌و هواست   عقل وجان‌عین بهار است وتقاست

گر ترا عقلیست جزوی در نهان   کامل العقلی بجو اندر جهان
جزو تو از کل او کلی شود   عقل‌کل برنفس‌چون غلی‌شود(۳)

پس بتأویل آن بودکانفاس پاك   چون بهارست‌وحیات‌برگ وتاك
از حدیث اولیا نرم و درشت   تن‌مپوشان زانکه دینت‌راست‌پشت

گرم گوید سرد گوید خوش بگیر   تاز گرم و سرد بجهی وز سعیر
گرم و سردش نوبهار زندگیست   مایهٔ صدق و یقین و بندگیست

زانکه زان‌بستان جانهازنده است   زان‌جواهر بحردل‌آکنده است
بردل عاقل هزاران غم بود   گر ز باغ دل خلالی کم شود

پرسیدن عایشه که یا رسول‌الله سرّ باران امروز چه بود

پس سؤالش کرد صدیقه زصدق   با خشوع وبا ادب ازجوش عشق
کای‌خلاصهٔ هستی وزبدهٔ وجود   حکمت باران امروزین چه بود

---

(۱) یعنی آنچه درسلسلهٔ عرضیات یعنی زمانیات و مکانیات مادیه ازمنظومهای شمسیه وکهکشان و ماه و سال وشب و روز وفصول چهارگانه وموالید خلقت جمادات ونباتات وحیوانات وعناصرومواد ومانند اینها اززمین وآسمان‌موجوداست همه در سلسلهٔ طولیات یعنی درماوراءالطبیعه عالم ارواح و عقول که درغیب این عالم است بنحو اعلا موجود است بطوریکه افهام و عقول اهل دنیا بآنها نرسیده چه تا بحواس مناسب با آنها که بتمرکز این حواس مادی حاصل میشود نرسند محال است که حقائق آنها را بآنطوریکه در آنجا است ادراك نمایند لذا در بیت متصل باین بیت تعبیر بابدال از مدرکین آنها نموده چه معنویات وحقائق را باصور و خیال مناسبتی نیست . (۲) چه تأثیر انفاس صاحبان نفوس قویه فقط بقوه تمرکزاست .

(۳) بدانکه معانی لغوی عقل بقدری زیاد و مختلف است که نمیتوان قدر مشترکی برای آنها فرض کرد مگر در معنی بستن که بعضی گفتند اکثر معانی عقل بمعنی ببستن و عِقال است ولکن باصطلاح عامهٔ مردم عقل را بادراکات انسانی‌که ممتاز از هرحیوانی است اطلاق میکنند وگاهی بر اخلاق معتدله نام عقل مینهند وگاهی بقوهٔ فراست و زرنگی وجودت و فطانت و سیاست نام عقل مینهند ولکن عرفا یکی از مراتب هفتگانهٔ انسان را (ازبدن ونفس و روح وعقل وسر وخفی و اخفی) نام عقل مینهند کما آنکه حکما از مراتب نفس انسانی بعقل بالقوه و عقل بالملکه و عقل بالفعل و عقل فعال تعبیر مینمایند و اما الهیون از نفس مجردکه ذاتاً وفعلا مجرد شده باشد تعبیر بعقل میکنند ولکن همهٔ این اقسام یکطرف و مقصود ازانبیاء و اولیاء که مطابق مقصود مولوی از عقل در این دو بیت است یکطرف چه مقصود مولوی از کامل العقل عبارتست از اینکه بتواند دنیا را یك طوری اداره وجمع آوری کند که نتیجهٔ آخرت و علم الروح وصفای قلب و توحید نفس را بملکهٔ جمع حواس تحصیل کند کما آنکه در اصول‌کافی از حضرت صادق (ع) وارد است (العقل ما عبد به‌الرحمن و اکتسب به‌الجنان) و مخفی نماند که در مقابل این عقل مذکور علمای سوء وعقلای نفسانی هستند که بتدبیر عقل خود آخرت رابرعکس فوق بطوری گرفتند که نتیجهٔ دنیا راکاملا از احکام دیانتی تحصیل مینمایند و تمیز بین این دو عقل برای مجالست و اطاعت که مولوی توصیه در این چند بیت نموده خیلی مشکل است .

مصطفی آمد که سازد همدمی	کلمینی یا حمیرا کلمی (۱)	۱	ای حمیرا اندر آتش نه تو نعل	تاز نعل تو شود این کوه لعل
این حمیرا لفظ تانیث است وجان	نام تانیثش نهند این تازیان(۲)	۲	لیك از تانیث جان را باك نیست	روح را بامرد وزن اشراك نیست
از مؤنث واز مذکر برتراست	این نه آن جانست کز خشك وتراست	۳	این نه آن جانست کافزاید ز نان	یا گهی باشد چنین گاهی چنان(۳)
خوش کننده است وخوش وعین خوشی	بیخوشی نبود خوشی ای مرتشی(٤)	٤	چون تو شیرین ازشکرباشی بود	کان شکر گاهی ز توغایب شود
زهر محضست آنکه باشد بیوفاء	هب لنا یا ربّنا نعم الوفاء	٥	چون شکر گردی ز تأثیر وفا	پس شکر کی از شکر باشد جدا
عاشق ازحق چون غذا یابد رحیق	عقل آنجا گم شود گم ای رفیق	٦	عقل جزوی عشق را منکر بود	گرچه بنمایدکه صاحب سربود(٥)
زیرك ودانا است امّا نیست نیست	تا فرشته لا نشد اهریمنی است	۷	او بقول و فعل یار ما بود	چون بحکم حال آئی لا بود
لا بود چون او نشد ازهست نیست	چونکه طوعاً لانشد کرهاً بسی است	۸	جان کمالست و ندای او کمال	مصطفی گویان ارحنا یا بلال(٦)
ای بلال افراز بانگ سلسلت	زان دمی کاندر دمیدم در دلت	۹	۞ای بلال ای گلبنت را جان سپار	خیز و بلبل وار جان میکن نثار
زان دمی کادم ازآن مدهوش شد	هوش اهل آسمان بیهوش شد	۱۰	مصطفی بیخویش شدزان خوب صوت	شد نمازش در شب تعریس فوت
سر ازآن خواب مبارك بر نداشت	تا نماز صبحدم آمد بچاشت	۱۱	در شب تعریس پیش آن عروس	یافت جان پاك ایشان دست بوس
عشق وجان هردو نهانند و ستیر	گرعروسش خوانده ام عیبی مگیر	۱۲	از ملال یار خامش کردمی	گر همو مهلت بدادی یك دمی
لیك میگوید بگو هین عیب نیست	جز تقاضای قضای غیب نیست	۱۳	عیب باشد کو نه‌بیند جزکه عیب	عیب کی بیند روان پاك غیب (۷)
عیب شد نسبت بمخلوق جهول	نی به نسبت با خداوند قبول(۸)	۱٤	کفر هم نسبت بخالق حکمت است	چون بمانسبت کنی کفر آفت است
ور یکی عیبی بود با صد صفات	بر مثال چوب باشد در نبات	۱٥	در ترازو هردو را یکسان کشند	زانکه آن هردوچوجسم وجان خوشند
پس بزرگان این نگفتند ازگزاف	جسم پاکان همچو جان افتادصاف	۱٦	گفتشان و فعلشان و ذکرشان	جمله جان مطلق آمد بی نشان
جان دشمن دارشان جسمیست صرف	چون زیاد از نرد او اسمیست صرف	۱۷	آن بخاك اندر شد وکل خاك شد	این نمك اندر شد وکل پاك شد
آن نمك کز وی محمد املح است	زان حدیث با نمك او افصح است	۱۸	این نمك باقیست از میراث او	با تو اند آن وارثان او بجو
پیش تو شسته ترا خود پیش کو	پیش هستت جان پیش اندیش کو	۱۹	گرتو خودرا پیش وپس کردی گمان	بستهٔ جسمیّ و محرومی ز جان
زیر وبالا پیش وپس وصف تنست	بی جهتها زاین جان روشن است	۲۰	بر گشا از نور پاك شه نظر	تا نپنداری توچون کوته نظر
که همینی در غم وشادیّ و بس	ای عدم کو مر عدم را پیش وپس	۲۱	۞ازوجود واز عدم گر بگذری	از حیات جاودانی بر خوری
روز بارانست میرو تا بشب	نی از این باران ازآن باران رب	۲۲	۞هست بارانها جزاین باران بدان	که نمیبیند ورا جز چشم جان
	۞چشم جان را پاك کن نیکو نگر	۲۳	تا از آن باران عیان بینی خضر	

سؤال کردن عایشه از پیغمبر (ص) که باران شد و جامهٔ تو ترنگشت و جواب آنجناب

مصطفی روزی بگورستان برفت	با جنازهٔ یاری از یاران برفت	۲٥	خاك را در گور او آکنده کرد	زیرخاك آن دانه‌اش رازنده‌کرد
این درختانند همچون خاکیان	دستها برکرده اند از خاکدان	۲٦	سوی خلقان صد اشارت میکنند	وانکه گوشستش عبارت میکنند
۞ تیزگوشان راز ایشان بشنوند	غافلان آواز ایشان نشنوند	۲۷	با زبان سبز و با دست دراز	از ضمیر خاك میگویند راز

---

(۱) اینهم یك دلیل سعهٔ وجود خاتم انبیاء است که وافی و قادر بهر دو قوهٔ ملکی و ملکوتی و دنیوی و اخروی و جسمی و روحی بقسمی بوده که شهوت رانی او با زوجات نه گانه مخصوصاً باعایشه بعلاوه آنکه مانع از ملکوت او نبوده مؤید هم بوده چه توسعه روح سالم در توسعه تکمیل وتقویت قوای بدنیّه‌است والا بمثل بعضی‌از انبیاء که رهبانیت اختیار کرده وترك زن گرفتن بکلی نمودند یاباید ناقص الخلقه باشند یا ضیق وجودی بقسمی داشتند که نتوانستند بمثل حضرت عیسی (ع) جمع بین قوای شهوت و غضب بموقع و درمحل خود با حفظ مقام ملکوتی بنمایند در حالتیکه مقصود ازخلقت آدم در دنیا آنست که باحفظ قوای شهوت کار وحدت کند. (۲) بمثل آنکه ذات اقدس خداوند با آنکه نه مذکراست ونه مؤنث ولکن بمناسبت قوّه فاعله و مؤثره که صفت مردان است در قرآن و اخبار و کتب حکمت و عرفان ضمیرهای مذکر و مرد باو اشاره بمثل هووانت مینمایند. (۳) یعنی چون ذات‌جان مجرد محض وبی‌علاقه بمادّیات بدنیه است پس بقوت وضعف بدن تقویت و ضعف پیدا نمیکند سپس این‌قوت وضعفی‌که میگویند روح‌سالم درتن سالم و روح مریض درتن مریض کما آنکه محسوس ومسلم‌است از جهت آثار روح وتعلق فعلی وصفاتی روح ببدن است نه ازجهت ذات مجرّد که نهایت وصول و آرزوی مرتاضین برسیدن باین‌جان مجرّد بوسیلهٔ تمرکز قواست که ابداً موقوف بمادیات و احتیاج ببدنیات نداشته و متأثر وکم وزیاد از کم و زیاد مادیات نمیشود پس‌همه اشتباهات مادّیون از انکار جان مجرد اشتباه تعلق و آثار اواست بخود او . (٤) مقصود از این خوشی خوشی حقیقی خالصی‌است که فوقاً اشاره شد که چون ذات جان فوق‌الذکر ملایم ترین هر موجودی بصاحب جان است و هیچ خوشی نیست مگر بادراك ملایم پس‌ادراك شهودی این‌جان بملکهٔ جمع حواس وتوحید نفس‌که نزدیکترین ملایمات‌است بالاترین خوشیهای دنیا وآخرت بلکه روح همه خوشیهااست کما اینکه غفلت از این‌جان روح همه ناخوشیها است . (٥) مقصود ازعقل جزئی یاعقل معاشی یا عقول فلاسفه مادی یا عقل تمام عقلا و علما و حکمای قبل از تذکیه نفس است. (٦) اشاره بتعریف حکما مرنفس را (بکمال اول لجسمٍ آلی) میباشد (۷) بمثل اینکه‌حواریون بحضرت عیسی(ع) راجع بمنظرهٔ زشت سگ مردهٔ که‌گوشتهای صورت اوگندیده وریخته بود عرض کردندکه چقدر زشت است صورت این سگ حضرت عیسی‌فرمود (انظروا ما ابیض اسنانه) یعنی اگرعیب درشما نیست چرا تجسس نکردیدکه دندانهای سفید او رامشاهده کنید نه کراهت منظرهٔ اورا پس تا درانسان عیب نباشد نظربمعایب خلق نمیکند بلکه میگردد تا محسناتش‌را بیابد. (۸) بدانکه این‌دوبیت بالا و هشت بیت پائین دو بیان تحقیقی دارد (اول) آنکه خلقت اشرار و معاصی آنان و ناملایمات روزگار اگرچه نسبت باهلش ناملایم و شرّاست ولکن نسبت بنظام احسن خلقت همه از روی حکمت ولازمهٔ خلقت است (دوم) هرعیبی که از معیوب صادر شود البته عیب است ولکن عین‌آن عیب اگر از شخص‌کامل صادر شود برای او عیب نخواهد بود بمثل اینکه خاتم انبیا هم شیطان دارد ولکن شیطان او برای اوعیب نیست‌چون تسلیم اوست بلکه معایب انبیاء و اولیا نسبت بخداوند منزّه از عیب است نه نسبت بما چه معایب آنان که نواقص امکانی است اگرچه بمثل قدری سرکه مستهلك در دریا باشد موجود است ولکن نمودار و منشاء اثر نیست .

که پریّ و آدمی زندانیند   هر دو در زندان این نادانیند ۱ معشرالجن سورهٔ رحمن بخوان   تستطیعوا تنفذوا را باز دان
⊛سورة‌الرحمن بخوان‌ای مبتدی   تا شوی بر سرّ پریان مهتدی ۲ ⊛ کار ایشانست زآن سوی‌پری   گرددت روشن چو جوئی‌رهبری
نغمهای اندرون اولیا   اوّلا گوید که ای اجزای‌لا(۱) ۳ هین زلای نفی سرها برزنید   وین خیال و وهم یکسو افکنید
ای همه پوسیده در کون وفساد   جان باقیتان نروئید و نه زاد ٤ گر بگویم شمهٔ زان زخمها   جانها سر بر زنند از دخمها
گوش را نزدیك کن کان دورنیست   لیك نقل آن بتو دستور نیست ٥ هین که اسرافیل وقتند اولیا   مرده را زایشان حیاتست‌ونما(۲)
جانهای مرده اندر گورتن   بر جهد ز آوازشان اندر کفن ٦ گوید این آواز زآواها جداست   زنده کردن کار آوازخداست(۳)
⊛ چون بصورت اولیا آگه‌شوند   از طرب گویند چون با ره شوند ۷ ما بمردیم و بکلی کاستیم   بانگ حق آمد همه بر خاستیم
بانگ حق‌اندرحجاب وبی حجیب   آن دهد کو داد مریم رازجیب ۸ ای فناتان‌نیست کرده زیرپوست   باز گردید از عدم‌ز آواز دوست
مطلق آن آواز خود از شه بود   گرچه از حلقوم عبدالله بود ۹ گفت او را من زبان وچشم تو   من حواس و من رضا و خشم تو

در بیان تفسیر من کان لله کان‌الله له و بیان آن

روکه بی یسمع و بی یبصر توئی   سِرتوئی چه‌جای‌صاحب سر توئی ۱۱ چون شدی من‌کان لله از وَله   حق ترا باشد که کان اللهُ له(٤)
گه توئی گویم ترا گاهی منم   هر چه گویم آفتاب روشنم ۱۲ هر کجا تابم ز مشکات دمی   حل شد آنجا مشکلات عالمی
هر کجا تاریکی آمد ناسزا   از فروغ ما شود شمس الضحی ۱۳ ظلمتی را کافتابش برنداشت   ازدم ما گردد آن‌ظلمت چوچاشت
آدمی را او بخویش اسما نمود   دیگران را ز آدم اسما می‌گشود ۱٤ آب خواه ازجو بجو خواه ازسبو   کاین سبو را هم مدد باشد ز جو
نور خواه‌ازمه طلب‌خواهی ز خور   نور مه هم ز آفتابست ای‌پسر ۱٥ مقتبس شو زود چون یابی نجوم   گفت پیغبر که اصحابی نجوم
خواه ز آدم گیر نورش خواه ازو   خواه ازخم گیر می‌خواه از کدو ۱٦ کاین کدو باخم بپیوستست سخت   نی چو توشاد آن کدوی نیك‌بخت
گفت طوبی من رآنی مصطفی   والذی یبصر لمن وجهی رای ۱۷ چون چراغی نور شمعی را کشید   هر که دید اورا یقین آن شمع دید
همچنین تاصد چراغ ار نقل‌شد   دیدن آخر لقای اصل شد ۱۸ خواه از نور پسین بستان توان   هیچ فرقی‌نیست خواه ازشمع دان
⊛خواه نور ازاولین‌بستان بجان   خواه از نور پسین فرقی مدان ۱۹ خواه بین نور از چراغ آخرین   خواه‌بین نورش زشمع غابرین(٥)

در معنی حدیث انّ لربکم فی ایام دهرکم نفحات الا فتعرّضوا لها

گفت پیغبر که نفحتهای حق   اندر این ایام می آرد سبق ۲۱ گوش وهش دارید این اوقات‌را   در ربائید این چنین نفحات را
نفحهٔ آمد شما را دید و رفت   هرکه‌رامیخواست‌جان‌بخشید ورفت ۲۲ نفحهٔ دیگر رسید آگاه باش   تا ازاین هم وانمانی خواجه تاش
جان آتش یافت زان آتش‌کشی   جان مرده یافت از وی جنبشی ۲۳ جان ناری یافت از وی انطفا   مرده پوشید از بقای او قبا
تازگی و جنبش طوبیست این   همچوجنبشهای‌خلقان نیست‌این(٦) ۲٤ گر در افتد در زمین و آسمان   زهر هاشان آب گردد در زمان
خود ز بیم این دم بی منتهی   باز خوان فابینَ ان یحملنها ۲٥ ورنه خود اشفقن منهاچون بُدی   گر نه ازبیمش دل که خون‌شدی
دوش دیگرگونه این میداد دست   لقمهٔ چندی در آمد ره ببست ۲٦ بهر لقمه گشته لقمانی گرو   وقت لقمانست ای لقمه برو
از هوای لقمهٔ این خار خار   از کف لقمان برون آرید خار ۲۷ درکف او خار وسایه‌اش‌نیزنیست   لیکتان از حرص آن تمییز نیست
خار دان آنرا که خرما دیدهٔ   زانکه بس نان‌کور و بس نادیدهٔ ۲۸ جان لقمان که گلستان خداست   پای جانش خستهٔ خاری چراست
اشتر آمد این وجود خار خوار   مصطفی‌زادی براین‌اشترسوار(۷) ۲۹ اشترا تنگ گلی برپشت تست   کز نسیمش در توصدگلزار رست
میل تو سوی مغیلانست و ریگ   تاچه‌گل چینی ز خار مرده ریگ ۳۰ ای بگشته زین طلب تو کو بکو   چند گوئی آن گلستان کو و کو
پیش‌ازآن کاین‌خار پابیرون کنی   چشم تاریکست جولان چون‌کنی ۳۱ آدمی کومی نگنجد در جهان   درسرخاری همی گردد نهان(۸)

---

(۱) مقصود از اجزای لا منفی بودن جهات خلقیه است که در انظار خود خلائق برای شعبدهٔ خیال مثبت و در انظار اولیاء برای تمرکز خیال منفی مینماید کمااینکه در بیت بعد فرموده‌که مبدأ اشتباه همین قوهٔ خیال و واهمه است . (۲) بدانکه ارواح انسانی پنج مرتبه (روح النبات، روح الحیوان ، روح الانسان ، روح الایمان ، روح القدس که این سه روح اخیر از ارواح ملکوتی‌است) دارد پس مقصود از مرده زنده کردن اولیاء این دو روح اخیر است که بروح الایمان تأثیر حرارت ایمانی وبروح القدس تأثیر اشعهٔ معارف انوار الهی را مینمایند . (۳) یعنی آواز اولیاء بتمرکز قوا قوه ایجادی برای خلافیت روح الایمان درهرکس‌که بخواهند پیداکرده . (٤) مقصود از این دو بیت قصد قربت اولیاءالله است که چون هرچه میکنند و میگویند برای خدا است واز خود هیچ اختیاری در هیچ‌کاری ندارند بلکه در تمام کارها دست‌آنها بحواس‌ظاهره و باطنه آنها یکار ودست خداوند آنها بعنوان اسماء وصفاتش (از اراده و قدرت و علم و تکلم و چشم و گوش وحیات ازلی) در آنها درکار است بمثل آهن که قرب بآتش یافته همه صفات آتش در او یافت میشود یا بمثل کواکب بی نور که ازنور خورشید درآنها یافت شده نمایش روشنائی درشب تار بعنوان خلافت از خورشید میدهند . (٥) این چند بیت بالا اشاره بآنست که عقول انبیاء بمثل چراغ یك شمعی و دوشمعی و سه شمعی و هزار شمعی و صد هزارشمعی و هکذا تا برسد به نجوم و خورشید چون متنور بانوار الهیه برای قرب معنوی‌که دارند شدند پس از هرکدام آنها که طلب روشنائی بنمائی‌گویا ازخود خداوند طلب روشنائی حقیقتاً نمودی تا برسد بچراغ عقل و وجدان ولو یك شمعی باشد چه این چراغ آخرین چراغ یگانه وحجت مسلم درعالم برای هربنی‌آدمی‌است‌که پیغمبر باطنی‌او است. (٦) جنبش معنوی بمثل جنبش افکار است که محسوس بحواس ظاهر نیست . (۷)مقصود از مصطفی زادی یا رادی چند معنی دارد کریم و جوان مرد شجاع و حکیم و بذال معجمه و بعضی از این معانی آمده و بعضی بزای معجمه خوانده و اشاره بحدیث «امام حسن (ع)» گرفتند که بر گردن پیغمبر سوار میشده است . (۸) این دلیل سعهٔ وجودی انسان است که درعین آنکه در مقام علو روحی ازعرش معنوی میگذرد درمراتب بدنیه از هرخواری وناکامی و نامرادی باندك تصادی متألم میشود (گهی برطارم اعلا نشینم گهی تاپشت پای خود نبینم)

ورنه چون لطفت نماند وین جمال / از تو آید آن حریفان را ملال
آن جماعت کت همی دادند ریو / چون به بینندت بگویندت که دیو
جمله گویندت چو بینندت بدر / مردهٔ از گور خود بر کرده سر
همچو امرد که خدا نامش کنند / تا بدین سالوس در دامش کنند
چون بید نامی بر آمد ریش او / دیو را ننگ آید از تفتیش او
دیو سوی آدمی شد بهر شر / سوی تو ناید که از دیوی بتر
تا تو بودی آدمی دیو از پیت / میدوید و میچشانید از میت
چون شدی درخوی دیوی استوار / میگریزد ازتو دیو ای نابکار(۱)
آنکه اندر دامنت آویخت او / چون چنین گشتی ز تو بگریخت او

در بیان تفسیر آیهٔ ماشاء الله کان وما لم یشاء لم یکن

اینهمه گفتیم لیك اندر بسیج / بی عنایات خدا هیچیم هیچ
بی عنایات حق و خاصان حق / گر ملك باشد سیاهستش ورق
ای خدا ای قادر بی‌چندوچون / واقفی برحال بیرون و درون
ای‌خدا ای فضل تو حاجت روا / با تو یاد هیچکس نبود روا
اینقدر ارشاد تو بخشیدهٔ / تا بدین بس عیب ما پوشیدهٔ
قطرهٔ دانش که بخشیدی زپیش / متصل گردان بدریا های خویش
قطرهٔ علمست اندر جان من / وارهانش از هوا وز خاك تن
پیش‌از آن کاین‌خاکها خسفش‌کنند / پیش‌ازآن‌کان بادها نشفش کنند
گرچه چون نشفش کند تو قادری / کش از ایشان واستانی واخری
قطرهٔ‌کان درهوا شد یا که ریخت / از خزینهٔ قدرت تو کی گریخت
گر درآید در عدم یا صد عدم / چون بخوانیش‌او کند ازسر قدم
صد هزاران ضدّ ضدّ را میکشد / بازشان حکم تو بیرون می کشد
از عدمها سوی هستی هرزمان / هست‌یارب کاروان‌در کاروان(۲)
خاصه هرشب جمله افکار وُعقول / نیست گردد جمله در بحر نغول
❀ باز وقت صبح آن اللهیان / بر زنند از بحر سرچون ماهیان
درخزان بین‌صدهزاران‌شاخ‌وبرگ / در هزیمت رفته در دریای مرگ
زاغ پوشیده سیه چون نوحه‌گر / در گلستان نوحه کرده برُخضر
باز فرمان آید از سالار ده / مر عدم را کانچه خوردی باز ده
آنچه خوردی واده ایمرگ سیاه / ازنبات و ورد و ازبرگ وگیاه
❀ای برادر یکدم ازخود دورشو / با خود آی و غرق بحر نور شو
ای‌برادر عقل یکدم باخود آر(۳) / دمبدم در تو خزانست و بهار
باغ دل را سبز و ترّ و تازه بین / پر ز غنچه ورد و سروویاسمین
ز انبهیّ برگ پنهان گشته شاخ / زانبهیّ گل نهان صحرا وکاخ
این سخنهائی که ازعقل کل‌است / بوی‌آن گلزار وسرو وسنبل‌است
بوی گل دیدی‌که انجا گل نبود / جوش مُل دیدی‌که انجا مُل‌نبود
بو قلاووز است و رهبر مر ترا / میبرد تا خلد وکوثر مر ترا(٤)
بو دوای چشم باشد نور ساز / شد زبوئی دیدهٔ یعقوب باز
بوی بد مر دیده را تاری کند / بوی یوسف دیده را یاری کند
توکه یوسف نیستی یعقوب باش / همچو او باگریه و آشوب باش
چون تو شیرین نیستی فرهادباش / چون نهٔ لیلی چو مجنون گردفاش

در بیان تفسیر قول حکیم سنائی قدس سره در این ابیات

نازرا روئی بباید همچو ورد / چون نداری گرد بدخوئی مگرد
زشت باشد روی نازیبا و ناز / سخت آید چشم نا بینا و درد

بشنو این پند از حکیم غزنوی / تا بیابی در تن کهنه نوی
❀ این رباعی‌را شنو ازجان ودل / تا بکل بیرون شوی از آب‌وگل
❀ پند اورا از دل‌وجان‌گوش‌کن / هوش‌را جان سازوجان‌را هوش‌کن
❀ آن حکیم غزنوی شیخ کبیر / گفته است این پند نیکو یاد گیر
پیش یوسف نازش خوبی مکن / جز نیاز و آه یعقوبی مکن
معنی مردن ز طوطی بد نیاز / درنیاز وفقر خودرا مرده ساز(٥)
تا دم عیسی ترا زنده کند / همچوخویشت خوب وفرخنده کند
از بهاران کی‌شود سر سبز سنگ / خاك شو تا گل بروئی رنگ‌رنگ
سالها تو سنگ بودی دل خراش / آزمون را یك زمانی خاك باش

داستان پیر چنگی که در عهد عمر برای خدا درگورستان چنگ میزد

❀ دربیان این شنو یك داستان / تا بدانی اعتقاد راستان
آن شنیدستی که در عهد عمر / بود چنگی مطربی با کرّ و فرّ
بلبل از آواز او بیخود شدی / یکطرب ز آواز خوبش صدشدی
مجلس و مجمع دمش آراستی / وز نوای او قیامت خاستی
همچو اسرافیل کاوازش بفن / مردگانرا جان درآرد در بدن
یار سایل بود اسرافیل را / از سماعش پر برستی فیل را
❀ یا چو داود از خوشی نغمها / جان پراندی سوی بستان خدا
سازد اسرافیل روزی ناله را / جان دهد پوسیدهٔ صد ساله را
اولیا را دردرون هم نغمها است / طالبان را زان‌حیات بی بها است
نشنود آن نغمها را گوش حس / کز ستمها گوش حس باشد نجس
نشنود نغمهٔ پری را آدمی / کوبود ز اسرار پریان اعجمی
گرچه هم نغمهٔ پری زین عالمست / نغمهٔ دل برتر از هر دو دمست

---

(۱) چون انسان ذاتاً بین رحمان وشیطان و ملك و جن و صفات نفسانی و صفات عقلانی خلقت شده وهریك از آن دو دارای یك جهت هستند پس انسان بابن دو جهت خود روی بهر یك از آن دو طرف بیاورد و متمکن دریکی از آن دو (رحمانی یا شیطانی) بشود البته از آن دو در خواهد گذشت واین یکی از اسرار امتیاز انسان در خلقت‌است که بمثل « علی (ع) » و « محمد (ص) » ازجبرئیل‌در میگذرد. وبعضی مخالفین این دو از شیطان (۲) بدانکه مقصود عدم محض نیست بلکه برحسب دو مثالی‌را که شاهد آورده یاظهور وبطون است‌یا کون و بروز ویانسبت بمثال اول اول و نسبت بدوم دویم است چه عدم محض قابل ایجاد اشیاء از او نیست. (۳) یعنی اگر بچشم عقل ملکوتی نظر بحقائق‌شود خزان و بهار یعنی خیرات و شرور را در هر موجودی تمیز داده خیرات مناسب حال خودرا از هر شیئی (ولوبظاهر شر باشد نتیجهٔ عقلانی ملکوتی) خواهد برد. (٤) یعنی‌تمیز حق وباطل وصدق وکذب دراول مرتبه برای هرطالبی باستشمام حق است مشروط باینکه بینی وجدان و عقل ملکوتی او طبعاً یا اختیاراً مذکوم بحبّ وبغض واخلاق رذیله نباشد . (٥) این چند بیت اشاره بآن است که هر حسی از حواس همچنان که مخصوص باحساس‌محسوسات خود است (یعنی هیچ‌حسی نمیتواند محسوسات دیگری را احساس نماید) حقائق ملکوتی‌را هم (بغیر از حس مخصوص بخود آن حقائق که حس بعد از تصفیه و حس توحید نفس بتحصیل ملکهٔ جمع حواس است) هیچ حسی از حواس ظاهره و باطنهٔ دیگر بادراکات آن حقائق در درون اولیاء ودرون عالم نائل نخواهد شد همچنانکه ما نغمات و صدای پری و جن و ملائکه را برای عدم سنخیت ادراك نمیشنویم در حالتی‌که آیات انفسی پری وجن‌که قوهٔ خیال و واهمه درمغز هرآدمی است موجود است

www.rumispath.com Maulana Jalalu-'d-din Muhammad i Rumi

رجوع بحکایت خواجهٔ تاجر

خواجه اندر آتش درد و حنین   صد پراکنده همی گفت این چنین

گه تناقض گاه ناز و گه نیاز   گاه سودای حقیقت گه مجاز
مرد غرقه گشته جانی می کند   دست را در هر گیاهی می زند
تا کدامش دست گیرد در خطر   دست و پائی میزند از بیم سر
دوست دارد یار این آشفتگی   کوشش بیهوده به از خفتگی
آنکه او شاهست او بیکار نیست   ناله از وی طرفه کو بیمار نیست
بهر این فرمود رحمان ای پسر   کل یوم هو فی شان ای پسر (۱)
اندرین ره میتراش و میخراش   تا دم آخر دمی فارغ مباش
تا دم آخر دمی آخر بود   که عنایت با تو صاحب سر بود
هرکه میکوشد اگر مرد و زنست   گوش و چشم شاه جان بر روزنست
❀ این سخن پایان ندارد ای عمو   قصهٔ طوطی و خواجه باز گو

بیرون انداختن مرد تاجر طوطی را از قفس و پریدن او

بعد از آنش از قفس بیرون فکند   طوطیك پرید تا شاخ بلند
طوطی مرده چنان پرواز کرد   کافتاب از چرخ ترکی تاز کرد
خواجه حیران گشت اندر کار مرغ   بی خبر ناگه بدید اسرار مرغ
روی بالا کرد وگفت ای عندلیب   از بیان حال خودمان ده نصیب
او چه کرد آنجا که تو آموختی   چشم ما ازمکر خود بر دوختی
ساختی مکری و ما را سوختی   سوختی ما را و خود افروختی
گفت طوطی کو بفعلم پند داد   که رها کن نطق وآواز وگشاد
زانکه آوازت ترا در بند کرد   خویش او مرده پی این پندکرد
یعنی ای مطرب شده با عام وخاص   مرده شو چون من که تا یابی خلاص (۲)
دانه باشی مرغکانت بر چنند   غنچه باشی کودکانت بر کنند
دانه پنهان کن بکلی دام شو   غنچه پنهان کن گیاه بام شو
هرکه داد او حسن خودرا درمزاد   صد قضای بد سوی او رو نهاد
چشمها و خشمها و رشکها   بر سرش بارد چوآب از مشکها
دشمنان اورا ز غیرت میدرند   دوستان هم روزگارش میبرند
آنکه غافل بود از کشت بهار   او چه داند قیمت این روزگار
در پناه لطف حق باید گریخت   کو هزاران لطف بر ارواح ریخت
تا پناهی یابی آنگه چه پناه   آب وآتش مر ترا گردد سپاه
نوح و موسی را نه دریا یار شد   نی بر اعداشان بکین قهار شد
آتش ابراهیم را نی قلعه بود   تا بر آورد از دل نمرود دود
کوه یحیی را نه سوی خویش خواند   قاصدانش را بزخم سنگ راند
گفت ای یحیی بیا در من گریز   تا پناهت باشم از شمشیر تیز

وداع کردن طوطی خواجه را و پریدن

یك دو پندش داد طوطی بی نفاق   بعد از آن گفتش سلام الفراق
❀ الوداع ای خواجه کردی مرحمت   کردی آزادم ز قید و مظلمت
❀ الوداع ای خواجه رفتم تا وطن   هم شوی آزاد روزی همچو من
خواجه گفتش فی امان الله برو   مر مرا اکنون نمودی راه نو
❀ سوی هندستان اصلی رو نهاد   بعد شدت ازفرج دل گشته شاد
خواجه باخود گفت کاین پندمن است   راه او گیرم که این ره روشن است
جان من کمتر ز طوطی کی بود   جان چنین باید که نیکو پی بود

در بیان مضرت تعظیم خلق و انگشت نما شدن

تن قفس شکل است زان شد خار جان   درفریب داخلان و خارجان (۳)
اینش گوید من شوم همراز تو   وانش گوید نی منم انباز تو
اینش گوید نیست چون تو در وجود   درکمال وفضل و دراحسان وجود
آنش گوید هر دو عالم آن تست   جمله جانها مان طفیل جان تست
آنش خواند گاه عیش وخرمی   اینش گوید گاه نوش ومرهمی
او چو بیند خلق را سرمست خویش   از تکبر میرود از دست خویش
او نداند که هزاران را چو او   دیو افکندست اندر آب جو
لطف وسالوس جهان خوش لقمه ایست   کمترش خورکان پرآتش لقمه ایست
آتشش پنهان و ذوقش آشکار   دود او ظاهر شود پایان کار
تو مگو آن مدح را من کی خرم   ازطمع میگوید او من پی برم
مادحت گر هجو گوید بر ملا   روزها سوزد دلت زان سوز ها
گرچه دانی کو زحرمان گفت آن   کان طمع که داشت ازتوشد زیان
آن اثر میماندت در اندرون   درمدیح این حالتت هست آزمون (٤)
آن اثر هم روز ها باقی بود   مایهٔ کبر و خداع جان شود
نیك بنماید چو شیرینست مدح   بد نماید زانکه تلخ افتاد قدح
همچو مطبوخست وحب کانرا خوری   تا بدیری شورش و رنج اندری
ور خوری حلوا بود ذوقش دمی   این اثر چون آن نمی آید همی
چون نمی باید همی ماند نهان   هر ضدی را تو بضد آن بدان
چون شکر ماند نهان تاثیر او   بعد چندی دمل آرد نیش جو
ورحب ومطبوخ خوردی ای ظریف   اندرون شد پاك زاخلاط کثیف
نفس از بس مدحها فرعون شد   کن ذلیل النفس هونا لا تسد
تا توانی بنده شو سلطان مباش   زخم کش چون گوی شو چوگان مباش

---

(۱) چون شأن را نکره آورده نه معرفه معنی شئون غیر متناهی را میدهد چه درفارسی فرق است بین اینکه بگوئی خدا هرروزکار دارد که نکره وغیر متناهی است ویا بگوئی کاری دارد که معرفه ومحدود خواهد شد پس مضمون این آیه با کلام عرفا که میگویند که خداکار مکرر و یاتجلی مکرر ندارد یکی است . (۲) مقصود از مرده شدن مرده شدن ارادی بتحصیل ملکهٔ جمع حواس است که انسان بتواند ایجاد فراموشی ازتمام امورزندگانی باختیار در خود بنماید این آدم آن ساعت مرده وخلاص از تمام حوادث شده است . چه اگر تمام دنیا را خون بگیرد در مغز فراموشکار اثری ندارد (۳) خلاصه مقصود مولوی در تمام این فصل آنست که هرانسانی بعدد منافذ پوست بدن ازمحیط خود وبعدد تمام دستجات سلولهای اعضاء وجوارح از داخل خود مقتضیات دغدغه در خون و تلقینات مختلفه متضاده در مغز دارد که بمقتضای آیه (و فیه شرکاء متشاکسون) هر ساعتی جان هر آدمی را (اگر اراده قوی وکار منظم ویا افکار منظم نداشته باشد) در عذاب اراده‌های بیجا و تفرقهٔ حواس گرفتار خواهد نمود . (٤) یعنی اگر وساوس و خیالات غیر مشروع را بتحصیل ملکهٔ جمع حواس و تصفیه مزاج تیشه بریشه نزنی وخود را معالجه بریاضت نکنی اگرهزاران مرتبه برخلاف آن وساوس از باب مخالفت نفس رفتار و استقامت بخرج بدهی باز تاریشه کن نشود روح تو از آثار آنها که اراده‌های بیجا است خالی نخواهد شد کما آنکه اگرخانه آتش بگیرد فرضاً فوراً هم خاموش گردد باز آثار دود در و دیوار وسقف باقی خواهد ماند یعنی خیالات غیر مشروع شیطانی اگر چه عملی هم نشود ولکن قلب را چرکین خواهد نمود همچنانکه در احادیث مذهبی وارد شده که از نیات غیر مشروع ولوعملی واراده هم نشود باید بقوه ایمان یعنی توحید نفس و تمرکز قوا جلوگیری نمود .

هرکه اوارزان خرد ارزان دهد   گوهری طفلی بقرصی نان دهد ۱ غرق عشقی‌ام که غرقست اندرین   عشقهای اوّلین و آخرین

مجلش گفتم نکردم من بیان   ورنه هم لبها بسوزد هم دهان ۲ من چو لب گویم لب دریا بود   من چولا گویم مراد الاّ بود

من ز شیرینی نشستم رو ترش   من ز بسیاریّ گفتارم خمش ۳ تا که شیرینیّ ما از دو جهان   در حجاب رو ترش باشد نهان

تا که در هرگوش ناید این سخن ۴ یك همی گویم ز صد سِرّ لدن

دربیان تفسیر قول حکیم سنائی روح الله تعالی روحه

بهرچه از راه وامانی چه کفرآن حرف وچه ایمان   بهرچه از دوست دور افتی چه زشت‌آن نقش وچه زیبا

فی معنی قول النبی ان سعدألغیور و انا اغیر منه والله تعالی اغیر منیّ ومن غیرته حرّم الفواحش ما ظهر منها و ما بطن

جمله عالم زان غیور آمدکه حق   برد در غیرت برین عالم سبق ۹ او چوجانست وجهان چون کالبد   کالبد از جان پذیرد نیك و بد

هرکه محراب نمازش گشت عین   سوی ایمان رفتنش میدان توشین ۱۰ هرکه شد مر شاه را اوجامه دار   هست خسران بهرشاهش اتّجار

هرکه با سلطان شود اوهم نشین   بردرش شستن بودحیف وغبین(۱) ۱۱ دست‌بوسش چون‌رسید از پادشاه   گر گزینند بوس یا باشد گناه

گرچه سر بر پا نهادن خدمتست   پیش آن خدمت خطا و زلتست ۱۲ شاه را غیرت بود بر هرکه او   بو گزینند بعد از آن که دیدرو

غیرت حق بر مثل گندم بود   کاه خرمن غیرت مردم بود ۱۳ اصل غیرتها بدانید از اله   آن خلقان فرع حق بی اشتباه

شرح این بگذارم و گیرم گله   از جفای آن نگار ده دله ۱٤ نالم ایرا نالها خوش آیدش   از دو عالم ناله و غم بایدش

چون نالم تلخ از دستانِ او   چون نیم در حلقهٔ مستان او ۱۵ چون نباشم همچوشب بی‌روز او   بی وصال روی روز افروز او

ناخوش‌او خوش بود درجان من   جان فدای یار دل رنجان من ۱٦ عاشقم بررنج‌خویش ودردخویش   بهر خشنودیّ شاه فرد خویش

خاك‌غم را سرمه سازم بهرچشم   تا زگوهر پر شود دو بحر چشم ۱۷ اشك كان ازبهر اوبارند خلق   گوهرست‌واشك پندارندخلق(۲)

من ز جان جان شکایت میکنم   من نیم شاکی روایت میکنم ۱۸ دل همی گوید از او رنجیده ام   و از نفاق سست میخندیده ام

راستی کن ای تو فخر راستان   ای‌تو صدر و من درت‌را آستان ۱۹ آستان وصدر در معنی کجاست   ماومن‌کوآن طرف کان یار ماست

ای رهیده جان تو از ما و من   ای لطیفهٔ روح اندر مرد و زن ۲۰ مردوزن‌چون‌یك شوندآن‌یك‌توئی   چونکه یك ها محو شد آنك توئی

این من و ما بهر آن بر ساختی   تاتو باخود نرد خدمت باختی(۳) ۲۱ ۞ تاتو با ما وتو یك جوهرشوی   عاقبت محض چنان دلبر شوی

تامن و توها همه یکجان شوند   عاقبت مستغرق جانان شوند ۲۲ این همه هست و بیا ای امرِ کن   ای منزّه از بیان و از سخن

چشم جسمانه تواند دیدنت   در خیال آرد غم و خندیدنت ۲۳ دل‌که او بستهٔ غم و خندیدنست   تو مگو کو لایق آن دیدنست

آنکه او بستهٔ غم و خنده بود   او بدین دو عاریت زنده بود ۲٤ باغ سبز عشق کو بی منتهاست   جز غم‌وشادی درو بس میوهاست

عاشقی زین هر دوحالت برترست   بی بهار و بی‌خزان سبز و ترست ۲۵ ده زکوهٔ رویِ خوب ای‌خوب‌رو   شرح جان شرحه شرحه باز گو

کز کرشمهٔ غمزهٔ غمازهٔ   بردلم بنهاده داغ تازهٔ ۲٦ من حلالش کردم ار خونم‌بریخت   من‌همی گفتم حلال او میگریخت

چون گریزانی ز نالهٔ خاکیان   غم چه ریزی بردل غمناکیان ۲۷ ای‌که هرصبحی‌که ازمشرق بتافت   همچو چشمهٔ مشرقت‌درجوش یافت

چه بهانه میدهی شیدات را   ای بهانه شکّر لبهات را ۲۸ ای جهان کهنه را تو جانِ نو   ازتن بیجان ودل افغان شنو(٤)

شرح گل بگذار از بهر خدا   شرح بلبل‌گو که شد از گل جدا ۲۹ از غم وشادی نباشد جوش ما   با خیال و وهم نبود هوش ما

حالت دیگر بود کان نادر است   تومشومنکر که حق‌بس‌قادراست(۵) ۳۰ توقیاس از حالت انسان مکن   منزل اندر جور ودر احسان‌مکن

جورواحسان رنج وشادی‌حادثست   حادثان میرند وحقشان وارثاست ۳۱ صبح شد ای صبح را پشت‌وپناه   عذر مخدومی حسام الدّین بخواه

عذر خواه عقل‌کلّ وجان توئی   جان جان و تابشِ مرجان توئی ۳۲ تافت نور صبح و ما از نور تو   در صبوحی بامی منصور تو

دادهٔ تو چون چنین دارد مرا   باده که بود تا طرب آرد مرا ۳۳ باده درجوشش‌گدای جوش ماست   چرخ درگردش اسیر هوش ماست

باده از ما مست شد نی ما ازاو   قالب از ماهست شد نی ما ازاو ۳٤ ما چو زنبوریم و قالبها چو موم   خانه خانه کرده قالب را چوموم

بس‌دراز است‌این‌حدیث خواجه‌گو ۳۵ تاچه شد احوال آن مرد نکو

---

(۱) این دو بیت فوق و تحت نمره اشاره بآنست که هروقت حقائق ظاهر بلکه حقیقت مطلقه مکشوف السّبحات گردد دیگرمشار و مشیر و اشاره ازحواس ظاهره وباطنه باقی نمیماند تا مشغول احکام شرایع از فروع واصول دین شده وبآنها اشاره بحقیقت بنماید یعنی‌مضمون (اذا ظهرالحقائق بطل الشرایع) را میخواهد دراین هفت بیت بفرماید چه غیرت حق غیردر میان نگذاشت ازین جهت عین‌جملهٔ اشیاء شد. (۲) یعنی ذاتاً واصالتاً تمام اشکهای‌چشم ورنجها و غمهای خلق برای رسیدن باین مقام بلند حقیقت مکشوفه خلقت شده‌که هر چه زیاد تر گردد توسعه مکاشفه اختیاری حقیقت بیشتر و محکم تر خواهد شد لذا طفل غالباً طبعاً گریان و همیشه گرفتار رنج و ناملایمات است تا دم مردن اگر باور نداری قدمی درمریضخانها و محبسهای دنیا بلکه درهردلی در تمام دنیا قدمی بگذار تا بینی که یك‌دل خوش وراضی از زندگانی خود نیست پس این قوای رنج را حق متعال برای مقصد فوق الذکر خلق کرده که اگر بجای خودش استعمال شود تبدیل بگنج حقیقت خواهد شد ولکن خلق قدر رنج وگریه‌های خودرا نشناخته چون درهر محل ناقابلی خرج مینمایند لابد ازمقصود دور افتاده ودر دنیا هم نتیجه بخش نخواهد شد (۳) یعنی چون خواستی با تجلیات خودت نرد خدمت و عبودیت را ببازی از پرتو ذات اقدس خودت ذوات منیتهای خلایق را ایجاد کردی ولکن بعداز توحید نفس و تمرکز حواس بخود این پرتو چنین معلوم‌شد که همه اشتباهاً باختند و همه آنها را باحاظه تو بردی لذا نام هر قماری ببازی که معنی باختن است معروف است یعنی‌کسی نمیگوید قمار برد ولکن قمارباز میگویند . (٤) معنی این بیت را افاده میدهد (بیزارم ازآن کهنه خدائی که تو داری۞ هرلحظه مرا تازه خدای دگر استی) . (۵) بدانکه باندازهٔ این حالت ملکوتی نادراست که بعضی اسم‌اعظم وبعضی جفر جامع و بعضی لیلة القدر وبعضی سیمرغ وبعضی آب حیات وبعضی کیمیا وبعضی معرفت جان بتوحید نفس و ملکهٔ جمع حواسش گفتند .

پیشها و اندیشها در وقت صبح   هم بدانجا شدکه بود آن‌حسن وقبح
چون کبوترهای پیك از شهرها   سوی شهر خویش آرد بهرها
هرچه بینی سوی اصل خود رود   جزو سوی کلّ خود راجع شود

شنیدن آن طوطی حرکت آن طوطی را ومردن و نوحه کردن خواجه

چون‌شنیدآن‌مرغ کان‌طوطی‌چه‌کرد   هم بلرزید اوفتاد و گشت سرد
خواجه چون دیدش فتاده همچنین   برجهید و زد کله را بر زمین
چون‌بدین رنگ وبدین‌حالش‌بدید   خواجه برجست وگریبان را درید
گفت‌ای‌طوطی خوب خوش حنین   هین چه‌بودت این چرا گشتی‌چنین
ای دریغا مرغ خوش آواز من   ای دریغا همدم و همراز من
ای دریغا مرغ خوش الحان من   راح روح و روضهٔ رضوان من
گر سلیمان را چنین مرغی بدی   کی دگر مشغول آن مرغان شدی
ای دریغا مرغ کارزان یافتم   زود روی از روی او بر تافتم
ای زبان تو بس زیانی مر مرا   چون توئی گویا چه‌گویم مرترا(۱)
ای زبان هم آتش وهم خرمنی   چند این آتش دراین خرمن زنی
در نهان جان از تو افغان میکند   گرچه‌هرچه‌گوئیش آن می‌کند(۲)
ای زبان هم گنج بی‌پایان توئی   ای‌زبان هم رنج بی درمان توئی
هم صفیر و خدعهٔ مرغان توئی   هم بلیس وظلمت کفران توئی(۳)
هم خفیر و رهبر یاران توئی   هم انیس و وحشت هجران توئی
چند امانم می‌دهی ای بی امان   ای تو زه کرده بکین من کمان
نك پرّانیدهٔ مرغ مرا   در چراگاه ستم کم کن چرا
یا جواب من بگو یا داد ده   یا مرا اسباب شادی یاد ده
ای دریغا نور ظلمت سوز من   ای دریغا صبح روز افروز من
ای دریغا مرغ‌خوش پروازمن   ز انتها پرّیده تا آغاز من(۴)
عاشق رنج است نادان تا ابد   خیز ولا اُقسم بخوان تا فی کبد
از کبد فارغ بُدم با روی تو   وز زبد صافی بدم در جوی تو
این دریغها خیال دیدنست   وز وجود نقد خود ببریدنست
غیرت حق بود باحق چاره‌نیست   کو دلی‌کزحکم حق صدپاره نیست
غیرت آن باشدکه‌آن غیرهمه‌است   آنکه افزون ازبیان‌ودمدمه است
ای دریغا اشك من دریا بدی   تا نثار دلبر زیبا شدی
طوطی من مرغ زیرك سار من   ترجمان فکرت و اسرار من
هرچه روزی داد و ناداد آمدم   او ز اوّل گفت تا یاد آمدم
طوطئی کاید ز وحی آواز او   پیش از آغاز وجود آغاز او
اندرون تست آن طوطی نهان   عکس اورا دیده تو براین وآن
می برد شادیت را تو شاد ازو   میپذیری ظلم را چون داد ازو
ای که جان ازبهر تن میسوختی   سوختی جان را و تن افروختی
سوختم من سوخته خواهد کسی   تا زمن آتش زند اندر خسی
سوخته چون قابل آتش بود   سوختهٔ بستان که آتش کش بود
ای دریغا ای دریغا ای دریغ   کان چنان ماهی‌نهان شد زیرمیغ
چون زنم دم‌کاتش دل تیز شد   شیر هجر آشفته و خون ریز شد
آنکه اوهشیار خود تندست‌ومست   چون بودچون اوقدح گیرد بدست
شیر مستی کز صفت بیرون بود   از بسیط مرغزار افزون بود
قافیه اندیشم و دلدار من   گویدم مندیش جز دیدار من
خوش نشین ای‌قافیه اندیش من   قافیهٔ دولت توئی در پیش من
حرف چبود تاتو اندیشی از آن   صوت چبود خار دیوار رزان
حرف‌وصوت و گفت رابرهم‌زنم   تاکه بی این هر سه با تودم زنم
آن دمی کز آدمش کردم نهان   با تو گویم ای تو اسرار جهان
آن دمی را که نگفتم با خلیل   وان‌دمی را که نداند جبرئیل(۵)
آن دمی کز وی مسیحا دم نزد   حق ز غیرت نیز بی‌ما هم نزد
ما چه باشد در لغت اثبات نفی   من نه اثباتم منم بی ذات ونفی
من کسی در ناکسی در یافتم   بس کسی در ناکسی در یافتم
جمله شاهان پست‌پست خویش را   جمله خلقان مست مست خویش را
جمله شاهان بردهٔ بردهٔ خودند   جمله خلقان مردهٔ مردهٔ خودند(۶)
می‌شود صیاد مرغان را شکار   تاکند ناگاه ایشان را شکار
دلبران را دل اسیر بیدلان   جمله معشوقان شکار عاشقان
هرکه عاشق دیدیش معشوق دان   کو بنسبت هست هم این وهم‌آن
تشنگان گرآب جویند از جهان   آب هم جوید بعالم تشنگان(۷)
چونکه عاشق اوست‌توخاموش‌باش   او چوگوشت میکشد توگوش باش
بندکن چون سیل سیلانی کند   ورنه رسوائی و ویرانی کند
من چه غم دارم که ویرانی بود   زیر ویران گنج سلطانی بود
غرق‌حق خواهد که باشد غرق‌تر   همچو موج بحرجان زیر و زبر
زیر دریا خوش‌تر آید یا زبر   تیر او دلکش تر آید یا سپر
پس زبون وسوسه باشی دلا   گر طرب را باز دانی از بلا
گر مرادت را مذاق شکراست   بی مرادی نی مراد دلبر است
هر ستاره‌اش خونبهای صد هلال   خون عالم ریختن او را حلال
ما بها و خون‌بها را یافتیم   جانب جان باختن بشتافتیم (۸)
ای حیات عاشقان در مردگی   دل نیابی جز که در دل بردگی
من دلش جسته بصد ناز و دلال   او بهانه کرده با من از ملال
گفتم‌آخر غرق تست این‌عقل‌وجان   گفت رورو برمن‌این‌افسون‌مخوان
من ندانم آنچه اندیشیدهٔ   ای دو دیده دوست را چون‌دیدهٔ
ای گران‌جان خوار دیدستی مرا   زانکه بس ارزان خریدستی‌مرا

---

(۱) چه اگر مذمتی راجع بزبان گفته شود باز از خود زبان بخود زبان است . (۲) یعنی اگر چه باطناً جان از دست زبان گله دارد ولکن چون کمالات هر جانی بتعلیمات زبان است پس گله و افغان آنهم بتلقین خود زبان است . (۳) بس‌است در وسعت زبان نسبت بهمهٔ اعضا و جوارح نورانی و ظلمانی‌که تمام احکام آنها بلکه بالاتر از آنها از ملك و ملکوت و جبروت و لاهوت باید بزبان تعلیم داده شود . (٤) اشاره به : «مرغ باغ ملکوتم نیم ازعالم خاك» که سیمرغ جان باشد لذا درتعریف انسان حیوان ناطق را آورده‌اند که مقصود ادراك کلیات در ضمن محمولات کلیه منطقیه است‌که در هر موضوعی باید محمول طبعاً لا بشرط وبطورکلی بر موضوع خود حمل شود وراحت روح باین ادراکات کلیه است نه بجزئیات مادیه دنیویه فانیه. (۵) مقصود دم عشق است که فوق عقل و نظام است چه‌جبرئیل عقل و قانون انبیاء مقید بتنظیمات عقلیه است پس آن دم‌عشق در رتبهٔ جبرئیل عقل و خلیل و مسیح در این دو بیت بیرون نیامده اگرچه در رتبهٔ تجرد محض همهٔ انبیاء از آن دم روح شرایع خودرا زنده کردند . (٦) یعنی جملهٔ شاهان غلام شهوت وغضب خود هستند در حالتیکه این دو قوه درمقام خلقت بنده فرمان بردارآنها خلق شده (۷) یعنی همینطوری که کلیه هر حسی عاشق محسوسات ملایم خود میباشد محسوسات هم عاشق حواس متعلق بخودمیباشد بلکه عشق صورت خوشگل بچشم وعشق آب‌گوارا بتشنه وعشق نغمات دلربا بگوش وعشق بوهای طیبه بیینی و ملموسات ملایمه بلمس بقسمی بیش از عشق بر عکس آنها است که گفته شده : « تا که از جانب معشوق نباشد کششی کوشش عاشق بیچاره بجائی نرسد . » (۸) بها وخون بها برای همان سلب علاقه است که بملکهٔ جمع حواس وتوحید نفس حاصل شده که بعین این توحید بها وخونبهای توحید رب حاصل و راحت ابدی بآن بها خواهد یافت .

زین سخن گر نیستی بیگانهٔ — دلق واشکی گیر و جو ویرانهٔ ۱ زان که آدم زان عتاب ازاشک رست — اشك تر باشد دم توبه پرست
بهر گریه آمد آدم برزمین(۱) — تا بود گریان و نالان وحزین ۲ آدم از فردوس و از بالای هفت — پای ماچان از برای عذر رفت
گر ز پشت آدمی وز صلب او — در طلب میباش هم در طلب او ۳ ❁توچه دانی ذوق آب ای شیشه دل — زانکه همچو خرشدی تو با بگل
ز آتش دل و آب دیده نقل ساز — بوستان از ابر و خورشیداست تاز ٤ توچه دانی ذوق آب دیدگان — عاشق نانی تو چون نا دیدگان
گر تو این انبان زنان خالی کنی — پرز گوهرهای اجلالی کنی(۲) ٥ طفل جان ازشیر شیطان باز کن — بعد ازآنش با ملك انباز کن
تا تو تاریك و ملول و تیرهٔ — دان که با دیو لعین همشیرهٔ ٦ لقمهٔ کان نور افزود و کمال — آن بود آورده از کسب حلال(۳)
روغنی کاید چراغ ما کشد — آب خوانش چون چراغی را کشد ٧ علم وحکمت زاید از لقمهٔ حلال — عشق ورقت زاید از لقمه حلال
چون زلقمه تو حسد بینی و دام — جهل وغفلت زاید آنرا دان حرام ٨ هیچ گندم کاری و جو بر دهد — دیدهٔ اسبی که کرهٔ خر دهد
لقمه تخمست و برش اندیشها — لقمه بحر و گوهرش اندیشها ٩ زاید از لقمهٔ حلال اندر دهان — میل خدمت عزم سوی آن جهان(٤)
❁زاید ازلقمهٔ حلال ای محضور — در دل پاك تو و در دیده نور ١٠ ❁این سخن پایان ندارد ای کیا — بحث بازرگان و طوطی کن بیا

بازگفتن بازرگان باطوطی آنچه در هندوستان دیده

کرد بازرگان تجارت را تمام — باز آمد سوی منزل شاد کام ١٢ هر غلامی را بیاورد ارمغان — هر کنیزك را ببخشید او نشان
گفت طوطی ارمغان بنده کو — آنچه گفتی وآنچه دیدی باز گو ١٣ گفت نی من خود پشیمانم از آن — دست خودخایان وانگشتان گزان
که چرا پیغام خامی از گزاف — بردم از بیدانشی و از نشاف ١٤ گفت ای خواجه پشیمانی زچیست — چیست آن کاین خشم وغم رامقتضیست
گفت گفتم آن شکایتهای تو — با گروهی طوطیان همتای تو ١٥ آن یکی طوطی ز دردت بوی برد — زهره اش بدرید و لرزید و بمرد
من پشیمان گشتم این گفتن چه بود — لیك چون گفتم پشیمانی چه سود ١٦ نکتهٔ کان جست ناگه از زبان — همچوتیری دان که جست آن ازکمان
وا نگردد ازره آن تیر ای پسر — بند باید کرد سیلی را ز سر ١٧ چون گذشت ازسرجهانی را گرفت — گر جهان ویران کند نبود شگفت
فعل را درغیب اثرها زادنیست — وان موالیدش بحکم خلق نیست ١٨ بی شریکی جمله مخلوق خداست — آن موالید ارچه نسبتشان بماست
زید پرانید تیری سوی عمرو — عمرو را بگرفت تیرش همچو نمر ١٩ مدت سالی همی زائید درد — دردها را آفریند حق نه مرد
عمرو دائم ماند در درد و وجل — درد ها میزاید آنجا تا اجل ٢٠ زان موالید وجع چون مرد او — زید را ز اول سبب قتال گو
آن وجعها را بدو منسوب دار — گرچه هست آن جمله صنع کردگار ٢١ همچنین کسب ودم و دام و جماع — آن موالید است حق را مستطاع
بسته درهای موالید از سبب — چون پشیمان شد ولی ازدست رب ٢٢ اولیا راهست قدرت از اله — تیر جسته باز آرندش ز راه
گفته ناگفته کند از فتح باب — تا از آن نی سیخ سوزد نی کباب ٢٣ از همه دلها چو آن نکته شنید — آن سخن را کرد محو و ناپدید
گرت برهان باید و حجت مها — باز خوان من آیة اونسها ٢٤ آیهٔ انسوکم ذکری بخوان — قوت نسیان نهادنشان بدان
چون بتذکیر و بنسیان قادرند — برهمه دلهای خلقان قاهرند ٢٥ چون بنسیان بست او راه نظر — کار نتوان کرد ور باشد هنر
خذتموا سخریةً اهل السمو — از نبی خوانید تا انسوکم ٢٦ صاحب ده پادشاه جسمهاست — صاحب دل شاه دلهای شماست
فرع دید آمد عمل بی هیچ شك — پس نباشد مردم الا مردمك ٢٧ مردمش چون مردمك دیدندخرد — در بزرگی مردمك کس پی نبرد
من تمام این را نیارم گفت ازآن — منع می آید ز صاحب مرکزان ٢٨ چون فراموشی خلق و یادشان — با ویست او میرسد فریادشان
صدهزاران نیك وبد را آن بهی — میکند هر شب ز دلهاشان تهی ٢٩ روز دلها را از آن پر میکند — آن صدفها را پر از در میکند
آن همه اندیشهٔ پیشانها — می شناسد از هدایت جانها ٣٠ پیشه و فرهنگ تو آید بتو — تا در اسباب بگشاید بتو
پیشهٔ زرگر باهنگر نشد(٥) — خوی این خوش خو بدان منکر نشد ٣١ پیشها و خلقها همچون جهیز — سوی خصم آیند روز رستخیز
❁ صورتی کان برنهادت غالبست — هم بران تصویر حشرت واجبست ٣٢ پیشها و خلقها از بعد خواب — وا پس آید هم بخصم خود شتاب

---

(۱) لذا هرطفلی بمحض تولد بدون یك لب خندی تاچندی شروع بگریه مینماید واین علامت تقدم رنج طبیعی او دردنیا وسرمایهٔ ذلت وبندگی او برای خداوند است(۲) چنانکه گرسنگی درعلم الروح برای آزادی قوا وتصفیه اخلاق وجمع حواس و توحید نفس مفید است همچنین برای رفع امراض جسمانی هم مفید خواهدبود که بعضی ازاطبای عصر جدید گفته اند که گرسنگی ازمعالجات بین المللی خواهدشد . (۳) هرشکم خواری این ادعا را نمی تواند بنماید همچنان که درجنت الوصال مثنوی نقل شده که بعضی از دراویش شاه نعمت اللهی یك گوسفند فربه را باجمیع لوازماتش درحین ریاضت یا بعداز تکمیل نفس میخورده و ادعای هضم ملکوتی مینموده اند خدا عالم تراست بحقائق . (٤) بدانکه هرانسانی بواسطهٔ ضرورت بدلهای مایتحلل ازهر غذائی مزاج واخلاق وروح اوبافته شده ازحرام وحلال بودن آن غذاست پس بعداز این بیان درتأثیر لقمه عرض میکنیم که ازبرای لقمهٔ حلال شرائط زیادی است و مجمل آن اینست که باید اول غذای حلال مطابق اصول هردیانت ویا قانون مملکتی تحصیل شود و دوم تجملات نداشته وغالباً ساده باشد تا وقت عزیز را صرف شکم که غایت همت حیوانات است ننماید وسوم شکم خودرا بنابرنصیحت علی « ع » قبرستان حیوانات از خوردن گوشت قرار ندهند . چهارم جلوچشمهای گرسنه حیوانات وهیچ انسانی حتی الامکان غذا نخورد چه ممکن است غذارا بنظرهای خودشان مسموم اخلاقی و جسمانی نمایند الا اینکه بآنها بخوراند . پنجم با یاد خدا و یا با یاد هر چیزی که غایت همت بلند اوست بخورد تا آن مطلوب درمزاج او با غذا بافته شده و بمطلوب او کمك دهد . ششم مطابق حفظ الصحه بخورد

(٦) این نه بیت اشاره بمعاد روحانی واخلاقی است یعنی هرکسی بعد از مردن موافق اخلاق مکتسبهٔ خود در دنیا از نیك و بد حشر پیدا میکند همچنان که ملکات مکتسبه هرکسی بعد ازبیدارشدن از خواب برای آن دردنیا بدون اشتباه رجوع مینماید وهمه درروز دنبال کارهای مرتبطهٔ باخلاق خود میروند همچنین ملکات اخلاقیه و روحیه هر کسی بعد از مرگ بمثل رجوع بعد از خواب رجوع بآنها بدون اشتباه مینماید و هر کسی در آن روز دنبال کار خود یعنی عقب جزای اعمال خود میرود پس جهنم وبهشت هرکسی درخود او واعمال وجزای اعمال او ازملکات نیك وبدخواهدبود

کوبکی مرغی ضعیفی بی گناه ۱ واندرون او سلیمان با سپاه

صفت اجنحهٔ طیور عقول الهی

چون بنالدزار بی‌شکر و گله(۱) افتد اندر هفت گردون غلغله ۳ هردمش صد نامه صد پیك از خدا یا ربی زو شصت لبیك از خدا
زلت او به ز طاعت پیش حق نزد کفرش جمله ایمان ها خلق ٤ هر دمی اورا یکی معراج خاص بر سر تاجش نهد صد تاج‌خاص
صورتش برخاك‌وجان درلامکان لامکانی فوق وهم سالکان ٥ لامکانی نی که در وهم آیدت هر دمی در وی خیالی زایدت
بل مکان و لامکان در حکم او همچو درحکم بهشتی چارجو(۲) ٦ شرح این کوته کن‌ورخ زین بتاب دم مزن والله اعلم بالصواب

دیدن خواجه طوطیان را در دشت و پیغام رسانیدن

باز میگردیم ازاین ای دوستان سوی مرغ وتاجر و هندوستان ۸ مرد بازرگان پذیرفت آن پیام کورساند سوی جنس ازوی‌سلام
چونکه تااقصای هندستان رسید در بیابان طوطی چندی بدید ۹ مرکب استانید و پس آواز داد آن سلام و آن امانت باز داد
طوطئی‌زان طوطیان لرزید و پس اوفتاد و مرد وبگسستش نفس ۱۰ شد پشیمان خواجه از گفت خبر گفت رفتم در هلاك جانور
این‌مگرخویش است باآن‌طوطیك این مگر دوجسم بود و روح یك ۱۱ این چرا کردم چرا دادم پیام سوختم بیچاره را زین گفت خام
این‌زبان‌چون‌سنگ‌وفم‌آهن‌وشست وآنچه‌بجهدازبان چون‌آتش‌است ۱۲ سنگ وآهن را مزن‌بر هم‌گزاف گه ز روی نقل‌و گه از روی‌لاف
زانکه تاریکست وهر سوپنبه‌زار در میان پنبه چون باشد شرار ۱۳ ظالم آن‌قومی‌که چشمان دوختند وز سخن ها عالمی را سوختند
عالمی را یك سخن ویران کند روبهان مرده را شیران کند ۱٤ جانها در اصل خود عیسی‌دمند یك‌زمان زخمند ودیگر مرهمند(۳)
گر حجاب از جانها بر خاستی گفت هر جانی مسیح آساستی ۱٥ گر سخن‌خواهی‌که‌گوئی چون‌شکر صبرکن ازحرص واین‌حلوا بخور
صبر باشد مشتهای زیرکان هست حلوا آرزوی کودکان ۱٦ هرکه صبر آورد گردون بررود هرکه حلوا خورد واپس تر شود
صاحب دل را ندارد آن زیان گر خورد آن زهر قاتل راعیان ۱۷ زان‌که صحت‌یافت ازپرهیزرست طالب مسکین میان تب درست

تفسیر قول شیخ فرید الدین عطار قدس سره

تو صاحب نفسی ای‌غافل میان خاك خون میخور که صاحب‌دل اگر زهری خورد آن انگبین باشد

گفت پیغمبر که ای طالب جری هان مکن باهیچ مطلوبی مری ۲۰ در تو نمرودیست در آتش مرو رفت خواهی اوّل ابراهیم شو
چون نهٔ سبّاح و نی دریائی در میفکن خویش از خودرائی ۲۱ او ز قعر بحر گوهر آورد از زیانها سود بر سر آورد
کاملی گر خاك گیرد زر شود ناقص ار زر برد خاکستر شود ۲۲ چون قبول حق‌بود آن‌مرد راست دست او در کارها دست‌خداست
دست ناقص دست‌شیطانست و دیو زانکه‌اندر دام تلبیس‌است وریو ۲۳ جهل آید پیش او دانش شود جهل‌شد علمی که درناقص رود
هرچه گیرد علتی علت شود کفر گیرد کاملی ملت شود ۲٤ ای مری کرده پیاده با سوار سرنخواهی برد اکنون پای دار

تعظیم کردن ساحران موسی را که اوّل تو عصا بینداز

ساحران در عهد فرعون لعین چون مری کردند باموسی زکین ۲٦ لیك موسی را مقدّم داشتند ساحران او را مکرّم داشتند
زانکه گفتندش‌که فرمان‌آن تست گر تو میخواهی عصا بفکن‌نخست ۲۷ گفت نی اوّل شما ای ساحران افکنید آن مکرها را درمیان
اینقدر تعظیم ایشان را خرید وازمری آن دست‌وپاهاشان برید ۲۸ ساحران چون قدر او نشناختند دست و پا درجرم آن‌در باختند
لقمه و نکته است کامل راحلال تو نهٔ کامل مخور می باش لال ۲۹ توچو گوشی او زبان نی‌جنس تو گوشهارا حق‌بفرمود انصتوا(٤)
کودك اوّل چون‌بزاید شیر نوش مدّتی خامش بود او جمله گوش ۳۰ مدّتی میبایدش لب دوختن از سخنگویان سخن آموختن
تا نیاموزد نگوید صد یکی ور بگوید حشو گوید بی‌شکی ۳۱ ور نباشد گوش تی تی میکند خویشتن را گنگ گیتی میکند
کرّ اصلی کش نبود آغاز گوش لال باشد کی‌کند درنطق جوش ۳۲ زانکه اوّل سمع باید نطق را سوی منطق از ره سمع اندرا
ادخلوا الابیات من ابوابها و اطلبوا الارزاق من اسبابها ۳۳ نطق‌کان موقوف راه سمع نیست جز که نطق خالق بی‌طمع نیست
مبدعست و تابع استادنی مسند جمله ورا اسنادنی (٥) ۳٤ باقیان هم در حرف هم درمقال تابع استاد و محتاج مثال

---

(۱) چون نالیدنش حکایت است نه شکایت مزاجی یا روحی (۲) بدانکه تمام موجودات در حکم مشیت الله است و انسان کامل چون فانی در مشیت الله است پس از باب فناء و یگانگی مشیت الله همهٔ اشیاء در فرمان اوست (۳) این چند بیت فوق و تحت نمره در تأثیر کلام بزخم زبان یا بمرهم است بدانکه ملاك هر تأثیری از قوای انسانیه مخصوصاً قوهٔ زبان فقط و فقط جمع حواس در کلام پس از سکوت اختیاری است که باید هر متکلمی که میخواهد صاحب تأثیر کلام بشود بداند که یکی از موجبات مقناطیس زبان سکوت اختیاری است که بزرگان مخصوصاً بعضی از انبیاء که بعد از سکوت های طولانی بتکلم میامدند عالمی را بیك کلام برهم زده یعنی ارواح و اخلاقهای مشکله مردم را بتأثیر کلام خود تغییرات میدادند و این سکوت همان جهتی است که مولوی در تأثیر کلام فرموده که اگر حجب و علائق و قیود از نفوس برداشته شود همهٔ نفوس عیسی دم خواهند شد و یکی از موجبات مهمه رفع حجاب روح سکوت وجمع حواس بریاضت است تا تأثیر افکار درکلام متمرکز شده و ملکه حاصل شود لذا چون مشکل است در چند بیت ذیل نمره امر بصبر در ریاضت و منقت رفع حجاب و تحصیل جمع حواس نموده تا روح بی حجابی اول خلقت خود را دریافته و تقویت شود . (٤) انصتوا اشارهٔ بایهٔ از سورهٔ اعراف است و اذا قراء القرآن فاستمعواله و انصتوا یعنی چون خوانده شود قرآن بشنوید و خاموش باشید اشکال اینجا است که لازمهٔ شنیدن خاموشی است دیگر چرا فرموده و انصتوا دوجواب دارد یا مقصود شنیدن با توجه تام و دل دادن و دقت کردن است تاگوش قلب هم باگوش سر همراه شود و یا در بین کلام حرف نزدن و جدل نکردن است تا مضامین و مقاصد کلام واضح شود . (٥) یعنی چون تمام موجودات باسباب خلق شده اند پس نقشهٔ هر مسببی متعلق به اسباب خودش میباشد الا کلام فعلی حق که چون قبل از همه چیز است و بالاتر از فعل حق چیزی نیست تا فعل حق از آن و بآن خلق شود پس فعل حق ابداعی و اختراعی و مقدم برهمهٔ اسباب و نقشه هاست چه همه باو نه او بهمه خلق شده پس کلام فعلی حق بدون اسباب است

صفحه سی و سه — دفتر اول

گفت را گر فایده نبود مگو ور بود هل اعتراض و شکر جو ١ شکر یزدان طوق هرگردن بود نی جدال و روترش کردن بود(١)
گر ترش رو بودن آمدشکروبس همچو سرکه شکرگوئی نیست کس ٢ سرکه را گر راه باید در جگر گو برو سرکنگبین شو از شکر

در بیان حدیث من اراد ان یجلس مع الله فلیجلس مع اهل التصوّف

معنی اندر شعر جز باخبط نیست چون فلاسنگست آنرا ضبط نیست ٤ آن رسول اینجا رسید و شاه شد واله اندر قدرت الله شد
آن‌رسول ازخودبشد زین یکدوجام نی رسالت یاد ماندش نی پیام ٥ سیل چون آمد بدریا بحرگشت دانه چون آمد بمزرع کشت‌گشت
چون تعلق یافت نان بابوالبشر نان مرده زنده گشت و باخبر ٦ موم و هیزم چون فدای نار شد ذات ظلمانیّ او انوار شد
سنگ سرمه‌چونکه‌شد دردیدگان گشت بینائی شد آنجا دیدبان ٧ ای‌خنك آن مرده‌کزخود رسته‌شد در وجود زندهٔ پیوسته شد
وای آن زنده‌که با مرده نشست مرده‌گشت و زندگی ازوی بجست ٨ چون تو در قرآن حق بگریختی با روان انبیا آمیختی (٢)
هست قرآن حال های انبیاء ماهیان بحر پاك کبریا ٩ ور بخوانیّ و نهٔ قرآن پذیر انبیا و اولیا را دیده گیر
ور پذیرائی چوبر خوانی قصص مرغ جانت تنگ آید در قفس ١٠ مرغ کواندر قفس زندانی‌است می نجوید رستن از نادانی است
روحهائی کز قفسها رسته اند انبیا و رهبر شایسته اند ١١ از برون آوازشان آید بدین که ره رستن ترا این استاین
ما بدین رستیم زین تنگین قفس غیر این‌ره نیست چارهٔ این‌قفس ١٢ خویش را رنجور ساز و زارزار تا ترا بیرون کنند از اشتهار
کاشتهار خلق بندی محکمست دره این‌ازبندآهن کی‌کمست(٣) ١٣ یك حکایت‌بشنو ای زیبارفیق تا بدانی شرط این بحر عمیق
بشنو اکنون داستانی در مثال ١٤ تا شوی واقف بر اسرار مقال

قصه آن بازرگان‌که بهندوستان بتجارت می‌رفت و پیغام دادن طوطی محبوس بطوطیان هندوستان

بود بازرگانی او را طوطئی در قفس محبوس زیبا طوطئی ١٦ چون که بازرگان سفررا سازکرد سوی هندستان شدن آغاز کرد
هر غلام و هر کنیزی را زجود گفت بهر تو چه آرم گوی زود ١٧ هریکی‌ازوی مرادی خواست‌کرد جمله را وعده بداد آن نیك‌مرد
گفت طوطی راچه خواهی ارمغان کآرمت از خطهٔ هندوستان ١٨ گفتش آن طوطی که‌آنجاطوطیان چون ببینی کن ز حال من بیان
کان‌فلان طوطی‌که مشتاق شماست ازقضای آسمان درحبس ماست ١٩ بر شماکرد اوسلام وداد خواست وازشما چاره وره ارشاد خواست
گفت می‌شاید که من در اشتیاق جان دهم اینجا بمیرم در فراق ٢٠ این روا باشد که من در بندسخت گه‌شما بر سبزه گاهی بر درخت
این چنین باشد وفای دوستان من دراین‌حبس و شما دربوستان ٢١ یاد آرید ای مهان زین مرغ زار یك صبوحی در میان مرغزار
یاد یاران یار را میمون بود خاصه‌کان لیلیّ و این‌مجنون‌بود ٢٢ ای حریفان بابت موزون خود من قدح ها میخورم ازخون‌خود
یك قدح می نوش کن بر یاد من گر همی خواهی که بدهی دادمن ٢٣ یا بیاد این فتادهٔ خاك بیز چون‌که‌خوردی جرعهٔ برخاك‌ریز
ای عجب آن عهد وآن سوگندکو وعد های آن لب چون قندکو ٢٤ ور فراق بنده از بد بندگیست چون‌توبا بد بدکنی پس‌فرق‌چیست
ای‌بدی که توکنی درخشم وجنگ با طرب‌تر ازسماع وبانگ چنگ ٢٥ ای جفای تو ز دولت خوب‌تر وانتقام تو ز جان محبوب تر
نار تو این است نورت چون بود ماتم‌این‌تاخود که‌سورت چون بود ٢٦ از حلاوتها که دارد جور تو وز لطافت کس نیابد غور تو
یاد آور از محبّت های ما حق مجلسها و صحبت‌های ما ٢٧ نالم و ترسم که او باور کند وز ترحّم جور را کمتر کند
عاشقم برلطف و بر قهرش بجد ایعجب‌من‌عاشق‌این‌هردوضدّ(٤) ٢٨ والله ارزین خار در بستان شوم همچو بلبل زین‌سبب نالان شوم
این عجب بلبل که بگشاید دهان تا خورد اوخار را با گلستان ٢٩ این نه بلبل این‌نهنگ آتشی است جمله‌ناخوشهای‌عشق‌اورا خوشیست
عاشق کلّ‌است وخود کلّست او عاشق‌خویشست‌وعشق‌خویش‌جو(٥) ٣٠ قصهٔ طوطیّ جان زینسان بود کو کسی کو محرم مرغان بود

---

(١) یعنی اگر بفوائد خلقت روح (که‌یکی ازآنها توسعهٔ وجودی و دیگری اطلاعات از قوس صعود و نزول ودیگری اشتداد لذت وصال بعد از فراق و دیگری قبول خدمت و عبادت از هربنده در غیاب سلطان یعنی در غربتخانه دنیا که بهترازبنده باحضورسلطان که شبیه متملقین است قبول میشود و مانند اینها از فوائد) برسی البته شکر این نعمتهای فوائد را در خلقت روح خواهی نمود و دیگر اعتراض و جدال ومغالطه نخواهی کرد که فایدهٔ خلقت انسان بااین همه مشقت وزحمت وناکامی ونامرادی‌که در دنیا دارد چیست که اگربرای رجوع بمعارف الهیه خلق شده تحصیل حاصل است چه قبل ازتعلق ارواح بابدان همهٔ ارواح نزد خداوند بوجود علمی و وجود عقلانی و بنحو اعلا موجود بودند پس خداوند را قبل از آمدن بدنیا بهتر از وقتیکه بدنیا آمدند شناخته و بندگی تکوینی بدون معصیت می نمودند و مانند این اعتراضات که در کتب حکمت کرده‌اند نمیکردی . (٢) این چند بیت ردیف فوق وتحت نمره بیان آنستکه همنشینی با انبیا و اولیا اگرچه اثرات وجودی قطعی دارد ولکن اشخاصی که دوری زمانی ومکانی از آنها دارند ودستشان بآنان نمیرسد تااز اثرات وجودی آنها در وجود خود استفاده نمایند باید باکلمات و معلومات باعمل آنان مغز را آشنا نموده تابتدریج در افق ارواح آنان واقع گردند چه اثرات وجودی آنان بمنزلهٔ آتش است که چندان حرارتش انتقال نمیابد ولکن اثرات علوم و کلمات و کتبشان بمنزلهٔ روشنائی آتش است که از فرسنگهای دور کاملاً اثر می نماید (٣) ریاست اینقدر خطردارد که جملهٔ (وللشهرة آفة وللخمول راحة) از مسلمات شده است . ولکن طلب شهرت بمقتضای(فاحببت ان اعرف) چون از صفات خداوند است بقسمی محکم وعمومی است که هرکس ترکش کرد باز برای شهرت کرد (٤) این تعجب برای غیر عاشق است که بتفرقهٔ حواس و تعدد قوا بجهات کثرات از مظاهر لطف و قهر و خار وگل دل بسته و نظری بمعشوق حقیقی و مظهریت آن الا خیالی که در ردیف سایراشیاء ادراکش مینمایند ندارند اما عاشق حقیقی که بتمرکز قوای روحی و توحید نفس سنخیت با احدیت معشوق خود یافته هیچ جای تعجب نیست که ظهور احدیت معشوق خود را در تمام مظاهر قهر و لطف از خار و گل بقسمی مشاهده کند که ابداً التفاتی بجهات کثرات از مظاهر معشوق نداشته تا از مظاهر لطف او خوش و از قهر او بدش آید بعلاوه آنکه چه بسیار از مظاهر قهراست که نتیجهٔ آن لطف وملایم عاشق است کما اینکه در دعا وارد است که چه بسیار لطف حق در قهر و قهرش در لطف است (٥) مقصود از کلی نه کلی منطقی است بلکه احاطهٔ حقیقت‌الوجود است که برای عاشق درهمه جا خیر ولذیذ وبهتر از عدم است مخصوصاً که هر وجودی چون از لوازم خلقت وجزء نظام عالم است و از محسنات جلوهٔ معشوق است پس مطلوب عاشق است

Maulana Jalalu-'d-din Muhammad i Rumi

نان‌چو درسفره است اوباشد جماد ‌ در تن مردم شود او روح شاد ۱ در دل سفره نگردد مستحیل ‌ مستحیلش جان کند از سلسبیل
قوت‌جان‌است این‌ای‌راست‌خوان ‌ تاچه باشد قوّت آن جان جان ۲ ٭ نانت قوت تن ولیکن درنگر ‌ تا که قوت جان چه باشد سر بسر
گوشت پارهٔ آدمی با عقل و جان ‌ میشکافد کوه را با بحر و کان ۳ زور جان کوه کن شقّ الحجر ‌ زور جان جان در انشقّ القمر
گر گشاید دل سر انبان راز ‌ جان بسوی عرش سازد ترکتاز ٤ گر زبان گوید ز اسرار نهان ‌ آتش افروزد بسوزد این جهان
فعل حقّ و فعل ما هر دو ببین ٥ فعل ما را هست دان پیداست این

اضافت کردن آدم علیه السلام زلت خود را بخویش که ربّنا انّا ظلمنا انفسنا واضافت کردن ابلیس گناه خودرا به حق تعالی که ربّ بما اغویتنی (۱)

گر نباشد فعل خلق اندر میان ‌ پس مگوکس را چرا کردی چنان ۸ خلق حق افعال‌مارا موجد است ‌ فعل ما آثار خلق ایزد است
٭ لیك هست آن‌فعل ما مختار ما ‌ زو جزا گه نار ما گه یار ما ۹ زانکه ناطق حرف بیند یاغرض ‌ کی شود یکدم محیط دو عرض
گر بمعنی رفت شد غافل زحرف ‌ پیش وپس یکدم نبیند هیچ طرف ۱۰ آن زمان که پیش‌بینی آن زمان ‌ تو پس خود کی بینی این بدان
چون‌محیط حرف‌ومعنی نیست‌جان ‌ چون بود جان خالق‌این هردوان ۱۱ حق محیط جمله آمد ای پسر ‌ وا ندارد کارش ازکار دگر(۲)
٭ گفت ایزدجان مارا مست‌کرد ‌ چون‌نداند آنکه راخود هست‌کرد ۱۲ گفت شیطان که بما اغویتنی ‌ کرد فعل خود نهان دیو دنی(۳)
گفت آدم که ظلمنا نفسنا ‌ او ز فعل حق نبد غافل چو ما ۱۳ در گنه او از ادب پنهانش کرد ‌ زان گنه برخود زدن او برخورد
بعد توبه گفتش ای آدم نه من ‌ آفریدم در تو آن جرم و محن ۱٤ نی که تقدیر و قضای من بُدآن ‌ چون بوقت عذر کردی آن نهان
گفت ترسیدم ادب بگذاشتم ‌ گفت من هم پاس آنت داشتم ۱٥ هرکه آرد حرمت او حرمت برد ‌ هر که آرد قند لوزینه خورد
طیّبات از بهر که للطّیّبین ۱٦ یار را خوش کن مرنجان وببین

تمثیل

یك مثل ای دل پی فرقی بیار ‌ تا بدانی جبر را از اختیار ۱۸ دست کان لرزان‌بود از ارتعاش ‌ وانکه دستی‌را تو لرزانی زجاش
هردو جنبش آفریدهٔ حق شناس ‌ لیك نتوان کرد این با آن قیاس ۱۹ زین پشیمانی که لرزانیدیش ‌ چون پشیمان نیست مرد مرتعش
٭ مرتعش راکی پشیمان دیدهٔ ‌ بر چنین جبری تو بر چسبیدهٔ ۲۰ بحث عقلست‌این‌چه‌عقل‌آن حیله‌گر ‌ تاضعیفی ره برد آنجا مگر
بحث عقلی گر دُر ومرجان بود ‌ آن دگر باشد که بحث جان بود ۲۱ بحث جان اندر مقامی دیگراست ‌ بادهٔ جان را قوامی دیگر است
آن زمان که بحث عقلی ساز بود ‌ این عمر با بوالحکم همراز بود ۲۲ چون‌عمر ازعقل آمد سوی جان ‌ بو الحکم بوجهل شد در بحث آن
سوی‌عقل‌وسوی‌حسّ‌او کامل‌است ‌ گرچه‌خودنسبت بجان‌اوجاهل‌است ۲۳ بحث عقل‌وحسّ اثر دان یاسبب ‌ بحث جانی یا عجب یا بوالعجب
ضوء جان آمد نماند ای مستضی ‌ لازم و ملزوم و نافی مقتضی ۲٤ زانکه بینائی‌که نورش بازغ است ‌ از دلیل چون عصا او فارغ است

تفسیر آیهٔ و هو معکم اینما کنتم و بیان آن

بار دیگر ما بقصه آمدیم ‌ ما از این قصه برون‌خودکی‌شدیم ۲٦ گر بجهل آئیم آن زندان اوست ‌ ور بعلم آئیم آن ایوان اوست
ور بخواب آئیم مستان وئیم ‌ ور به بیداری بدستان وئیم ۲۷ ور بگرییم ابر پر زرق وئیم ‌ ور بخندیم آن زمان برق وئیم
گربخشم وجنگ عکس‌قهر اوست ‌ ور بصلح وعذر عکس مهر اوست ۲۸ ما که ایم اندر جهان پیچ پیچ ‌ چون الف اوخودچه‌داردهیچ‌هیچ
چون الف گر تو مجرّد میشوی ‌ اندرین ره مرد مفرد میشوی ۲۹ جهد کن تا ترك غیر حق کنی ‌ دل ازین دنیای فانی برکنی

سؤال کردن رسول از عمر از سبب ابتلای ارواح باین آب و گل اجساد

این سخن رانیست پایان ای‌پسر ‌ از رسول روم بر گو وز عمر ۳۱ ازعمرچون آن رسول‌این راشنید ‌ رو شنیی در دلش آمد پدید
محوشد پیشش سؤال وهم جواب ‌ گشت فارغ از خطاء وازصواب ۳۲ اصل را دریافت‌بگذشت ازفروع ‌ بهرحکمت کرد درپرسش شروع
آب صافی در گلی پنهان شده ‌ جان صافی بستهٔ ابدان شده ۳۳ ٭فائده فرما که این حکمت چه‌بود ‌ مرغ را اندر قفس‌کردن چه سود
گفت تو بحث شگرفی میکنی ‌ معنیئی‌را بند حرفی میکنی(٤) ۳٤ حبس کردی معنی آزاد را ‌ بند حرفی کردهٔ تو باد را
از برای فائده این کردهٔ ‌ توکه خود از فائده در پردهٔ ۳٥ آنکه از وی فائدهٔ زائیده شد ‌ چون نه بیند آنچه مارا دیده شد
صدهزاران فائده است وهریکی ‌ صد هزاران پیش آن یك اندکی ۳٦ آن دم لطفش‌که جان جانها است ‌ چون بود خالی زمعنی‌گوی‌راست
آن دم نطقت‌که جزو جزوهاست ‌ فائده شد کل کلّ خالی چراست ۳۷ توکه جزوی کار تو بافائده است ‌ پس چرا درطعن‌کل‌آری تودست

---

(۱) حاصل تمام ابیات ذیل آنست‌که جبریان چون وسعت نظر بقسمی ندارند که هم فعل حق را و هم فعل خلق را بطور تقدم علیت و تأخیر معلولیت مشاهده نمایند لابد منکر افعال خلق شده و بدون اطلاعی از جبری شدن تحقیقی غیرمنافی با اختیار خلایق بلکه از روی تقلید یا بفلسفه بافی زبانی جبری میشوند. (۲) یعنی این احاطه از مختصات حق وتابعین حق است‌که در عین آنکه ذات اقدسش بمثل ارواح متجردین منزه از تمام صفات خلائق است باز تصرف ایجادی در تمام ذرّات وجودیه بدون مزاحمت مینماید بخلاف صاحبان ضیق وجودی از مرتاضین که بمحض آنکه مشغول بکارهای روحی وتجرد آن میشوند ازکارهای جسمانی بازمانده بلکه درکارهای جسمانی هم ممکن نیست بایکدست دوهندوانه بردارند (۳) بدانکه همین اظهاریای متکلم‌وحده شیطان درعبارت بما اغویتنی دلیل بزرگیست‌که نتوانسته‌است خودرا از نسبت اغوا بخود پنهان‌کند بمثل‌اینکه اگر کسی بگوید ماهمه مجبور خدا هستیم می‌گویم همین لفظ ما ولفظ همه ولفظ هستیم دلالت برهستی و اختیار وخودی ما می نماید و این بزرگتر دلیل‌طبیعی برای وجود اختیاری وخودی هرکسی‌است اگرچه دراینجا مولوی متذکر باین دلیل نشده ولکن شارح ازیای اغویتنی بمناسبت متذکر شد ونیکو دلیل اختیار است .(٤) این چند بیت ردیف نمره اشاره بآنستکه همچنانکه اقوال و افعال تمام بشر بدون فوائد نیست (ولو اینکه در قصد بفائده جاهلانه و کودکانه باشد مجانین هم بدون فایدهٔ خیالی که در انظار خودشان معتبر است کارهای دیوانگی را انجام نمیدهند) پس حکیم علی‌الاطلاق چطور میشود که تعلق ارواح راباابدان بدون فائده نموده باشد.

هیبت حق است این ازخلق نیست　هیبت این مرد صاحب دلق نیست　١　هر که ترسید ازحق وتقوی گزید　ترسد ازوی جن و انس وهر که دید
اندرین فکرت بحرمت دست‌بست　بعد یکساعت‌عمر از خواب جست　٢　کرد خدمت مر عمر را و سلام　گفت پیغمبر سلام آنگه کلام
پس علیکش گفت واورایش خواند　ایمنش کرد و بنزد خود نشاند　٣　هرکه ترسد مرو را ایمن کنند　مر دل ترسنده را ساکن کنند
لاتخافوا هست نُزل خائفان　هست درخور ازبرای خائف آن(١)　٤　آنکه خوفش نیست چون گوئی مترس　درس چه دهی نیست اومحتاج درس

سخن گفتن عمر بارسول قیصر ومکالمات وی

آن دل از جا رفته را دلشاد کرد　خاطر ویرانش را آباد کرد　٦　بعد ازآن گفتش سخنهای دقیق　وز صفات پاك حق نعم الرّفیق
وز نوازشهای حق ابدال را　تا بداند او مقام و حال را　٧　حال چون جلوه‌است زان زیبا عروس　وین مقام آن خلوت آمد باعروس
جلوه بیند شاه و غیر شاه نیز　وقت خلوت نیست جز شاه عزیز　٨　جلوه کرده عام وخاصان را عروس　خلوت اندر شاه باشد باعروس
هست بسیار اهل حال از صوفیان　نادرست اهل مقام اندر میان　٩　از منازلهای جانش یاد داد　وز سفرهای روانش یاد داد(٢)
وز زمانی کز زمان خالی بُدست　وز مقام قدس کاجلالی بُدست　١٠　وز هوائی کاندر اوسیمرغ روح　پیش ازین دیده است پروازفتوح
هر یکی پروازش از آفاق بیش　وز امید و نهمت مشتاق بیش　١١　چون عمر اغیار رو را یار یافت　جان او را طالب اسرار یافت
شیخ کامل بود و طالب مشتهی　مرد چابك بود و مرکب در گهی　١٢　دید آن مرشدکه او ارشاد داشت　تخم پاك اندر زمین پاك کاشت

سؤال کردن رسول قیصر روم از عمر بن الخطاب

مرد گفتش کای امیرالمؤمنین　جان زبالا چون درآمد در زمین　١٤　مرغ بی‌اندازه چون شد در قفس　گفت حق برجان فسون خواندوقصص
برعدمهاکان ندارد چشم و گوش　چون فسون خواند همی آیدبجوش　١٥　از فسون او عدمها زود زود　خوش معلق می زند سوی وجود
باز بر موجود افسونی چه خواند　زود او را در عدم دو اسبه راند　١٦　گفت باجسم آیتی تا جان‌شد او　گفت باخورشید تارخشان شداو
باز در گوشش دمد نکتهٔ مخوف　در رخ خورشید افتد صدکسوف　١٧　*گفت بانی تاکه شکر گشت او　گفت با آبی و گوهر گشت او
گفت درگوش گل وخندانش کرد　گفت بالعل خوش و تابانش کرد　١٨　تا بگوش خاك حق چه خوانده‌است　کومراقب گشت وخامش مانده است
تابگوش ابر آن گویا چه خواند　کوچه مشك ازدیدهٔ خوداشك راند　١٩　در تردّد هر که او آشفته است　حق بگوش او معما گفته است
تاکند محبوسش اندر دوگمان　کان کنم کو گفت یاخود ضدّ آن　٢٠　هم ز حق ترجیح یابد یکطرف　زان دویك رابرگزیند زان کنف
گر نخواهی درتردّد هوش جان　کم فشار این پنبه اندر گوش جان　٢١　*پنبهٔ وسواس بیرون کن زگوش　تا بگوشت آید ازگردون خروش
تاکنی فهم آن معماهاش را　تاکنی ادراك رمز وفاش را　٢٢　پس محلّ وحی گردد گوش جان　وحی چبود گفتن از حسّ نهان
گوش جان وچشم جان جزاین حس است　گوش عقل وچشم ظن زین مفلس است　٢٣　لفظ جبرم عشق را بی صبر کرد　وانکه عاشق نیست حبس جبر کرد
این معیّت باحق است وجبر نیست　این تجلی مه است این ابر نیست　٢٤　ور بود این جبر جبر عامه نیست　جبر آن امارهٔ خود کامه نیست
جبر را ایشان شناسند ای پسر　که خدا بگشادشان در دل بصر　٢٥　غیب وآینده برایشان گشت فاش　ذکرماضی پیش ایشان گشت لاش
اختیار جبر ایشان دیگر است　قطرها اندر صدفها گوهر است　٢٦　هست بیرون قطرهٔ خرد وبزرگ　درصدف آن درّ خرد است وسترگ
طبع ناف آهو است آن قوم را　ازبرون خون‌وازدرونشان مشکها　٢٧　تو مگوکاین نافه بیرون خون‌بود　چون رود درناف مشگی چون شود
تو مگوکاین مس برون بد محتقر　در دل اکسیر چون گشتست زر　٢٨　اختیار و جبر در تو بُد خیال　چون دریشان رفت شد نور جلال

---

(١) اشاره باین آیه درسورهٔ سجده است (اِنّ اَلّذین قالوا رَبنااللهُ ثُمّ استَقاموا تتنزّل عَلیهمُ الملائِکه اَن لا تَخافوا وَلا تحزَنوا وبشروا بالجنةالتی کنتم توعدون) یعنی استقامت درتوحید نفس که عین توحید ربّ است قوای طبایع را که معنی ملائکه است بر صاحبان استقامت نازل و همراه نموده بقسمی‌که همه بزبان حال بآنها می‌گویند دیگر ترس وحزن (که ازصفات دوزخیان است) ازشما رفته وبشارت باد شمارا باین استقامت شما ببهشت و راحت ابدی (شارح حق الیقین گوید) که این احوال از صفات قوّت قلب و عزم و اراده است که در استقامت و یك جهة شدن درکارهای ربوبیت صاحب تمرکز قوا وتوحید نفس(که عین‌توحید رُب‌است) وبی‌اعتنای بخوف وحزن شده‌است واین آخرین‌درجه کمال‌انسانی‌است

(٢) معنی این ٥ بیت ردیف نمره آنستکه اشخاصی‌که ذرعالم ریاضت فقط بجذبه راه تمرکز قوا وتوحید نفس‌را می‌پیمایند(که مطلوب اکثرصوفیان از اهل حال ووجد وخوشی وسُکر وتجرّد و تمرکز بافراموشی از ما سوی‌الله و بدون هیچگونه تمیز از حقائق‌است) اگرچه خود را باین حال خوش وفراموشی(که ازلوازم طبیعی‌تمرکز وجمع حواس‌است) ازغم واندوه دنیا نجات‌داده‌اندکه‌درمصرع اول مولوی آنهارا تعبیر باهل‌حال نموده‌است ولکن نسبت بکمالات مفصله اهل مقام‌که درفرد دویم است‌گویا هیچ‌کمالی برای نجات خلق ازتمیز حقائق درمقامات علم‌الیقین وعین الیقین وحق‌الیقین ندارند بلکه همین قدر سعی نمودندکه بتمرکز وتوحید نفس خودرا نجات بدهند ودیگر از منازل وجود خود که آیات وجودات دیگران است بغلبه جذبه غفلت دارند مگر آنکه بعد ازتکمیل جذبه باز بمنازل سلوك بااختیار برگشته وازسرنو منتهی بهتراز اول‌یعنی بدون بعضی ازمشقتهای ریاضت که برای مبتدیان از سالکین است سلوك بامغلوبیت جذبه در ضمن اختیار بهمت استاد نموده تابتدریج در مکاشفات از منازل وجود خود یادش آید چه هرانسان‌پیش‌ازمنزل تولد درمنزل‌رحم وپیش‌از رحم همه درمنازل امزجه وخونهای آبا واجداد وپیش‌از این منازل درمنازل نباتات ومیوجات‌در سر درختان بودند و پیش از آن در منازل عناصر وپیش ازآن درمنازل‌آتومها و الکترونها وپیش از آن درمنازل برازخ بین مادیات و روحیات و پیش از آن در منازل‌ارواح و قوای معنوی عالم وپیش از آن در منازل کلیات و عقول و انواع عالم وپیش از آن درمنزل مشیت‌الله و پیش از آن در عالم اسماء و صفات و پیش ازآن بوجود علمی مطوی‌شده یعنی‌کمون درظهور ذات احدیت بنحواعلی همه وجود ومنزل داشته‌اندبقسمی‌که نتیجهٔ ریاضات تمرکز قوای‌عقلانی و توحید نفس (اگر درتحت دستورات لازمه منظم باجمیع آداب‌کشیده شود) همین میشودکه ازتمام این منازل در حین ریاضت تدریجاً یادش‌آمده یعنی آنچه درقوس نزول تابدنیاآمده فراموش‌کرده درقوس صعود بچراغ توحید نظر همه‌آنها کشف شده وبا یك‌جهان وجد درتوسعهٔ وجودی‌ازهمهٔ آن‌منازل فراموش شده درقوس نزول‌دراین قوس‌صعود اگردر ریاضت‌نفس احساسات عقل راخنه نکندیادش خواهد آمد

پنددادن خرگوش نخجیران را که از مردن خصم شاد مشوید

هین بملك نوبتی شادی مکن   ای تو بستهٔ نوبت آزادی مکن   ۲   آنکه ملکش برتر از نوبت تنند   برتر از هفت انجمش نوبت زنند
برتر از نوبت ملوك باقیند   دور دائم روحها را ساقیند   ۳   ❀چون‌بنوبت میدهند این دولت   از چه شد برباد آخر سبلت
ترك این‌شرب اربگوئی‌یك‌دوروز   در کنی اندر شراب خلد پوز   ٤   ❀یك‌دو روزچه که دنیاساعتی‌است   هرکه ترکش کرد اندر راحتی‌است
❀ معنی الترك راحت‌گوش کن   بعدازآن جام بقا را نوش‌کن(۱)   ٥   ❀باسگان بگذار این مردار را   خورد بشکن شیشهٔ پندار را(۲)

تفسیر رجعنا من‌الجهاد الاصغر الی‌الجهاد الاکبر

ای شهان کشتیم ما خصم برون   ماند خصمی زوبتر دراندرون(۳)   ۷   کشتن این‌کار عقل وهوش نیست   شیر باطن سخرهٔ خرگوش نیست
دوزخست این‌نفس‌ودوزخ‌اژدهاست   کو بدریا ها نگردد کمّ وکاست   ۸   هفت دریا را در آشامد هنوز   کم‌نگردد سوزش‌آن خلق‌سوز(٤)
سنگها و کافران سنگ دل   اندر آیند اندر او زار وخجل   ۹   هم نگردد ساکن از چندین غذا   تا ز حق آید مر او را این ندا
سیر کشتی سیر گوید نی هنوز   اینت آتش اینت تابش اینت سوز   ۱۰   عالمی را لقمه کرد و در کشید   معده‌اش نعره زنان هل من مزید
حق قدم بر وی نهد از لامکان   آنکه او ساکن شود ازکن‌فکان   ۱۱   چونکه‌جزودوزخ‌است این‌نفس‌ما   طبع کل دارد همیشه جزو ها
این قدم حق را بود کورا کشد   غیر حق خودکی کمان او کشد   ۱۲   در کمان ننهند الاّ تیر راست   این کمان را بازگو کز تیرهاست
راست‌شو چون‌تیر و واره ازکمان   کزکمان هرراست بجهد بی گمان   ۱۳   چونکه واگشتم ز پیکار برون   روی آوردم به پیکار درون
قدرجعنا من جهاد الاصغریم   با نبی اندر جهاد اکبریم   ۱٤   قوّتی خواهم زحق دریا شکاف   تا بناخن برکنم این کوه قاف
سهل شیری دان که صفها بشکند   شیرآنرا دان که خودرا بشکند(٥)   ۱٥   ❀ تاشود شیر خدا از عون او   وارهد از نفس و از فرعون او
❀ در بیان این شنوبك قصهٔ   ۱٦   تا بری از سرّ گفتم حصهٔ

آمدن رسول قیصر روم بنزد عمر برسالت

بر عمرآمد ز قیصر یك رسول   در مدینه از بیابان نغول   ۱۸   گفت کو قصر خلیفه ای حشم   تامن اسب و رخت را آنجا کشم
قوم گفتندش که اورا قصر نیست   مر عمررا قصر جان روشنی است   ۱۹   گرچه ازمیری و را آوازه‌ایست   همچو درویشان مراوراکازه‌ایست
ای برادر چون ببینی قصر او   چونکه درچشم دلت رُستست‌مو   ۲۰   چشم دل از موی علت پاك آر   وانگهان دیدار قصرش چشم دار
هرکه را هست ازهوسها جان‌پاك   زود بیند حضرت و ایوان پاك   ۲۱   چون محمّد پاك شد ازنار و دود   هر کجا رو کرد وجه‌الله بود
چون رفیقی وسوسهٔ بد خواه را   کی بدانی ثَمّ وجه الله را(٦)   ۲۲   هرکه را باشد زسینه فتح باب   او زهر ذرّه ببیند آفتاب(۷)
حق پدیداست از میان دیگران   همچو ماه اندر میان اختران   ۲۳   دو سر انگشت بردو چشم نه   هیچ بینی از جهان انصاف ده
ور نبینی این‌جهان معدوم نیست   عیب‌جز زانگشت نفس شوم‌نیست   ۲٤   تو زچشم انگشت را بردارهین   وانگهانی هرچه میخواهی ببین
نوح را گفتند امت کو ثواب   گفت او زانسوی استغشوا ثیاب   ۲٥   روّ و سر درجامها پیچیده اند   لاجرم با دیده و نادیده اند
آدمی‌دیده‌است وباقی پوست است   دیده‌آنست آنکه دید دوست است   ۲٦   چونکه دید دوست نبود کور به   دوست کو باقی نباشد دور به
چون رسول روم این الفاظ تر   در سماع آورد شد مشتاق تر   ۲۷   دیده را بر جستن عمرّ گماشت   رخت را واسب را ضایع‌گذاشت
هر طرف اندرپی آن مرد کار   می‌شدی پرسان او دیوانه وار   ۲۸   کاین جنین مردی بوداندر جهان   و از جهان مانند جان باشد نهان

یافتن رسول قیصر عمررا خفته در زیرخرما بن

جست اورا تا زجان بنده شود   لاجرم جوینده یابنده بود   ۳۰   دید اعرابی زنی او را دخیل   گفت نك خفته‌است زیرآن نخیل
زیر خرمابن ز خلقان او جدا   زیر سایهٔ خفته بین سایهٔ خدا   ۳۱   آمد آنجا و از او دور ایستاد   مر عمر را دید و در لرزه فتاد
هیبتی زان خفته آمد بر رسول   حالتی خوش کرد برجانش نزول   ۳۲   مهر و هیبت هست ضدّ یکدگر   این دو ضد رادید جمع اندرجگر
گفت باخود من شهان را دیده‌ام   پیش سلطانان مه بگزیده‌ام   ۳۳   از شهانم هیبت و ترسی نبود   هیبت این مرد هوشم در ربود
رفته‌ام در بیشهٔ شیر و پلنگ   روی من زایشان نگردانید رنگ   ۳٤   بس شدستم در مصاف وکارزار   همچو شیر آن دم که باشدکارزار
بس‌که خوردم بس زدم‌زخم‌گران   دل قوی‌تر بوده‌ام از دیگران   ۳٥   بی سلاح این‌مرد خفته بر زمین   من بهفت اندام لرزان چیست‌این

---

(۱) معنی الترك باصطلاح عوام صوفیه از مدعیان ارشاد و غیره ترك دنیا است ولکن باصطلاح اولیاء حق ترك قلبی از تمام خیالات نفسانیه بتحصیل ملکهٔ جمع حواس و توحید نفس است واین منافات بادارائی دنیا ندارد و الا ترك دنیا از هرکافر وملحد و منکری قهراً در وقت مردن حساً دیده میشود ونیز در عالم خواب ترك دنیا و علاقه آن برای همه‌کس حاصل میشود وهمچنین اطفال ومجانین وجداناً علاقهٔ چندان بدنیا ندارند در حالتیکه هیچیك ازاین ترکها دلیل کمال ومقصود مولوی دراین بیت نیست . (۲) یعنی باطن دنیا جیفه و مردار است پس‌اگر جلوهٔ غیر مرداری در نزد اهل‌دنیا بنماید برحسب پندار وخیال است. (۳) یعنی تا دزدهای داخلی شناخته ودست‌گیر وتربیت یا کشته نشوندکه مقصود نفس‌آماره و قوهٔ خیال است ممکن نیست از فتنه خائنین خارجی نجات یافت . (٤) مقصود از هفت دریا درهای هفتگانه جهنم در نفس آماره ازحواس پنجگانه ودو حس شهوت و غضب یااخلاق رذیله هفتگانه از کبر و شرك و زنا وقتل وشرب خمر وحسد وظلم است . (٥) سختی و مشکلی ریاضت که بعضی محال عقلی میدانند برای همین نکته‌ایست که مولوی دراین بیت گفته که خود شکستن در خود شکستن برای خود شکستن مشکلترین‌کارهای دشوار عالم است چه شکننده و شکسته شده هردو در وجود انسان یکی است که قوهٔ خیال‌است که.باید بخود خیال خیال را از تفرقه بتمرکز کشانیده و تربیت و منظم نمود . (٦) یعنی چون وجه‌الله که حقیقت الحقائق است در تمام موجودات ثابت و متمرکز است پس تا خیال از تفرقه و جولان ثابت و متمرکز بتحصیل ملکهٔ جمع حواس نشود سنخیت باوجه‌الله پیدا نکرده و آنرا بطور احاطه در کلیهٔ حقائق مشاهده نخواهد نمود پس مانع مکاشفات فقط وسوسه و تفرقهٔ حواس است . (۷) مقصود از آفتاب در هر ذرّه واتوم الکترون‌است که درعصر حاضر کشف شده که در هرذره وآتومی‌آثار یك دورهٔ منظومهٔ شمسیه یا کهکشان است.

گر ضعیفی در زمین خواهد امان غلغل افتد در سپاه آسمان
گر بدندانش گزی پرخون کنی درد دندانت بگیرد چون کنی
شیر خود را دید درچه وز غلوّ خویش‌را نشناخت آن دم از عدوّ
عکس خودرا اوعدوی خویش دید لاجرم برخویش شمشیری کشید
ای بسا ظلمی که بینی در کسان خوی توباشد در ایشان ای‌فلان
اندر ایشان تافته هستیّ تو از نفاق و ظلم وبد مستیّ تو
آن توئی وان زخم برخود می‌زنی برخود آن دم تارلعنت می تنی
در خود این بد را نمی‌بینی عیان ورنه دشمن بوده‌ای خود را بجان
حمله برخود میکنی ای ساده مرد همچوآن شیری که برخودحمله‌کرد
چون بقعر خوی خود اندر رسی پس بدانی کز تو بود آن ناکسی
شیر را در قعر پیدا شد که بود نقش او آن کش دگرکس مینمود
هرکه دندان ضعیفی می کند کار آن شیر غلط بین می کند
ای بدیده خال بد بر روی عمّ عکس خال تست آن از عم مرم
مؤمنان آینهٔ یکدیگرند این خبر می از پیمبر آورند
پیش چشمت داشتی شیشه کبود زان سبب عالم کبودت می نمود
گرنه‌کوری این‌کبودی دان‌زخویش خویش‌را بدگومگوکس را تو بیش
مؤمن ار ینظر بنورالله نبود عیب مؤمن‌را برهنه چون‌نمود(۱)
چونکه تو ینظر بنار الله بدی نیکوئی را وا ندیدی از بدی
اندك اندك نور را بر نار زن تاشود نارتو نورای بوالحزن(۲)
تو بزن یا ربّنا آب طهور تاشود این نار عالم جمله نور
آب و دریا جمله در فرمان تست آب وآتش ای خداوند آن تست
گر توخواهی آتش‌آب‌خوش شود ور نخواهی آب هم آتش شود
بی طلب تو این طلبمان دادهٔ بی شمار وعدّ عطا بنهادهٔ
باطلب چون نمهی ای حیّ ودود کز توآمد جملگی‌جود و وجود
❀ درعدم کی‌بود مارا خودطلب بی‌سبب کردی عطاهای عجب
❀جان ونان دادیّ وعمر جاودان سایر نعمت که ناید در بیان
این طلب درما هم ازایجادتست رستن از بیداد یارب داد تست
❀بی طلب هم میدهی گنج نهان رایگان بخشیدهٔ جان جهان
❀ هکذا انعم الی دارالسلام بالنبیّ المصطفی خیر الانام

مژده بردن خرگوش سوی نخجیران که شیر در چاه اوفتاد

چونکه خرگوش‌ازرهائی شادگشت سوی‌نخجیران روان‌شد تا بدشت
❀شیرراچون‌دید محوظلم خویش سوی قوم خود دوید اوبیش‌بیش
❀ شیررا چون دیدکشتهٔ ظلم‌خود میدوید او شادمان و با رشد
شیررا چون دید درچه کشته زار چرخ میزد شادمان تا مرغزار
دست‌میزدچون رهید ازدست‌مرگ سبزورقصان‌درهواچون‌شاخ وبرگ
شاخ‌وبرگ ازجنس خاك آزاد شد سر برآورد و حریف باد شد
برگها چون شاخ را بشکافتند تا ببالای درخت اشتافتند
با زبان شطاه شکر خدا می سراید هر برو برگی جدا
❀ بی‌زبان هربار وبرگ وشاخها می سراید ذکر و تسبیح خدا
که بپرورد اصل مارا ذوالعطا تا درخت استغلظ آمد فاستوی
جانهای بسته اندر آب و گل چون رهنداز‌آب وگل‌هاشاد دل(۳)
درهوای عشق حق رقصان شوند همچو قرص بدر بی نقصان شوند
جسمشان دررقص وجانهاخودمپرس وانکه گردد جان ازآنها خودمپرس
شیررا خرگوش در زندان نشاند ننگ شیری کو ز خرگوشی بماند
در چنین ننگی وآنکه این عجب فخردین خواهدکه گویندش‌لقب(٤)
ای تو شیری درتك این چاه دهر نفس چون خرگوش توکشتت بقهر
نفس خرگوشت بصحرا در چرا تو بقعر این چه چون و چرا
سوی نخجیران دوید آن شیرگیر کابشروا یا قوم اذ جاء البشیر
مژده مژده ای گروه عیش ساز کان‌سگ دوزخ بدوزخ رفت باز
مژده مژده کان عدوّ جانها کند قهر خالقش دندانها
❀ مژده مژده کزقضا ظالم بچاه اوفتاد از عدل و لطف پادشاه
آنکه ازپنجه بسی سرها بکوفت همچوخس‌جاروب مرگش‌هم‌بروفت
❀ آن که جزظلمش دگر کاری نبود آه مظلومش گرفت وکوفت زود
گردنش بشکست و مغزش بر درید جان ما از قید محنت وارهید
❀گم شد ونا بود شد از فضل حق برمهم دشمن شما را شد سبق

جمع شدن نخجیران بر خرگوش و ثنا و مدح گفتن اورا

جمع‌گشتند آن زمان جمله وحوش شادوخندان‌وزطرب‌درذوق‌وجوش
حلقه کردند او چو شمعی درمیان سجده کردندش همه صحرائیان
تو فرشتهٔ آسمانی یا پری یا تو عزرائیل شیران نری
هرچه هستی جان ما قربان‌تست دست بردی دست وبازویت‌درست
راند حق این آبرا در جوی تو آفرین بر دست وبر بازوی تو
بازگو تا قصه درمانها شود بازگو تا مرهم جانها شود
بازگو تا چون سگالیدی بمکر آن عوان‌را چون بمالیدی بمکر
بازگو کز ظلم آن استم نما صد هزاران زخم دارد جان ما
بازگو آن قصه کان شادی فزاست روح ما را قوّت و دلرا دواست
گفت تأیید خدا بود ای مهان ور نه خرگوشی که‌باشد درجهان
قوّتم بخشید و دل را نور داد نور دل مردست وپارا زورداد
از بر حق میرسد تفضیلها بازهم از حق رسد تبدیلها
حق بدور و نوبت این تأیید را مینماید اهل ظنّ و دید را

(۱) این بیت و دو بیت قبل بیان آنستکه هرکسی همچنانکه بواسطهٔ عینکهای مختلفة الالوان اشکال عالم را برنگهای عینك خود (سبز. سرخ. زرد، سیاه و غیره) بر خلاف واقع مشاهده میکند بخلاف وقتیکه عینك بی رنگ سفید طبیعی دارد هر شکلی را بطوری که هست می بیند همچنین چشمهای قلوب و عقول علما و عقلای عالم بواسطهٔ الوان مختلفهٔ عادات وغفلات و شهوات و غضبات و طبایع و مزاجهای مختلفه وسایر صفات رذیله از بخل و حسد وکبر و طمع و مانند اینها که هریك بنوبت خود احساسات قلب هر عالم و عارف و حکیمی را بقسمی‌متلون برنگ خود نموده که حقایق را بر خلاف واقع ادراك کرده و از همهٔ آنها احکام مختلفه در بین عوام نشر کرده وجنگ های علمی و منهبی وفلسفی وعرفانی که ازمقتضیات این عینکهای مختلفه‌است درعالم پیدا شده وروز افزون است الا آنکه عارف بالله بدون عینك یا با عینك بی‌رنگ وسفیدی بنورالله که بملکهٔ جمع حواس وتوحید نفس حاصل میشود حقائق‌را بآنطوریکه هست مشاهده می‌نماید ولکن تصدیق کنندهٔ او کمتراز خود او خواهد بود (۲) یعنی ریاضت و تحصیل نور باطنی و خاموش کردن آتش شهوات و غضبات و صفات رنگهای عینکهای فوق الذکر بدستور ملکهٔ جمع حواس تدریجی است و الا یکدفعه غالباً مزاج مریض شده و استعداد باطل خواهد شد. (۳) این‌چند بیت فوق و تحت اشاره و تصریح بآنستکه هرگاه جان سالك بمثل خرگوش از دست شیر نفس امّاره بریاضت نجات یابد بمضامین این ابیات خوشحالی خواهد نمود (٤) این سه بیت اشاره بمذّمت فخر رازی است که از علماء جدال و امام المشککین است

این سخن پایان ندارد گشت دیر ١ گوش‌کن تو قصهٔ خرگوش و شیر

پای واپس کشیدن خرگوش از شیر چون نزدیك چاه رسید

شبر باخرگوش چون همراه شد برغضب پرکینه و بد خواه شد ٣ ❀ بود پیشاپیش خرگوش دلیر ناگهان پا واکشید از پیش شیر
چونکه نزد چاه آمد شیر دید کرهٔ‌آن خرگوش ماند وپا کشید ٤ گفت پا وا پس کشیدی تو چرا پای‌را وا پس مکش پیش اندرا
گفت کو پایم‌که دست وپای رفت جان من‌لرزید و دل ازجای‌رفت ٥ رنگ رویم را نمی بینی چو زر ز اندرون خود میدهد رنگم خبر
حق‌چو سیمارا معرّف خوانده‌است چشم‌عارف سوی سیما مانده‌است ٦ رنگ وبو غماز آمد چون جرس ازفرس آگه کند بانگ‌فرس(١)
بانگ هر چیزی رساند زو خبر تابدانی بانگ خراز بانگ در ٧ گفت پیغمبر بتمییز کسان مرء مخفیٌ لدی طیّ‌اللسان
رنگ رو از حال‌دل دارد نشان رحمتم کن مهر من در دل نشان ٨ رنگ روی سرخ‌دارد بانگ شکر رنگ روی زرد دارد صبر ونکر
در من آمد آنچه‌دروی گشت مات آدمیّ و جانور جامد نبات ٩ در من آمد آنکه دست و پا برد رنگ رو و قوّت سیما برد
آنکه در هرچه در آمد بشکند هردرخت ازبیخ و از بن برکند ١٠ این خود اجزایند کلیات از او زرد کرده رنگ و فاسد کرده‌بو
تاجهان گه صابر است وگه شکور بوستان گه حله پوشد گاه عور ١١ آفتابی کو برآید نار گون ساعتی دیگر شود او سرنگون
اخترانی تافته بر چار طاق لحظه لحظه مبتلای احتراق ١٢ ماه کو افزود ز اختر در جمال شد زرنج دقّ او همچون خیال
این زمین باسکون با ادب اندر آرد زلزله‌اش در لرز وتب ١٣ ای‌بسا که زین بلای مرده‌ریگ گشته‌است‌اندرجهان‌اوخرده ریگ
این هوا باروح آمد مقترن چون قضا آید وبا گشت و عفن ١٤ آب خوش کو روح راهمشیره شد در غدیری زرد وتلخ وتیره شد
آتشی کو باد دارد در بروت هم یکی بادی بر او خواند یموت ١٥ خاك کو شد مایهٔ گل در بهار ناگهان بادی بر آرد زو دمار
حال دریا ز اضطراب وجوش‌او فهم کن تبدیلهای هوش او ١٦ چرخ‌سرگردان‌که‌اندرجست‌وجوست حال اوچون حال فرزندان اوست
گه حضیض وگه میانه گاه اوج اندر او ازسعدو نحسی فوج فوج ١٧ ❀گه شرف‌گاهی صعود و گه فرح گه وبال و گه هبوط و گه ترح
ازخود ای جزوی ز کلها مختلط فهم می کن حالت هر منبسط ١٨ ❀چون‌نصیب مهتران دردست‌ورنج کهتران را کی تواند بود گنج
چونکه کلیات را رنجست و دَرد جزو ایشان‌چون نباشد روی زرد ١٩ خاصه‌جزوی کوز اضداد است‌جمع ز آب وخاك وآتش وباداست جمع
این‌عجب نبوَدکه میش‌ازگرگ‌جست این‌عجب کەمیش‌دل‌درگرگ‌بست(٢) ٢٠ زندگانی آشتی ضد ها است مرگ‌آن کاندرمیانشان‌جنگ‌خاست(٣)
❀صلح‌اضداداست این عُمر جهان جنگ اضداد است عُمر جاودان ٢١ ❀ زندگانی آشتیّ دشمنان مرگ وارفتن باصل خویش دان
❀صلح دشمن دار باشد عاریت دل بسوی جنگ دارد عاقبت ٢٢ ❀ روزکی چند از برای‌مصلحت باهمند اندر وفا و مرحمت
❀عاقبت هریك بجوهر باز گشت هریکی با جنس خود انباز گشت ٢٣ ❀ لطف‌باری‌این‌پلنگ ورنگ‌را الف‌داد وبرد از ایشان جنگ را
لطف حقّ این شبررا و گوررا الف دادست این دو ضدّ دور را ٢٤ چون جهان رنجور و زندانی بود چه عجب رنجور اگر فانی بود
خواند برشبر اواز این رو پندها ٢٥ گفت من پس مانده‌ام زین بندها

پرسیدن شیر ازسبب پای واپس کشیدن خرگوش‌را

شیر گفتش تو ز اسباب مرض این سبب گو خاص‌کاینستم غرض ٢٧ پای را واپس کشیدی تو چرا میدهی بازیچهٔ واهی مرا
گفت‌آن‌شیراندرین چه‌ساکن‌است اندر این قلعه ز آفات ایمن است ٢٨ یارمن بستد ز من در چاه برد برگرفتش از ره و بیراه برد
قعر چه بگزید هرکو عاقلست زانکه در خلوت صفاهای دلست ٢٩ ظلمت چه به که ظلمت های خلق سرنبرد آنکس که‌گیرد پای خلق
گفت پیش‌آ زخمم اورا قاهراست توببین کان‌شیر درچه حاضراست ٣٠ گفت من سوزیده ام زان آتشی تو مگر اندر بر خویشم کشی
تا بپشتیّ توای کان کرم چشم بگشایم بچه در بنگرم ٣١ من بپشتیّ تو تانم آمدن تو نگه دارم درآن چه‌بی رسن
چونکه شیر اندر برخویشش‌کشید در پناه شیر تاچه می دوید ٣٢ چونکه درچه بنگریدند اندر آب اندرآب ازشیر واو درتافت تاب
شیر عکس‌خویش دید از آب‌تفت شکل‌شیری در برش خرگوش زفت ٣٣ چونکه خصم خویش را درآب‌دید مرو را بگذاشت و اندرچه جهید
در فتاد اندر چهی کو کنده بود زانکه ظلمش برسرش آینده بود ٣٤ چاه مظلم گشت ظلم ظالمان این چنین گفتند جملهٔ عالمان
هرکه ظالم تر چهش باهول تر عدل‌فرموده‌است بدتر را بتر(٤) ٣٥ ای که تو از ظلم چاهی میکنی از برای خویش دامی می تنی
❀برضعیفان گرتو ظلمی میکنی دان که اندر قعر چاه بی بُنی ٣٦ گرد خود چون کرم پیله برمتن بهر خود َچه میکنی اندازه کن
مرضعیفان را تو بی‌خصمی مدان از نُبی اذ جاء نصرالله بخوان ٣٧ گر تو پیلی خصم تو از تو رمید نك جزا طیراً ابابیلت رسید

---

(١) یعنی علم‌قیافه شناسی بطور کمال بدون اشتباه منحصر بنفوس تصفیه شده از عرفا مخصوصاً انبیاء و اولیا است . (٢) این چند بیت ذیل بیان آنستکه تمام این عالم مرکب است از عناصر متخالفهٔ متضاده بمثل اصناف مختلفه در یك مملکت و ادارات متخالفه در یك پایتخت و اعضاء وجوارح دریك بدن درعین اینکه همه با یکدیگر متخالفند لازم و ملزوم یکدیگر و رفع احتیاج هم از یکدیگر (که‌موجب بقای آنها همین صفات و آثار اختلافیه است میباشد بمثل اینکه اگر همه یکی ویك جنس و یك حقیقت بودند بمثل دو همکار که از یك جنس اند و محتاج بیکدیگر نیستند از یکدیگر بریده نظام عالم و ممالك و ابدان همه از هم میباشیدند پس بصلح (یعنی بکمك احتیاجی) مادهٔ این عالم وآدم قائم است همچنین بجنگ یعنی برفع احتیاج آنها ازیکدیگر که موجب خرابی اجزای عالم و ابدان است روح عالم و آدم نجات یافته و قائم است (٣) پس مردن و از کشمکش اضداد نجات یافتن عجب نیست باقی بودن در اضداد عجب است (٤) یعنی عدل خدا در هر موجودی مقتضی‌آنستکه آنچنان را آنچنان تر کرده و هر شقی و سعیدی را در رتبهٔ خود کمال ترقی‌دهد پس انبیاء نیامده اند که اشقیاء کفار را سعید و مؤمن بگردانند کما اینکه در بین عوام از علما مشهور است و الا خداوند ظالم خواهد بود که صفت ذاتیهٔ‌ظالم را مثلا برخلاف اختیار و فطرت از او گرفته صفت ضدّ ظلم باو بدهد بلکه انبیاء بمقتضای عدالت حق مأمور آنند که هرکسیرا بسر منزل فطرت خود برسانند خواه فطرت شقی باشد خواه سعید پس هرکس هرچه کند بخودّ کند . گر همه نیك و بد کند

گفت بر گو تاکدام است آن هنر | گفت من آنگه که باشم اوج پر ۱ بنگرم از اوج با چشم یقین | من به بینم آب در قعر زمین
تاکجایست وچه عمقش چه رنگ | از چه میجوشد ز خاکی یا ز سنگ ۲ ای سلیمان بهر لشگرگاه را | در سفر میدار این آگاه را
پس سلیمان گفت شو ما را رفیق | در بیابانهای بی آب ای شفیق ۳ ❀ همره ما باشی و هم پیشوا | تاکنی تو آب پیدا بهر ما
تا یابی بهر لشکر آب را | در سفر سقا شوی اصحاب را ٤ باش همراه من اندر روز وشب | تا نبیند از عطش لشکر تعب
بعداز آن هدهد بدو همراه بود | زانکه ازآب نهان آگاه بود(۱) ٥ زاغ چون بشنود آمد از حسد | باسلیمان گفت کو کج گفت وبد

طعنه زدن زاغ در دعوی هدهد

از ادب نبود پیش شه مقال | خاصه خودلاف دروغین و محال ۷ گر مر اورا این نظر بودی مدام | چون ندیدی زیر مشتی خاک دام
چون گرفتار آمدی در دام او | چون شدی اندر قفس ناکام او ۸ پس سلیمان گفت ای هدهد رواست | کزتو دراول قدح این دردخاست
چون نمائی مستی ای تو خورده دوغ ۹ پیش من لافی زنی آنگه دروغ

جواب گفتن هدهد طعنهٔ زاغ را

گفت ای شه بر من عور گدا | قول دشمن مشنو از بهر خدا ۱۱ گر بیطلان است دعوی کردنم | نك نهادم سر ببر از گردنم
زاغ کو حکم قضا را منکر است | گر هزاران عقل دارد کافر است ۱۲ در تو تا کافی بود از کافران | جای گندوشهوتی چون کاف ران
من ببینم دام را اندر هوا | گر نپوشد چشم عقلم را قضا ۱۳ چون قضا آید شود دانش بخواب | مه سیه گردد بگیرد آفتاب
از قضا این تعبیه کی نادر است ۱٤ از قضا دان کو قضا رامنکر است

قصهٔ آدم علیه السلام وبستن قضا نظر اورا از مراعات صریح نهی و ترك نهی و تأویل

بو البشر کو علم الاسما بگست | صد هزاران علمش اندر هر رگست ۱٦ اسم هرچیزی چنان کان چیز هست | تا بپایان جان او را داده دست
هر لقب کو داده آن مبدل نشد | آنکه چستش خواند او کاهل نشد ۱۷ ❀هرکه را او مقبل وآزاد خواند | او عزیز و خرم و دلشاد ماند
هرکه آخر مؤمنست اول بدید | هرکه آخر کافر او را شد پدید ۱۸ ❀هرکه آخر بین بود او مؤمنست | هرکه آخور بین بود او بیدنست
اسم هر چیزی تو از دانا شنو | رمز سر علم الاسما شنو ۱۹ اسم هر چیزی بر ما ظاهرش | اسم هر چیزی بر خالق سرش
نزد موسی نام چوبش بد عصا | نزد خالق بود نامش اژدها ۲۰ بد عمر را نام اینجا بت پرست | لیك مؤمن بود نامش درالست(۲)
آنکه بد نزدیك ما نامش منی | پیش حق این نقش بد که بامنی ۲۱ صورتی بود این منی اندر عدم | پیش حق موجود نی بیش ونه کم
حاصل آمد آن حقیقت نام ما | پیش حضرت کان بود انجام ما ۲۲ مرد را بر عاقبت نامی نهند | نی بران کو عاریت نامی نهند
چشم آدم کو بنور پاك دید | جان و سر نامها گشتش پدید ۲۳ چون ملك انوارحق از وی بتافت | در سجودافتاد و درخدمت شتافت
چون ملایك نور حق دیدند ازو | جمله افتادند در سجده برو ۲٤ مدح این آدم که نامش می برم | گر ستایم تا قیامت قاصرم
این همه دانست و چون آمد قضا | دانش یك نهی شد بروی غطا(۳) ۲٥ کای عجب نهی ازپی تحریم بود | یا بتأویلی بد و توهیم بود
در دلش تأویل چون ترجیح یافت | طبع در حیرت سوی گندم شتافت ۲٦ باغبان را خار چون درپای رفت | دزد فرصت یافت کالا برد تفت
چون ز حیرت رست و بازآمد براه | دید برده دزد رخت از کار گاه ۲۷ ربنا انا ظلمنا گفت و آه | یعنی آمد ظلمت وگم گشت راه(٤)
این قضا ابری بود خورشید پوش | شیر و اژدرها شود زوهمچوموش ۲۸ من اگر دامی نبینم گاه حکم | من نه تنها جاهلم در راه حکم
ای خنك آن کو نکو کاری گرفت | زور را بگذاشت و زاری گرفت ۲۹ گر قضا پوشد سیه همچون شبت | هم قضا دستت بگیرد عاقبت
گر قضا صدبار قصد جان کند | هم قضا جانت دهد درمان کند ۳۰ این قضا صدبار اگر راهت زند | بر فراز چرخ خرگاهت زند
از کرم دان آن که میترساندت | تا بملك ایمنی بنشاندت ۳۱ ❀ چون بترساند ترا آگه شوی | ور نترساند ترا گمره شوی

---

(۱) اگر بگوئی که آیا این چه علمی است که مورچه و هدهد میداند و سلیمان با کمال نبوت نمیداند کما آنکه در قصهٔ موسی و خضر گنجشك و صیاد دریائی مطالبیرا میدانستند که خضر و موسی محتاج بدانائی آنها شدند — جواب آنست که علم حقیقی همان علوم غریزیه است که درعموم طبایع مخصوصاً در امزجهٔ هر حیوانی باندازهٔ نقشه ریزی اعضاء و جوارح وپیش بینی برای جلب منافع و دفع مضرات نیز بقدر احتیاجات موجود است منتهی علم بعلم غالباً نداشته وقابل نشو و ارتقاء وتکمیل بمثل انسان نیست و بواسطهٔ علوم اختیاری هر انسانی ازاین علم غریزی لدنی الهای محروم شدند که باید بریاضات وتمرکز افکار در غیر انبیاء وبصفای فطرت در انبیاء ازهمین علوم غریزیه که بعنوان مکاشفه ظهور یافته ویا توسعه پیدا کرده تکمیل شود منتهی گاهی بواسطهٔ صفات اختیاری وعلوم اکتسابی که حقیقتاً در بعضی از موارد ضد این علم است در انبیا بمثل سلیمان و موسی وخضر بقسمی غلبه مینماید که علوم غریزیه هدهد ومورچه وگنجشك مثلاً برای سلیمان وموسی وخضر هدایت مینماید. (۲) نظر بعرفای شیعه که مولوی را شیعه میدانند امثال این ابیات در تعریف خلفا از مثنوی یاحمل برتقیه یابرای آنسکه مولوی اگر شیعه بوده شیعهٔ باانصافی بوده که نخواسته عقائد واعمال مذهبی عمررا درسیاست پیشرفت اسلام ضایع کند یا آنکه عارف هر مذهبیراچون نظر بمسئولیت وجدانی آن مذهب حق میداند نه نظر بطلب حقائق اگر چه وجدان آنها درخطا باشد و یا آنکه نظر بجهت یلی الرب است که ربوبیت خداوند چون در هر موجودی بمقتضای احاطهٔ موجود است. عارف حق دارد که هر مظهر بزرگی را عارفانه تعریف کند و در این بیت مقصود وجه آخر است (۳) یعنی حضرت آدم (بمقتضای تحقیق فوق الذکر که ملاك علوم مکاشفهٔ انبیا همان علوم غریزیه بوده پس بمقتضای غریزه مختص به آدمیت) علوم اولین و آخرین را طبعاً و مزاجاً و روحاً میدانست ولکن بواسطهٔ علوم اختیاری که مبنای آن اوائل ملاقات او باشیطان شروع شده بودقضای الهی مبرم شده نقصان در علوم غریزیه پیدا شده وقابل خبط وخطا تاکنون بقسمی شده که گویا هیچ اثری درغیر مرتاضین ازعموم خلق باقی نمانده وسرتاسر عالم را علوم اکتسابی باهزاران خبط وخطا فرا گرفته. (٤) یعنی اگرچه آدم علم غریزه را که مبنای حقیقت تمام علوم تکوینی است اشتباه بعلم اکتسابی یعنی جهل مشابه بعلم را از شیطان بتوسط حوا در خوردن گندم قبول نمود و سپس چون در اوائل امر و دفعهٔ اول بود بزودی متنبه شده و توبه نموده و ربنا انا ظلمنا گفت ولکن اثر این اشتباه کاری در اولاد آدم بقسمی تاکنون نمو نموده که کاملا حق دربازار مذهب بناحق وناحق درآن بازار بفروش میرسد.

رسیدن خرگوش بشیر وخشم شیر بر وی

شیر اندر آتش ودر خشم وشور دیدکان خرگوش می‌آید ز دور ۲ میدود بی دهشت و گستاخ او خشمگین و تند و تیز و ترش رو
کز شکسته آمدن تهمت بود و از دلیری رفع هر ریبت بود ۳ چون رسید اوپیشتر نزدیك صف بانگ بر زد شیرهان ای ناخلف
من که گاوان را ز هم بدریده‌ام من که گوش شیر نر مالیده‌ام ٤ نیم خرگوشی که باشد کو چنین امر ما را افکند اندر زمین
ترك خواب و غفلت خرگوش کن ٥ غرش این شیر ای‌خرگوش کن

عذر گفتن خرگوش بشیر از تأخیر و لابه کردن

گفت‌خرگوش الامان عذریم هست گر دهد عفو خداوندیت دست ۷ بازگویم چون تو دستوری دهی تو خداوندی و شاهی من رهی
گفت چه عذر ای قصور ابلهان این زمان آیند در پیش شهان ۸ مرغ بی وقتی سرت باید برید عذر احمق را نمی باید شنید
عذر احمق بدتر از جرمش بود عذر نادان زهر هردانش شود ۹ عذرت ای‌خرگوش از دانش تهی من نه خرگوشم که در گوشم نهی
گفت ای‌شه ناکسی را کس شمار عذر استم دیدهٔ را گوش دار ۱۰ خاص از بهر زکوة جاه خود گمرهی را تو مران از راه خود
بحر کو آبی بهر جو می دهد هر خسی را بر سر و رو مینهد ۱۱ کم نخواهد گشت دریا زین کرم از کرم دریا نگردد بیش و کم
گفت دارم من کرم بر جای او جامهٔ هر کس برم بالای او ۱۲ گفت بشنو گر نباشم جای لطف سر نهادم پیش اژدرهای عنف
من بوقت چاشت در راه آمدم با رفیق خود سوی شاه آمدم ۱۳ بامن از بهر تو خرگوشی دگر جفت و همره کرده بودند آن‌نفر
شیری اندر راه قصد بنده کرد قصد هر دو همره آینده کرد ۱٤ گفتمش ما بندهٔ شاهنشهیم خواجه تاشان که آن درگهیم
گفت شاهنشه که باشد شرمدار پیش من تو نام هر ناکس میار ۱٥ هم تو را وهم شهت را بردرم گر تو بایارت بگردید از برم
گفتمش بگذار تا بار دگر روی شه بینم برم از تو خبر ۱٦ گفت همره را گرو نه پیش من ورنه قربانی تو اندر کیش من
لابه کردیمش بسی سودی نکرد یار من بستد مرا بگذاشت فرد ۱۷ مانده آن همره گرو در پیش‌او خون‌روان شد ازدل‌بی‌خویش او
یارم از زفتی سه چندان‌بدکه من هم بلطف و هم بخوبی هم بتن ۱۸ بعد از این‌زان شیراین‌ره بسته‌شد حال ما این بود کت دانسته شد
از وظیفه بعد از این امید بر حق همی‌گویم ترا والحق مر(۱) ۱۹ گر وظیفه بایدت ره پاك کن هین بیا و دفع آن بی باك کن

جواب گفتن شیر خرگوش را و روان شدن با او

گفت بسم‌الله بیا تا او کجاست پیش‌رو شو گر همی‌گوئی توراست ۲۱ تاسزای او وصد چون او دهم ور دروغ است‌این سزای تودهم
اندر آمد چون قلاوزی بپیش تا برد اورا بسوی دام خویش ۲۲ سوی چاهی کونشانش کرده بود چاه مغ را دام جانش کرده بود
میشدند آن هردو تا نزدیك چاه اینت خرگوشی چو آب زیرکاه ۲۳ آب کاهی را ز هامون می برد آب کوهی را عجب چون می برد
دام مکر او کمند شیر بود طرفه‌خرگوشی که شیری را ربود ۲٤ موسئی فرعون را تا رود نیل میکشد با لشکر و جمع ثقیل
پشه‌ای نمرود را با نیم پر میشکافد بی محابا مغز سر ۲٥ حال آن کو قول دشمن را شنود بین جزای آنکه شد یار حسود
حال فرعونی که هامان را شنود حال نمرودی که شیطان‌را ستود ۲٦ دشمن ارچه دوستانه گویدت دام دان گرچه ز دانه گویدت(۲)
گر ترا قندی دهد آن زهر دان گر بتو لطفی کند آن قهر دان ۲۷ چون قضا آید نه بینی غیر پوست دشمنان را باز نشناسی ز دوست
چون چنین شد ابتهال آغاز کن ناله وتسبیح و روزه ساز کن(۳) ۲۸ ناله میکن کای تو علام الغیوب زیر سنگ مکر بد ما را مکوب
یا کریم العفو ستار العیوب انتقام از ما مکش اندر ذنوب ۲۹ انچه‌درکونست‌زاشیا وآنچه‌هست وا نما جان‌را بهر حالت که‌هست
گر سگی کردیم ای شیرآفرین شیر را مگمار برما زین کمین ۳۰ آب خوش را صورت آتش مده اندر آتش صورت آبی منه
از شراب قهر چون مستی دهی نیستها را صورت هستی دهی ۳۱ چیست هستی حسها مبدل شدن چوب گز اندر نظر صندل شدن
چیست هستی بندچشم از دیدچشم ۳۲ تا نماید سنگ گوهر پشم یشم(٤)

قصهٔ سلیمان و هدهد و بیان آنکه چون قضا آید چشمها بسته میشود

چون سلیمان را سرا پرده زدند جمله مرغانش بخدمت آمدند ۳٤ همزبان و محرم خود یافتند پیش او یك یك بجان بشتافتند
جمله مرغان ترك‌کرده جیك‌جیك با سلیمان‌گشته افصح من‌اخیك ۳٥ همزبانی خویشی و پیوندی‌است مرد بانامحرمان چون بندی‌است
ای بسا هندو و ترك هم زبان ای بسا دو ترك چون بیگانگان ۳٦ پس زبان محرمی خود دیگر است همدلی از هم زبانی بهتراست(٥)
غیر نطق و غیر ایماء و سجل صد هزاران ترجمان خیزد زدل ۳۷ جمله مرغان هریکی اسرار خود از هنر وز دانش واز کار خود
با سلیمان یك بیك وا می‌نمود از برای عرضه خودرا میستود ۳۸ از تکبر نی و از هستی خویش بهرآن تا ره دهد او را به پیش
چون بیابد بردهٔ را خواجهٔ عرضه سازد از هنر دیباجهٔ ۳۹ چونکه دارد از خریداریش ننگ خود کند بیمار وشل وکور ولنگ
نوبت هدهد رسید و پیشه‌اش وآن بیان صنعت و اندیشه‌اش ٤۰ گفت ای‌شه یك هنرکان‌کهتراست باز گویم گفت کوته بهتر است

---

(۱) بدانکه عمدهٔ تمیز حق وباطل در هرمذهب و دیانتی همین مر و تلخ بودن احکام حقانیت آن مذهب است بمذاق نفس اماره . (۲) این چند بیت نیز اشاره بتلخ بودن حق است یعنی اگر دشمن ونفس اماره تصدیق حق را کرده واعمال حق را بجا آورده ومذاق خود را شیرین بصورت حق بنماید دام در دانه بمثل علمای سوء است که بنام حق میخواهند بمقاصد نفسانی خود نائل شوند . (۳) یعنی اگر درحق و احکام حق نفس را خوش آمد نباید بواسطهٔ خوش آمدن نفس دست ازحق کشید بلکه باید مناجات کرد که الهی مرا بروح و حقائق این حقائق که تلخ برای نفس است متصل کن تاعقل را برخلاف نفس خوش‌آمده و اشتباهات برطرف شودکه دیگر جهل مرکب را علم و وساوس را وحی والهام وفقر واحتیاج را غنی و غنای حقیقی قلبی را فقر صوری و بندگی را آزادی خیال نکند . (٤) این دو بیت تصریح به آنستکه طالب حقائق فهمی باید نظر خود را برای حقائق فهمی تبدیل بنماید نه حقائق را چه حقیقت هرشیئی چون‌برنگ هرنظری از انظار مختلفه خلق جلوه‌کرده حقائق پوشیده میشود . (٥) این چند بیت‌اشاره بتحقیق القلب یهدی الی‌القلب است یعنی روزنه های قلب های تصفیه شده بیکدیگر باز است .

زین سپس من‌نشنوم آن دمدمه   بانگ دیوانست و غولان آن همه
بردران ایدل تو ایشان‌را مایست   پوستشان برکن‌کشان جز پوست نیست
پوست چبود گفتهای رنگ رنگ   چون زِره بر آب‌کش نبود درنگ
این‌سخن‌چون پوست‌ومعنی مغزدان   این‌سخن‌چون نقش‌ومعنی همچوجان
پوست باشد مغز بدرا عیب پوش   مغز نیکو را ز غیرت غیب پوش
چون قلم از باد بُد دفتر ز آب   هر چه بنویسی فنا گردد شتاب
نقش آبست ار وفا جوئی از آن   باز گردی دستهای خود گران
باد در مردم هوا و آرزوست   چون هوا بگذاشتی پیغام هوست
خوش بود پیغامهای کردگار   کو ز سر تا پای باشد پایدار
خطبهٔ شاهان بگردد وان کیا   جز کیا و خطبهای انبیا
زانکه بوش پادشاهان از هواست   بار نامهٔ انبیا از کبریاست (۱)
از درمها نام شاهان برکنند   نام احمد تا قیامت بر زنند
نام احمد نام جمله انبیاست   چونکه صدآمد نودهم پیش ماست (۲)
❁ این سخن پایان ندارد ای پسر   قصهٔ خرگوش گوی و شیر نر

هم در بیان مکر خرگوش و تأخیر آن در رفتن

در شدن خرگوش بس تأخیر کرد   مکر را با خویشتن تقریر کرد
در ره آمد بعد تأخیر دراز   تا بگوش شیر گوید یك دو راز
تا چه عالمهاست در سودای عقل   تاچه با پهناست این دریای عقل
❁ بحربی پایان بود عقل بشر   بحر را غوّاص باید ای پسر
صورت ما اندرین بحر عذاب   میدود چون کاسها برروی آب
تانشد پر بر سر دریا چو طشت   چون‌که‌پرشدطشت‌دروی‌غرق‌گشت
عقل پنهانست و ظاهر عالمی   صورت ما موج یا از وی نمی
هرچه صورت می وسیلت سازدش   زان وسیلت بحر دور اندازدش
تا نبیند دل دهندهٔ راز را   تا نبیند تیر دور انداز را
اسب خود را یاوه داند وز ستیز   میدواند اسب خود را راه تیز
اسب خود را یاوه داند آن جواد   و اسب‌خوداورا کشان کرده‌چوباد
درفغان و جست‌وجو آن خیره سر   هرطرف پُرسان وجویان در بدر
کانکه‌دزدیده‌است مارا کو وکیست   اینکه‌زیرران تست‌ای‌خواجه‌چیست
آری این اسب است‌لیك‌آن‌اسب‌کو   با خودآ ای شهسوار اسب جو
❁ وصفها را مستمع گوید براز   تا شناسد مرد اسب خویش باز
جان ز پیدائی و نزدیکیست گم   چون شکم پرآب ولب‌خشکی‌چوخم
❁ در درون خود بیفزا درد را   تا ببینی سرخ و سبز و زرد را
کی ببینی سبز و سرخ و بور را   تا نبینی پیش از این سه نور را
لیك چون‌در رنگ گم‌شد هوش‌تو   شد ز نور آن رنگها روپوش تو
چونکه شب‌آن رنگها مستور بود   پس‌بدیدی دیدرنگ ازنوربود (۳)
نیست دید رنگ بی نور برون   همچنین رنگ خیالِ اندرون
این برون ازآفتاب و از سهاست   وان‌درون ازعکس‌انوارعلاست (٤)
نور نورِ چشم خود نور دل‌است   نورِ چشم ازنور دلها حاصل‌است
باز نورِ نورِ دل نورِ خداست   کو زنور عقل وحس پاك وجداست
شب نبد نور و ندیدی رنگ را   پس بضدّ آن نور پیدا شد ترا
❁شب ندیدی‌رنگ‌کان بی‌نوربود   رنگ چبود مهرهٔ کور و کبود
که نظر برنور بود آن‌که برنگ   ضدّ بضدّ پیداشودچون‌روم‌وزنگ
دیدن نور است آنگه دید رنگ   وین بضدّ نور دانی بیدرنگ
پس بضدّ نور دانستی تو نور   ضدّ ضدّ را مینماید در صدور
رنج وغم را حق پی آن آفرید   تا بدین ضدّ خوش‌دلی آید پدید
پس نهانیها بضدّ پیدا شود   چونکه‌حق‌رانیست ضدّ پنهان‌بود
نورحق را نیست ضدّی دروجود   تا بضدّ او را توان پیدا نمود (۵)
لاجرم ابصارُنا لا تُدرکه   وهو یُدرك بین‌تو از موسی‌وکه
صورت ازمعنی‌چوشیراز بیشه‌دان   یا چو آواز وسخن ز اندیشه دان
این سخن وآواز از اندیشه خاست   تو ندانی بحر اندیشه کجاست
لیك چون‌موج سخن دیدی لطیف   بحر آن دانی که هم باشد شریف
چون ز دانش‌موج اندیشه بتاخت   ازسخن وآواز اوصورت بساخت
از سخن صورت بزاد و باز مرد   موج خود را باز اندر بحر برد
صورت از بی صورتی آمد برون   باز شد کانا الیه راجعون
پس‌تورا هرلحظه مرگ‌ورجعتیست   مصطفی فرمود دنیا ساعتی است
فکر ما تیریست از هو در هوا   در هوا کی پایدار آید ندا
هر نفس نو میشود دنیا و ما   بی‌خبر از نو شدن اندر بقا (٦)
عمر همچون جوی نو نو می رسد   مستمرّی می نماید در جسد
آن زتیزی‌مستمر شکل آمده است   چون شررکش‌تیزجنبانی‌بدست (۷)
شاخ آتش را بجنبانی بساز   در نظر آتش نماید بس دراز
این‌درازی مدّت ازتیزی صُنع   مینماید سرعت انگیزیّ صُنع
طالبِ این سِرّ اگر علامه‌ایست   نك‌حسامُ‌الدین‌که‌سامی‌نامه‌ایست (۸)
❁وصف او ازشرح مستغنی بود   رو حکایت کن که بیگه می شود

---

(۱) یعنی‌عالم طبیعت‌چون همیشه درتغییر وتبدیل و عالم‌معانی‌که جاذبهٔ عومی‌یکی از آنهاست همیشه برقرار ونسبتاً ثابت است پس اهل‌دنیاواحکامشان متغیّرونابود واشخاصی‌که بمثل‌انبیاء متصل‌بجاذبهٔ‌عومی بتمرکزقوای دماغی‌هستند باندازهٔ اتصال احکامشان بعد ازخودشان باقی‌خواهد ماند. (۲) یعنی چون احمدخاتم انبیاست وهرخاتم وآخری دارای اوّل ووسط هست‌بخلاف اوائل‌ووسائط‌که دارای آخروخاتم‌نیستند لذا شریعت خاتم دارای‌کمالات تمام شرایع است که در حق وصی او گفته شده (اسدالله در وجود آمد ❁ دربس پرده هرچه بود آمد) لذا فرموده است من بودم با آدم من بودم با ابراهیم وباموسی و باعیسی کما آنکه صد اگر فرضاً بگوید من باهمهٔ اعداد مادون خود بودم راست گفته است اما اعداد مادون که مقامات سایر انبیاست حق ندارند دم از مقام احمدی بزنند . (۳) اشاره بیکی از مستکشفات جدیده است که ببعضی از آلات بمثل بلور کشف شده که رنگها از خود وجودی جداگانه بغیر از نور ندارند کما اینکه در فیزیك ثابت شده است . (٤) یعنی انوار محسوس آفتاب وغیره که از تراکم جاذبهٔ عمومی است همه عکس انوار الهی که باطن جاذبه است که الله نور السموات والارض . (۵) صاحب گلشن‌راز گوید : اگر خورشید بر یکحال بودی - شعاع اویك منوال بودی- ندانستی‌کسی کین پرتو از اوست- نکردی هیچ‌فرق مغز ازپوست - ظهور جملهٔ اشیا بضدّ است - ولی حق‌را نه مانند ونه نِدّاست - چو ذاتش‌را نباشد ضدّ و همتا - نمیدانم چگونه دانی او را . (٦) این پنج بیت تصریح بحرکت جوهریّه و تبدّلات ذاتیه وصفاتیه وآثاریّهٔ تمام حقائق طبیعیه است که درهر آنی تمام ذرّات عالم در ضمن ترکیبات خود تجدد امثال و تغیرات بسرعت هرچه تند تر مینمایند وچون‌آنچه معدوم میشود وآنچه بلافاصله متصلا موجود میشود غالباً مانند یکدیگر هستند چندان تبدّلات در آنها محسوس نیست و باید تبدّلات‌ساعت و دقیقه و روز و شب و فصول اربعه و ماه و سال و قرن را یکی از ادلّهٔ تبدّلات آناً فآناً اجزای عالم گرفت (کما اینکه بعضی از فلاسفهٔ آلمان بعد رابع را که تبدّلات زمانی باشد جزء ابعاد ثلثهٔ مکانی گرفته) و در شرح مفصل این شارح کاملاً تحقق شده . (۷) این دو بیت چند مثال بحرکت آب جو و قطرهٔ سائله و شعلهٔ جوّاله وبسرعت حرکت دادن چوب سرآتش گرفته را برای حرکت جوهریهٔ عالم‌است یعنی همینطوریکه حرکت آب جو بواسطهٔ اتصال وسرعت حرکت ومانند هم بودن محسوس نیست همچنین‌است حرکت جوهریّهٔ عالم (۸) یعنی احکام قیامت ورجعت فوق‌الذّکر را بعلامه بودن علوم اکتسابی دیده نشود بلکه بایدبصفای قلبی حسام‌الدین‌که سامی نامه یعنی موجب این مثنوی است دید .

تا سخنهای کیان رد کردهٔ ۱ تا کیان را سرور خود کردهٔ

باز جستن نخجیران سرّ و اندیشهٔ خرگوش را

بعدازآن گفتند کای خرگوش چست   درمیان نه آنچه درادراک تواست ۳ ای که با شیری تو در پیچیدهٔ   باز گو رائی که اندیشیدهٔ
مشورت ادراک و هشیاری دهد   عقلها مر عقل را یاری دهد ٤ گفت پیغبر بکن ای رای زن   مشورت کالمستشارُ مؤتمن

منع کردن خرگوش راز را از نخجیران

٭ قول پیغمبر بجان باید شنود   باز گوتا چیست مقصود تو زود ٦ گفت هر رازی نشاید باز گفت   جفت طاق آید گهی که طاق جفت
از صفا گر دم زنی با آینه   تیره گردد زود با ما آینه ۷ در بیان این سه کم جنبان لبت   از ذِهاب واز ذهب واز مذهبت
کاین‌سه را خصمست بسیار وعدو   در کمینت ایستد چون داند او ۸ ور بگوئی با یکی گو الوداع   کلُ سِرٍ جاوز الاثنین شاع
گرد و سه پرّنده را بندی بهم   بر زمین مانند محبوس از الم ۹ مشورت دارند سر پوشیده خوب   در کنایت با غلط افکن مشوب
مشورت کردی پیمبر بسته سر   گفته ایشانش جواب و بی‌خبر ۱۰ در مثالی بسته گفتیْ رای‌را   تا نداند خصم از سر پای را
او جواب خویش بگرفتی ازو   وز سؤالش می نبردی غیر بو ۱۱ ٭ این‌سخن پایان ندارد بازگرد   سوی خرگوش دلاور تاچه کرد

قصهٔ مکر کردن خرگوش باشیر و بسر بردن

٭حاصل‌آن‌خرگوش‌رای‌خودنگفت   مکر اندیشید باخود طاق وجفت ۱۳ ٭باوحوش ازنیک‌وبد نگشاد راز   سِرّ خود باجان خود میراند باز
ساعتی تأخیر کرد اندر شدن   بعدازآن‌شد پیش‌شیر پنجه زن ۱٤ زان سبب کاندرشدن وا ماند دیر   خاک را میکند و میغرّید شیر
گفت من‌گفتم که عهد آن خسان   خام باشد خام و سست ونارسان ۱۵ دمدمهٔ ایشان مرا از خر فکند   چند بفریبد مرا این دهر چند
سخت درماند امیر سست ریش   چون‌نه پس‌بیند نه پیش‌ازاحمقیش ۱٦ راه هموار است و زیرش دامها   قحط معنی در میان نامها
لفظها و نامها چون دامها است   لفظ شیرین ریگ‌آب عمرماست ۱۷ ٭عمرچون آبست‌وقت اورا چوجو   خلق باطن ریگ جوی‌عمرتو(۱)
آن یکی ریگی که جوشد آب ازو   سخت کم یابست رو آن را بجو ۱۸ منبع حکمت شود حکمت طلب   فارغ‌آید او زتحصیل وسبب(۲)
هست آن ریگ ای پسر مرد خدا   کو بحق‌پیوست وازخود شد جدا ۱۹ آب عذب دین همی جوشد از او   طالبان را زان حیاتست و نمو
غیر مرد حق چوریگ خشک دان   کاب عمرت‌را خورد اوهر زمان ۲۰ طالب حکمت شو از مرد حکیم   تا از اوگردی تو بینا وعلیم(۳)
لوح حافظ لوح محفوظی شود   عقل‌او از روح محظوظی شود ۲۱ چون معلم بود عقلش ز ابتدا   بعداز آن‌شد عقل شاگردی ورا
عقل چون جبریل گوید احمدا   گریکی گامی نهم سوزد مرا(٤) ۲۲ تو مرا بگذار زین پس پیش‌ران   حدّ من این بود ای سلطان جان
هرکه ماند ازکاهلی بی شکر وصبر   او همی داند که گیرد پای جبر ۲۳ هرکه جبر آورد خود رنجور کرد   تا همان رنجوریش در گور کرد
گفت پیغمبر که رنجوری بلاغ   رنج آرد تا بمیرد چون چراغ ۲٤ جبر چبود بستن اِشکسته را   یا به پیوستن رگ بگسسته را
چون در این ره‌پای خود بشکستهٔ   بر که میخندی چو پا را بستهٔ ۲۵ وانکه پایش در ره‌کوشش شکست   در رسید اورا براق وبرنشست
حامل دین بود او محمول شد   قابل فرمان بُد او مقبول شد ۲٦ تا کنون فرمان پذیرفتی ز شاه   بعد از این فرمان رساند برسپاه
تا کنون اختر اثر کردی دراو   بعد از این باشد امیر اختر او ۲۷ گر ترا اشکال آید در نظر   پس توشک داری درانشق‌ّالقمر
تازه کن ایمان نه از گفتِ زبان   ای هوا را تازه کرده در نهان ۲۸ تاهوا تازه است ایمان تازه نیست   کاین‌هوا جز قفل آن‌دروازه‌نیست
کردهٔ تأویل حرف بکر را   خویش‌را تأویل کن نی ذِکررا ۲۹ بر هوا تأویل قرآن میکنی   پست وکژ شد از تو معنیّ سنی

زیافت تأویل رکیك مگس

ماند احوالت بدان طرفه مگس   کو همی پنداشت خودراهست‌کس ۳۱ از خودی سرمست‌گشته بی شراب   ذرهٔ خود را شمرده آفتاب
وصف بازان را شنیده در زمان   گفته من عنقای وقتم بیگمان ۳۲ آن مگس بربرگ کاه وبول خر   همچو کشتیبان همی افراشت سر
گفت من دریا و کشتی خوانده‌ام   مدّتی در فکر آن می مانده‌ام ۳۳ اینك این دریا و این کشتیّ ومن   مرد کشتیبان و اهل رای وفن
بر سر دریا همی راند او عمد   می نمودش این قدر بیرون زحدّ ۳٤ بود بیحدّ آن چنین نسبت بدو   آن نظر کو بیند آن را راست‌کو
عالمش چندان بودکش‌بینش است   چشم چندین بحرهم چندینش‌است ۳۵ صاحب تأویل باطل چون مگس   وهم او بول خر و تصویر خس
گر مگس تأویل بگذارد برای   آن مگس را بخت گرداند همای ۳٦ آن‌مگس نبود کش این عبرت بود   روح او نی درخورِ صورت بود
همچو آن خرگوش کو بر شیر زد ۳۷ روح او کی بود اندر خورد قد

رنجیدن شیر از دیر آمدن خرگوش

شیر میگفت از سر تیزیّ و خشم   کز ره گوشم عدو بر بست چشم ۳۹ مکر های جبریانم بسته کرد   تیغ چوبین‌شان تنم راخسته کرد

---

(۱) اگر بگوئی دراین فصل ۳ کلام مختلف است ؛ در یك بیت ریگ آب را لفظ گفته و در بیت دیگر خلق باطنی و در بیت دیگر مرد خدا و حکیم، جمع بین این‌سه چگونه‌است. جواب‌میدهیم‌که هرسه یکی ومراتب یکدیگرندکه مرد خداباشد وخُلق ولفظ توهم که تابع مرد خدائی‌شأن اوست پس لفظ را که در بیتی موصوف بشیرین کرده چون دام معانی بلند اوستْ وخلق باطن چشمه وخود شخص‌حکیم ومرد خدا چشمهٔ علم وحکمت است (۲) حکمت باصطلاح حکماء علم باسباب حقائق اشیاء است وباصطلاح عرفا چون علم بحقیقت الحقائق‌از راه تمرکز قوا و توحید نفس ومکاشفه است برخلاف حکماءاست که در فرد دوم فرموده ـ فارغ آید او ز تحصیل و سبب (۳) حقیقت حکمت خورده کاری و خورده بینی است و این بدون اشتباه نمیشود مگر به بصیرت قلبی و علم باطنی بریاضت و توحید نفس . (٤) در این بیت چندین اشاره دارد ؛ (اول) مقصود از جبرئیل عقل هر پیغمبریست . (دوم) عقل اگرچه بکلیات میرسد باز عقال(یعنی پای‌بند شتر) حدود وبستهٔ نظام عالم است. (سوم) امتیاز حقیقت انسان آنستکه میتواند بتمرکز قوا وتوحید نفس عروج کرده در مقام عشق و توحید عالم وبظهور احدیت خداوند درمافوق عرش وکرسی عالم‌کثرات رسیده ومعراج به آن مقام بلند ارجمند نماید .

❀ عاقبت شد اتفاق جمله‌شان تا بیاید قرعهٔ اندر میان ۱ ❀قرعه برهر کاوفتد اوطعمه‌است بی‌سخن شیر ژیان را لقمه است
❀ هم براین‌کردند آن‌جمله قرار قرعه آمد سر بسر را اختیار ۲ قرعه برهرک اوفتادی روز روز سوی‌آن شیر او دویدی‌همچویوز
چون‌بخرگوش آمد این‌ساغر بدور ۳ بانگ زد خرگوش‌کاخرچند جور

انکار کردن نخجیران وجواب خرگوش مر ایشان را

قوم گفتندش که چندین گاه ما جان فدا کردیم در عهد و وفا ٥ تو مجو بد نامی ما ای عنود تا نرنجد شیر رو رو زود زود

مهلت خواستن خرگوش نخجیران را

گفت ای یاران مرا مهلت دهید تا بمکرم از بلا بیرون جهید ۷ تا امان یابد بمکرم جانتان ماند این میراث فرزندانتان
هر پیمبر امتان را در جهان همچنین تا مخلصی میخواندشان ۸ کز فلك راه‌برون شو دیده بود در نظر چون مردمك پیچیده‌بود
مردمش چون مردمك دیدند خرد ۹ در بزرگی مردمك کس ره نبرد

اعتراض کردن نخجیران بر خرگوش و جواب دادن خرگوش ایشان را

قوم‌گفتندش که ای خرگوش دار خویش را اندازهٔ خرگوش دار ۱۱ هین‌چه لافست اینکه ازتو مهتران در نیاوردند اندر خاطر آن
معجبی یا خود قضامان دربی‌است ورنه این‌دم لایق چون‌تو کی‌است ۱۲ گفت ای یاران حقم الهام داد مر ضعیفی‌را قوی رائی فتاد(۱)
آنچه حق آموخت مر زنبور را آن نباشد شیر را و گور را ۱۳ خانها سازد پر از حلوای تر حق براو آن علم را بگشاد در
آنچه حق آموخت کرم پیله را هیچ پیلی داند آن‌گون حیله را ۱٤ آدم خاکی ز حق آموخت علم تا بهفتم آسمان افروخت علم
نام و ناموس ملك را در شکست کوری آن‌کس که باحق درشکست ۱٥ زاهد ششصد هزاران ساله را پوزبندی ساخت آن گوساله را
تا نتاند شیر علم دین کشید تا نگردد گرد آن قصر مشید ۱٦ علمهای اهل حس شد پوزبند تا نگیرد شیر ز آن علم بلند
قطرهٔ دل را یکی گوهر فتاد کان بگردونها و دریاها نداد ۱۷ چندصورت‌آخر ای‌صورت پرست جان بی‌معنیت ازصورت نرست(۱)
گر بصورت آدمی انسان بدی احمد وبوجهل خودیکسان بدی(۲) ۱۸ ❀احمد و بوجهل در بتخانه رفت زین شدن تا آن‌شدن فرقیست‌زفت
❀این درآید سر نهند آنرا بتان وان درآید سر نهد چون امّتان ۱۹ نقش بر دیوار مثل آدمست بنگر ازصورت چه‌چیز اوراکمست
جان کمست آن صورت بی تاب‌را رو بجو آن گوهر کم‌یاب را ۲۰ شد سر شیران عالم جمله پست چون‌سگ اصحاب را دادندست
چه زیانستش از آن نقش نفور چونکه‌جانش غرق‌شد دربحر نور ۲۱ وصف صورت نیست اندر خامه‌ها عالم و عادل بود در نامه ها
عالم و عادل همه معنیست و بس کش نیابی درمکان وپیش وپس ۲۲ میزند برتن ز سوی لامکان می نگنجد در فلك خورشیدجان
این سخن پایان ندارد هوش دار ۲۳ گوش سوی قصهٔ خرگوش دار

ذکر دانش خرگوش و بیان فضیلت و منافع دانش

گوش خر بفروش ودیگر گوش‌خر کاین سخن را درنیابد گوش خر ۲٥ رو تو روبه بازی خرگوش بین مکر و شیر اندازی خرگوش بین
خاتم ملك سلیمان است علم جمله‌عالم صورت‌وجانست علم(۳) ۲٦ آدمی را زین هنر بیچاره گشت خلق دریاها و خلق کوه و دشت
زو پلنگ وشیرترسان همچوموش زو شده پنهان بدشت وکه وحوش ۲۷ زاوپری و دیو ساحلها گرفت هر یکی در جای پنهان جا گرفت
آدمی را دشمن پنهان بسی است آدمی با حذر عاقل کسیست ۲۸ خلق پنهان زشتشان وخوبشان میزند بردل بهر دم کوبشان
بهر غسل ار در روی در جویبار بر تو آسیبی زند در آب خار ۲۹ گرچه پنهان خار در آبست پست چونکه درتومیخلد دانی که هست
خار خار حیله‌ها و وسوسه (٤) از هزاران کس بود نی یك‌کسه ۳۰ باش تاحسهای تو مبدل شود تا ببینیشان ومشکل حل شود (٥)

---

(۱)این‌یازده بیت(ازسطر دوم ۱۳تاسطر دوم۱۸) کلیهٔ راجع‌به‌بیان علوم‌غریزیه وفطریهٔ تمام موجوداتست‌که مولوی بذکربعضی‌ازمهمترین آنهاکه زنبور عسل‌وکرم پیله وبردیف آوردن علم‌حضرت آدم بمقتضای (وعلم‌آدم الاسماء کلها) اکتفا نموده ودر چندبیت آخربا علوم صوری تحصیلی اختیاری‌فرق گذاشته که علوم غریزیه را از مبادی وحی و الهام و علم لدنی و علوم اختیاری تحصیل را از مبادی علوم شیطانی وساوس نفسانی معرّفی کرده و فرموده اگر چه هردو صورتاً علم است ولکن این کجا و آن کجا پس از این بیان که ردیف نموده علم آدم را بعلم زنبور عسل و کرم پیله معلوم میشود که میخواهد بفرماید علوم لدنی انبیاء و اولیاء بعد از ریاضت و تصفیه و توحید نفس توسعه و نشو و ارتقای همین علوم غریزیه است که حیوانات طبعاً دارا بوده و هیچ محتاج بتحصیل در مدارس نبوده و کاملاً و منظماً بدون خبط وخطا نقشه ریزی هر کاری را مینمایند . و نیز از تاریخ علوم طبیعی معلوم میشود که علوم قبل از تمدن همین علوم غریزیه بوده و سپس بواسطهٔ غلبه تدریجی علوم تحصیلی اختیاری سلولهای علوم غریزیه بتدریج فلج یا درخواب ویا درشرف موت واقع شده که باید بریاضت‌آنها را معالجه یا بیدار ویا زنده نمود واینست مقصوداز‌علوم کشفیهٔ انبیا ومرتاضین بزرگ دنیا وبس . (۲) یعنی‌اگرچه این‌دوقسم‌علم فوق‌الذکرمخصوصاً نزداشخاصیکه ازمبادی‌علم وسرچشمهٔ آن اطلاعی ندارند هردو راعلم‌وصاحبش‌راعالم بلکه ابوجهل راابوالحکم ومحمدرا امی وعوام میگویند بایدبآنها گفت‌کهبصورتهای متشابه نگاه نکنید بلکه بحقایق‌و مبادی مختلفهٔ آنها هم یك نظر عبرت اندازید تا بینشان فرقهای زیاد مشاهده‌کنید که یکی‌حقیقت علم است ودیگری متشابه بعلم است (۳) یعنی علم است‌که ممالک عالم‌را از اول خلقت تاکنون منظماً اداره کرده ـ علم است‌که حیوانات را مخصوصاً درندگانرا ازانسان ترسانیده از آبادیهافراری داده ـ و باعلم‌است که هزاران حیوانات قوی‌هیکل بمثل شتر وقاطر واسب وفیل‌را یك بچه انسانی زیربار آورده اسیر مینماید ـ وعلم است که صنایع محیرالعقول عصریه را از عناصر مرده ساخته وترکیب کرده (پس خاتم و انگشتر بلکه‌آنچه‌ملك سلیمان را منظماً اداره میکرده و همه سرکشان را مطیع مینموده فقط و فقط علم بوده علم .) (٤) یعنی هر مزاجی بعدد عناصر واجزای ترکیبیه بدنش که هریك مقتضیات مخصوصی دارند بعنوان وسوسه تحریکات درخیالات صاحبش مینمایند . (٥) یعنی احدی از وساوس که این مقتضیات عناصر مزاجیه است نجات نخواهد یافت مگر آنکه بتمرکز قوا و توحید نفس آن وساوس را تبدیل کند .

هان مخسب ای جبری بی اعتبار   جز بزیر آن درخت میوه دار
تا که شاخ افشان کند هر لحظه باد   بر سر خفته بریزد نقل و زاد
جبر خفتن در میان رهزنان   مرغ بی‌هنگام کی یابد امان (۱)
ور اشارتهاش را بینی زنی   مرد پنداری وچون بینی زنی
اینقدر عقلی که داری گم‌شود   سر که عقل‌از وی‌بپرّد دم‌شود(۲)
زانکه بی‌شکری بود شوم وشنار   می برد بی شکر را تا قعر نار
گر توکل میکنی در کار کن   کسب‌کن پس تکیه برجبار کن(۳)
❀ تکیه برجبار کن تا وارهی   ور نه افتی در بلای گمرهی

باز ترجیح نهادن نخجیران مر توکل‌را برجهد

جمله با وی بانگها برداشتند   کان حریصان کاین سببها کاشتند
صد هزار اندر هزاران مرد وزن   پس چرا محروم ماندند از زمن
صد هزاران قرن ازآغاز جهان   همچو اژدرها گشاده صد دهان
مکر ها کردند آن دانا گروه   که زبن برکنده شد زان مکرکوه
❀کرده مکر وحیله آن قوم‌خبیث   ورزما باور نداری این حدیث
کرد وصف مکر هاشان ذوالجلال   لتزول منه اقلال الجبال
جز که‌آن قسمت‌که رفت اندرازل   روی ننمود از سگال وازعمل
جمله افتادند از تدبیر و کار   مانده کار و حکمهای کردگار
کسب جز نامی مدان ای نامدار   جهد جز وهمی مپندار ای عیار

نگریستن عزرائیل بر مردی وگریختن آن مرد در سرای حضرت سلیمان و تقریر ترجیح توکل بر جهد و کوشش

ساده مردی چاشتگاهی در رسید   در سرا عدل سلیمان در دوید
رویش ازغم زرد وهردولب کبود   پس‌سلیمان گفت ای‌خواجه‌چه‌بود
گفت عزرائیل در من اینچنین   یك نظر انداخت پرازخشم وکین
گفت‌هین‌اکنون‌چه‌میخواهی بخواه   گفت فرما باد را ای جان پناه
تا مرا زینجا بهندستان برد   بوکه بنده‌کان طرف‌شد جان‌برد
نك ز درویشی گریزانند خلق   لقمهٔ حرص و امل زانند خلق
ترس درویشی مثال آن هراس   حرص وکوشش‌را توهندستان‌شناس
باد را فرمود تا او را شتاب   برد سوی خاك هندستان بر آب
روز دیگر وقت دیوان و لقا   شه سلیمان گفت عزرائیل را
کان مسلمان را بخشم ازچه سبب   بنگریدی بازگو ای پیك رب
❀ای عجب این‌کرده باشی بهرآن   تاشود آواره او از خان ومان
❀گفتش ای شاه جهان بی زوال   فهم کژ کرد و نمود اورا خیال
من ورا از خشم کی کردم نظر   از تعجب دیدمش در ره گذر
که مرا فرمودحق کامروز هان   جان او را تو بهندستان ستان
❀دیدمش اینجا وبس حیران‌شدم   در تفکر رفته سرگردان شدم
ازعجب‌گفتم گر اورا صدپراست   زو بهندوستان شدن دوراندراست
❀چون بامر حق بهندوستان شدم   دیدمش آنجا و جانش بستدم
تو همه کار جهان را هم چنین   کن قیاس و چشم بگشا و ببین
از که بگریزیم از خود ای محال   ازکه برتابیم از حق این وبال

بیان ترجیح دادن شیر جهد را بر توکل وفوائد جهد بیان کردن

شیر گفت آری ولیکن هم ببین   جهد های انبیاء و مؤمنین
❀ سعی ابرار و جهاد مؤمنان   تا بدین ساعت ز آغاز جهان
حق تعالی جهدشان را راست‌کرد   آنچه دیدند از جفا و گرم وسرد
حیلهاشان جمله حال آمد لطیف   کل شیئی من ظریف هوظریف
دامهاشان مرغ گردونی گرفت   نقصهاشان جمله افزونی گرفت
جهد میکن تا توانی ای کیا   در طریق انبیا و اولیا
با قضا پنجه زدن نبود جهاد   زانکه این را هم قضا برما نهاد
کافرم من گر زیان کردست کس   در ره ایمان و طاعت یکنفس
سرشکسته‌نیست این سر را مبند   یکدو روزی جهد کن باقی بخند
بد محالی جست کو دنیا بجست   نیك‌حالی جست کو عقبی بجست
مکر ها در کسب دنیا بارد است   مکرها در ترك دنیا وارد است
مکر آن باشدکه زندان حفره کرد   آنکه حفره بست آن‌مکریست سرد
این جهان زندان و مازندانیان   حفره‌کن زندان وخود راوارهان
چیست دنیا از خدا غافل بدن   نی قماش و نقره و فرزند و زن
مال را گر بهر دین باشی حمول   نعم مال صالح خواندش رسول
آب در کشتی هلاك کشتی‌است   آب اندر زیر کشتی پشتی است
چونکه مال وملك رااز دل‌براند   زان سلیمان‌خویش‌جزمسکین‌نخواند
کوزهٔ سر بسته اندر آب زفت   از دل پر باد فوق آب رفت
باد درویشی چو در باطن بود   بر سر آب جهان ساکن بود
❀ آب نتواند مر اورا غوطه‌داد   کش دل از نفخهٔ الهی‌گشت شاد
گرچه این جمله جهان‌ملك ویست   ملك در چشم دل اولاشی است
پس دهان دل ببند و مهر کن   پرکنش از بادکبر من لدن
جهد حقست و دواحقست و درد   منکر اندر نفی‌جهدش جهدکرد(٤)
❀کسب‌کن سعیی نما و جهد کن   تا بدانی سرّ علم من لدن
❀گرچه جمله این‌جهان برجهدشد   جهد کی در کام جاهل شهد شد
زین نمط بسیار برهان گفت شیر   کز جواب آن‌جبریان گشتند سیر

مقرر شدن ترجیح جهد برتوکل

روبه و آهو و خرگوش و شکال   جبر را بگذاشتند و قیل و قال
عهد ها کردند با شیر ژیان   کاندر این بیعت نیفتد در زیان
قسم هر روزش بیاید بی ضرر   حاجتش نبود تقاضای دگر
❀عهد چون‌بستند ورفتند آن‌زمان   سوی مرعی ایمن از شیر ژیان
❀ جمع بنشستند یکجا آن وحوش   اوفتاده در میان جمله جوش
❀هرکسی تدبیر و رائی میزدی   هرکسی در خون هر یك مبشدی

---

(۱) یعنی قوای سعی وعمل برای رسیدن به منزل آزادی فوق‌الذکر است تا نرسیدهٔ تعطیل در جد وجهد نباید کرد . (۲) یعنی تعطیل در جدّ و جهد تعطیل در قوای خدا داده طبیعی است که بالاخره ضعیف و تنبل خواهی شد (۳) یعنی توکل منافی با جد وجهد وسعی وعمل نیست چه توکل برخدای وکیل که هرکاری را با اسباب مناسب خودش خلقت میکند (که از آن جمله خلقت جد و جهد وعقل است) یك امر روحانی قلبی است و هیچ مخالفتی با صورت جریان اسباب نداشته بلکه انکار جریان اسباب وتعطیل جد و جهد انکار وکالت وجدانی مسبب‌الاسباب پس‌انکار توکل است‌که عقلا نباید برخدای‌بی‌اسباب یامسبب هرج‌و مرج غیرمناسب الاسباب وکالت در امور داده وتوکل نمود پس سعی وعمل بااسباب مناسب مؤید توکل بخداوند وکیل زبردست بااسباب است نه مخالف (٤) یعنی‌اگر جد وجهد حق نیست وباید بقول جبریهای تنبل در هر کاری‌که خدامیخواهد ساکت وصامت شد پس‌چرا آنها برای اثبات جبرونفی‌جد وجهداینقدر جد وجهد کرده وبرهان اقامه میکنند .

یا مگر آن قابل جنسی بود	چون بدو پیوست جنس اوشود ۱ همچو آب و نان که جنس ما نبود	گشت جنس ما و اندر ما فزود
نقش جنسیّت ندارد آب و نان	ز اعتبار آخر آن را جنس دان ۲ ور ز غیر جنس باشد ذوق ما	آن مگر مانند باشد جنس را
آنکه مانند است باشد عاریت	عاریت باقی نماند عاقبت ۳ مرغ را گر ذوق آید از صفیر	چونکه جنس خود نیابد شد نفیر
تشنه را گر ذوق آید از سراب	چون رسد دروی گریزدجویدآب ٤ مفلسان گر خوش شوند اززرّقلب	لیك آن رسوا شود در دار ضرب
تا زر اندودیت از ره نفکند	تا خیال کژ ترا چه نفکند ٥ از کلیله باز خوان این قصه را	و اندران قصه طلب کن حصه را

قصهٔ نخجیران و بیان توکل وترك جهد کردن

طایفهٔ نخجیر در وادیٔ خوش	بودشان با شیر دایم کش مکش ۷ بس‌که آن شیراز کمین درمی ربود	آن چرا بر جمله ناخوش گشته بود
حیله کردند آمدند ایشان بشیر	کز وظیفه ما ترا داریم سیر ۸ جز وظیفه در پی صیدی میا	تا نگردد تلخ بر ما این گیا

جواب شیر نخجیران را و بیان خاصیت جهد

گفت آری گر وفا بینم نه مکر	مکرها بس دیده‌ام از زید وبکر ۱۰ من هلاك فعل و مکر مردمم	من گزیده زخم مار و کژدمم
مردم نفس از درونم در کمین	از همه مردم‌بتر در مکر وکین ۱۱ گوش من لا یلدغ المؤمن شنید	قول پیغمبر بجان و دل گزید

باز ترجیح نهادن نخجیران توکل را بر جهد

جمله گفتند ای حکیم با خبر	الحذر دع لیس یغنی عن قدر ۱۳ در حذر شوریدن شور وشراست	رو توکّل کن توکل بهتراست
باقضا پنجه مزن ای تند وتیز	تا نگیرد هم قضا با تو ستیز ۱٤ مرده باید بود پیش حکم حق	تا نیاید زخمت از ربّ الفلق

باز ترجیح نهادن شیر جهد را بر توکل و تسلیم

گفت آری گر توکل رهبر است	این سبب هم سنّت پیغمبراست ۱٦ گفت پیغمبر به آواز بلند	با توکّل زانوی اشتر ببند
رمز الکاسب حبیب الله شنو	از توکل در سبب کاهل مشو ۱۷ ❀رو توکل‌کن تو با کسب‌ای‌عمو	جهد میکن کسب میکن مو بمو
❀جهد کن جدّی نما تا وارهی ۱۸ ور تو از جهدش بمانی ابلهی

باز ترجیح نخجیران توکل را برجهد وکسب

قوم‌گفتندش‌که کسب ازضعف‌خلق	لقمهٔ تزویر دان بر قدر حلق ۲۰ ❀پس‌بدان که کسبها ازضعف‌خاست	در توکل تکیه برغیری خطاست
نیست کسبی از توکل خوبتر	چیست از تسلیم خود محبوب‌تر ۲۱ بس گریزند از بلا سوی بلا	بس جهند از مار سوی اژدها
حیله کرد انسان وحیله‌اش دام بود	آنکه‌جان پنداشت خون آشام‌بود ۲۲ در ببست ودشمن اندر خانه بود	حیلهٔ فرعون زین افسانه بود
صد هزاران طفل‌کشت آن کینه‌کش	وانکه او میجست اندر خانه‌اش ۲۳ دیدهٔ ماچون بسی علت دراوست	رو فنا کن دید خود دردیدِدوست
دید مارا دید او نعم العوض	یابی اندر دید او کلّ غرض ۲٤ طفل تاگیرا و تا پویا نبود	مرکبش جز شانهٔ بابا نبود
چون فضولی کرد ودست وپانمود	در عنا افتاد و در کور و کبود ۲٥ جانهای خلق پیش از دست وپا	میپریدند از وفا سوی صفا(۱)
چون بامر اهبطوا بندی شدند	حبس‌خشم وحرص وخرسندی‌شدند ۲٦ ما عیال حضرتیم و شیر خواه	گفت الخلقُ عیال للاله
آنکه او از آسمان باران دهد ۲۷ هم تواندکو ز رحمت نان دهد

دیگر بار بیان‌کردن شیر ترجیح جهد برتوکل

گفت شیر آری ولی ربّ العباد	نردبانی پیش پای ما نهاد ۲۹ پایه پایه رفت باید سوی بام	هست جبری‌بودن اینجا طمع خام
پای داری‌چون کنی‌خودراتولنگ	دست‌داری‌چون‌کنی پنهان‌توچنگ ۳۰ خواجه چون بیلی بدست بنده داد	بی‌زبان معلوم شد او را مراد(۲)
دست همچون‌بیل‌اشارتهای اوست	آخر اندیشی عبارت های اوست ۳۱ چون اشارتهاش را برجان نهی	در وفای آن اشارت جان‌دهی
پس اشارتهاش اسرارت دهد	بار بردارد ز تو کارت دهد ۳۲ حاملی محمول گرداند ترا	قابلی مقبول گرداند ترا
قابل امر وئی قابل شوی	وصل‌جوئی بعدازآن واصل‌شوی ۳۳ سعی شکر نعمتش قدرت بود	جبر تو انکارآن نعمت بود
شکر نعمت نعمتت افزون کند	کفر نعمت از کفت بیرون‌کند ۳٤ جبر توخفتن بود در ره‌مخسب	تا نبینی آن در و درگه مخسب

---

(۱) یعنی ارواح قبل از اینکه در دامهای نطفه‌های ملکوتی درطلسم افتند درفضای سلب علاقه آزادی مطلق در پناه وجودهای تبعی عقول کلیه و اسماء وصفات الهیه خوش و راحت ازلی بودند که ناگاه بامر اهبطوا بتقاضای دامهای نطفه‌ها برای تکمیل وسعهٔ وجودی و ریاست مطلقه در طلسمات هواوهوس بمقتضیات قوای‌بدنیه افتاده‌واکثرآنها نتیجه برعکس‌گرفته ذلیل‌وضعیف ومرئوس هواوهوس ودرحبس‌علاقهای بدنیه‌گرفتار شدند. شاهد این قضیه مضافات آنچه غیر من است بسوی من است (کما آنکه میگوئی اعضا وجوارح من قوا و روحیات من و عقل و نفس من وشهوت و غضب من وهیچگاه نیگوئی من شهوت و من غضب و من بدن ومن نفس چه ما سوای من مال من است نه من مال ما سوا) پس من قبل از تعلق باین مضافات آزاد از آن مضافات بوده که بعد از تعلق بقسمی‌گرفتار واسیر آنها شده که هریك از آن مضافات داخلی‌مذکور و خارجی (از قبیل‌خانه من وزن وبچه من واعتبار من واموال‌من ومانند اینها) همه مؤثر در من‌که جان انسان است آناً فآناً شده وچنان گرفتاراین مضافات‌داخلی وخارجی شده که گاهی برحسب سابقهٔ آزادی فطرت طالب مکیّفات وتفریحات ومسکرات برای استخلاص ازقیود تن و خیال میشود وبعد ازساعتی تابهوش‌میاید باز اسیرمضافات خود میگردد. کما آنکه تمام مرتاضین بهمت ومتشرعین بعبادت واخلاقیون باعتدال اخلاق ومجذوبین بجذبهٔ عشق طالب این آزادی از چنگال مضافات بکوشش اختیاری میباشند که میگویند روح بهشت برسیدن اختیاری باین آزادی قبل از تعلق روح ببدن است (۲) یعنی اگر نباید بقول جبریها جدّ و جهد وکار و کسب وسعی وعمل بتدبیر عقل و فکر نمود پس باید این قوای‌مذکوره را حکیم علی‌الاطلاق در وجود هر انسانی لغو و بدون اثر خلقت نموده باشد پس خلقت طبیعی این قوا دلیل جد و جهد و بکار انداختن آنهاست. (۳) یعنی اگر این قوای خلقت شده سعی‌وعمل وعقل و فکررا (که نعمتهای خدا درهرانسانی بوده) هریك در کارهائی‌که برای آن خلق‌شده بکار بندی البته در نتیجه (کما اینکه فوقاً گفت حاملی محمول و قابلی مقبول ودوری واصل و در این بیت گفت افزونی این نعمتهای قوای مذکوره برای وصول بآن‌آزادی مطلق فوق الذکر است) درمقام نشو و ارتقا برای تو آسان خواهد شد.

وان سببها کانبیا را رهبرست　　آن‌سببها زین سببها بر تراست ۱ این سبب را محرم آمد عقل ما　　وان سببها راست محرم انبیا

این سبب چبود بتازی گو رسن　　اندر این چه این رسن‌آمد بفن ۲ گردش چرخ این‌رسن را علت‌است　　چرخ گردان را ندیدن زلتست

این رسنهای سبب ها در جهان　　هان وهان‌زین‌چرخ‌سرگردان‌مدان ۳ تا نمانی صفر وسرگردان چو چرخ　　تانسوزی تو ز بیمغزی چو مرخ

باد و آتش میشود از امر حق　　هردو سرمست آمدند ازخمرحق ٤ آب حلم و آتش خشم ای پسر　　هم ز حق بینی چو بگشائی‌نظر

گر نبودی واقف ازحق جان باد ۵ فرق چون‌کردی میان قوم‌عاد (۱)

قصهٔ هلاك کردن باد در عهد هود علیه السلام قوم عاد را

هود گرد مؤمنان خطی‌کشید(۲)　　نرم میشد باد کانجا میرسید ۷ هرکه بیرون‌بود زان خط جمله را　　پاره پاره میگسست اندر هوا

هم چنین شبان راعی میکشید　　گرد بر گرد رمه خطی پدید ۸ چون بجمعه می‌شد او وقت نماز　　تا نیارد گرگ آنجا ترکتاز

هیچ گرگی در نرفتی اندران　　گوسپندی هم نگشتی زان نشان ۹ باد حرص گرگ وحرص گوسپند　　دائرهٔ مرد خدا را بود بند

همچنین باد اجل با عارفان　　نرم وخوش همچون نسیم بوستان ۱۰ آتش ابراهیم را دندان نزد　　چون گزیدهٔ حق بود چونش گزد

آتش شهوت نسوزد اهل دین　　باغیان را برده تا قعر زمین ۱۱ موج دریا چون بامر حق بتاخت　　اهل موسی‌را زقبطی واشناخت

خاك قارون‌را چوفرمان دررسید　　با زر وتختش بقعر خود کشید ۱۲ آب وگل چون از دم عیسی چرید　　بال وپر بگشاد ومرغی‌شد پدید

* از دهانت چون‌برآمد حمد حق　　مرغ جنت سازدش رب الفلق ۱۳ هست تسبیحت بجای آب و گل　　مرغ جنّت‌شد زنفخ صدق‌دل(۳)

کوه طور ازنور موسی‌شد برقص　　صوفئی کامل شد ورست اوزنقص ۱٤ چه عجب گر کوه صوفی شد عزیز　　جسم موسی از کلوخی‌بود نیز

این عجائب دید آن‌شاه جهود ۱۵ جزکه طنز وجزکه انکارش‌نبود

طنز و انکار کردن پادشاه جهود و نصیحت ناصحان او را

ناصحان گفتند از حد مگذران　　مرکب استیزه را چندین مران ۱۷ * بگذر ازکشتن مکن این‌فعل‌بد　　بعد از این‌آتش مزن درجان‌خود

ناصحان را دست بست وبند کرد　　ظلم را پیوند در پیوند کرد ۱۸ بانگ آمد کار چون اینجا رسید　　پای‌دار ای سگ که قهر ما رسید

بعد ازآن آتش چهل‌گز برفروخت　　حلقه‌گشت وآن‌جهودان‌را بسوخت ۱۹ اصل ایشان بود آتش زابتدا　　سوی اصل خویش‌رفتند انتها(٤)

هم ز آتش زاده بودند آن فریق　　جزو هارا سوی کل باشدطریق ۲۰ *همزآتش زاده بودند آن خسان　　حرف میراندند از نار و دخان

آتشی بودند مؤمن سوز و بس　　سوخت خودرا آتش‌ایشان‌چوخس ۲۱ آنکه بوده است امه الهاویه　　هاویه آمد مر او را زاویه

مادر فرزند جویان وی است　　اصلها مر فرعها را در پی‌است ۲۲ آب اندر حوض اگر زندانی است　　باد نشفش‌میکندکار کانی‌است(۵)

میرهاند میبرد تا معدنش　　اندك اندك تا نبینی بردنش ۲۳ وین نفس جانهای مارا همچنان　　اندك اندك دزدد از حبس جهان

تا الیه یصعد اطیاب الکلم　　صاعداً منّا الی حیث علم ۲٤ ترتقی انفاسنا بالمنتقی　　متحفاً منّا الی دارالبقا

ثم تأتینا مکافات المقال　　ضعف ذاك رحمة من ذی‌الجلال ۲۵ ثم یلجینا الی امثالها　　کی ینال العبد ممّا نالها(٦)

هکذا تعرج و تنزل دائما　　ذا فلا زالت علیه قائما ۲٦ پارسی گوئیم یعنی این کشش　　زان‌طرف‌آید که آمد این چشش

چشم هر قومی بسوئی مانده است　　کانطرف یکروز ذوقی رانده‌است ۲۷ ذوق جنس ازجنس‌خود باشد یقین　　ذوق‌جزو ازکل‌خودباشد ببین(۷)

---

(۱) اشاره بسبیحات و دانائی تمام اشیاء بظهور حق ، (۲) تصرف هر ولی‌امری در هر موجودی بواسطهٔ دو جهت فاعلی ازطرف خود وقابلی از طرف قبول اشیاء است یعنی بقوهٔ فاعلی و عزم و اراده که بتمرکز قوای مغزی آن ولی حاصل میشود راه بجهت قابلهٔ اشیاء(که دانائی اشیاء بحق باشد) یافته پس هرتصرفی‌که درهر موجودی بعنوان معجزه بمظهریت الهیه بنماید آن موجود بدانائی بسیط یامرکب خودکه ازاحاطه قیومیت حق بمثل احاطهٔ روح بر بدن باو رسیده طبعاً احساس تصرف ولی امررا باین دانائی ظلی نموده و بمثل اطاعت اعضای بدن مروح را حاضر برای اطاعت تصرفات ولی امرمیشود. (۳) چون قانون‌خلقت اعراض وجواهرعالم دنیا وآخرت اینطورخلقت‌شده که آنچه جواهر اخروی‌است دردنیا عرض‌و آنچه‌در دنیا از اعراض است درآخرت از جواهر خواهدشد پس ذکر و تسبیحات بلکه مطلق عبادات وحرکات عرضیه هرعابد و زاهدی اگرچه‌در دنیا ازاعراض و حرکات تدریجیه معدومه است ولکن بحکم قانون خلقت درآخرت‌که درحکمت عرفانی ثابت‌شده همه حکم‌جواهروحقائق متاصله بلکه بمثل حیوان و انسان صاحب جان خواهد شد لذا در اقوال صاحبان شرع از انبیاء و اولیا اخبار کثیره ظاهر شده که نماز و روزه و زکوة وحج در قیامت هر یك بشکل ملکی برای صاحبش جلوه خواهد نمود بلکه فرموده‌اند ماه رمضان ویا خواندان قرآن بشکل ملك در قیامت خواهد شد حتی فرموده‌اند از هر قطرهٔ آبیکه ازغسل حلال جدا شود ملکی خلق شده و برای صاحبش تا قیامت تسبیح خواهد نمود اینست سرّ کلیه عبادات (٤) یعنی ساختمان هرکسی بهرطوریکه باشد از طینت آتشی وآبی بسوی‌آثار همان ساختمان نشو وارتقاء خواهد نمود . (۵) این دو بیت مثال‌است از برای اینکه اگر موجبات وصال برای اهل نور که بعداً میگوید و نارکه قبلا گفت فراهم شود ناریان مرناریان را و نوریان مرنوریان را که اصل خلقت‌شده از آنهااست خواهندرسید . (٦) این‌دو بیت خلاصه معنیش آنستکه هر قدمی بمجاهده وتمرکز نفس‌بسوی خدا برویم چندین قدم‌هم خدا بسوی‌ما ظهور نموده وفطرت مارا بسوی خود جذب خواهدنمود بمثل‌اینکه بهرحرکتیکه سنگی مثلا ازآسمان بزمین فرودآید زمین‌هم بچندین‌مرتبه بجاذبه خودنسبت بجذب سنگ خواهدافزود. (۷) ازاین بیت تاپنج بیت بعد بسه‌قسم جذب جنسیت اشاره‌نمود. (اول)موافقت‌ساختمانی‌از نیك‌وبد. (دوم) موافقت‌جزء باکل یا فردی‌باکلی خود یاظهور خالق با مخلوق خود . (سوم) موافقت جنسیت بالقوه که غالب اشیاء اگرچه بالفعل جنسیت ندارند ولکن بالقوه همه‌قابل همجنس‌شدن‌هستند بمثل جنسیت وموافقت مأکولات ازراه دهان وشکم وعروق و شرائین وخون وتمام مبصرات از راه چشم وتمام مسموعات از راه گوش و مشمومات از راه بینی وملموسات از راه لمس وموهومات و متخیلات ازراه وهم وخیال ومتفکرات ازراه فکر و معلومات ازراه قوهٔ عاقله و معقولات‌از راه عاقله وحقائق وبسائط از راه فؤاد وحقیقت الحقائق از راه بیهوشی اختیاری بتمرکز تمام احساسات فوق‌الذکر وتوحید همهٔ آنها که محرم این هوش خبر بیهوش نیست) پس کلیهٔ موجودات از عوالم مادی وروحی وعقلی و اسماء و صفاتی همه بوسیله صعود ازپله‌های نردبان حواس انسانی‌قابل جنسیت وسنخیت باجان هر انسانی دارند تا یار که را خواهد و میلش بکه باشد .

❀بود آن زن پاکدین و مؤمنه   سجدهٔ آن بت نکرد آن مؤتنه   ۱   طفل ازو بستد در آتش در فکند   زن بترسید و دل از ایمان بکند
خواست تااو سجده آرد پیش بت   بانگ زدآن طفل کانی لم‌امت   ۲   اندرآ مادر که من اینجا خوشم   گرچه در صورت میان آتشم
چشم بنداست آتش از بهر حجیب   رحمت است‌این‌سربرآورده زجیب   ۳   اندرآ مادر ببین برهان حق   تا ببینی عشرت خاصان حق
اندرآ و آب بین آتش مثال   از جهانی‌کاتش است آبش مثال   ٤   اندرآ اسرار ابراهیم بین   کو در آتش یافت ورد و یاسمین
مرگ میدیدم گه زادن ز تو   سخت خوفم بود افتادن ز تو   ٥   چون بزادم رستم از زندان تنگ   در جهانی خوش هوائی خوبرنگ
این‌جهان راچون رحم دیدم‌کنون   چون در این‌آتش بدیدم این‌سکون   ٦   اندر این آتش بدیدم عالمی   ذرّه ذرّه اندر او عیسی دمی
نك جهان نیست شکل هست ذات   وآنجهانتان هست شکل بی‌ثبات   ۷   اندرآ مادر بحق مادری   بین که این آذر ندارد آذری
اندرآ مادر که اقبال آمده است   اندرآ مادر مده دولت ز دست   ۸   قدرت آن سگ بدیدی اندرا   تا ببینی قدرت و فضل خدا
من ز رحمت میگشایم پای تو   کز طرب خود نیستم پروای تو   ۹   اندرآ و دیگران را هم بخوان   کاندر آتش شاه بنهاده‌است خوان
اندرآئید ای همه پروانه وار   اندر این آتش که دارد صد بهار   ۱۰   اندرآئید ای مسلمانان همه   غیر عذب دین عذابست آن‌همه
❀ اندرآئید و ببینید این چنین   سرد گشته آتش گرم مهین   ۱۱   ❀اندرآئید ای همه‌مست وخراب   اندرآئید ای همه عین عتاب
❀اندرائید اندر این بحر عمیق   تاکه گردد روح صافیّ و رفیق   ۱۲   ❀مادرش انداخت خودرا اندراو   دست او بگرفت طفل مه‌خو
❀اندر آمد مادر آن طفل خرد   اندر آتش گوی دولت را ببرد   ۱۳   ❀مادرش هم‌زان نسق گفتن‌گرفت   درّ وصف لطف حق‌سفتن گرفت
بانگ میزد در میان آن گروه   پر همی شد جان خلقان ازشکوه   ۱٤   ❀ نعره میزد خلق‌را کای‌مردمان   اندر آتش بنگرید این بوستان

انداختن مردمان خود را بارادت در آتش از سر ذوق

خلق خودرا بعد ازآن بی خویشتن   می‌فکندند اندرآتش مرد و زن   ۱٦   بی موکل بی کشش ازعشق‌دوست   زانکه شیرین‌کردن‌هرتلخ ازوست
تا چنان شد کان عوانان خلق را   منع می کردند کاتش در میا   ۱۷   آن یهودی‌شد سیه روی و خجل   شد پشیمان ز این سبب بیمار دل
کاندر ایمان خلق عاشق‌تر شدند   در فنای جسم صادق‌تر شدند   ۱۸   مکرشیطان هم درو پیچید شکر   دیو خود را هم سیه رو دید شکر
آنچه میمالند بر روی کسان   جمع شد در چهرهٔآن ناکس‌آن   ۱۹   آنکه میدرّید جامهٔ خلق چست   شد دریده آن او زایشان درست

کژ ماندن دهان آن شخص گستاخ که نام پیغمبر بتمسخر برد

آن دهان کژ کرد وازتسخر بخواند   نام احمد را دهانش کژ بماند   ۲۱   باز آمد کای محمّد عفو کن   ای ترا الطاف علم من لدن
من ترا افسوس میکردم زجهل   من بدم افسوس را منسوب و اهل   ۲۲   چون خدا خواهد که پردهٔ‌کس درد   میلش اندر طعنهٔ پاکان برد
ور خدا خواهد که پوشد عیب‌کس   کم زند در عیب‌معیوبان نفس   ۲۳   چون خدا خواهدکه مان‌یاری کند   میل ما را جانب زاری کند
ای خنک‌چشمی که اوگریان اوست   ای‌همایون دل که او بریان اوست   ۲٤   از پی هر گریه آخر خنده‌ایست   مرد آخر بین مبارك بنده‌ایست
هر کجا آب روان سبزه بود   هر کجا اشك روان رحمت‌شود   ۲٥   باش چون دولاب نالان چشم تر   تا ز صحن جانت بر روید خضر
❀ مرحمت فرمود سید عفوکرد   چون‌زجرأت‌توبه‌کرد ازروی زرد   ۲٦   ❀رحم خواهی رحم کن بر اشکبار   رحم خواهی بر ضعیفان رحم آر

عتاب کردن جهود آتش را که چرا نمیسوزی و جواب او

رو به‌آتش کرد شه کای تند خو   آن جهان سوز طبیعی خوت‌کو   ۲۸   چون نمیسوزی چه شد خاصیتت   یا ز بخت ما دگر شد نیتت
می نبخشائی تو بر آتش پرست   آنکه نپرستد ترا او چون برست   ۲۹   هرگز ای آتش تو صابر نیستی   چون نسوزی چیست قادر نیستی
چشم بنداست ای‌عجب یاهوش بند   چون نسوزاند چنین شعلهٔ بلند   ۳۰   جادوئی کردت کسی یا سیمیاست   یا خلاف طبع تو از بخت ماست
گفت آتش من همانم آتشم   اندرآ تا تو به بینی تابشم   ۳۱   طبع من دیگر نگشت و عنصرم   تیغ حقّم هم بدستوری برم
بر در خرگه سگان ترکمان   چاپلوسی کرده پیش میهمان   ۳۲   ور بخرگه بگذرد بیگانه رو   حمله بیند از سگان شیرانه او
من ز سگ کم نیستم در بندگی   کم ز ترکی‌نیست حق در زندگی   ۳۳   آتش طبعت اگر غمگین کند   سوزش از امر ملیك دین کند
آتش طبعت اگر شادی دهد   اندر او شادی ملیك دین نهد   ۳٤   چون که غم بینی تو استغفار کن   غم بامر خالق آمد کار کن
چون بخواهد عین غم شادی شود   عین بند پای آزادی شود   ۳٥   باد و خاك و آب و آتش بنده اند   بامن و تو مرده باحق زنده‌اند
پیش حق آتش همیشه در قیام   همچو عاشق‌روز وشب پیچان‌مدام   ۳٦   سنگ بر آهن زنی آتش جهد   هم بامر حق قدم بیرون نهد
آهن و سنگ ستم بر هم مزن   کاین دومیزایند همچون مردوزن   ۳۷   سنگ و آهن خود سبب آمد ولیك   تو ببالاتر نگر ایمرد نیك
کاین سبب‌را آن سبب‌آورد پیش   بی‌سبب‌کی‌شد سبب هرگز بخویش   ۳۸   این‌سبب را آن سبب عامل‌کند(۱)   باز گاهی بی برو عاطل کند

---

(۲) بدانکه این چند بیت نظیر این بیت است که سابق گذشت (از سبب سازیش من سودائیم الخ) یعنی اگر چه معنویات بدون اسباب ظاهر یامخفیه ممکن‌نیست‌که هستی‌یابند ولکن گاهی‌بواسطهٔ سنخیت بعضی‌ازاسباب وگاهی بواسطهٔ ضدیت وغالب ومغلوبیت وگاهی بواسطهٔ تصادفات امدادی یااضدادی وگاهی بواسطهٔ مخفی بودن بعضی از اسباب و نمایش مسببات بدون اسباب وگاهی بترکیب از خفا وظهور و مانند اینها گاهی در انظار عامه سبب سازی وگاهی سبب سوزی و گاهی عامل و گاهی عاطل میشود ولکن در انظار انبیاء که محرم اسباب غیبیه هستند هریك از این اسباب مادی که منتهی میشود باسباب مادی لطیف تر و بالاتری تا برسد در لطافت باسباب ارباب انواع تابرسد بعقول طولیه تابرسد باسماء و صفات الهیه که بهراسمی از اسماءالله نوعی از انواع این عالم ایجاد شده بدلیل آنکه سنخیت بین اسباب و مسببات مادی چون نیست باید باسباب الهی ربط پیدا کند پس انبیاء که محرم این اسبابند گاهی وسائط را با اسباب آنها از مسبب الاسباب مشاهده با چشم کثرت نوری بینی مینمایند وگاهی باچشم وحدت بینی گویند (دیدهٔ خواهم سبب سوراخ‌کن الخ) یعنی‌مسبب را بدون اسباب بمثل سبب خلق اول که بدون هیچ سببی‌خلقت شده فاعل مایشاء درکلی و موجودات مشاهده مینمایند این است معنای سبب سوزی وسوفسطائی شدن که غیراز ظهور حق همه راموهوم دانسته و منکر تمام اسباب عالم هستند معنی سبب سازی نسبت بنظر اول است دقت نمائید.

سنت بد کز شه اول بزاد / این شه دیگر قدم بروی نهاد ۱ هرکه او بنهاد ناخوش سنتی(۱) / سوی او نفرین رود هر ساعتی
⊛زانکه هرچه این کند زانگون ستم / ز اولین جوید خدا بی‌بیش‌وکم ۲ نیکوان رفتند و سنتها بماند / و از لئیمان ظلم و لعنتها بماند
تا قیامت هر که جنس آن بدان / در وجود آید بود رویش بدان ۳ رگ‌رگست این آب شیرین‌وآب‌شور / در خلایق میرود تا نفخ صور
نیکوان‌راهست میراث از خوشاب / آنچه میراثست اورثنا الکتاب ٤ شد نثار طالبان ار بنگری / شعلها از گوهر پیغمبری
شعلها با گوهران گردان بود / شعله آن جانب رود هم کان بود ٥ نور روزن گرد خانه می دود / زانکه خور برجی ببرجی میرود
هرکه‌را با اختری پیوستگی است / مهر را بااختر خودهم تکی‌است ٦ طالعش گر زهره باشد در طرب / میل کلی دارد و عشق و طلب
ور بود مریخی خون ریز خو / جنگ‌وبهتان وخصومت جویداو ۷ اخترانند از ورای اختران / کاحتراق و نحس نبود اندران
سایران در آسمانهای دگر / غیر این هفت آسمان مشتهر ۸ راسخان در تاب انوار خدا / نی بهم پیوسته نی از هم جدا
هرکه باشد طالع او زان نجوم / نفس او کفار سوزد در رجوم ۹ خشم مریخی نباشد خشم او / منقلب رو غالب مغلوب خو
نور غالب ایمن از کسف وغسق / در میان اصبعین نور حق ۱۰ حق فشاند آن نور را بر جانها / مقبلان برداشته دامان ها
و آن نثار نور هرکس یافته / روی از غیر خدا بر تافته ۱۱ هرکه را دامان عشقی نابده / زان نثار نور بی بهره شده
جزوها را رویها سوی کل است / بلبلان را عشق باروی گلست ۱۲ گاو را رنگ ازبرون ومرد را / از درون جورنگ‌سرخ وزردرا
رنگهای نیك از خم صفاست / رنگ زشتان ازسیاه آب جفاست ۱۳ صبغة الله نام آن رنگ لطیف / لعنة‌الله بوی این رنگ کثیف
آنچه از دریا بدریا می رود / از همانجا کامد آنجا می رود ١٤ از سر که سیلهای تیز رو / وزتن ما جان عشق آمیز رو

آتش افروختن پادشاه وبت را در پهلوی آتش نهادن که هر که این بت سجود کند از آتش برهد

آن جهود سگ ببین چه رای‌کرد / پهلوی آتش بتی بر پای کرد ١٦ کانکه این بت‌را سجودآرد برست / ور نیارد در دل آتش نشست
چون سزای این بت نفس او نداد / از بت نفسش بتی دیگر بزاد ۱۷ مادر بتها بت نفس شماست / زانکه‌آن بت‌مار واین‌بت‌اژدهاست
آهن وسنگست نفس و بت شرار / آن شرار از آب می‌گیرد قرار ۱۸ سنگ وآهن زآب کی ساکن شود / آدمی با این دوکی ایمن بود
سنگ و آهن در درون دارند نار / آبرا بر نارشان نبود گذار ۱۹ زآب چون‌نار برون کشته شود / در درون سنگ و آهن کی رود
آهن وسنگست اصل نار و دود / فرع هردو کفر ترسا و جهود ۲۰ بت سیاه آبست در کوزه نهان / نفس مر آب سیه را چشمه دان
آن بت منحوت چون سیل سیاه / نفس بت گر چشمهٔ بر شاهراه ۲۱ ⊛بت درون کوزه چون آب‌گذر / نفس شومت چشمهٔ آن ای مصر
صد سبورا بشکند یک‌پاره سنگ / وآب چشمه میزهاند بی درنگ ۲۲ آب خم و کوزه گر فانی شود / آب چشمه تازه و باقی بود
بت شکستن سهل‌باشد نیك‌سهل(۲) / سهل‌دیدن نفس را جهلست جهل ۲۳ صورت نفس ار بجوئی ای پسر / قصهٔ دوزخ بخوان با هفت در
هرنفس مکری ودرهر مکر ازآن / غرقه صد فرعون با فرعونیان ٢٤ در خدای موسی وموسی گریز / آب ایمان را ز فرعونی مریز
دست رااندر احد و احمد بزن ۲۵ ای برادر واره از بوجهل تن

آوردن پادشاه جهود زنی را باطفل وانداختن او طفل را در آتش وبسخن آمدن طفل درمیان آتش

یك زنی باطفل آورد آن جهود / پیش آن بت وآتش اندر شعله‌بود ۲۷ ⊛گفت ای‌زن پیش این بت‌سجده‌کن / ورنه در آتش بسوزی بی‌سخن

---

(۱) اشاره باین حدیث است‌کسیکه سنت حسنه گذاشت اجر همهٔ عاملین برای اوبدون نقصان ازعاملین خواهد بود و همچنین کسی که سنت سیئه گذاشت‌گناهان همهٔ عاملین بدون نقصان از آنهابرای اوخواهدبود . تا روز قیامت ـ توضیح آنکه چنانچه اعضاء وجوارح هراولادی بطور وراثت از پدر و مادر باو رسیده بقسمی که تمام سلولهای صحت و مرضهای جسمانی و روحانی از آبا و اجداد بارث تا کنون انتقال یافته دیر یا زود بعضی از آنها تا هفت الی ده نسل ممکن است بعداً ظاهر شود حتی خیالات قویه متمرکزه بد و خوب پدر و مادر مخصوصاً در وقت انعقاد نطفه کاملا اثر در اولاد مینماید پس کمتر ممکن‌است که بمقتضای محیط ویا برخوردن باضداد یابزحمت کسی‌موفق برمعالجات امراض موروثی مخصوصاً اخلاقی وروحانی بشود . چه محیط و امتداد زمان برحسب قانون نشو و ارتقا آنچنان را آنچنان تر کرده وهر بد وخوبی‌را تکمیل مینماید نه آنکه تغییر میدهد همچنین آبا و اجداد روحانی که اذا فسد العالم فسد العالم فاذا صلح صلح العالم از راه انعکاس محیط و توجه الکتریسیته اثرفساد واصلاحش بعاملی زمانی بعد زمان‌میرسد .

(۱) بدانکه اولا باید دانست که نفس امارّه کدام یك از قوای داخلی ما است که انبیا و اولیاء او را شیطان باطنی و دزد خانگی بقسمی معرفی نموده‌اند که یا شناخته و تربیت شود اگر قابل تربیت باشد و الا دستگیر و کشته شود و صاحبش البته در دنیا و آخرت راحت ابدی خواهد شد بدون مقدمات سهل و ساده اورا برای شما معرفی بقوهٔ خیال و واهمه و تفرقه حواس وافکار درهم و برهم و صور ذهنیه غیر منظمه مینمایم چه هر انسانی بر تمام اعضا و جوارح خود در اعمال و آثار اختیاری آنها اگر مسلط شود ممکن است که چشمش مثلا باختیار باز و بسته شود و پایش باختیار دویده و آهسته و ساکن شود و زبانش باختیار هرچه میخواهد بگوید و گوشش باختیار بشنود و دستش باختیار جلب و دفع نمایدوهکذا سایر اعضای اختیاری ولکن ممکن نیست که احدی بدون ریاضت تمرکز قوا و جمع حواس بتواند بر افکار غیر منظم خود باختیار مسلط شده و خیالات درهم و برهم خودرا (که در هر کاری که قوت پیدا کرد صاحبش را باین‌سو وبه آن سو می کشاند و همیشه بدحال وغمناك ونامراد و ناکام دارد) از تفرقه و جولان بملکهٔ جمع حواس بنقطه توحید نفس کشانیده و سپس بقوه عقل (یعنی خودداری) آنها را مرتب ومنظم تحت اختیار خود بیرون بیاورد بدانکه این آخرین همت صاحبان همت در ریاضت و مقصود مولوی در تمام مثنوی است که هرکس این امر مشکل‌سهل نمارا بعزم و اراده وصبر وبرد باری بجا بیاورد گویا قلعهٔ خیبر نفس‌را کنده بلکه فتح تمام مشکلات‌را نموده و نکته‌مهم دیگر آنکه جهت سختی‌این کار برای آنستکه هر تربیت کننده یا تربیت شده یا هر قاتل و مقتولی باید دوتا باشد ولکن در اینجا چون هردو یکیست که جان انسان ویا قوه خیال باشد تربیت ویا کشتن خیال بخود خیال ازمشکلترین مشکلات شناخته شده‌است درشرح منصل حق‌الیقین جهت علیای خیال‌را بکلمهٔ خودداری مجزای ازخود خیال برای تربیتش نموده (به دیباچه شرح حال مولوی مراجعه‌نمائید) تاجهت علیای خیال‌را بشناسید .)

کشتن ومردن که برنقش تن است — چون انار وسیب را بشکستن است ۱ آنچه شیرینست آن شد یار دانگ — وآنچه پوسیده‌است نبود غیر بانگ

❀آنچه پرمغزاست‌چونشکست پاك — وانچه پوسیده است نبود غیرخاك ۲ آنچه با معنی است خوش پیداشود — وانچه بیمعنی‌است خودرسواشود

رو بمعنی‌کوش ای‌صورت‌پرست(۱) — زانکه معنی بر تن‌صورت پر است ۳ همنشین اهل معنی باش تا — هم عطا یابی و هم باشی فتا

جان بیمعنی در این تن بیخلاف — هست همچون‌تیغ چوبین درغلاف ٤ تا غلاف اندر بود با قیمت است — چون‌برون‌شدسوختن‌را آلت‌است

تیغ چوبین را مبر در کار زار — بنگر اوّل تا نگردد کار زار ۵ گر بود چوبین برو دیگر طلب — ور بود الماس پیش آ باطرب

تیغ در زرّاد خانهٔ اولیاست — دیدن ایشان شمارا کیمیا است ٦ جمله دانایان همین گفته همین — هست دانا رحمة للعالمین

گر اناری میخری خندان بخر — تا دهد خنده ز دانهٔ او خبر ۷ ای‌مبارك خنده اش کو از دهان — مینماید دل چو در از درج‌جان

نار خندان باغ را خندان کند — صحبت مردانت چون مردان‌کند ۸ نا مبارك خندهٔ آن لاله بود — کز دهان او سواد دل نمود

❀ یك زمانی صحبتی با اولیا — بهتر از صد ساله طاعت بی‌ریا ۹ گر توسنگ صخره و مرمر بوی — چون بصاحب‌دل رسی‌گوهرشوی

مهر پاکان در میان جان نشان — دل مده الاّ بمهر دل‌خوشان ۱۰ کوی نومیدی مرو امید هاست — سوی تاریکی‌مرو خورشیدهاست

دل ترا در کوی اهل دل کشد — تن ترا درحبس آب وگل کشد ۱۱ هین غذای دل طلب از همدلی — رو بجو اقبال را از مقبلی

❀دست زن در ذیل صاحب‌دولتی — تا ز افضالش بیابی رفعتی ۱۲ ❀ صحبت صالح ترا صالح کند — صحبت طالح ترا طالح کند

نعت تعظیم حضرت مصطفی که در انجیل بود

بود در انجیل نام مصطفی — آن سر پیغمبران بحر صفا ۱٤ بود ذکر حلیها و شکل او — بود ذکر غزو وصوم واکل او

طایفهٔ نصرانیان بهر ثواب — چون رسیدندی بدن نام وخطاب ۱۵ بوسه دادندی بدان نام شریف — رو نهادندی بدان وصف‌لطیف

اندراین فتنه‌که گفتم آن گروه — ایمن از فتنه بدند و از شکوه ۱٦ ایمن از شرّ امیران و وزیر — در پناه نام احمد مستجیر

نسل ایشان نیز هم بسیار شد — نور احمد ناصر آمد یار شد ۱۷ وان‌گروه دیگر از نصرانیان — نام احمد داشتندی مستهان

مستهان و خوار گشتند از فتن — از وزیر شوم رأی شوم فن ۱۸ ❀ مستهان و خوارگشتندآن فریق — گشته محروم ازخود وشرط‌طریق

هم مخبّط دینشان و حکمشان — از پی طومار های کج بیان ۱۹ نام احمد چون چنین یاری کند — تا که نورش چون مدد کاری کند

نام‌احمد چون‌حصاری‌شدحصین(۲) — تاچه باشد ذات آن روح الامین ۲۰ بعداز این خون ریز درمان ناپذیر — کاندر افتاد از بلای آن‌وزیر

در بیان حکایت پادشاه جهود دیگر که در هلاك دین عیسی جهد کرد

یك شه دیگر ز نسل آن جهود — در هلاك قوم عیسی رو نمود ۲۲ گرخبر خواهی ازاین‌دیگر خروج — سوره برخوان‌والسّماذات البروج

---

(۱) در صفحهٔ قبل فرمود (اطلب المعنی من القرآن قل ـ لا نفرق بین آحاد الرسل) بدانکه اختلافات ادیان بواسطهٔ گرفتاری درصورت وظواهردین است والا اختلافات درمعانی چون مؤید وحدت وموجب اتحاداست‌نیست پس اگر تمام ادیان بمقتضای معنویات دین‌خود عمل‌مینمودند بعلاوهٔ آنکه اختلاف از بین رفته و همه متحد میشدند نزدیکترین راههای حق را که صراط مستقیم بین دو نقطهٔ قلب و بسیط الحقیقه باشد می پیمودند کما اینکه شیخ بهائی فرموده (صلح کل کردیم با کل بشرالخ) و این مطلب مهم حاصل نمی شود مگر باین دستور که بمتابعت ضروریات و وجدانیات و عقلیات هردینی(که معانی هرملت ومذهبی بقول مادیون همین عقلیات و وجدانیات وضروریات و کلیات‌است) بکوشند که هیچ احتمال خلاف وتدلیس ودروغ و رشوه خوردن وحبّ ریاست وطلب شهرت وسایر احتمالات نفسانی برای مرجع تقلید بودن در ضروریات و عقلیات راه ندارد بخلاف مرجع تقلید بودن علمای ظاهر بین که همه گونه احتمالات در بارهٔ آنها اظهر من الشمس نزد عام و خاص ظاهر شده بقسمی که نیکان هم به آنها بد نام شده اند پس چون خلایق فطری التقلید و ناچار از متابعت شخص حقی هستند و نمی توانند که یك دورهٔ عمر برای تمیز آنها وقت تلف کنندکه شاید بالاخره هم باز در دام صورت حق بجانب‌ها افتند پس ناچار بنا بر قول مولوی که فرمود که ؛ (رو بمعنی کوش ـ و فرمود معنی را از قرآن طلب کن وفرمود ـ فرقی بین ادیان و پیغمبران در متابعت نیست و فرمود اختلافات فقط در صورت است نه در معانی) پس باید مرجع تقلید ومتابعت حق را فقط معانی و روحیات و وجدانیات و عقلیات و ضروریات یعنی قدر مشترك هردینی‌که بدون هیچ احتمال خلاف‌معروف است قرار داد مخصوص در این اعصارکه امر علما برهرکس‌که مشتبه‌است برای تقلید مرجع حقِ ضروریات خواهد بود پس هیچ دینی‌را بدنبایدگفت بلکه باید قدری فشار بفکر وعقل آورد که این قدر مشترك مذکور را در هر دینی که کامل‌تر و نفی و اثباتش درکلمهٔ طیبهٔ توحید جامع تردید امتیازش را زیادتر وخود آن دین را محترم‌تر واعتقاد را به‌آن محکمتر نماید واین منافات با آیهٔ منقوله در بیت مولوی ندارد بلکه تأکید اوست والا اگر از راه اختلافات ادیان بخواهی حق را بیابی بدانکه ازاختلاف اختلاف زاید وتاقیامت سرگردان و یاعوامانه قانع وجامد ومتقاعد خواهی شد.

(۲) شرح (نام احمد چون حصاری شد حصین الخ) چه دو محمد اگر پشت بپشت یکدیگر متصل نوشته شود حصاری حصین هیکل آدمی که باین دو نام خلقت شده پدید آید (یعنی دومیم متصل شبیه بکله آدمی و دوح طرفین شبیه بدو دست و دو دال طرفین شبیه بدو پا میباشد) و اشارهٔ دیگر اعتدال این دو میم در نام محمدی که در نام احمد بااحد بیک میم جامع فرق داده شده به آنستکه یکی از میم اول ملکوت و دیگری از ملك یعنی در روح محمدیست تمام ملکوت ودربدنش تمام ملك‌ومصداق (اوتیت جوامع‌الکلم)همین‌است ونیز باین‌اعتدال مزاجی بین‌ملك وملکوت برای وساطت و رسالت قابل آن فرد دویم که روح الامین است میباشد یعنی اشخاصی که باین نام محمدی که طلسم خلقت بدن هر انسانی بهیئت یك جفت معتدل محمد حصار حصین‌شده احترام علمی نمایند البته دراین حصار حصین هیکل خود با کمال امنیت از عذاب دنیا وآخرت نوع وزیر و امیران هوا و هوس منزل کرده و مستعد اشعه آن روح الامین که منشاء این امنیت‌که درفرد دویم است روحاً خواهند شد و اگراحیاناً فتنه وزیر به آنها برسد اولا برجسم آنها رسیده نه بر روح و ثانیاً برای امتحانات و درجات مظلومیت وشهادت خواهد بود و ثالثاً از امنیت آن حصار حصین مذکور باولادهای خود ارث نیکو خواهندداد که باز بقای اینها در امنیت آن حصار حصین عین بقای آنها خواهد شد و الا همیشه در سرگردانی اختلافات نوع وزیر و امیران ادیان و در عذاب شك و شبهه و اضطراب افتاده یامنجمد درعوامیت خواهند شد .

حکم این طومار ضدّ حکم آن ۱ پیش‌از این‌کردیم این ضد را بیان

کشتن وزیر خود را درخلوت از مریدان

بعد ازآن چل روز دیگر دربست خویش‌کشت و ازوجود خودبرست ۳ چونکه خلق ازمرگ او آگاه شد بر سر گورش قیامتگاه شد
خلق چندان جمع شد برگور او موکنان جامه دران در شور او ٤ کان عدد راهم خدا داند شمرد ازعرب وز ترك واز رومی وکرد
خاك او کردند برسرهای خویش درد او دیدند درمان‌های خویش ٥ آن خلایق بر سر گورش مهی کرده خون‌را از دوچشم‌خود رهی
جمله از درد فراغش در فغان هم شهان و هم کهان وهم مهان ٦ بعد ماهی خلق گفتند ای مهان از امیران کیست برجایش نشان
تا بجای او شناسیمش امام تا که کار ما از او گردد تمام ۷ سر همه بر اختیار او نهیم دست بر دامان و دست اودهیم
چونکه‌شد خورشید وماراکرد داغ چاره نبود بر مقامش ازچراغ ۸ چونکه شد از پیش‌دیده روی یار نایبی باید ازو مان یادگار
چونکه‌گل‌بگذشت‌وگلشن شدخراب بوی‌گل‌را از که جوئیم ازگلاب ۹ چون خدا اندر نیاید در عیان نایب حقند این پیغمبران (۱)
نی غلط گفتم که نایب با منوب گر دوپنداری‌قبیح آید نه خوب ۱۰ نی دو باشد تا توئی‌صورت پرست پیش‌او یك‌گشت کز صورت‌برست
چون‌بصورت بنگری‌چشمت دواست تو بنورش درنگرکان یکتواست ۱۱ ❀لاجرم چون بر یکی‌افتد بصر آن یکی باشد دو ناید در نظر
نور هردو چشم نتوان فرق کرد ۱۲ چونکه درنورش نظر انداخت مرد

در بیان آنکه جملهٔ پیغمبران حقند که لا نفرق بین احد من رسله

ده چراغ ار حاضر آری درمکان هریکی باشد بصورت غیر آن ۱٤ فرق نتوان کرد نور هر یکی چون بنورش روی آری بی‌شکی
❀ اطلب‌المعنی من الفرقان وقل لا نفرق بین آحاد الرسل ۱٥ گرتو صد سیب وصدآبی بشمری صد نماند یک شود چون بفشری
در معانی قسمت و اعداد نیست درمعانی تجزیه و افراد نیست ۱٦ اتحاد یار با یاران خوش است پای معنی‌گیر صورت سرکش‌است
صورت سرکش‌گدازان کن زرنج تا به بینی زیرآن‌وحدت چوگنج ۱۷ ور تو نگدازی عنایتهای او خود گدازد ای دلم مولای او
او نماید هم بدلها خویش را او بدوزد خرقهٔ درویش را ۱۸ منبسط بودیم و یك گوهر همه بی سر و بی پا بدیم آن‌سر همه
یك گهر بودیم همچون آفتاب بی‌گره بودیم وصافی همچوآب ۱۹ چون بصورت آمد آن نورسره شد عدد چون سایهای کنگره
کنگره ویران کند از منجنیق ۲۰ تا رود فرق ازمیان این فریق

در بیان آنکه انبیاء علیهم‌السلام را گفتند کلموا الناس علی قدر عقولهم زیرا که آنچه ندانند انکار کنند و ایشان را زیان دارد قال علیه السلام امرنا ان ننزل‌الناس منازلهم الی آخره

شرح این راگفتمی من از مری لیك ترسم تا نلغزد خاطری ۲۳ نکته ها چون تیغ پولاداست تیز گر نداری توسپر واپس گریز
پیش این الماس بی اسپرمیا کز بریدن تیغ را نبود حیا ۲٤ زین سبب من تیغ‌کردم درغلاف تا که کژخوانی نخواند برخلاف

منازعت کردن امرا با یکدیگر در ولی‌عهدی

آمدیم اندر تمامی داستان وز وفا داری جمع راستان ۲٦ کز پس این پیشوا برخاستند بر مقامش نایبی میخواستند
یك امیری‌زان امیران پیش رفت پیش آن قوم وفا اندیش رفت ۲۷ گفت اینك نایب آن مرد من نایب عیسی منم اندر زمن
اینك این طومار برهان منست کاین نیابت بعدازاو آن‌من است ۲۸ آن امیر دیگر آمد از کمین دعوی او در خلافت بد همین
از بغل او نیز طوماری نمود تا برآمد هردو را خشم و جحود ۲۹ آن امیران دگر یك یك قطار بر کشیده تیغ های آبدار
هریکی را تیغ وطوماری بدست درهم افتادند چون پیلان مست ۳۰ ❀ هر امیری‌داشت خیل بیکران تیغها را بر کشیدند آن زمان
صد هزاران مرد ترسا کشته شد تا ز سرهای بریده پشته شد ۳۱ خون‌رواندشدهمچوسیل‌ازچپ‌وراست کوه‌کوه اندر هوا زین‌گردخاست
تخمهای فتنه ها کو کشته بود آفت سرهای ایشان گشته بود ۳۲ جوزها بشکست‌وآن کان مغزداشت بعد کشتن روح پاك نغز داشت

---

(۱) یعنی همچنانکه، خدای‌غائب ظاهراً بدرد‌کسب‌تکالیف روحیه وشرعیات مردم ابداً نمیخورد پس باید پیغمبری ازجنس‌مردم بفرستدکه آیینهٔ دوروی‌بین خالق‌ومردم باشد همچنین پیغمبرمرده هم‌بمثل خدای غائب بازبدرد کسب تکالیف یومیهٔ خلق نمیخوردبمقتضای (کل‌یوم هوفی‌شأن) پس باید خلیفهٔ‌حقی در هر زمانی بمقتضای آن‌زمان داشته‌باشد تااحکام آن پیغمبررا حفظ ومطابق‌حال هرکسی تفسیر وموافق آن زمان نماید وهمچنین خلیفهٔ بعد ازخلیفه تا برسد بامام زمان غائب که بمثل خدای غائب چون باز بدرد تمیز احکام خلق نمیخورد ویك مسئله گوی ظاهری در مقام احتیاج خلق نه در مقام واقع‌ترجیح‌برامام غائب‌بمثل خدای غائب وپیغمبر مرده وامام مرده دارد پس‌باید عالم‌حقیقی درهرزمانی بمقتضای آن‌زمان نایب‌حق‌باشد تارفع احتیاجات روحیات مردم‌را بنماید خواه مردم از اوبشنوند و نیابتش را بشناسند یا بواسطهٔغلبهٔ هوا وهوس منصرف‌شده یابکلی‌منکر شوند یا ناحقی رابجای حق بشناسند ولکن چون امتیازات این چهار نایب و منوب بسته بامتیاز عقل و وجدان پاك هرکس است که آنان را که کمتر ازگوگرد احمر هستند(و قلیل من عبادی الشکور) در هر عصری بهر لباسی که هستند بشناسند پس حجت بالغهٔ الهیه ونایب حقیقی خداوند ونایب پیغمبران در هرعصر ودرهر کسی همانا عقل بانصاف و باوجدان وغیر مخلوط باهوا و هوس اوست چه‌اهمیت هرپیغمبر و نایبی وامامی وحقی در امتیاز بامتیاز این نایب حق و پیغمبر داخلی وجدانی است که اگر این اصلاح شد همه اصلاح وامتیاز داده می‌شود والاهمه فاسد ودرهم وبرهم وصاحبش مادام‌العمر یاسرگردان دربیابان وسیع‌شك وشبهه‌یاغرق دردریای جهل مرکب خواهد شد ... (۲) چه هرنایبی‌بمثل‌نیابت اسماء الله‌واسماء هرچیزی ازجهت‌حکایت عین‌مسمی و منسوب‌عنه و ازجهت نظراستقلالی غیرمسمی است کمااینکه در حکمت ومنطق ثابت‌شده است که بایدفرق داد بین اینکه می‌گوئی‌مثلاعلی(ع)شجاع است یا علی مرکب از حروف ثلثه ع ـ ل ـ ی ـ و باز باید فرق داد بین اینکه بگوئی ـ ضرب زید ـ وگوئی ضرب فعل ماضی است ویا اینکه بگوئید زید منتسب بقیام است و بگوئید انتساب محتاج بطرفین است که در قسمت‌اول نظر حکایتی ودر دوم نظر استقلالی دارید همچنین نایب بعنوان نیابت حکم منسوب‌عنه را دارد وبعنوان استقلالی حکم خودش‌را خواهد داشت در حالتیکه بعضی‌از محققین گفته‌اندکه اسم غیر مسمی‌است درحالت حکایت برای دو بودن هر حاکی ومحکی‌است جواب فوق‌کافی از این اشکال هم میباشد.

ما همه شیران ولی شیر علم   حمله مان از باد باشد دمبدم
حمله‌مان پیدا و نا پیداست باد   جان فدای آنکه نا پیداست باد
باد ما و بود ما از داد تست   هستی ما جمله از ایجاد تست
لـذت هستی نمودی نیست را   عاشق خود کرده بودی نیست‌را
...ت انعام خود را وا مگیر   نقل و باده جام خودرا وامگیر
ور بگیری کیت جستجو کنـد   نقش با نقاش چون نیرو کند
منگر اندر ما مکن در ما نظر   اندر اکرام و سخای خود نگر
ما نبودیم و تقاضا مان نبود   لطف تو نا گفتهٔ ما می شنود
نقش باشد پیش نقاش و قلم   عاجز و بسته چو کودك در شکم
پیش قدرت خلق جمله بارگه   عاجزان چون پیش‌سوزن کارگه
گـاه نقش دیو و گه آدم کند   گـاه نقش شادی و گه غم کند
دست نی تا دست جنباند بدفع   نطق نی تا دم‌زند از ضرّ و نفع
تو ز قرآن باز خوان تفسیر بیت   گفت ایزد ما رمیت اذ رمیت
گر بپرانیم تیر آن نی ز ماست   ما کمان وتیر اندازش خداست
این نه جبر این‌معنی جبّاری‌است   ذکر جباری برای زاری‌است
زاری ما شد دلیل اضطرار   خجلت ما شد دلیل اختیار
گر نبودی اختیار این‌شرم چیست   وین دریغ و خجلت وآزرم‌چیست
زجر استادان بشاگردان چراست   خاطر از تدبیرها گردان چراست
ور تو گوئی غافلست از جبر او   ماه حق پنهان شد اندر ابر او
هست اینرا خوش‌جواب اربشنوی   بگـذری ازکفر وبردین بگروی
حسرت و زاری که بیماریست   وقت بیماری همه بیداری است
آن زمان که میشوی بیمـار تو   میـکنی از جرم استغفار تو
مینماید بر تو زشتی گنـه   میکنی نیت که باز آیم بره
عهد و پیمان میکنی‌که بعدازاین   جزکه طاعت نبودم کاری گزین
پس یقین گشت آن که بیماری ترا   می ببخشد هوش و بیداری ترا
پس بدان این‌اصل‌را ای‌اصل‌جو   هرکه را دردست او بردست بو
هرکه او بیدار تر پر درد تر   هر که او آگاه تر رخ زردتر
گر ز جبرش آگهی زاریت کو   جنبش زنجیر جبـاریت کو
بسته در زنجیر شادی چون کند   ❀ چوب اشکسته‌عمادی چون‌کند
کی اسیر حبس آزادی کنـد   ❀ کی گرفتار بلا شادی کنـد
ور تو میبینی که پایت بسته اند   برتو سرهنگـان شه بنشسته اند
پس تو سرهنگی مکن با عاجزان   زانکه نبود طبع وخوی عاجزآن
چون تو جبر او نمی بینی مگو   ور همـی بینی نشان دیـد کو
در هر آن کاری که میلستت بدان   قدرت خود را همی بینی عیان
درهر آن کاری که‌میلت نیست‌وخواست   اندرآن‌جبری‌شوی‌کاین‌ازخداست
انبیا در کـار دنیـا جبریند   کـافران در کـار عقبی جبریند
انبیا را کـار عقبی اختیـار   کـافران را کـار دنیـا اختیار
زانکه هرمرغی بسوی‌جنس‌خویش   میپرداو درپس‌وجان‌پیش‌پیش(۱)
کافران چون جنس سجّین آمدند   سجن دنیا را خوش آیین آمدند
انبیا چون جنس علیین بدند   سوی علیین بجان و دل شدند
❀ ایخدا بنما تو جان‌راآن مقام   کانـدرو بیحرف میروید کلام
این سخن پایان ندارد لیك ما   باز گـوئیم آن تمامی قصه را

نومید کردن وزیر مریدان را از نقض خلوت خود

آن وزیر از اندرون آواز داد   کـای‌مریدان از من این‌معلوم باد
که مرا عیسی چنین پیغام کرد   کز همه‌یاران وخویشان باش فرد
روی بر دیوار کن تنها نشین   وز وجود خویش‌هم خلوت گزین
بعد ازین دستوری گفتار نیست   بعد ازین با گـفتگویم کـار نیست
الوداع ایدوستان من مرده ام   رخت بر چارم فلك در برده‌ام
تا بزیر چرخ ناری چون حطب   من نسوزم در عنا و در عطب
پهلوی عیسی نشینم بعد از این   بـر فـراز آسمـان چـارمین

فریفتن وزیر امیران را هریك بنوعی و طریقی

وانگـهانی آن امیران‌را بخواند   یك بیك تنها بهریك حرف‌راند
گفت هریك را بدین عیسوی   نایب حق و خلیفهٔ من توئی
وان امیران دگـر اتباع تو   کرد عیسی جمله را اشیاع تو
هر امیری کو کشد گردن بگیر   یا بکش یاخود همی‌دارش اسیر
لیك تا من زنده ام اینرا مگوی   تا نمیرم این ریاست را مجوی
تا نمیرم من تو این پیدا مکن   دعوی شاهی و استیلا مکن
اینك این طومار و احکام مسیح   یك‌بیك برخوان‌تو برامّت فصیح
هرامیری را چنین گفت اوجدا   نیست نایب جز تو در دین خدا
هر یکی را کرد اندر سرّ عزیز   هرچه آنرا گفت اینرا گفت نیز
هر یکی را او یکی طومار داد   هر یکی ضدّ دگر بد المراد
شد همدیگر ز پایان تا بسر   شرح دادستم من این‌را ای پسر
جملگی طومار ها بد مختلف   همچو شکل حرفها یا تا الف

حتی بانفس خودش برای همین جهت ندارد لذا حق در انظار مخفی وخلق وتعینات ظاهر گردیده پس باید عارف بتوجیه نظر روح خودرا منقلب کرده حقائق را مطابق واقع یعنی خلق را نیست هست نما وحق را هست نیست نما در همه احوال مشاهده نماید که مولوی دراین صفحه برای همین توجیه نظر چند بیت مناجات مینماید خلاصه اگر لفظ هستیهای مارا عطف برما بگیریم معنی بیت چنین میشود یعنی ما که تعینات وامتیازات باشد و هستیهای ما که وجود معلولی وربطی باشد نیست ولکن هست مینمائیم وتو در نظر ناقص ما نیست مینمائی واگر لفظ هستیهای مارا مبتداء بگیریم نه‌عطف معنی چنین میدهد که هستیهای ماتوئی و وجود اصیل تست که احاطه برهمه دارد .

---

(۱) بدانکه از مسلمیات علوم عصریه است که هرکسی‌بر وفق ساختمان مزاجی خود میل بهر کاری‌میکند یعنی هیچکس از تحت نفوذ علیین یا سجین یعنی ساختمان بد یا خوب خود درهرکاری (اختیاری یا غیر اختیاری) بیرون نیست پس اگر اشکال نمائی که این هفت بیت مولوی در غلبهٔ ساختمان وطینت‌که ملاك جبریان است منافات باهفت بیت قبل‌از نمره دارد که ادله مختارین‌است ... جواب نقضی وحلی‌میدهیم که از اینگونه تناقضات در تمام ادیان مخصوصاً در قرآن زیاد است یعنی درعین آنکه امر و نهی قرآن براختیار است چندین جای قرآن آیات جبری نازل‌شده بمثل (قل کل یعمل علی شاکلته ـ قل کل من عندالله ـ والله خلقکم وما تعملون ـ والله خالق کل شیئی ـ کل میسر لما خلق له ـ وماتشاؤن‌الا ان یشاءالله) وباز فرموده ـ (لیس للانسان الا ما سعی ـ وذلك بان الله لم یك مغیراً نعمة انعمها علی قوم حتی یغیروا ما بانفسهم) ـ واما جواب حلی اوضاع تشریع وتکوین راجع بتربیت موالید ونفوس چون دوپستان مطابق یکدیگر هستند که ازیك مادر حقیقت برای تکمیل نشو و ارتقاء فطریات ناقصه وساختمان های غیر معتدله رستند نه‌مغیر خلق الله وفطریات که از افعال شیطانی در قرآن است بمثل اینکه باغبان باید مکمل نشو وارتقای تخمهای تلخ و شیرین باشد نه تغییر دهندهٔ در خلقت‌آنها پس افعال اختیاری وکلیهٔ تغییرات هم بمقتضای تکمیل طبیعت وانبیاء بمثل‌اطباء خادم‌الطبیعه ویا اسباب الهیه در تکمیل فطریات شقیه بسرحدّ کمال شقاوت وفطریات سعیده بسرحدّ کمال سعادت هستند نه‌تغییر دهندهٔ شقاوت را بسعادت : که گلیم بخت کسیرا که بافتند سیاه ـ به آب زمزم وکوثر سفید نتوان کرد

ما بگفتار خوشت خو کرده ایم	ما ز شیر حکمت تو خورده ایم	الله الله این جفا با ما مکن	لطف کن امروز را فردا مکن
میدهد دل مر تورا کاین بیدلان	بی تو گردند آخر از بیحاصلان	جمله در خشکی چو ماهی میطپند	آبرا بگشا ز جو بردار بند
	ایکه چون تو در زمانه نیست کس	الله الله خلق را فریاد رس	

دفع کردن وزیر مریدان را

گفت هان ای سخرگان گفتگو	وعظ و گفتار زبان وگوش جو	پنبه اندر گوش حس دون کنید	بندحس از چشم خود بیرون کنید
پنبهٔ آن گوش سر گوش سراست	تا نگردد این کر آن باطن کرست	بی حس وبیگوش و بی فکرت شوید	تا خطاب ارجعی را بشنوید
تا بگفت وگوی بیدار اندری (۱)	تو ز گفت خواب کی بوئی بری	سیر بیرونیست فعل و قول ما	سیر باطن هست بالای سما
حس خشکی دید کز خشکی بزاد	موسی جان پای در دریا نهاد	چون که عمراندر ره خشکی گذشت	گاه کوه و گاه صحرا گاه دشت
سیر جسم خشك بر خشکی فتاد	سیر جان پا در دل دریا نهاد	آب‌حیوان را کجا خواهی تویافت	موج دریا را کجا خواهی شکافت
موج خاکی فهم ووهم‌وفکرماست(۲)	موج آبی صحووسکراست و فناست	تا دراین فکری‌ازان‌سکری‌تودور	تا از این مستی ازان‌جامی‌نفور
	گفت‌وگوی ظاهرآمد چون غبار	مدتی خاموش خو کن هوش دار	

مکرر کردن مریدان که خلوت را بشکن

	جمله گفتند ای حکیم رخنه جو	این فریب و این جفا با ما مگو	
❀ ما اسیرانیم تاکی زین فریب	بیدل و جانیم .چندین این عتیب	❀ چون پذیرفتی تو ما را ز ابتدا	مرحمت کن همچنین تا انتها
❀ضعف وعجز و فقر ما دانستهٔ	درد ما را هم دوا دانستهٔ	چار پا را قدر طاقت بار نه	بر ضعیفان قدر قوّت کار نه
دانهٔ هر مرغ اندازهٔ ویست	طعمهٔ هر مرغ انجیری کیست	طفل‌را گر نان دهی بر جای‌شیر	طفل مسکین‌را ازان نان‌مرده‌گیر
چونك دندانها برآرد بعد از آن	هم بخود گردد دلش جویای نان	مرغ پر نارسته چون پران شود	لقمهٔ هر گربهٔ دران شود
چون برآرد پر پرد او بخود	بی تکلف بی صفیر نیك و بد	دیو را نطق تو خامش میکند	گوش ما را گفت توهش میکند
گوش ما هوش‌است چون گویا توئی	خشك‌ما بحرست چون دریا توئی	با تو ما را خاك بهتر از فلك	ای سماك از تو منوّر تا سمك
بی تو ما را برفلك تاریکی است	با تو ایمه این‌زمین تاری کیست	❀با مه روی توشب تاری‌کیست	روز را بی نور تو تاریکیست
با تو برخاك ازفلك برمیم دست	بر سما ما بی تو چون خاکیم پست	صورت رفعت بود افلاك را	معنی رفعت روان پاك را
صورت رفعت برای جسمها است	جسمها در پیش معنی اسمهاست	❀ الله الله یك نظر بر ما فکن	لا تقنطنا فقد طال الحزن

جواب گفتن وزیر که خلوت را نمی شکنم

گفت حجتهای خود کوته کنید	پند را درجان و در دل ره‌کنید	گر امینم متهم نبود امین	گر بگویم آسمان را من زمین
گر کمالم با کمال انکار چیست	ورنیم این‌زحمت و آزار چیست	من نخواهم‌شد از این‌خلوت برون	زانکه مشغولم باحوال درون

اعتراض کردن مریدان بر خلوت وزیر بار دیگر

جمله گفتند ای وزیر انکارنیست	گفت ما چون گفتهٔ اغیار نیست	اشك دیده است ازفراق تو روان	آه آهست از میان جان دوان
طفل با دایه نه استیزد ولیك	گرید اوگرچه نه بدداند نه نیك	ما چو چنگیم و تو زخمه میزنی	زاری از ما نی توزاری میکنی
ما چونائیم و نوا در ما زتست	ما چو کوهیم وصدا در ما زتست	ما چو شطرنجیم اندر برد و مات	بر دومات مازتست ای‌خوش‌صفات
ما که باشیم ای تو مارا جان‌جان	تا که ما باشیم با تو در میان	ما عدمهائیم و هستیهای ما	تو وجود مطلقی فانی نما (۳)

---

(۱) یعنی کما اینکه تا قوای بیداری برانسان غالب است قوای فعاله عالم خواب بکار نیافتاده و همه در وقت بیداری خوابند همچنین میخواهد در بیت متصل بنمره بفرماید تاقوای هوا و هوس نفسانی در کار وبیدار است قوای معنوی که در آسمانهای معنوی ازعالم ارواح وعالم عقول وعالم اسماء وصفات الهیه باید پرواز کرده وکارکنند همه درخواب غفلت خواهند بود(۲) یعنی امواج دریای عالم طبیعت که عالم خاکی است فقط بوهم وخیال وفکرهای‌معلومه اداره میشود چه‌هرکس‌افکار واوهام وفهم زیادتر داشته‌باشد دریای‌این‌عالم‌را درقوانین اجتماعی براموج ترمیتواندبنماید بخلاف امواج دریای‌وحدت ملکوت‌که بتمرکز وجمع حواس و فراموشی از ما سوی‌الله‌که معنی سکراست و بفنای درتوحید نفس وصحو بعد از محواداره‌میشود (۳)بدانکه این‌بیت چون از ابیات مشکله‌مثنوی است محتاج باین‌مقدمه علمی‌است‌که آنچه بطور کلی درازذهن ازخارج میاید ازسه قسم‌بیرون نیست یا هستی اشیاست ویا نیستی آنها است ویا ماهیات وتعینات و امتیازات و حدود و اشکال آنهاست که ذاتا خالی از وجود وعدم و مصداقا قابل هر دووگاهی موجود وگاهی معدومند اما عدم که قابل اصالت نیست و اما آن دوقسم دیگررا حکما اختلاف نموده‌اند بعضی بمثل میرداماد وشیخ شهاب‌الدین سهروردی باصالت ماهیت و بعضی دیگر بمثل ملا صدرا ومولوی در تمام مثنوی باصالت وجود و اعتباریت ماهیت و کثرات وامتیازات معتقد شده و این اعتقاد را ببراهین متقنه نشر داده‌اند وکمترکسی بمثل شیخ احمد احسائی قائل باصالت هردو شده ومتأخرین حمله باو آورده‌اند که اگر هردو اصیل باشد باید هر شیئی در خارج دوشئی مستقل بنماید در حالتیکه تمام اشیاء در عین آنکه مرکب از ماهیت و وجود است باز هر یك خود را بیگانگی و وحدت وجدانا معرفی مینماید و منشاء این یگانگی بین این دو (ماهیت و وجود) شدت اتحاد بایکدیگر است که از اعتباریت یکی و اصالت دیگری پیدا شده و الا اتحاد بین دو معنای مستقل و اصیل معنا ندارد لذا اسباب اشتباه و اختلاف از این شدت اتحاد یافت شده و پس از این مقدمه میگوئیم‌که یکی از جهات ماعدمهائیم هستیها نما تو وجود مطلقی الخ آنستکه یعنی اصالت و تحقق باوجود مطلق احاطی نست که همه ماهیات یعنی امتیازات اعتباریه ماها را احاطه نموده و انعکاس حقیقت نمائی و اشتباه باصالت داده (والا لفظ مطلق باصطلاح منطقیین از کلیات ذهنیه ودر خارج بغیر از جزئیات از کلیات چیزی محقق نیست پس لفظ مطلق بر خدا که عین حقیقت خارجی است جایز نیست الا آنکه مقصود از عرفا از اطلاق کلی برخدا و مقصود مولوی دراین بیت از تعبیر مطلق برخدا فقط احاطهٔ خداست که مناسب کلیات منطقیه از جهت سعه ذهن وخارج است) وجهت دوم مخفی بودن حق‌که در این بیت اشاره کرده شدت ظهور همین احاطه است چه هر ذهنی بادراك اشیاءخارج از خود وبادراکات مخفیه عادت‌کرده بقسمی‌که اشیاء محیط خودرا ازکثرت وشدت ظهور ووضوح عادت بادراك ندارند لذا انس باحق و حقیقت

در بیان آنکه اختلاف در صورت و روش است نه در حقیقت

زین نمط زین نوع ده طومار و دو بر نوشت آن دین عیسی را عدو ۲ او ز یك رنگی عیسی بو نداشت وز مزاج خمّ عیسی خو نداشت
جامهٔ صد رنگ زان خمّ صفا ساده و یکرنگ گشتی چون ضیا ۳ نیست یکرنگی کرو خیزد ملال بل مثال ماهی و آب زلال
گرچه درخشکی هزاران رنگهاست ماهیان را با یبوست جنگهاست ٤ کیست ماهی چیست دریا در مثل تا بدان ماند خدا عزّ وجلّ
صد هزاران بحر و ماهی در وجود سجده آرد پیش آن دریای جود ٥ چند باران عطا باران بده تا بدان آن بحر در افشان شده
چند خورشید کرم افروخته تا که ابر و بحر جود آموخته ٦ ❀ چند خورشید کرم تابان بده تابدان آن ذره سرگردان شده
پرتو ذاتش زده بر ماه وطین(۱) تا شده دانه پذیرنده زمین ۷ خاك امین و هرچه دروی کاشتی بی خیانت جنس آن برداشتی
این امانت زان عنایت یافته است کافتاب عدل بر وی تافته‌است ۸ تا نشان حق نیارد نوبهار خاك سر ها را نسازد آشکار
آن جوادی که جمادی را بداد این هنرها وین امانت وین سداد ۹ ❀ آنجماد ازلطف چون‌جان‌میشود زمهریر از قهر پنهان میشود
❀ آن‌جمادی‌گشت ازفضلش لطیف کلشی من ظریف هو ظریف ۱۰ هر جمادی را کند فضلش خبیر غافلان را کرده قهر او ضریر
جان و دل‌را طاقت این‌جوش‌نیست با که گویم درجهان یك‌گوش‌نیست ۱۱ هرکجا گوشی بد ازوی چشم گشت هرکجا سنگی بد از وی یشم گشت
کیمیا ساز است چبود کیمیا(۲) معجزه بخش است چبود سیمیا ۱۲ این ثنا گفتن ز من ترك ثناست کاین دلیل‌هستی و هستی خطاست
پیش هست وی بباید نیست بود چیست هستی پیش او کور و کبود ۱۳ گر نبودی کور ازاو بگداختی گرمی خورشید را بشناختی
ور نبودی او کبود از تعزیت ۱٤ کی فسردی همچو یخ این ناحیت

بیان خسارت وزیر در این خدعه و مکر

همچو شه نادان و غافل بد وزیر پنجه میزد با قدیم نا گزیر ۱٦ ❀نا گزیر جمله کان حیّ قدیر لایزال و لم یزل فرد بصیر
با چنان قادر خدائی کز عدم صد چو عالم هست گرداند بدم ۱۷ صد چو عالم در نظر پیدا کند چونکه چشمت را بخود بینا کند
گر جهان پیشت بزرگ و بی‌بنست پیش قدرت ذرهٔ میدان که نیست ۱۸ ❀اینجهان‌خودحبس‌جانهای‌شماست هین‌دوید آنسو که‌صحرای‌شماست
این‌جهان محدودو آن‌خود بیحداست نقش‌صورت‌پیش آن معنی سداست ۱۹ صد هزاران نیزهٔ فرعون را در شکست از موسئی با یک‌عصا
صد هزاران طبّ جالینوس بود پیش عیسی و دمش افسوس بود ۲۰ صد هزاران دفتر اشعار بود پیش حرف امیئی اش عار بود
با چنین غالب خداوندی کسی چون نمیرد گر نباشد او خسی ۲۱ بس‌دل چون کوه‌را انگیخت او مرغ زیرك با دو پا آویخت او
فهم وخاطر تیز کردن نیست راه جز شکسته می نگیرد فضل شاه ۲۲ ای بسا گنج آکنان کنج کاو کان خیال اندیش‌را شد ریش‌گاو
گاو کبود تا تو ریش او شوی خاك چبود تا حشیش او شوی ۲۳ ❀زرّ ونقره چیست تامفتون شوی چیست‌صورت تاچنین‌مجنون‌شوی
❀این‌سرا و باغ تو زندان تست ملك ومال تو بلای جان تست ۲٤ ❀ آنجماعت‌را که ایزد مسخ کرد آیت تصویر شان را نسخ کرد
چون زنی ازکاربدشد روی زرد مسخ‌کرد او را خدا و زهره کرد ۲٥ عورتی‌را زهره‌کردن مسخ بود خاك وگل‌گشتن چه باشد ای‌عنود
روح می بردت سوی چرخ برین سوی آب‌وگل شدی در اسفلین ۲٦ خویشتن‌را مسخ کردن زین سفول زان وجودی که بدآن رشك‌عقول
پس بتر زین‌مسخ کردن چون‌بود پیش آن‌مسخ این بغایت دون بود ۲۷ اسب همّت سوی اختر تاختی آدم مسجود را نشناختی
آخر آدم زادهٔ ای نا خلف چند پنداری تو پستی را شرف ۲۸ چند گوئی من بگیرم عالمی این‌جهان را پرکنم ازخود همی
گر جهان پر برف گردد سربسر تاب خور بگدازدش از یك‌نظر ۲۹ وزراووزرّ چون او صد هزار نیست‌گرداند خدا از یك شرار
عین آن تخییل را حکمت کند عین آن زهرآب را شربت کند ۳۰ ❀ در خرابی گنجها پنهان کند خار را گل جسمها را جان کند
آن‌گمان انگیز را سازد یقین مهرها انگیزد از اسباب کین ۳۱ پرورد در آتش ابراهیم را ایمنئ روح سازد بیم را
از سبب سازیش من سودائیم وز سبب سوزیش سوفسطائیم(۳) ۳۲ ❀ درسبب‌سازیش سرگردان شدم وز سبب سوزیش هم حیران‌شدم

مکر کردن وزیر و در خلوت نشستن و شور افکندن در قوم

❀چون وزیر ماکر بد اعتقاد دین عیسی را بدل کرد از فساد ۳٤ مکر دیگرآن وزیر از خود ببست وعظ رابگذاشت درخلوت نشست
در مریدان درفکند از شوق سوز بود در خلوت چهل پنجاه روز ۳٥ خلق دیوانه شدند از شوق او از فراق حال وقال و ذوق او
لابه و زاری همی کردند و او از ریاضت گشته در خلوت دوتو ۳٦ گفته ایشان بی‌تو ما را نیست نور بی عصاکش چون بود احوال‌کور
از سر اکرام و از بهر خدا بیش‌از این مارا مدار ازخود جدا ۳۷ ما چو طفلانیم و مارا دایه تو برسر ما گستران آن سایه تو
گفت جانم از محبّان دور نیست لیك بیرون آمدن دستور نیست ۳۸ آن امیران در شفاعت آمدند وان مریدان در ضراعت آمدند
کاین چه‌بدبختی است‌مارا ای‌کریم از دل و دین مانده ما بی تو یتیم ۳۹ تو بهانه میکنی و ما ز درد می‌زنیم از سوز دل دمهای سرد

---

(۱) مقصود الکترونهای ترکیب شده از آتوم است که در دو بیت قبل از این نمره تصریح بکهکشان مرکب از چند خورشید از بیت اول وچند خورشید درذرات والکترونها در بیت ثانی نموده که همه پرتو ذات احدیت‌است کدر ذرات الکترونها امروز بآلات‌مخصوصه مکشوف شده است که هر آتومی آثار یك‌دوره منظومهٔ شمسیه را دارد . (۲) بس است در کیمیا گری و معجزه بخشی حق تعالی که اگر تمام فلاسفه عصر جدید وقدیم بلکه باتمام انبیا و اولیا وملائکه وجن بخواهند یك بال مگسی را از پیش خود بسازند عاجزاند بلکه‌یکدانه گندم دونیم شده و یا یکدانه باقلای دونیم شده را بخواهند بمثل اولش وصل طبیعی کرده سبز نمایند ممتنع است که بتوانند تصور اتصالات منظمّه طبیعی دانه‌گندم یاباقلای درست رابنمایند چه جای عمل پس عالم بتمام ذرّات وترکیبات خود معجزه وکیمیا وسیمیای مخصوص دست قدرت خداوند یگانه است وهنوز صنعت بشر درهیچگونه از اجزای طبیعت تصرفات کیمیاگری و معجزه بخشی ننموده و نخواهد هم نمود چه هرچه کند باز استمداد از خود طبیعت کرده . (۳) مقصود از سبب سازی و سبب سوزی در این دو بیت نه نفی اسباب که بودن اشیاء بدون اسباب محال است بلکه مقصود آنست‌که سالك الی‌الله بتمرکز حواس بجائی میرسد که بمثل سوفسطائی که همه چیز را منکر است آنهم غیر از توحید نفس و رب همه چیز را منکر میشود .

بایدش خود را بشستن ازحدث — تا نماز فرض او نبود عبث ۱ ظاهرش میگفت دررہ چست شو — واز اثر میگفت جان‌را سست‌شو
ظاهر نقره گر اسپید است و نو — دست و جامه می سیه گردد ازو ۲ آتش ارچه‌سرخ رویست ازشرر — تو ز فعل او سیه کاری نگر
برق اگر چه نور آید در نظر — لیك هست از خاصیت دزد بصر ۳ هرکه‌جز آگاه وصاحب ذوق‌بود — گفت او در گردن او طوق بود
مدت شش سال در هجران شاه — شد وزیر اتباع عیسی را پناه ٤ دین ودل‌را کل بدوبسپرد خلق — پیش امر و حکم او میمرد خلق

پیغام شاه پنهانی بسوی وزیر پر تزویر

در میان شاه و او پیغامها — شاه را پنهان بدو آرامها ٦ آخرالامر از برای آن مراد — تا دهد چون خاك ایشان‌را بباد
پیش او بنوشت شه‌کای مقبلم — وقت آمد زود فارغ کن دلم ۷ زانتظارم دیده و دل بر رهست — زین غمم آزاد کن گر وقت هست
گفت اینك اندر آن کارم شها — کافکنم دردین عیسی فتنه ها ۸ قوم عیسی را بد اندر دار و گیر — حاکمانشان ده امیر و دو امیر
هر فریقی مر امیری را تبع — بنده گشته میر خودرا ازطمع ۹ این ده و آن دوامیر و قومشان — گشته بندهٔ آن وزیر بد نشان
اعتماد جمله بر گفتار او — اقتدای جمله بر رفتار او ۱۰ پیش او در وقت‌وساعت هرامیر — جان بدادی گر بدو گفتی که میر
چون‌زبون کردآنجهودك‌جمله را — فتنهٔ انگیخت از مکر و دها ۱۱ ساخت طوماری بنام هر یکی — نقش هر طومار دیگر مسلکی

تخلیط وزیر در احکام انجیل و مکر آن

حکمهای هر یکی نوع دگر — این خلاف آن ز پایان تابسر (۱) ۱۳ دریکی راه ریاضت را و جوع — رکن توبه کرده و شرط رجوع
دریکی گفته ریاضت سود نیست — اندر این ره مخلصی‌جز جودنیست ۱٤ در یکی گفته که جوع‌و جود تو — شرك باشد از تو با معبود تو
جز توکل جز که تسلیم تمام — درغم وراحت همه مکراست ودام ۱۵ در یکی گفته که واجب‌خدمتست — ورنه اندیشهٔ توکل تهمت است
در یکی گفته که امر و نهیهاست — بهر کردن نیست شرح عجزماست ۱٦ تا که عجز خود ببینیم اندرآن — قدرت حق را بدانیم آن زمان
دریکی گفته که عجز خود مبین — کفر نعمت کردن‌است آنعجز هین ۱۷ قدرت خودبین‌که اینقدرت ازوست — قدرت‌خود نعمت اودان‌که هوست
در یکی گفته کز این دو بر گذر — بت بود هر چه بگنجد در نظر ۱۸ دریکی گفته مکش این شمع را — کاین نظر چون‌شمع آمد جمع‌را
از هوای خویش در هر ملتی — گشته هر قومی اسیر ذلتی ۱۹ ازنظر چون بگذری و از خیال — کشته باشی نیمشب شمع وصال
در یکی گفته بکش باکی مدار — تا عوض بینی یکی‌را صد هزار ۲۰ که ز کشتن شمع جان افزون شود — لیلیت از صبر چون مجنون شود
ترك دنیاهرکه کرد اززهدخویش — پیش آمد پیش او دنیا و بیش ۲۱ دریکی گفته که آنچت داد حق — بر تو شیرین کرد در ایجاد حق
برتو آسان کرد وخوش آنرابگیر — خویشتن را در میفکن در زحیر ۲۲ در یکی گفته که بگذار آن خود — کان قبول طبع تو ردّ است وبد
راههای مختلف آسان شدست — هر یکی‌را ملتی‌چون جان شدست ۲۳ گر میسر کردن حق ره بدی — هر جهود وگبر از او آگه شدی
در یکی گفته میسر آن بود — که حیات دل غذای جان بود ۲٤ هرچه ذوق‌طبع باشدچون‌گذشت — بر نیارد همچوشوره ریع وکشت
جز پشیمانی نباشد ریع او — جز خسارت پیش نارد بیع او ۲۵ آن میسر نبود اندر عاقبت — نام او باشد معسر عاقبت
تو معسر از میسر باز دان — عاقبت بنگر جمال این و آن ۲٦ در یکی گفته که استادی طلب — عاقبت بینی نیابی در حسب
چشم بر سر و ندارد ائتلاف — دورشو تا یابی از حق ائتلاف ۲۷ عاقبت دیدند هر گون امتی — لاجرم گشتند اسیر زلتی
عاقبت دیدن نباشد دست باف — ورنه کی بودی ز دینها اختلاف ۲۸ در یکی گفته که استاهم توئی — زانکه استارا شناسا هم توئی
مرد باش وسخرهٔ مردان مشو — رو سر خود گیر و سرگردان مشو ۲۹ دریکی گفته که این جمله (توئی — می نگنجد در میان ما دوئی
اینهمه آغازما آخر) یکی‌است — هرکه اودوبیند احول‌مردکی‌است ۳۰ دریکی گفته که صدیك چون‌بود — اینکه اندیشد مگر مجنون بود
هر یکی قولیست ضد همدگر — چون یکی باشد بگو زهروشکر ۳۱ درمعانی اختلاف و در صور — روزوشب بین‌خاروگل‌سنگ وگهر
تا ز زهر و ازشکر درنگذری — کی تو از گلزار وحدت بوبری ۳۲ وحدت‌اندروحدت‌است‌این‌مثنوی — از سمك روتا سماك ای معنوی

(۱) بدانکه مولوی در تمام ابیات این فصل اختلافات احکام مذاهب و ادیان را با دلیل و برهان اجمالی بیان نموده بقسمی که از جهتی همه با هم مختلف واز جهت دیگر هریك بجای خود عقلا ونقلاً صحیح بنظر می‌آید بمثل اینکه خواسته اختلافات مذاهب را بمثل اختلاف سخنهای مختلفه طبی‌که همه‌نسبت بامزجه مختلفه ونسبت بحالات مختلفه یك مریض در ساعات و ایام و شهور وسالهای‌مختلفه‌یك‌مریض در عین آنکه همه صحیح است همه با یکدیگر مختلف وضد ونقیض است‌بیان‌نمایدپس کما اینکه این توسعه اختلافات طبی بعلاوه آنکه‌دلیل خطانیست بلکه دلیل صحت وموجب توسعه حقائق طبیه است همچنین اختلافات مذاهب اگرچه همه با یکدیگر ضد و نقیض‌اند ولکن هریك بجای خود صحیح و برای اهلش مطلوب خواهد بود که خداوند درقران فرموده (لو کان من عند غیر الله لوجدوا فیه اختلافاً کثیراً) و نیز فرموده (و ما تری فی خلق‌الرحمن من تفاوت) و نیز فرموده (ولا تری فیها عوجا ولا امتا) و نیز فرموده (و ما امرنا الا واحده) و در اول اصول کافی حضرت صادق (ع) فرموده‌که هرکس برای او عقل است برای او دین خواهد بود یعنی دین هر کسی باید مطابق و باندازهٔ عقل او (که از مقتضیات محیط و مزاج و اخلاق و عادات اوست) باشد که پیغمبر فرموده ما جماعت انبیاء احکام خودمان را از نزد خدا نمیاوریم و تکلم نمیکنیم مگر باندازه و مطابق عقول‌مردم و این معلوم است که در تمام رؤسای ادیان از عقلا اینقدر هستند که هریك مذاهب خودرا عقلانی و برهانی نموده بدست مقلدین خود از عوام بدهند که حکما گفته اند (الطرق الی‌الله بعدد انفاس الخلائق) وعلی ع‌فرموده (لو ثنیت لی الوساده لحکمت بین اهل‌التوریة بتوراتهم وبین اهل الانجیل بانجیلهم) یعنی اگر ریاست برای من دو مرتبه برمیگشت هرآینه حکم میکردم بین اهل توراة و انجیل و هر مذهبی بمقتضای حقانیت همان مذهب خودشان بعلت‌آنکه‌چون تمام مذاهب عالم محکوم وجدان وعقول و محیط خود هستند وحق بمقتضای رب العالمین (نه رب المسلمین یا رب الشیعه) و بمقتضای احاطه (اینما تولوافثم وجه‌الله) چون همه جا حاضر و ناظر است پس‌حق را از مذهب و وجدان و عقول خود آنها بیرون آورده و روح اسلام را بر گردن همه آنها میگذاشتم کما اینکه این مطلب را حق تعالی در آیهٔ نصارا و صائبین در سورهٔ بقره فرموده و در جای دیگر بمناسبت نقل و تفسیر خواهد شد ولکن این مطلب شریف فوق تا باینجا بیان مرام مولوی از این اختلافات مذاهب در تمام این‌فصل بوده نه مرام وزیر چه مقصود او از این اختلافات اختلافات شیطانیه برای اغراض نفسانیه است پس هر مطلبی باغراض مختلفه فرق خواهد کرد

ٰ باز دان کز چیست این روپوشها   ختم حق بر چشم ها و گوشها

سؤال کردن خلیفه از لیلی و جواب دادن لیلی او را

گفت لیلی را خلیفه کان توئی   کز تومجنون شد پریشان وغوی
از دگر خوبان توافزون نیستی   گفت خامش چون تومجنون نیستی
ٰدیدهٔ مجنون اگربودی تورا(۱)   هر دو عالم بی خطر بودی تو را
ٰ باخودی‌تولیك مجنون‌بیخوداست   در طریق عشق بیداری بداست
هرکه بیدار است او در خواب‌تر   هست بیداریش از خوابش بتر
هر که در خوابست بیداریش‌به   مست غفلت عین هشیاریش به
چون بحق بیدار نبود جان ما   هست بیداری چو در بندان ما
جان‌همه‌روز از لگدکوب خیال (۲)   واز زیان‌وسود وازخوف زوال
نی صفا میماندش نه لطف وفر   نی بسوی آسمان راه سفر
خفته آن باشدکه او ازهرخیال (۳)   دارد امید و کند بااو مقال
ٰ نی چنانکه از خیال آید بحال   آنخیالش گردد اورا صد وبال
دیو را چون حوربیند او بخواب   پس زشهوت ریزد او بادیو آب
چونکه‌تخم‌نسل رادرشوره‌ریخت(٤)   اوبخویش‌آمدخیال ازوی‌گریخت
ضعف سربیند از آن‌وتن پلید(٥)   آه از آن نقش پلید نا پدید
مرغ بربالا پران و سایه اش   میدود برخاك وپران مرغ وش
ابلهی صیاد آن سایه شود   می دود چندانکه بی مایه شود
بی‌خبر کان عکس آن مرغ‌هواست   بی‌خبر که اصل آن‌سایه کجاست
تیر اندازد بسوی سایه او   ترکشش خالی شود درجست وجو
ترکش عمرش تهی شد عمررفت   از دویدن در شکار سایه تفت
سایه یزدان چو باشد دایه اش   وا رهاند از خیال و سایه اش
سایهٔ یزدان بود بندهٔ خدا   مردهٔ این عالم و زندهٔ خدا

در تحریص متابعت ولیٌ مرشد

دامن او گیر زوتر بی گمان   تارهی از آفت آخر زمان
کیف مد الظل نقش اولیاست   کو دلیل نور خورشید خداست
اندرین وادی مروبی این دلیل   لااحبٌ الآفلین گو چون خلیل
روز سایه آفتابی را بیاب   دامن شه شمس تبریزی بتاب
رهندانی جانب این سوروعرس   از ضیاء الحق‌حسام الدین‌بپرس
ور حسد گیرد ترا در ره‌گلو   در حسد ابلیس را باشد غلو
کو ز آدم ننگ دارد از حسد   با سعادت جنگ دارد از حسد
عقبهٔ زین صعبتر در راه نیست   ای خنك انکش حسدهمراه نیست
این جسد خانهٔ حسد آمد بدان   کز حسد آلوده گردد خاندان
ٰ خان‌ومانهااز حسد گردد خراب   باز شاهی از حسد گرددغراب
گر جسد خانهٔ حسد باشدولیك   آن جسد را پاك‌کرد الله نیك
ٰ یافت پاکی از جناب کبریا   جسم پر از کبر وپرحقد و ریا
طهّرابیتی بیان پاکی است   گنج‌نوراست‌ارطلسمش‌خاکی‌است
چون کنی بر بی‌حسدمکر وحسد   زان حسد دل را سیاهیهارسد
خاك شو مردان حق را زیرپا   خاك برسرکن حسد را همچوما (٦)

در بیان حسد کردن وزیر جهود

آن وزیرك از حسد بودش نژاد   تا بباطل گوش و بینی باد داد
بر امید آنکه از نیش حسد   زهر او در جان مسکینان رسد
هر کسی کو از حسد بینی کند   خویشتن بی‌گوش و بی بینی کند
بینی آن باشد که او بوئی برد   بوی او را جانب کوئی برد
هر که بویش نیست بی‌بینی بود   بوی آن بویست کان دینی بود
چونکه بوئی برد وشکر آن نکرد   کفر نعمت آمد و بینیش خورد
شکرکن مرشاکران را بنده باش   پیش ایشان مرده شو پاینده باش
چون وزیر ازرهزنی مایه مساز   خلق را تو بر میاور از نماز

فهم کردن حاذقان نصاری مکر وزیر را

ناصح دین گشته آن کافر وزیر   کرده او از مکر در لوزینه سیر
هرکه صاحب ذوق بود ازگفت‌او   لذتی میدید و تلخی جفت او
نکته ها میگفت او آمیخته   در جلاب قند زهری ریخته
ٰهان‌مشو مغرورزان گفت نکو   زانکه دارد صد بدی در زیر او
ٰاو چوباشدزشت‌گفتش‌زشتدان   هرچه گوید مرده آنرا نیست جان
ٰگفت انسان پارهٔ ز انسان بود   پارهٔ از نان یقین که نان بود
ٰزان علی‌فرمود نقل جاهلان(۷)   برمزابل همچو سبزه‌است ایفلان
ٰبرچنان سبزه هرآن‌کوبرنشست   بر نجاست بیشکی بنشسته است

بر خود هستند و خواب ارادی آنها (بمقتضای النوم اخ‌الموت) بمثل مرگ اراده ارادی آنهاست که هرگاه بخواهند بمیرندباراده خود خودرا میمیرانند) ممکن است درعالم زیاد و فعلا نزد تو باشند ولکن از باب آنکه چون دنیا غفلت خانهٔ نفوس است یا بواسطهٔ عدم سنخیت ادراك یاخدر بودن حواس از شناختن ممکن‌است سالهای دراز آنان را مکرر در مکرر دیده باز نشناسی (دیدهٔ خواهم که باشد شه شناس الخ) (٥) یعنی (یارجان تست ای‌مرد شکار ٰ از خس و خاشاك او را پاك دار) مقصود آنستکه کما آنکه مقصود ومطلوب کل اشیاء که حضرت باری تعالی‌است محجوب درعین ظهورست همچنین مطلوبیت جان هر کسی در عین آنکه از هر چیزیّ نزدیکتر به آنها است بواسطهٔ حجب علائق که در این بیت‌تعبیر بمهر بر چشم و گوش شده بقسمی مطلوبیت جانها از صاحبان جان‌ها دور شده که باید سالهای سال بریاضت مهرهای حجب را ازچشم و گوش قلب برداشته وبتمرکز قوا وبتوجیه نظر وبتوحید افکار هر مرتاضی خود را بجان خود که نزدیك‌ترین اشیاء باوست برساند لذا احدی ازخدایا ازجان خود که مظهر خداست جدا نشده تابریاضت خودرا باوبرساندپس مقصود از جدائی غفلت و مقصوداز وصال توجیه نظر و تمرکز قواست و الا مطلوب همیشه با همه هست و تو از او بتفرقه حواس و غفلت دوری

---

(۱)مقصود توجیه‌نظراست که نظرهای مرموده عالم‌را بمثل عینکهای مختلفة‌الالوان‌برخلاف واقع و مختلف نشان خواهند داد (۲)یعنی همه بدبختیهای انسانی بتفرقه حواس و جولان خیال است که مانند قاطر چموش‌صاحبش‌را بزیر دست وپای خود خوردمینماید(۳) مقصود تمرکزخیال وافکار است (٤) یعنی تجسمات در عالم خواب مخصوصاً دروقت محتلم شدن تجسمات خیال‌است که انسان با خیال مجسم شده خود جماع می‌نماید (٥) آه مولوی در این بیت برای آنستکه همچنانکه خیال شعبده‌وار پلید و ناپدید است همچنین پلیدی دنیارا در نظرما شعبده وار پدید می نماید (٦) یعنی از دست این شعبدهٔ خیال وتفرقهٔ حواس نمیتوان نجات یافت الابتمرکز و صاحبان تمرکز وتوحید نفس ورب از مردان حق تابتمرکزقوای‌آنان قوای ماهم ازدست جولان خیال متمرکز شود (۷) یعنی به‌هر عرفان و حکمت وفلسفه‌بافی نباید مطمئن‌شد که این آدم صاحب توحید نفس‌و ملکهٔ‌جمع‌حواس‌است چه همه منقولات ومعقولات با صاحبان تفرقه حواس تظاهر مینماید ولکن چون جانش ازگفتهٔ خود بی‌خبراست علی(ع) تعبیربجاهل و گفته‌هایش را بسبزه مزبله فرموده

شکر یزدان را و عیسی را که ما — گشته ایم این دین حق را رهنما ۱ واز جهود و ازجهودان رسته‌ایم — تا بزنار این میان را بسته ایم
دور دور عیسی است ای مردمان — بشنوید اسرار کیش او بجان ۲ ❀ چون شمارندم امین و مقتدا — سر نهندم جمله جویند اهتدا
چون‌وزیر آن‌مکررا برشه شمرد — از دلش اندیشه را کلی ببرد ۳ کرد باوی‌شاه آن کاری که‌گفت — خلق حیران مانده‌زان رازنهفت
❀ کرد رسوایش میان انجمن — تاکه واقف شد زحالش مرد وزن ٤ راند او را جانب نصرانیان — کرد در دعوت‌شروع او بعدازآن
❀ چون‌چنین‌دیدند ترسایانش زار — میشدند اندر غم او اشکبار ٥ ❀حال عالم این‌چنین‌است ای‌پسر — از حسد میخزد اینها سر بسر

جمع آمدن نصاری با وزیر و راز گفتن او با ایشان

صدهزاران مردترسا سوی او — اندك اندك‌جمع شد درکوی او ۷ او بیان میکرد با ایشان براز — سرّ انکلیون و زنار و نماز
❀ او بیان میکرد با ایشان فصیح — دائماً ز افعال و اقوال مسیح ۸ او بظاهر واعظ احکام بود — لیك در باطن صفیر و دام بود
بهر اینمعنی صحابه از رسول — ملتمس بودند مکر نفس غول ۹ کو چه آمیزد ز اغراض نهان — در عبادتها و در اخلاص جان
فضل ظاهر را نجستندی از او — عیب باطن را بجستندی که‌کو ۱۰ مو بمو و ذرّه ذرّه مکر نفس — میشناسیدند چون گل از کرفس
❀گفت زان‌فصلی حذیفه باحسن — تابدان شد وعظ تذکیرش حسن ۱۱ ❀موشکافان صحابه جمله شان — خیره‌گشتندی درآن وعظ وبیان
دل بدو دادند ترسایان تمام — خود چه باشد قوّت تقلید عام ۱۲ در درون سینه مهرش کاشتند — نایب عیسیش می پنداشتند
او بسر دجّال یك چشم لعین — ای خدا فریاد رس نعم المعین ۱۳ صد هزاران دام ودانه است ایخدا — ما چو مرغان حریص بی نوا
دمبدم پا بستهٔ دام نویم — هر یکی گر بازوسیمرغی شویم ۱٤ میرهانی هر دمی ما را و باز — سوی دامی میرویم ای بی‌نیاز
ما در این انبار گندم میکنیم — گندم جمع آمده‌گم می کنیم ۱٥ می نیندیشیم آخر ما بهوش — کاین خلل‌درگندمست از مکرموش
موش تا انبار ماحفره زده‌است — وزفنش انبار ما ویران شده‌است ۱٦ اول ای‌جان دفع شرّموش کن(۱) — وآنگه‌اندر جمع گندم جوش‌کن
بشنو از اخبار آن صدرصدور — لاصلوة تمّ الا بالحضور (۲) ۱۷ گرنه موش دزد در انبار ماست — گندم اعمال چل ساله کجاست
ریزه ریزه صدق هرروزه چرا — جمع می نآید در این انبار ما ۱۸ بس ستارهٔ آتش از آهن جهید — وان دل سوزنده پذرفت وکشید
لیك‌در ظلمت یکی‌دزدی نهان(۳) — می نهد انگشت بر استارگان ۱۹ میکشد استارگانرا یك بیك — تا که نفروزد چراغی از فلك
چون عنایاتت شود با ما مقیم — کی بود بیمی از آن دزدلئیم ۲۰ گر هزاران دام باشد هر قدم — چون توبا مائی نباشد هیچ غم
هر شبی از دام تن ارواح را — میرهانی می کنی الواح را ۲۱ میرهندارواح هر شب زین‌قفس — فارغان نی حاکم و محکوم کس
شب ز زندان بیخبر زندانیان — شب زدولت بی خبر سلطانیان ۲۲ نی غم و اندیشهٔ سود و زیان — نی خیال این فلان وآن فلان

تمثیل مرد عارف و تفسیرالله یتوفی الانفس حین موتها الخ

حال عارف این بود بی خواب هم — گفت یزدان هم رقود زین مرم ۲٤ خفته از احوال دنیا روز و شب — چون قلم درپنجهٔ تقلیب رب
آنکه او پنجه نبیند در رقم — فعل پندارد بجنبش از قلم ۲٥ شمهٔ زین حال عارف وانمود — خلق‌را هم خواب حسی در ربود
رفت در صحرای بیچون جانشان — روحشان آسوده و ابدانشان ۲٦ ❀ ترك روز آخرچو بازرّین سپر — هندوی‌شب رابه تیغ افکند سر
❀ میل هر جانی بسوی تن‌بود — هر تنی از روح آبستن بود ۲۷ از صفیری باز دام اندر کشی — جمله را در دام و در داورکشی
چون که نور صبحدم سر بر زند — کرکس زرّین گردون پر زند ۲۸ فالق الاصباح اسرافیل وار — جمله‌را در صورت آرد زان دیار
روح های منبسط را تن کند — هر تنی را با ز آبستن کند ۲۹ اسب جان هاراکند عاری ز زین — سرّ النوم اخ الموت است این
لیك بهر آنکه روز آیند با ز — بر نهد بر پایشان بند دراز ۳۰ تاکه‌روزش واکشد زان مرغزار — و از چراگاه آردش درزیر بار
کاش‌چون اصحاب کهف آن‌روح‌را — حفظ کردی یا چوکشتی نوح را ۳۱ تا ازین طوفان بیداری و هوش — وارهیدی‌این ضمیروچشم وگوش
ای‌بسا اصحاب‌کهف اندرجهان(٤) — پهلوی تو پیش تو هست اینزمان ۳۲ غار باتو یار باتو در سرود — مهربرچشمست‌وبرگوشت‌چه‌سود(٥)

---

(۱) یعنی اول ایجان دفع شرّ موش‌نفس امّاره کن وصفات آن از بخل وحسد و کینه و کبر وشقاوت و ضلالات وعداوت و غضب وشهوت‌وعادت و غفلت و غیبت و ریا و نخوت و حرص و دنائت و طمع و رعونت و ظلم و حماقت و اغفال و غباوت و طلب عنوا و جمودت و سستی وملالت و عیب جوئی و ملعنت و تدلیس و شیطنت و تملق و طلب شهرت و نفاق و آرزو و آمال و تعجیل در بدنفسی‌وکفرو کفران و مانند اینها را از خود بتذکیه و تصفیه و توحید نفس دور کن بعد از آن در جمع گندمهای علوم دیانت از توحیدونبوت و امامت و ولایت و حکمت وعرفان از تفسیر و تأویل وسایر فهم حقائق احکام دیانت گوش کن والا تا صفات رذیلهٔ فوق‌الذکر در هر انسانی کلا یا بعضاً‌هست‌محال است که تعلیمات دیانت و حقیقت و طریقت و شریعت در او آنچنان را آنچنان تر نکندیعنی آنچه عالم‌تروعامل‌تر دردیانت و احکام کتب آسمانی بشود حق اهل حق را غاصب تر و در تدلیسات شیطانی که نا حقی خود را بصورت حق بجانبی بعنوان پیشوائی وحق زمام دیانت داشتن‌را برای خود بنا حق اثبات و بحیله و بتدلیس متمسك شدن ماهرتر بقسمی که حالات درونیش اولاً بر خود اشتباه و ثانیاً بر عوام‌الناس هم‌مشتبه‌ومشکل با معلومات مکتسبه‌اش خواهد شد لذا مولوی اول شرط تحصیل علوم حقه را دفع اخلاق رذیله در همه جا میداند (۲) مقصود از حضور حضور قلب در نماز است که بملکهٔ جمع حواس بنقطهٔ توحید نفس حاضر نزد خداوند میشود (۳) مقصود از دزد های در ظلمت مقتضیات اخلاط فاسده درخون و در امزجه منحرفه غیر طبیعی است که تا آنها تصفیه و تعدیل نشوند مقتضاتشان از تلقینات در روح قطع نشده روح بی مانع مشغول جمع کنده‌علم‌نخواهدشد (٤) بدانکه خواب اجمالا بر چند قسم گفته شده طبیعی که ازخستگی حاصل میشود وکیفی از تریاك و حشیش و مستی و سمی که سلولهای بدن فلج میگردد و خواب از سرما که سست میشود تا میمیرد و خوابیکه در اثر مطالعه و جمع حواس بصور مرتبه حاصل میشود و خواب هیپنتیزم و خواب اصحاب کهف و خواب اصحاب کساء زیر عبا که شیعه معتقد است وشارح این سه خواب اخیر را خواب ارادی نامیده‌که اول معمول ومدیوم اراده دیگریست و دوم بمثل اصحاب کهف که خودشان خودشانرا بارادهٔ تمرکز خوابانیدند و سیم در زیر عبا در حالت خواب ارادی باز بیدار بوده و قوای بیداری را باز ازدست نداده (وتفصیل اثرات این سه خواب را در شرح مفصل بجوئید) مقصود مولوی در اینجا کما آنکه درصفحهٔ قبل فرمود (حال عارف این‌بود بی‌خواب هم) آنستکه صاحبان این‌خواب (که مسلط ارادی بتمرکز قوای مغزی

قلعه ویران کرد و از کافر ستد / بعدازآن برساختش صد برج و سد ۱ کار بیچون را که کیفیّت نهد / این که گفتم هم ضرورت میدهد
که چنین بنماید وگه ضدّ این / جز که حیرانی نباشد کار دین ۲ ❀کاملان کز سرّ تحقیق آگهند / بیخود و حیران ومست و والهاند
نهچنین حیران که پشتش سوی اوست / بلچنان حیران که غرق ومست دوست ۳ آن یکی راروی او شدسوی دوست / وین یکی راروی او خودروی اوست
روی هریك مینگر میدار پاس / بوکه گردی تو زخدمت روشناس ٤ ❀دیدن دانا عبادت این بود / فتح ابواب سعادت این بود
چون بسی ابلیس آدم روی هست / پس بهر دستی نشاید داد دست ٥ زانك صیاد آورد بانگ صفیر / تافریبد مرغ را آن مرغ گیر
بشنودآن مرغ بانگ جنس خویش / از هوا آید بیابد دام و نیش ٦ حرف درویشان بدزدد مرد دون / تابخواند بر سلیمی زان فسون
کار مردان روشنی وگرمی است / کار دونان حیله وبی شرمی است ۷ شیر پشمین از برای کد کنند / بو مسیلم را لقب احمد کنند
بو مسیلم را لقب کذّاب ماند / مر محمد را اولوالالباب ماند ۸ آن شراب حق ختامش مشك ناب(۱) / باده را ختمش بود گند و عذاب

داستان پادشاه جهودان که نصرانیان را میکشت از بهر تعصّب ملت خود و حکایت آن استاد و شاگرد

بود شاهی در جهودان ظلم ساز / دشمن عیسیٌ و نصرانی گداز ۱۰ عهد عیسی بود و نوبت آن او / جان موسی او وموسی جان او
شاه احول کرد در راه خدا / آن دو دمساز خدائی را جدا ۱۱ گفت استاد احولی را کاندرا / روبرون آر از وثاق آن شیشه را
❀ چون درون خانه احول رفت زود / شیشه پیش چشم او دو مینمود ۱۲ گفت احول زان دو شیشه من کدام / پیش تو آرم بکن شرح تمام
گفت استاد آن دو شیشه نیست رو / احولی بگذار وافزون بین مشو ۱۳ گفت ای استا مرا طعنه مزن / گفت استا زان دو یکرا برشکن
چون یکی بشکست هردو شد زچشم / مرد احول گردد از میلان وخشم ١٤ شیشه یك بودو بچشمش دونمود / چون شکست آن شیشه رادیگر نبود
خشم وشهوت مردرا احول کند(۲) / ز استقامت روح را مبدل کند ١٥ چون غرض آمد هنرپوشیده شد(۳) / صد حجاب ازدل بسوی دیده شد
چون دهدقاضی بدل رشوت قرار / کی شناسد ظالم از مظلوم زار ١٦ شاه از حقد جهودانه چنان / گشت احول کالامان یارب امان
صد هزاران مؤمن ومظلوم کشت ١٧ که پناهم دین موسی را و پشت

حکایت وزیر پادشاه و مکر او در تفریق ترسایان

شه وزیری داشت رهزن عشوه ده / کو برآب از مکر بربستی گره ١٩ گفت ترسایان پناه جان کنند / دین خودرا ازملك پنهان کنند
❀ باملك گفت اینه اسرار جو / کم کش ایشان راودست ازخون بشو ۲۰ کم کش ایشان را که کشتن سودنیست / دین ندارد بوی مشك و عودنیست
سرّ پنهان است اندر صد غلاف / ظاهرش باتست وباطن برخلاف ۲۱ شاه گفتش پس بگو تدبیر چیست / چارهٔ آن مکروآن تزویر چیست
تا نماند در جهان نصرانئی ۲۲ نی هویدا دین و نی پنهانئی

تلبیس اندیشیدن وزیر با نصاری و مکر او

گفت ای شه گوش و دستم راببر / بینیم بشکاف ولب از حکم مر ۲٤ بعد ازآن درزیر دار آور مرا / تا بخواهد یکشفاعت گر مرا
بر منادی گاه کن اینکارتو / بر سر راهی که باشد چارسو ۲٥ آنگهم از خود بران تاشهردور / تا در اندازم بر ایشان صد فتور
❀ چون شوندآنقوم از من دین پذیر / کار ایشان سربسر شوریده گیر ۲٦ ❀ در میانشان فتنه وشور افکنم / کاهنان خیره شوند اندر فنم
❀آنچه خواهم کرد با نصرانیان / آن نمی آید کنون اندر بیان ۲۷ ❀ چون شمارندم امین ورازدان / دام دیگر گون نهم در پیشان
❀ واز حیل بفریبم ایشان راهمه / واندر ایشان افکنم صد دمدمه ۲۸ ❀ تا بدست خویش خون خویشتن / بر زمین ریزند کوته شدسخن
پس بگویم من بسر نصرانیم / ایخدا ای راز دان می دانیم ۲۹ شاه واقف گشت از ایمان من / واز تعصّب کرد قصد جان من
خواستم تادین زشه پنهان کنم / آنچه دین اوست ظاهر آن کنم ۳۰ شاه بوئی برد از اسرار من / متّهم شد پیش شه گفتار من
گفت گفت توچو در نان سوزن است / از دل من تادل تو روزن است ۳۱ من از آن روزن بدیدم حال تو / حال دیدم کی نیوشم قال تو
گر نبودی جان عیسی چاره ام / او جهودانه بکردی پاره ام ۳۲ بهر عیسی جان سپارم سر دهم / صد هزاران منتش بر جان نهم
جان دریغم نیست از عیسی ولیك / واقفم بر علم دینش نیك نیك ۳۳ حیف می‌آید مرا کان دین پاك / در میان جاهلان گردد هلاك

---

(۱) یعنی شراب حق که بتوحید نفس و تمرکز قوا و جمع حواس بنقطه واحده احدیت فراموشی از همه ما سوای حق و حقیقت حاصل می کند که نتیجه در هرسکری ازهر شرابی همین فراموشی است فرق دارد باشراب های مادی اگرچه هر دو ازجهت ایجاد فراموشی مطلوب هر طالبی است ولکن فراموشی که بقوهٔ اختیار ایجاد شده و بنقطهٔ توحید بکلی متوجه میشود چون رجوع باصل خلقت که باطن ذات واحدهٔ خود انسان است که فراموشی از غیر خود نموده و تازه آشنا بیگانگی و تنهائی خود شده طبیعی و مفید بحال روح و جسم مخصوصاً بعد از بهوش آمدن و برگشت بکثرات و نظام عقلی و اجتماعی خواهد بود ولکن شراب و مسکرات مادی اگر چه بوسائل غیر مستقیم و غیر طبیعی که یکی از آنها صعود ابخره از معده بمغز بمثل صعود ابر برای جلو گیری انوار خورشید جلوگیری از انوار احساسات روح کرده مانع از تابش طبیعی خورشید روح شده پس غیرمستقیم وغیر طبیعی ایجاد فراموشی قهراً وموقتاً مینماید وصاحبش ساعتی من غیرمستقیم خوش خیال شده اگر در بعضی از امزجه آنچنان را آنچنان‌تر نکند یعنی بر غم و اندوه و توسعهٔ افکار در هم و بر همش نیافزاید چون من غیرمستقیم بوده و با باطن ذات خود بتمرکز قوا آشنائی در این سکر پیدا نکرده البته وقتی که بهوش آید بخماری و سایر خسارات و مضرات سکرش برخواهد خورد (۲) از قضایای مسلمه است که در هر تمیزی حب و بغض تمیز را مطابق حال خود تبدیل و محکوم خواهد نمود (۳) قاضی باید در عدالت مثل شاهنگ ترازو نسبت بهر دوکفهٔ خود که عارض و معروض نزد شاهنگ قاضی هستند مساوی و عادل یعنی بی غرض باشد و مقصود مولوی در این دو بیت ازبی غرضی آنستکه میزان تمیز حق و باطل در هر کاری همین بی غرضی و مساوی بودن دو کفه است که ترازو دارد که بدون علم با تساوی هر سبك و سنگینی را میسنجد نه بعلم که ملاك عوام از علما است چه اگر علم ملاك تمیز باشد خود عارض و معروض بمرافعه خود عالم تر از قاضی و حاکم هستند ولکن چون عارض و معروض نسبت بیکدیگر غرض پیدا کرده اند حق پوشیده و محتاج برفتن نزد جاهل تر از خود در خصوص این مرافعه که قاضی باشد شده اند پس او باید به بی غرضی تمیز دهد نه بعلم بمثل تمام اقسام ترازو های عالم که بدون علم و کسب علم بلکه فقط با بی غرضی طبیعی همه چیز را میسنجد پس هوش قضاوت بمیزان اخلاق اوست

می نمود آن مرغ راهر گون شگفت	❀ واز تعجب لب بدندان میگرفت	❀ دمبدم میگفت از هردر سخن	تا که باشد کاندر آید در سخن
❀ بر امید آنکه مرغ آید بگفت	چشم اورا باصور میکرد جفت	جولقئی سر برهنه میگذشت	باسر بی‌مو چو پشت طاس و طشت
طوطی اندر گفت آمد در زمان	بانگ بر درویش بر زدکای فلان	از چه ای کل با کلان آمیختی	تو مگر از شیشه روغن ریختی
از قیاسش خنده آمد خلق را	کوچو خودپنداشت صاحب‌دلق را	کارپاکان را قیاس ازخود مگیر	گر چه ماند در نوشتن شیر وشیر
جمله عالم زین سبب گمراه شد	کم کسی ز ابدال‌حق آگاه شد	❀ اشقیا را دیدهٔ بینا نبود	نیك وبدرر دیده‌شان یکسان نمود
همسری با انبیا بردا شتند	اولیا را همچو خود پنداشتند	گفته اینك ما بشر ایشان بشر	ما وایشان بستهٔ خوابیم وخور
این ندانستند ایشان از عمی	هست فرقی در میان بی منتهی	هردوگون زنبور خوردند ازمحل	لیك شد زان نیش وزین دیگرعسل
هر دو گون آهو گیاخوردندوآب	زین یکی‌سرگین شد وزان‌مشك‌ناب	هردونی خوردند ازیك آب خور	این یکی‌خالی وآن پرازشکر
صدهزاران این چنین اشباه بین	فرقشان هفتاد ساله راه بین	این خورد گردد پلیدی زو جدا	وآن خورد گردد همه نور خدا
این خورد زاید همه بخل وحسد	وان خورد زاید همه نور احد	این زمین‌پاك‌وآن‌شوره است وبد	این‌فرشتهٔ‌پاك‌وآن دیو است ودد
هر دو صورت گربهم ماند رواست	آب تلخ وآب شیرین راصفاست	جزکه صاحب ذوق کهشناسد بیاب	اوشناسدآب خوش از شوره آب
❀ جزکه صاحب‌ذوق‌که شناسد‌طعوم	شهد را ناخورده کی داند زموم	سحر را با معجزه‌کرده‌قیاس(۱)	هر دو را بر مکر پندارد اساس
ساحران با موسی از استیزه را	بر گرفته چون عصای او عصا	زین‌عصاتا آن‌عصا فرقیست‌ژرف	زین‌عمل تاآن عمل راهی شگرف
لعنة الله این عمل را در قفا	رحمة الله آن عمل را در وفا	کافران اندر مری بوزینه طبع	آفتی آمد درون سینه طبع
هر چه مردم میکند بوزینه هم	آن کند کز مرد بیند دمبدم	اوگمان‌برده که من کردم چو او	فرق را کی‌داندآن استیزه خو
این کند از امروآن بهر ستیز	بر سرا ستیزه رویان خاك بیز	آن منافق با موافق در نماز	از پی استیزه آید نی نیاز
در نماز وروزه وحج وزکات	با منافق مؤمنان در برد و مات	مؤمنان را برد باشد عاقبت	برمنافق مات اندر آخرت
گر چه هردو بر سر یکبازیند	لیك با هم مروزیّ و رازیند	هر یکی سوی مقام خود رود	هر یکی بر وفق نام خود رود
مؤمنش‌گویند جانش خوش شود	ور منافق تند وپر آتش شود	نام آن محبوب از ذات ویست	نام این مبغوض زافات ویست
میم وواوومیم ونون‌تشریف‌نیست	لفظ مؤمن جز پی تعریف نیست	گر منافق خوانیش این نام دون	همچو کژدم می‌خلد در اندرون
گرنه این نام اشتقاق دوزخست	پس چرادروی مذاق دوزخست	زشتی این نام‌بد از حرف نیست	تلخی آن آب بحر از ظرف نیست
حرف‌ظرف‌آمد دراومعنی چوآب	بحر معنی عنده امّ الکتاب	بحر تلخ وبحر شیرین در جهان	در میانشان برزخ لا یبغیان
وانگه‌این هردو زیك‌اصلی‌روان	درگذر زاین‌هردوروتا اصل آن	زرّ قلب و زرّ نیکو در عیار	بی محك هرگز ندانی ز اعتبار
هر کرا در جان خدا بنهد محك	هر یقین را باز داند او زشك	❀ آنچه‌گفت استفت قلبك مصطفی	آن کسی داند که پر بود ازوفا
در دهان زنده خاشاك ار جهد	آنگه آرامد که بیرونش نهد	درهزاران لقمه یك خاشاك خرد	چون درآمد حسّ زنده پی ببرد
حسّ دنیا نردبان این جهان	حس عقبا نردبان آسمان	صحت این حس‌بجوئید ازطبیب	صحت آن حس بجوئید ازحبیب
صحّت این حس ز معموریّ تن	صحت آن حس زتخریب بدن	شاه جان‌مرجسم را ویران کند	بعد ویرانش آبادان کند
ای خنك جانی‌که بهرعشق وحال	بذل‌کرد اوخان ومان‌وملك ومال	کرد ویران خانه بهر گنج زر	واز همان گنجش کند معمورتر
آب را ببرید و جو را پاك کرد	بعداز آن درجوروان‌کردآب‌خورد	پوست را بشکافت پیکانرا کشید	پوست تازه بعد ازآنش بردمید

بیان (سحر را با معجزه کرده قیاس) بدانکه فرق بین سحر و معجزه (که غالباً بهمت قوی وملکه جمع حواس و ورزش ازدیاد مقناطیس قلب و چشم و زبان و تصرفات در نفوس ضعیفه ویاقویه یا در اجسام خارجیّه بدون هیچگونه اسبابی یا باسباب غیر عادی و طبیعی که ظاهر باشد یا مخفی حاصل میشود) بعد از چهار مقدمه اجمالی فرق داده خواهد شد (اول) فهرست بعضی از علوم غریبه که بنام سحر غالبا خوانده شده عبارتست از سیمیا و لیمیا و ریمیا و کیمیا و هیمیا و عزائم و طلسمات و تسخیرات و مجسّمات و نیرنجات و منظریات و معالجات روحی بتلقینات و جفر و رمل و حصیات و خبوط و حقه بازی و تدلیسات و قیافه و کف شناسی و استنباط از اوضاع نشستن و راه رفتن و استیلای نفس بر ضمائر و مغیبات و استنباط احکام زیر زمینی از آثار ظاهر او و کوهها و بالجمله در هر علمی مخصوصاً در علم الروح و نجوم و طب وفیزیك و شیمی وحساب و موسیقی و فلسفه الهی و تاریخ طبیعی اسراریست مخفیه که اگر از اهلش شنیده یا عملی شود خارق العاده بنام سحر یا معجزه گفته خواهد شد و ازاین قبیل است اسرار ـ علم الروح و اسم اعظم ولیلة القدر و آب حیات واسرار قضا و قدر و اسرار بداء واسرار نبوت و رسالت و سیاست المدن وامثالها (دوم) بدانکه کلیه اشیاء باندازهٔ قرب وبعد نسبت بذات احدیت مرکب اند ازدو جهت علوی و سفلی یا ماهیتی و وجودی تا برسد بعوالم علوی غالب الخیر که موافق نظام عالم و عوالم سفلی غالب الشر که مخالف نظامند و هر دو در غیب این عالم ماده میباشند (سوم) و هر یك از این دو مبدء بخودی خود یا باسباب یاامزج قوای روحی و جسمی انسانی یا حیوانی یا نباتی یا عنصری بتوجیه و انقلاب بیکی از این دو عالم اثرات و تصرفات در عالم طبیعت (که بتفاوت اجزایش مرکب از دو جهت فوق الذکر اند) (بتناسب جهات متجانسه برای نفوذی که دارند) آناً فآناً می‌نمایند (چهارم) پس اگر صاحبان‌نفوس قویه که بفطرت صفای نفس‌دارندو اتصال اختیاری بیکی از این دو مبدء سفلی و علوی یا بریاضات سهله یا شاقه یافتند البته بعزم قوی بهر مقصودی که همت به بندند فوراً یا تدریجاً در نفوس ضعیفه تصرفات و تجسمات‌خواهند نمود واگر قویتر در ملکه‌تمرکز قوا باشند بمثل‌آثار طبیعیّه خارجیه اثر در هر موجودی موقتاًیا دائماً خواهند نمود نتیجه اگر صفای نفس واتصال بمبادی عالیه فطری باشد آثارآن معجزه است و اگربریاضت کرامت است و اگر بر عکس اتصال فطری بمبادی سفلیه یا بریاضات نفسانی شیطانیه که برخلاف نظام عالم و خلاف شرایع مقدسه داشته باشند سحر وشعبده است پس اشخاصی‌که از مبادی سحر و معجزه اطلاعی ندارند و اگرهم دارند برای لطافت وتصرف نورانیت اشتراکی‌که هر دو دارند نمیتوانند امتیاز بدهند باید باین امتیاز و محك مولوی اکتفا نمایند (آنچه گفت استفت قلبك مصطفی الخ)

صفحه هفتم
دفتر اول

ورمن است امروز و فردا بروی است خون چون من کس چنین ضایع کی است گرچه دیوار افکند سایه دراز باز گردد سوی او آن سایه باز
این جهان کوهست و فعل ما ندا سوی ما آید نداها را صدا این بگفت ورفت دردم زیر خاک آن کنیزک شد زعشق ورنج پاک
زانکه عشق مردگان پاینده نیست چونکه مرده سوی ما آینده نیست عشق زنده در روان و در بصر هر دمی باشد زغنچه تازه تر
عشق آن زنده گزین کو باقی است واز شراب جانفزایت ساقی است عشق آن بگزین که جمله انبیا یافتند از عشق او کار و کیا
تو مگو مارا بدان شه بار نیست با کریمان کارها دشوار نیست

دربیان آنکه کشتن مرد زرگر باشارهٔ الهی بود نه بهوای نفس

کشتن آن‌مرد بردست حکیم (۱) نی پی امید بود و نی ز بیم او نکشتش از برای طبع شاه تا نیامد امر و الهام از اله(۲)
آن پسررا کش خضر ببرید حلق سرّآن را در نیابد عام خلق (۳) آنکه از حق یابد او وحی وخطاب هرچه فرماید بود عین صواب(٤)
آنکه جان بخشد اگر بکشد رواست نایب‌است ودست اودست خداست همچو اسمعیل پیشش سر بنه شاد وخندان پیش تیغش جان بده
تا بماند جانت خندان تا ابد همچو جان پاك احمد با احد عاشقان جام فرح آنگه کشند که بدست خویش خوبانشان کشند
شاه آن خون از پی شهوت نکرد تو رها کن بدگمانیّ و نبرد تو گمان کردی که کرد آلودگی در صفا غش کی هلد پالودگی
* بگذر از ظنّ خطا ای بدگمان انّ بعض الظنّ اثم آخر بخوان بهر آنست این ریاضت و ین جفا تا برآرد کوره از نقره جفا
بهر آن است امتحان نیك و بد تا بجوشد برسر آرد زر زبد (٥) گر نبودی کارش الهام اله او سگی بودی درانده نه شاه
پاك بود از شهوت و حرص وهوا نیك کرد او لیك نیك بد نما گرخضر دربحرکشتی را شکست(٦) صد درستی درشکست خضرهست
وهم موسی با همه نور و هنر شد ازان محجوب تو بی‌پرمپر آن گل‌سرخست تو خونش‌مخوان مست‌عقل‌است‌او‌تومجنونش مدان
گر بدی خون مسلمان کام او کافرم گر بردمی من نام او می بلرزد عرش از مدح شقی بدگمان گردد ز مدحش متّقی
شاه بود و شاه بس آگاه بود خاصه بود و خاصهٔ الله بود آن کسی را که چنین شاهی کشد سوی تخت بهترین جاهی کشد
* قهر خاصی ازبرای لطف عام شرع میدارد روا بگذار کام نیم جان بستاند و صد جان دهد آنچه در وهمت نیاید آن دهد
گر ندیدی سود او در قهر او کی شدی آن لطف مطلق قهرجو طفل میترسد ز نیش احتجام مادر مشفق در آن غم شاد کام
تو قیاس ازخویش میگیری ولیك دور دور افتادهٔ بنگر تو نیك * پیشتر آ تا بگویم قصهٔ بو که یابی از بیانم حصهٔ

حکایت مرد بقال و طوطی و روغن ریختن طوطی دردکان

بود بقالیْ و او را طوطئی خوش نوا و سبز وگویا طوطئی بر دکان بودی نگهبان دکان نکته گفتی با همه سوداگران
در خطاب آدمی ناطق بدی در نوای طوطیان حاذق بدی * خواجه‌روزی سوی‌خانه‌رفته‌بود بر دکان طوطی نگهبانی نمود
* گربهٔ برجست ناگه ازدکان بهر موشی طوطیك از بیم جان جست‌وازصدر دکان سوئی‌گریخت شیشهای روغن گل را بریخت
از سوی خانه بیامد خواجه اش بر دکان بنشست فارغ خواجه‌وش دید پر روغن دکان وجاش چرب برسرش‌زد‌گشت‌طوطی‌کل‌زضرب
روزك چندی سخن کوتاه کرد مرد بقال از ندامت آه کرد ریش برمیکند و میگفت ای دریغ کافتاب نعمتم شد زیر میغ
دست من بشکسته بودی آن زمان چون زدم‌من برسر آن خوش‌زبان هدیه ها میداد هر درویش را تا بیابد نطق مرغ خویش را
بعد سه روز وسه‌شب حیران وزار بر دکان بنشسته بد نومید وار با هزاران غصه وغم گشته جفت کای عجب این مرغ کی آیدبگفت

---

(۱) یعنی حکیم الهی آنچه حکم نماید بی غرضانه و بدون امید و بیم های دنیوی و نفسانی است اگرچه بی غرض مطلق حکیم نخواهدبود ولکن داعی او در کارها اغراض الهیه است نه خلقی . (۲) یعنی وحی و الهام الهی در هر صاحب الهامی برای همین جهت بی غرضی است . (۳) منحصر باین سر نیست که عوام نیفهمند بلکه تمام حکمتهای اوامر ونواهی پیغمبر وقت را نفهمیده ونباید هم بفهمند بدو جهت اول ـ برای اینکه فوقاً گفتیم که اوامر و نواهی شرع بی غرضانه یعنی بی جهت بوده پس جهت و غرضی قابل درخور فهم خلق نداشته تا در فلسفه باقی عبادات بافته شود و اغراض الهی را هم که غیر از الهی کسی نمیداند ونباید هم بداند و الا بر ضررش تمام خواهد شد . دویم ـ در هر کاری فلسفه آنرا فهمیدن خیلی خوب است الا در کارهای عبادت و بندگی خداوند چه اگر غرض وفلسفه و سرّ امر و نهی هر شریعتی در عباداتش کشف شود مردم برای‌همان جهت فلسفه و حکمت و منافع آن عبادت خواهند نمود نه خالصاً ومخلصاً برای خدا پس افشای اسرار امر ونهی هر شریعتی ولو فلسفه و عرفان باقی احکام باشد برای موحدین شرك آور است ولکن برای ناقصین از باب تشویق گاهی چاره نیست که مولوی ذیلا در ضمن قصه موسی و خضر درکشف اسرار شکستن کشتی و سر بریدن طفل از مثل خضری که بنظر موسی غیر معقول آمده و ایراد مینموده میفرماید که برای امتحان در صبر و استقامت و تمیز هر نیك و بدی بوده . (٤) یعنی این اوامر و نواهی انبیا که از وحی و الهام و خطابات الهیه است حقیقت صواب و صدق آنها برای همین جهت بی غرضانه بودن است نه آنکه میزان خطا و صواب آنان بمیزان‌عقول مشوب یا مطابق و مخالف عادات و طبایع باشد لذا آنچه از انبیا بی غرضانه که ملاك وحی الهی است امر ونهی کرده شود حق و حقیقت‌است اگر چه بر خلاف تمام عقول بشریه و عادات و اخلاق آنها باشد ولکن این میزان فقط در تمیز انبیا رواج‌است نه درتمیز خطا و صواب اهل‌دنیا. (٥) بدانکه ریاضتهای مرتاضین اگرچه ابتداء غالباً منافی حفظ الصحه ومنافی قوانین اجتماعی است ولکن از قبول این منافات درزندگانی‌انفرادی برای مقاصد جلب کمالات نفسانیه که بالاخره ممکن است که بنفع جامعه تمام شود چاره نیست کما آنکه از جراحی و طبابت طبیب هم در دادن دواهای سمی و مضعف برای اصلاحات آیندهٔ مریض چاره نیست پس ایراد حکمای عصر جدید بمرتاضین قدیم که بدنهای خودرا بریاضت ضعیف میکردند باینکه روح سالم در بدن سالم است نه در بدن ضعیف مرتاض فوقاً جواب داده شد که این قضیه از باب اصلاحات مقدماتی است که عقلا و طبّاً جایز است و روح سالم در بدن سالم از نتائج و بعد از اصلاحاتست پس ایراد مغالطه است . (٦) مقصود ازشکستن کشتی شکستن کشتی پر امتعه قوای ظاهره و باطنه ابدان مرتاضین است که تا خضر وقت بریاضت نشکند طمع غصب کنندگان این کشتی که نفس امّاره و شیطان است قطع نشده وکشتی بدست اهلش که عقل باشد نخواهد افتاد .

۞تا توانی پیش کس مگشای راز | برکسی این در مکن زنهار باز ۱ چونکه اسرارت نهان دردل شود(۱) | آن مرادت زود تر حاصل شود
گفت پیغمبر هر آن کو سر نهفت | زود گردد با مراد خویش جفت ۲ دانه چون اندرزمین پنهان شود(۲) | سر آن سر سبزی بستان شود
زرّ و نقره گر نبودندی نهان | پرورش کی یافتندی زیر کان ۳ وعده ها و لطفهای آن حکیم | کرد آن رنجور را ایمن ز بیم
وعده ها باشد حقیقی دل‌پذیر | وعده ها باشد مجازی تا سه گیر ۴ وعدهٔ اهل کرم گنج روان | وعدهٔ نا اهل شد رنج روان
۞وعده را باید وفا کردن تمام ۵ ور نخواهی کرد باشی سرد و خام

دریافتن آن طبیب الهی رنج کنیزك را وبشاه وانمودن

۞آن حکیم‌مهربان چون رازیافت | صورت رنج کنیزك باز یافت ۷ بعد از آن برخاست عزم شاه کرد | شاه را زان شمهٔ آگاه کرد
۞شاه‌گفت‌اکنون‌بگوتدبیرچیست | در چنین غم موجب تاخیر چیست ۸ گفت تدبیر آن بود کان مردرا | حاضر آریم از پی این درد را
۞تا شود محبوب تو خوشدل‌بدو | گردد آسان این همه مشکل بدو ۹ ۞قاصدی‌بفرست کاخبارش‌کنند | طالب این فضل و ایثارش کنند
مرد زرگررا بخوان زان شهردور | با زر و خلعت بده اورا غرور ۱۰ چون ببیند سیم و زر آن بینوا | بهر زر گردد ز خان و مان جدا
۞زر خردرا واله و شیدا کند | خاصه‌مفلس‌را که خوش رسواکند ۱۱ ۞زر اگرچه عقل می‌آرد ولیك | مرد عاقل باید اورا نیك نیك

فرستادن پادشاه رسولان بسمرقند در طلب آن مرد زرگر

۞چونکه‌سلطان‌ازحکیم آنرا شنید | پند اورا از دل و از جان گزید ۱۳ ۞گفت فرمان ترا فرمان کنم | هرچه گوئی آنچنان کن آن کنم
پس فرستاد آنطرف یکدو رسول | حاذقان و کافیان بس عدول ۱۴ تا سمرقند آمدند آن دو امیر | پیش آن زرگر زشاهنشه بشیر
کای لطیف استاد کامل معرفت | فاش اندر شهرها از تو صفت ۱۵ نك فلان شه از برای زرگری | اختیارت کرده زیرا مهتری
اینك این خلعت بگیر و زرّ وسیم | چون بیائی خاص باشیّ و ندیم ۱۶ مرد مال و خلعت بسیار دید | غرّه شداز شهر و فرزندان برید
اندر آمد شادمان در راه مرد | بیخبر کان شاه قصد جانش کرد ۱۷ اسب تازی برنشست و شاد تاخت | خونبهای خویش‌را خلعت‌شناخت
ای شده اندر سفر با صد رضا | خود بپای خویش تا سوء القضا ۱۸ در خیالش ملك و عز و سروری | گفت عزرائیل رو آری بری
چون رسید از راه آنمرد غریب | اندر آوردش بپیش شه طبیب ۱۹ سوی شاهنشاه بردش خوش بناز | تا بسوزد برسر شمع طراز
شاه دید اورا و بس تعظیم کرد | مخزن زر را بدو تسلیم کرد ۲۰ ۞پس بفرمودش که برسازد ز زر | از سوار و طوق و خلخال وکمر
۞هم ز انواع اوانی بی عدد | کانچنان در بزم شاهنشه سزد ۲۱ ۞زرگرفت آنمرد وشد مشغول‌کار | بیخبر زاینحالت و این کار زار
پس حکیمش گفت کای سلطان مه | آن کنیزك را بدین خواجه بده ۲۲ تا کنیزك در وصالش خوش شود | زآب وصلش دفع این آتش شود
شه بدو بخشید آن مه روی را | جفت کردآن هردو صحبت جویرا ۲۳ مدت ششماه می راندند کام | تا بصحت آمد آندختر تمام
بعد ازآن ازبهر او شربت بساخت | تابخورد و پیش دختر میگداخت ۲۴ چون ز رنجوری جمال او نماند | جان دختر در وبال او نماند
چونکه زشت وناخوش ورخ زردشد | اندك اندك در دل او سرد شد ۲۵ عشقهائی کز پی رنگی بود | عشق نبود عاقبت ننگی بود (۳)
کاشکی آن ننگ بودی یکسری | تا نرفتی بر وی آن بد داوری ۲۶ خون دوید ازچشم همچون جوی‌او | دشمن جان وی آمد روی او
دشمن طاوس آمد پرّ او | ای بسا شه را بکشته فرّ او ۲۷ ۞چونکه زرگر ازمرض بد حال‌شد | وزگدازش شخص اوچون نال‌شد
گفت من آن آهویم کز ناف من | ریخت آن صیّاد خون صاف من ۲۸ ای من آن روباه صحرا کز کمین | سر بریدندم برای پوستین
ای من آن پیلی که زخم پیلبان | ریخت خونم از برای استخوان ۲۹ آنکه کشتستم پی مادون من | می نداند که نخسبد خون من

---

(۱) این چند بیت در حفظ اسرار از مطالب مهمه علم الروح است که نباید اغیار و ناجنسان از اسرار دستورات روحیات اطلاع یابند چه اولا فائدهٔ در اطلاع آنان نیست و ثانیاً احتمال ضرر و فتنه و سدّ راه مقاصد داده میشود و ثالثاً چون اجنبی و ناجنس است و سنخیت با روحیات نداشته و یا در افق و مقام تو چون نیست ممکن است اطلاعاتش بر اسرار تو بر خلاف واقع اتفاق افتاده و تولید سوء ظن ودشمنیهای غیر منتظره بشود وچهارم چون حسد از اوصاف طبیعی نشو وارتقاء است باید صاحب هنر تا میتواند از خود نمائی وکشف اسرار خود داری نماید تابرحسب قانون تحریکات‌طبیعت حسهای حسد و رقابت نسبت بهنر جسمانی یا روحانی او تحریك نشده وازاقل ضرر الکتریسته منفی که از جان حسود بهنرهای صاحبان هنر متمرکز شده آن کار را ناقص و صاحبش را دوچار زحمت (دیر یازود) خواهد نمود محفوظ بماند. (۲) پنهانی دانه که موجب افشای سر سبزی بستان است خیلی شبیه است به پنهانی ذات احدیت که چون سرالاسرار جهان است هیچوقت ظاهر نشده و نخواهد شد کما آنکه در حدیث قدسی فرموده (کنت کنزاً مخفیا) پس اگرچه در مقام فاحببت ان اعرف که مقام ظهور مشیت‌الله است سر سبز بستان کائنات شده ولکن چنانچه دانه پنهان زیر زمین چون پنهان است موجب سرسبزی و افشا است و خود باز همان پنهانی اولیه را داشته و از دست نداده وتا عمر درخت باقی است پنهانی دانه یا ریشه هم باقی خواهد بود همچنین پنهانی ریشه کائنات (ذات غیب الغیوب) اگرچه موجب افشای همه کائنات شده ولکن تا درخت کائنات باقی و درنشو وارتقاست بموجب‌آن پنهانی ریشه ودانه‌آن‌هم‌پنهان‌خواهد بود بقسمیکه اگر دانه وریشه ظاهرشود درخت‌کائنات ازریشه درآمده ومعدوم خواهدشد پس اگر شاخها و برگها و میوها بخواهند پی باسرار ریشه ببرند بدلیل اینکه ریشه در مقام سر سبزی بستان ظاهر شده طمع خام نموده وحق این دلیل را نخواهند فهمید پس آنچه سراست محال استکه افشا شود وآنچه قابل افشا است سر نیست. (۳) مشکلی این بیت برای آنستکه منافات با این بیت گذشته مولوی دارد که درصفحه قبل فرمود (عاشقی گر زین سر وگر زان سر است ۞ عاقبت مارا بدان شه رهبر است) چه در اینجا عشق مجازیرا ننگ وناپایدار دانسته و در آنجا بالاخره رهبر حقیقت معرفی کرده جواب در جمع بین این دو کلام آنستکه درخانه طبیعت هیچ گلی بی‌خار وهیچ‌گنجی بی مار و هیچ نیشی بی نوش یعنی هیچ شری بی خیر نیست کما آنکه از شرور امراض رواج بازار خیرات اطبا و از شرور دزدان رؤسای محبس و بناها واز شرور قصاص حیات و عبرت دیگران و از شرور شیطان اجر مؤمنان و اشتداد مقامات خود داران ازاطاعت شیطان واز شر شمر خیرات عزا خانها برپاست واین یکی از اسرار خلقت اشرار است پس عشق مجازی اگرچه ازجهتی ننگ‌است ولکن ممکن است از جهتی دیگر موجب خیرات گردد دقت نمائید تا اشتباه نشود.

سایه خواب آرد ترا هم چون سمر / چون برآید شمس انشق القمر ۱ خودغریبی درجهان چون شمس نیست / شمس جان باقئی کش امس نیست(۱)
شمس در خارج اگرچه هست فرد / مثل او هم میتوان تصویر کرد ۲ لیك شمسی که ازاو شد هست اثیر / نبودش در ذهن و درخارج نظیر
در تصوّر ذات اورا گنج کو / تا در آید در تصوّر مثل او ۳ ❀ شمس تبریزی که نور مطلق است / آفتابست و ز انوار حق است
چون حدیث روی شمس الدین رسید / شمس چارم آسمان رو در کشید ٤ واجب آمد چونکه بردم نام او / شرح کردن رمزی از انعام او
این نفس جان دامنم بر تافته‌است / بوی پیراهان یوسف یافته‌است ۵ کز برای حق صحبت سالها / بازگو رمزی از آن خوش حالها
تا زمین و آسمان خندان شود / عقل و روح ودیده صدچندان شود ٦ ❀گفتم ای دور اوفتاده ازحبیب / همچو بیماری که دوراست ازطبیب
لا تکلفنی فانی فی الفنا / کلت افهامی فلا احصی ثنا (۲) ۷ کل شیئی قاله غیر المفیق / ان تکلف او تصلف لا یلیق
❀هرچه میگوید موافق چون نبود / چون تکلف نیك نالایق نمود ۸ من چگویم یك رگم هشیار نیست / شرح آن یاری که اورا یار نیست
❀خود ثنا گفتن زمن ترك ثناست / کاین دلیل هستی وهستی خطاست(۳) ۹ شرح این هجران واین خون جگر / این زمان بگذار تا وقت دگر
قال اطعمنی فانی جائع / فاعتجل فالوقت سیف قاطع (٤) ۱۰ صوفی ابن الوقت باشد ایرفیق / نیست فردا گفتن ازشرط طریق
❀صوفی ابن الحال باشد درمثال / گرچه هردو فارغند از ماه وسال ۱۱ تو مگر خود مرد صوفی نیستی / هست را از نسیه خیزد نیستی
گفتمش پوشیده خوشتر سرّ یار / خود تو درضمن حکایت گوش‌دار ۱۲ خوشتر آن باشد که سرّ دلبران / گفته آید در حدیث دیگران
گفت مکشوف و برهنه بی غلول / باز گو رنجم مده ای بوالفضول ۱۳ ❀بازگو اسرار و رمز مرسلین / آشکارا به که پنهان ذکر دین
پرده بردار و برهنه گو که من / می نگنجم با صنم در پیرهن ۱٤ گفتم ار عریان شود او در عیان / نی تو مانی نی کنارت نی میان
آرزو میخواه لیك اندازه خواه(٥) / بر نتابد کوه را یك برگ کاه ۱۵ آفتابی کز وی این عالم فروخت / اندکی گر پیش تابد جمله سوخت
❀تانگردد خون دل وجان جهان / لب بدوز و دیده بربند اینزمان ۱٦ فتنه و آشوب و خون ریزی مجو / بیش ازاین از شمس تبریزی مگو
این ندارد آخر از آغاز گو ۱۷ رو تمام آن حکایت باز گو

خلوت طلبیدن آن ولی ازپادشاه جهت دریافتن رنج کنیزك

❀چون حکیم ازاینسخن آگاه شد / وز درون همداستان شاه شد ۱۹ گفت ای‌شه خلوتی‌کن خانه را / دور کن هم خویش وهم بیگانه‌را
کس ندارد گوش در دهلیزها / تا بپرسم از کنیزك چیزها ۲۰ ❀خانه‌خالی کرد شاه وشد برون / تا بپرسد از کنیزك او فسون
خانه خالی ماند و یك دیّار نی / جز طبیب و جز همان بیمار نی ۲۰ نرم نرمك گفت شهر تو کجاست / که علاج اهل هرشهری جداست
واندر آن شهر از قرابت کیستت / خویشی و پیوستگی با چیستت ۲۲ دست بر نبضش نهاد و یك بیك / باز میپرسید از جور فلك
چون کسی را خار در پایش خلد / پای خود را برسر زانو هلد ۲۳ وز سر سوزن همی جوید سرش / ور نیابد میکند با لب ترش
خار درپا شد چنین دشوار یاب / خار در دل چون بود واده جواب ۲٤ خار دل را گر بدیدی هر خسی / دست کی بودی غمان را بر کسی
کس بزیر دمّ خر خاری نهد / خر نداند دفع آن بر میجهد ۲۵ خر ز بهر دفع خار از سوز ودرد / جفته می‌انداخت صدجا زخم کرد
❀آن لگد کی دفع خار اوکند / حاذقی باید که بر مرکز تند ۲٦ برجهد آن خار محکم تر کند / عاقلی باید که خاری برکند
آن حکیم خارچین استاد بود / دست میزد جابجا می آزمود ۲۷ زان کنیزك برطریق داستان / باز میپرسید حال دوستان
با حکیم او رازها میگفت فاش / از مقام و خواجگان وشهر تاش ۲۸ سوی قصه گفتنش میداشت گوش / سوی نبض وجستنش میداشت هوش
تاکه نبض ازنام کی گردد جهان / او بود مقصود جانش در جهان ۲۹ دوستان شهر اورا بر شمرد / بعد از آن شهر دگر را نام برد
گفت چون بیرون شدی ازشهر خویش / در کدامین شهر میبودی تو بیش ۳۰ نام شهری گفت و زانهم درگذشت / رنگ رو و نبض او دیگر نگشت
خواجگان و شهرها را یك بیك / باز گفت از جای واز نان و نمك ۳۰ شهر شهر و خانه خانه قصه کرد / نی رگش جنبید ونی رخ گشت زرد
نبض او برحال خود بد بی گزند / تا بپرسید از سمرقند چو قند ۳۲ ❀آه سردی برکشید آن ماه روی / آب ازچشمش روان شد همچوجوی
❀گفت بازرگانم آنجا آورید / خواجهٔ زرگر در آنشهرم خرید ۳۳ ❀دربرخود داشت ششماه وفروخت / چون بگفت این زاتش غم برفروخت
نبض جست و روی سرخش زردشد / کز سمرقندی زرگر فرد شد ۳٤ چون ز رنجور آن حکیم این رازیافت / اصل آن درد و بلا را باز یافت
گفت کوی او کدامست و گذر / او سر پل گفت وکوی غاتفر ۳۵ ❀گفت آنکه آن حکیم باصواب / آن کنیزك را که رستی ازعذاب
گفت دانستم که رنجت چیست زود / در علاجت سحرها خواهم نمود ۳٦ شاد باش و فارغ و ایمن که من / آن کنم با تو که باران با چمن
من غم تو میخورم تو غم مخور / بر تو من مشفق ترم از صد پدر ۳۷ هان وهان این رازرا باکس مگوی / گرچه شاه از تو کند بس جستجوی

---

(۱) اینچنین شمسی از عرفا که استاد طریقت مولویست بمثل خود شمس حقیقت یعنی ذات احدیّت که از غریبی وتنهائی منحصر بیکی است بمثل اینکه در حدیث وارد است که مؤمن حقیقی کمتر از کیمیاست . (۲) یعنی غیر عاشق فانی هرکس دم از عشق ولو بادق معانی بزند تکلف ورنج برده و بحقیقت معشوق هم نخواهد رسید . (۳) اگرچه خبر عاشق از معشوق بترك خبر وتعریف وثناست ولکن آنرا که خبر شد خبری باز نیامد . (٤) چون هیچ شمشیری برنده تر از وقت نیست که همیشه گذشته و آینده را از هم جدا مینماید پس باید عاشق زود غذای عشق را بکام خود برساند و بشمشیر همت و عزم و اراده هر مانعی را گردن زده و وعده وصل را از این وقت بوقت دیگر نیاندازد . (۵) سنگینی تمام زندگیهای اهل عالم برای همین است که میخواهند بوسعت لاستیکی خیال نظام مقدرات را تغییر داده وگردش منظم افلاك و روزگار را مطابق مرام و آرزو وآمال (خواه عقلانی وشدنی وخواه غیر معقول ونشدنی) خودقرار بدهند اینستکه غالب زندگانیهای عالم بمثل کوهی که فشار برکاهی میاورد برارواح مردم چه درکارهای دنیا وچه درکارهای آخرت چنان فشار آورده که یکدل خوش و راضی در عالم نیست مخصوصاً اشخاصیکه در علم الروح میخواهند حقائق مقامات عشق را بمیزان خیال و عقل مشوب که مقصود مولوی از این بیت همین است دست بیاورند اینست که بغیر از زحمت و قناعت بالفاظ و خیالات متشابه نتیجه دیگری نبرده و نخواهند برد .

نیست‌وش باشد خیال اندرجهان (۱)　تو جهانی بر خیالی بین روان ۱ بر خیالی صلحشان و جنگشان　وازخیالی فخرشان وننگشان (۲)
آن خیالاتی که دام اولیاست (۳)　عکس مه رویان بستان خداست ۲ آنخیالی را که شه درخواب دید　در رخ مهمان همی آمد پدید
☸نور حق ظاهر بود اندر ولی　نیك بین باشی اگر اهل دلی ۳ ☸آنولیّ حق چو پیدا شد زدور　از سر و پایش همی میتافت نور
شه بجای حاجبان واپیش رفت　پیش آنمهمان غیب خویش رفت ٤ ☸ضیف غیبی را چو استقبال کرد　چون‌شکر گوئی که‌پیوست اوبورد
هر دو بحری آشنا آموخته　هر دو جان بی دوختن بردوخته ٥ ☸آن یکی‌چون‌تشنه‌واندیگرچوآب　آن یکی مخمور وآن دیگرشراب
گفت معشوقم تو بودستی نه آن　لیك کار از کار خیزد درجهان ٦ ای مرا تو مصطفی من چون عمر　از برای خدمتت بندم کمر

درخواستن توفیق رعایت ادب و وخامت بی ادبی

از خدا جوئیم توفیق ادب　بی ادب محروم ماند ازلطف رب ٨ بی ادب تنها نه خودرا داشت بد　بلکه آتش در همه آفاق زد
مائده از آسمان در میرسید　بی شری و بیع وبی‌گفت وشنید ٩ در میان قوم موسی چند کس　بی ادب گفتند کو سیر و عدس
منقطع شد خوان و نان ازآسمان　ماند رنج زرع و بیل و داسمان ١٠ باز عیسی چون شفاعت کرد حق　خوان فرستاد و غنیمت بر طبق
☸ مائده از آسمان شد عائده　چونکه گفت انزل علینا مائده ١١ باز گستاخان ادب بگذاشتند　چون گدایان زلها برداشتند
کرد عیسی لابه ایشان را که این　دائمست و کم نگردد از زمین ١٢ بدگمانی کردن و حرص آوری　کفر باشد نزد خوان مهتری
زان گدا رویان نا دیده ز آز　آن در رحمت بر ایشان شد فراز ١٣ ☸ نان‌وخوان(٤)ازآسمان‌شدمنقطع　بعد ازآن زان خوان نشدکس‌منتفع
ابر برناید پی منع زکات　وز زنا افتد وبا اندر جهات ١٤ هرچه برتو آید از ظلمات و غم　آن زبی باکی وگستاخیست هم
هرکه بی باکی کند در راه دوست　رهزن مردان شد و نامرد اوست ١٥ از ادب پرنور گشتست این فلك　واز ادب معصوم و پاك آمد ملك
بد زگستاخی کسوف آفتاب (٥)　شد عزازیلی ز جرأت ردّ باب ١٦ ☸هرکه گستاخی کند اندرطریق　گردد اندر وادی حیرت غریق
☸حال شاه ومیهمان برگو تمام ١٧ زانکه پایانی ندارد این کلام

ملاقات پادشاه با آن طبیب الهی که درخوابش بشارت بملاقات او داده بودند

☸شه‌چوپیش میهمان خویش رفت　شاه بود او لیك بس درویش رفت ١٩ دست بکشاد و کنارانش گرفت　همچو عشق اندر دل وجانش گرفت
دست و پیشانیش بوسیدن گرفت　از مقام و راه پرسیدن گرفت ٢٠ پرس پرسان میکشیدش تا بصدر　گفت گنجی یافتم آخر بصبر
☸صبر تلخ آمد ولیکن عاقبت　میوهٔ شیرین دهد پر منفعت ٢١ گفت ای نور حق و دفع حرج　معنی الصّبر مفتاح الفرج
ای لقای تو جواب هر سؤال　مشکل ازتو حل شود بی‌قیل‌وقال ٢٢ ترجمان هرچه ما را در دل‌است　دستگیر هرکه پایش درگل‌است
مرحبا یا مجتبی یا مرتضی　ان تغب جاء القضا ضاق الفضا(٦) ٢٣ انت مولی القوم من لا یشتهی　قد ردی کلا لئن لم ینته

بردن پادشاه طبیب را برسر بیمار تا حال اورا ببیند

چون‌گذشت آن‌مجلس وخوان‌کرم　دست او بگرفت و برد اندر حرم ٢٥ قصهٔ رنجور و رنجوری بخواند　بعد ازآن درپیش رنجورش‌نشاند
رنگ رو و نبض و قاروره بدید　هم علاماتش هم اسبابش شنید ٢٦ گفت هر دارو که ایشان کرده‌اند　آن عمارت نیست ویران کرده‌اند
بی‌خبر بودند از حال درون　استعیذالله ممّا یفترون ٢٧ دید رنج وکشف شد بر وی نهفت　لیك پنهان کرد وبا سلطان نگفت
رنجش از صفرا و از سودا نبود　بوی هر هیزم پدید آید ز دود ٢٨ دید از زاریش کو زار دلست　تن خوش است و او گرفتار دلست
عاشقی پیداست از زاری دل　نیست بیماری چو بیماری دل ٢٩ علت عاشق ز علتها جداست　عشق اصطرلاب اسرارخداست(٧)
عاشقی‌گرزین‌سروگرزان‌سراست(٨)　عاقبت ما را بدان شه رهبراست ٣٠ هرچه گویم عشق را شرح وبیان　چون بعشق آیم خجل‌گردم ازآن
گرچه تفسیر زبان روشنگر است　لیك عشق بیزبان روشنتر است ٣١ چون قلم اندر نوشتن میشتافت　چون بعشق آمد قلم برخود شکافت
☸چون‌سخن‌دروصف‌اینحالت‌رسید　هم قلم بشکست وهم کاغذ درید ٣٢ عقل درشرحش چوخر درگل‌بخفت　شرح عشق وعاشقی هم عشق‌گفت
آفتاب آمد دلیل آفتاب　گر دلیلت باید از وی رومتاب(٩) ٣٣ ازوی ارسایه نشانی میدهد (١٠)　شمس هر دم نور جانی میدهد

---

(١) (اندرروان‌خ‌ل) یعنی چون خیالات بواسطه آنکه غیر محسوس بحواس ظاهر وبتبع محسوسات به آنها نظر داشتن و غیر منظم و بدون سرچشمه درمغز آناً فاناً آمدن‌است نیست وش یعنی مانند نیست درنظر عوام مینماید درحالتیکه تمام صنایع بشریه واخلاق اجتماعی وحیات انفرادی بنقشه‌ریزی قوهٔ‌خیال‌است (همچنین : توجهانی برخیالی بین روان) یعنی خیال‌عالم‌کبیرعالم مثال‌است که‌موجب‌نقشه‌ریزی عالم‌است.(٢)نامشان‌وننگشان‌خ‌ل (٣) یعنی چون خیالات انبیا و اولیاء بواسطهٔ تمرکز قوا و توحید نفس راه بیوستان احدیت یافتند ازعوالم اسماء وصفات الهیه عکسهای مه رویان حقائق وجودیه در خیالات آنان بقسمی عکس بجای خیال میاندازد که از این دام جاذبه عکوس بدام صاحب عکسها میافتند با همین دام و مکر صید دلهای طالبین را مینمایند لذادرهمین دفترفرموده (دامهاشان مرغ گردونی‌گرفت‌الخ) (والله‌خیرالماکرین) (٤)من‌وسلوی‌خ‌ل (٥) اگرچه‌کسوف شمس‌وخسوف‌قمراز معصیت خلق بعقیده مولوی نیست چه این عقیده عوامانه است ولکن تحقیق مطلب را بدو معنی میتوان نمود که عقیده مولوی را در این بیت عارفانه و عالمانه جلوه دهد اول از بی ادبی نظام و انحراف حرکت دوریه اجزای منظومه شمسیه از سیر منظم خود است که موجب فصول‌اربعه شده کما اینکه در نجوم محقق است . دوم ممکن است مقصود مولوی مطابق این کسوف نجومی که از بی ادبی و انحراف نظام حاصل میشود کسوف روح باشد که از بی ادبی معاصی و انحراف مزاج حاصل خواهد شد . (٦) یعنی اگر معشوق ازدل عاشق غیبت کند چون عاشق بغیر از معشوق چیزی ندارد فضای عالم براو تنگ خواهد شد . (٧) یعنی عشق مرض مغزی یا مزاجی و سودائی نیست که اطبا گفتند بلکه یا چون تاکنون سببش فهمیده نشده باید جنون الهی یا جنون نما گفت چه در جنون عشق همه حقائق کشف میگردد بخلاف جنون مغزی .

(٨) یعنی چون پرتو عشق بمثل جاذبه‌عمومی مجاز وحقیقت‌را گرفته اگر درمجاز استقامت بلکه جمع حواس‌گردد بحقیقت خواهد رسید کمااینکه‌گویند مجنون در آخر کار بلیلی اعتنائی نمینمود . (٩) یعنی باید در همه‌جا دلیل ازسنخ مدلول بمثل سنخیت هرحسی ازحواس ظاهره وباطنه بامحسوس خود باشد والا هرغیری باید باندازه‌غیریت طمع‌دلالت‌راازاوبرید. (١٠) (ب) مقصود ازسایه دراینجا که دربیت بعد هم فرموده چون سمر (افسانه) خواب آورنده‌است ادله فلسفی ازترکیبات ماهیات امکانیه برآفتاب. حقیقت‌است‌که عالم‌را ازخود پرکرده وبچشم اهلش جلوه گر وشق‌القمرافکاراست.

جمله معشوقست و عاشق پردهٔ   زنده معشوقست و عاشق مردهٔ   ۱   چون نباشد عشق را پروای او   او چو مرغی ماند بی پروای او
❀پر و بال ما کمند عشق اوست   مو کشانش مبکشد تا کوی دوست   ۲   من چگونه هوش دارم پیش وپس   چون نباشد نور یارم پیش و پس
❀نوراو دریمن ویسر وتحت‌وفوق   برسرو بر گردنم چون تاج وطوق   ۳   عشق‌خواهد کاین سخن بیرون بود   آینه غمّاز نبود چون بود
آینه‌ات دانی چرا غمّاز نیست   زآنکه زنگار ازرخش ممتازنیست   ٤   ❀آینه کز زنگ آلایش جداست   پر شعاع نور خورشید خداست
❀رو توزنگار از رخ او پاك‌كن   بعد ازآن آن نور را ادراك کن   ٥   ❀این‌حقیقت‌را شنو از گوش دل   تا برون آئی بکلی زآب وگل
❀فهم اگر دارید وجانرا ره دهید   بعد ازآن از شوق پا در ره نهید   ٦

حَکایت عاشق شدن پادشاه بر کنیزك وخریدن او آن کنیزك را وبیمار شدن کنیزك ودرازی بیماری

بشنوید ای دوستان این داستان   خودحقیقت نقد حال‌ماست آن(۱)   ۸   ❀نقد حال خویش را گر پی‌بریم   هم ز دنیا هم زعقبی برخوریم
بود شاهی در زمانی پیش ازاین   ملك دنیا بودش و هم ملك دین   ۹   اتفاقاً شاه روزی شد سوار   با خواص خویش از بهر شکار
❀بهر صیدی‌میشداو برکوه‌ودشت   ناگهان در دام‌عشق او صید گشت   ۱۰   یك کنیزك دید شه در شاهراه   شد غلام آن کنیزك جان شاه
مرغ جانش درقفس چون میطپید   داد مال و آن کنیزك را خرید   ۱۱   چون خرید اورا و برخوردار شد   آن کنیزك از قضا بیمار شد
آن یکی خر داشت پالانش نبود   یافت پالان گرگ خررا در ربود   ۱۲   کوزه بودش آب می نامد بدست   آبرا چون یافت خود کوزه‌شکست
شه‌طبیبان جمع کرد ازچپّ وراست   گفت جان هردو در دست شماست   ۱۳   جان من سهلست جان جانم اوست   دردمند و خسته ام درمانم اوست
هرکه درمان کرد مر جان مرا   برد گنج و درّ و مرجان مرا   ١٤   جمله گفتندش که جان بازی کنیم   فهم گرد آریم و انبازی کنیم
هریکی از ما مسیح عالمی است   هر المرا در کف ما مرهمی است   ۱۵   گر خدا خواهد نگفتند از بطر   پس خدا بنمودشان عجز بشر
ترك استثنا مرادم قسوتی است   نی‌همین گفتن‌که عارض‌حالتی‌است   ۱٦   ای بسا ناورده استثنا بگفت   جان او با جان استثناست جفت
هرچه کردند از علاج و از دوا   گشت رنج افزون و حاجت ناروا   ۱۷   آن کنیزك ازمرض چون موی‌شد   چشم‌شاه‌ازاشك‌خون‌چون‌جوی‌شد
❀چون قضا آید طبیب ابله شود   آن دوا در نفع خود گمره شود   ۱۸   از قضا سرکنگبین صفرا فزود   روغن بادام خشکی مینمود
از هلیله قبض شد اطلاق رفت   آب آتش را مدد شد همچو نفت   ۱۹   ❀ سستی دل‌شد فزون وخواب کم   سوزش چشم و دل پر درد و غم
❀شربت و ادویه و اسباب او   از طبیبان ریخت یکسر آب رو   ۲۰

ظاهر شدن عجز طبیبان از معالجهٔ کنیزك بر پادشاه و رو آوردن بدرگاه پادشاه حقیقی

شه چو عجز آن طبیبان را بدید   ۲۲   پا برهنه جانب مسجد دوید
رفت درمسجد سوی محراب شد   سجده‌گاه از اشك شه پرآب‌شد   ۲۳   چون بخویش آمد ز غرقاب فنا   خوش زبان بگشاد در مدح و ثنا
کای کمینه بخششت ملك جهان   من چه گویم چون تومیدانی نهان   ٢٤   ❀حال ما واین طبیبان سر بسر   پیش لطف عام تو باشد هدر
ای همیشه حاجت ما را پناه   بار دیگر ما غلط کردیم راه   ۲۵   لیك گفتی گرچه میدانم سرت   زود هم پیدا کنش بر ظاهرت
چون برآورد از میان جان خروش   اندر آمد بحر بخشایش بجوش   ۲٦   در میان گریه خوابش در ربود   دید درخواب آنکه پیری رو نمود
گفت‌ای‌شه مژده حاجاتت رواست   گر غریبی آیدت فردا ز ماست   ۲۷   چونکه آید او حکیم حاذق است   صادقش دان کو امین وصادق‌است
در علاجش سحر مطلق را ببین   در مزاجش قدرت حق را ببین   ۲۸   ❀خفته بود آن خواب‌دید آگاه‌شد   گشته مملوك کنیزك شاه شد
چون رسید آن‌وعده‌گاه و روزشد   آفتاب از شرق اختر سوز شد   ۲۹   بود اندر منظره شه منتظر   تا ببیند آنچه بنمودند سر
دید شخصی کاملی پر مایهٔ   آفتابی در میان سایهٔ   ۳۰   می‌رسید از دور مانند هلال   نیست بود و هست بر شکل خیال

---

(۱) در بیان فلسفه عرفانی داستان اول مثنوی (از آمدن شاهی بشکارگاه و عشق اتفاقی او بکنیزی و عشق کنیز بزرگری و رنجور شدن شاه برنجوری کنیز و ناکامی و نامرادی غالب آرزو و آمال دنیا وعجز اطبا از معالجه وترك انشاء الله و معالجه طبیب الهی) بدانکه عقلا چندان نظری براست و دروغ قصّه ندارند چه اکثر قصص بمثل کلیله ودمنه که غالباً مولوی موضوعات غیر کتب آسمانی را از او نقل مینماید دروغ بصورت راست است که هر شنوندهٔ را ممکن است که از عبارات و اشارات و تلویحات وکنایات و تأویلات و تمثیلات آنها عبرتها برگیرد و متأثر شود و نقد حال خود را دریابد . پس بنا براین مقدمه مقصود از آمدن شاه درشکارگاه آمدن شاه روح انسانی از پایتخت اسماء و صفات الهی و وطن اصلی است که علیکم بالسواد الاعظم همین است بشکارگاه اعضای‌بدنی برای صید معارف بدامهای حواس که (من فقد حسّاً فقد علما) ناگاه بکنیزك نفس امّاره (قوهٔ خیال) که هر غیر مطلوبی را بصورت مطلوب جلوه میدهد وهر پستی‌را بلند و بلندی را پست وسهلی را ممتنع و ممتنعی را سهل و هر خوبی را از حقائق بیدی ونیستی وهر بدی را ازظواهر بهستی معرفی مینماید بقسمیکه هر کس عشق باو یابد ناکام‌است چه او عشق بغیر عاشق خود یعنی بزرگردنیا (که متاع دنیا فقط بزر و زینت است) داشته و این عدم تفاوق اخلاقی بین عاشق و معشوق مخصوصاً در فضای تنگ دنیای ناقص العیش که هر گلی از او پر خار وهر نوشی پر نیش بوده موجب ابتلای شاه روح بقسمی شده که همیشه دوچار این دو قضیه در هر آرزو و آمالی شده (آن یکی خر داشت پالانش نبود الخ) (بعلاوه آنکه : از قضا سرکنگبین صفرا فزود) و مقصود از عجز اطبای بدون استثنا علمای سوء که بمشیت‌الله اختیاری چون متصل نبودند ترك انشاء الله گفتن حالی و قالی نموده و طبیب الهی که بعلاوه اتصال تکوینی چون اتصال اختیاریم بمشیت الله داشته زبان حالش زبان انشاء الله واستثنا بوده از راه اسباب مناسب که موافق هردو مشیت است معالجهٔ کامل از کنیزك نموده و شاه روح را براحت ابدی بواسطهٔ تربیت و اصلاح نفس امّاره‌که قوه خیال است رسانیده‌نه‌بکشتن نفس که مرسوم بیشتر مرتاضین هند است چه هنر در تربیت و اصلاح هردزد و سرکش است نه درکشتن که خلاف تمدن است .

دفتر اول مثنوی

١ بشنو از نی چون حکایت میکند — و از جدائیها شکایت میکند — کز نیستان تا مرا ببریده اند — از نفیرم مرد و زن نالیده اند

٢ سینه خواهم شرحه‌شرحه ازفراق — تا بگویم شرح درد اشتیاق — هرکسی کو دورماند ازاصل‌خویش — باز جوید روزگار وصل خویش

٣ من بهر جمعیتی نالان شدم — جفت بدحالان و خوشحالان شدم — هرکسی از ظنّ خود شد یار من — وز درون من نجست اسرار من

٤ سّر من از نالهٔ من دور نیست — لیك چشم وگوش را آن نور نیست — تن زجان و جان زتن مستور نیست — لیك کس‌را دید جان دستور نیست

٥ آتش‌است این بانگ‌نای و نیست باد — هرکه این آتش ندارد نیست باد — آتش عشق است کاندر نی فتاد — جوشش عشق است کاندر می‌فتاد

٦ نی حریف هرکه از یاری برید — پردهایش پردهای ما درید — همچو نی زهری و تریاقی‌که دید — همچو نی دمساز و مشتاقی که دید

٧ نی حدیث راه پر خون میکند — قصّهای عشق مجنون میکند — ❁ دو دهان داریم گویا همچونی — یکدهان پنهانست در لبهای وی

٨ ❁یکدهان نالان شده سوی شما — های و هوئی درفکنده در سما — ❁لیك داند هرکه اورامنظراست — کاین‌فغان‌این‌سری‌هم‌زان‌سراست

٩ ❁دمدمهٔ این نای‌ازدمهای‌اواست — های وهوی روح ازهیهای‌اواست — محرم این هوش جز بیهوش نیست — مرزبان را مشتری جزگوش نیست

١٠ ❁ گر نبودی نالهٔ نی را ثمر — نی جهانرا پر نکردی از شکر — در غم ما روزها بیگاه شد — روزها با سوزها همراه شد

١١ روزها گر رفت گو رو باك نیست — توبمان‌ای‌آنکه چون‌تو پاك‌نیست — هرکه جز ماهی زآبش سیر شد — هرکه بی‌روزیست روزش دیرشد

١٢ در نیابد حال پخته هیچ خام — پس سخن کوتاه باید والسّلام — ❁باده درجوشش‌گدای‌جوش‌ماست — چرخ در گردش اسیر هوش ماست

١٣ ❁باده از ما مست شد نی ما ازو — قالب از ما هست شد نی ما ازو — ❁بر سماع راست هرتن‌چیر نیست — طعمهٔ هر مرغکی انجیر نیست

١٤ بند بگسل باش آزاد ای پسر — چند باشی بند سیم و بند زر — گر بریزی بحر را در کوزهٔ — چند گنجد قسمت یك روزهٔ

١٥ کوزهٔ چشم حریصان پر نشد — تا صدف قانع نشد پر دُر نشد — هرکرا جامه ز عشقی چاك شد — او ز حرص و عیب کلی پاك شد

١٦ شاد باش ای‌عشق خوش سودای‌ما — ای طبیب جمله علتهای ما — ای دوای نخوت و ناموس ما — ای تو افلاطون و جالینوس ما

١٧ جسم خاك از عشق بر افلاك شد — کوه در رقص آمد و چالاك شد — عشق جان طور آمد عاشقا — طور مست و خرّ موسی صاعقا

١٨ ❁سّر پنهانست اندر زیر و بم — فاش اگر گویم جهان بر هم زنم — ❁آنچه نی‌میگوید اندر این‌دوباب — گر بگویم من جهان گردد خراب

١٩ با لب دمساز خود گر جفتمی — همچو نی من گفتنیها گفتمی — هرکه او از هم زبانی شد جدا — بینوا شد گرچه دارد صد نوا

٢٠ چونکه‌گل‌رفت‌وگلستان‌درگذشت — نشنوی زان‌پس زبلبل سرگذشت — ❁چونکه‌گل‌رفت‌وگلستان‌شدخراب — بوی گل را ازکه جوئیم ازگلاب

بسم‌الله الرحمن الرحیم را برای دو جهت تحقیقی وتقلیدی مولوی در اول مثنوی ترك کرده اما تحقیقی چون هراسمی علامت غیبت ودر وقت غیاب صاحب اسم برده میشود نه در وقت حضور که قبیح است و مولوی دراول شروع بمثنوی البته درمقام حق‌الیقین حضور قلبی بوده که حیا کرده اسم خداوند را درمقام حضور قلب ببرد. واما تقلیدی شاید تقلید ازقرآن کرده که بدون بسم‌الله اول سورهٔ نازلهٔ قرآن (اقرأ) بوده پس چون متجاوز از نصف قرآن را درمثنوی تفسیر عرفانی راجع بتوحید نفس وتحصیل ملکهٔ جمع حواس که عین توحید رب وتحصیل مقام جمع الجمعی است (که باتفاق تمام فلاسفه روحانی عالم موضوع علم الرّوح همین دوعنوان مذکور است و بس) نموده یعنی درمقابل سورهٔ اقرأ که از مادهٔ لفظی ومعنوی قرآنست بشنو فرموده که چگونه گفتهای قرآن وسایر کتب آسمانی را باسایر قصص از نی نفس ناطقه یا نی قصبةالریه یا نای حلقوم یا نی زبان یا نی قلم یا نی انگشتان که با قلم قرآن و مثنوی رامینویسد یا نی نفس کلیه الهیه یا نی عقل اول یا نی تمام حقائق تو خالی موجودات که ازطرف ذوات وتعینات وماهیات خود بمثل نی توخالی (یعنی خالی ازوجود وعدم) واز طرف‌حق توپرکه‌بمعنی‌صداست منظماًنغمات خلقت شنیده میشود که «اذا قرأ القرآن فاستمعوا وانصتوا له» پس دور نیست که مقصود از نی همان آلت موسیقی که محرك رهروان و مؤثر درهر پیر وجوان حتی درحیوان است باشد که شتر از شنیدن حدی و خر از زنگوله رفع خستگی میکند پس هر مرتاضی بموسیقی که نظامش ازنظام خلقت چون حکایت میکند صاحب ملکه جمع حواس و توحید نفس و تنظیم افکار که حاکی از تنظیم عالم باشد بنظم موسیقی مینماید. اگر بگوئی یارب با این حکایت نفس ناطقه از نظام خلقت در فرد اول پس چرا تناقض گوئی وشکایت از جدائی درفرد دویم دارد جواب میدهیم که اینگونه تناقضات قابل تحقیقات عالی درمثنوی مخصوصاً در توحید چون زیاداست شارح فعلی تمام موضوعات مشکله مثنوی و شاهکارهای مولوی در علم الروح را از شریعت و طریقت و حقیقت یا علم الیقین و عین الیقین وحق الیقین در مراتب توحید ذاتی و صفاتی و آثاری ودر عبودیت و نبوت و رسالت وخلت و ولایت و معراج واسرار قضا وقدر ومعرفت النفس وعشق واخلاق و آثار اراده از تمرکز قوا بنام معجزات و کرامات یا کیمیا و سیمیا و لیمیا یا تله‌کنزی و اسپرتیزم و مدیومیزم و هیپنوتیزم ومانیتیزم و گونه ئیزم ومانند اینها ازآثار تمرکز مغز بعنوان شرح این فصل اول مثنوی که جامع جمیع مراتب علم الروح است باچندین تحقیقات علمی برای حل اشکال بیت اول بعنوان دیباچه و شرح حال مولوی انشاء الله خواهد نوشت ودر ابتدای مثنوی طبع خواهد شد منتظر باشید تا ملاحظه نمائید.

بسم الله الرحمن الرحيم

هذا كتاب المثنوى المعنوى و هو اصول اصول اصول الدين ، في كشف أسرار الوصول واليقين ، و هو فقه الله الاكبر و شرع الله الازهر و برهان الله الأظهر مثل نوره كمشكوة فيها مصباح ، يشرق اشراقا انور من الاصباح و هو جنان الجنان، ذو العيون والاغصان منها عين تسمى عند ابناء هذا السبيل سلسبيلا ، و عند اصحاب المقامات والكرامات خير مقاما واحسن مقيلا ، الابرار منه يأكلون و يشربون ، والاحرار منه يفرحون و يطربون وهو كنيل مصر شراب للصابرين و حسرة على آل فرعون والكافرين كما قال يضل به كثيرا و يهدى به كثيرا و انه شفاء الصدور و جلاء الاحزان و كشاف القرآن و سعة الأرزاق و تطبيب الاخلاق بايدى سفرة كرام بررة يمنعون بان لا يمسه الا المطهرون لا يأتيه الباطل من بين يديه ولا من خلفه والله يرصده و يرقبه وهو خير حافظا و هو ارحم الراحمين، و له القاب آخر لقبه الله تعالى بها، و اقتصرنا على هذا القليل والقليل يدل على الكثير و الجرعة تدل على الغدير و الحفنة تدل على البيدر الكبير يقول العبد الضعيف المحتاج الى رحمة الله تعالى محمد بن محمد بن الحسين البلخى تقبل الله منه اجتهدت في تطويل المنظوم المثنوى المشتمل على الغرائب والنوادر و غرر المقالات و درر الدلالات و طريقة الزهاد وحديقة العباد قصيرة المبانى كثيرة المعانى لاستدعاء سيدى و سندى و معتمدى و مكان الروح من جسدى و ذخيرة يومى و غدى وهو الشيخ قدوة العارفين و امام اهل الهدى و اليقين مغيث الورى امين القلوب والنهى وديعة الله بين خليقته و صفوته فى بريته و وصاياه لنبيه و خباياه عند صفيه مفتاح خزائن العرش امين كنوز الفرش ابو الفضائل حسام الحق والدين حسن بن محمد بن الحسن المعروف بابن اخى ترك ابو يزيد الوقت جنيد الزمان صديق بن الصديق رضى الله عنه و عنهم الارموى الاصل المنتسب الى الشيخ المكرم بما قال امسيت كرديا واصبحت عربيا قدس الله روحه وارواح اخلافه فنعم السلف و نعم الخلف له نسب القت الشمس عليه رداءها و حسب ارخت النجوم عليه اضواءها، لم يزل فناؤهم قبلة الاقبال يتوجه اليها بنو الولاة وكعبة الآمال يطوف بها وفود العفاة ولا زال كذلك ما طلع نجم و ذر شارق ليكون معتصما لاولي البصائر الربانيين الروحانيين السمائيين العرشيين النوريين السكت النظار، الغيب الحضار، الملوك تحت الأطمار، اشرف القبايل افضل الفضايل انور الدلايل آمين يا رب العالمين « وهذا دعاء لا يرد فانه دعاء لاصناف البرية شامل »

والحمد لله وحده و صلى الله على محمد و آله و عترته حسبنا الله و نعم الوكيل نعم المولي و نعم النصير

Maulana Jalalu-'d-din Muhammad i Rumi

-١٩- فهرست مطالب مثنوی

چندانحسن پوشیده شدکه و کانوا فیه من الزاهدین ٤٠١
مؤاخذهٔ یوسف صدیق علیه السلام بحبس بضع سنین بسبب یاری
خواستن از غیر حق و گفتن واذ کرنی عند ربك ٤٠٢
باز گشتن بحکایت غریب وامدار و خوابدیدن پای مرد - گفتن
خواجه در خواب به آنپا یمردوجوه وام آندوسترا که به تبریز آمده
بودو نشاندادن جای دفن آنسیم را و پیغام بوارثان که البته از آنهیچ
باز مگیرید. حکایت آنپادشاه و وصیت کردن سه پسر خودرا که در
اینسفر در ممالك من فلانجا چنین ترتیب نهید و فلانجا چنین نواب
نصب کنید اما الله الله بفلان قلعه مروید و گرد آن مگردید ٤٠٤
بیان استمداد عارف از سرچشمهٔ حیات ابدی و مستغنی شدن او از
استمداد و انجذاب از چشمه های آبهای بیوفا که علامة ذلك التجافی
عن دار الغرور که آدمی چون بر مددهای اینچشمه ها اعتماد کند
در طلب چشمهٔ باقی دائم سست شود چنانکه حکیم راست ☆ کاریز
درون جان تو میباید ☆ کز عاریها ترا دری نگشاید ☆ یکچشمهٔ آب
از درون نخانه ☆ به زانجوئی که از برون میآید - روانشدن شهزادگان
در ممالك پدر بعداز وداع و اعادتکردن شاه وقت وداع وصیت خود را ٤٠٥
رفتن شهزادگان بجانب قلعهٔ ممنوعة عنها بحکم الانسان حریص
علی مامنع و وصیتهای پدر را فراموشکردن و در بلا افتادن و نفس
لوامه با ایشان بزبانحال گفتن الم یاتکم نذیر و گفتن ایشان در
جواب لو کنا نسمع او نعقل ما کنا فی اصحاب السعیر ☆ ما بندگی خویش
نمودیم و لیکن ☆ خوی بد تو بنده ندانست خریدن ٤٠٦
دیدن آنسه پسر شاه در قصر قلعهٔ ذات الصور نقش روی دختر شاه
چین را و بیهوش شدن هر سه برادر و در فتنه افتادن و تفحص کردن
که این صورت کیست ٤٠٧
حکایت صدر جهان در بخارا و کرم او و آنکه اگر کسی بزبان از او سؤال
کردی هیچ ندادی. حکایت امرد و کوسه در خانقاه بالوطی و تدبیر امرد ٤٠٨
در بیان حدیث منهومان لا یشبعان طالب العلم و طالب الدنیا. بحث
شاهزادگان باهمدیگر در آنقضیه و مقالهٔ برادر بزرگتر. بمجاس
کشیدن پادشاهی فقیهی را و بزخم مشت بطبع آوردن ٤٠٩
رفتن شاهزادگان بعداز اتمام ماجرا بجانب ولایت چین تا بقدر
امکان بمقصود نزدیکتر باشند اگر راه بوصل مسدود است بقدر
امکان نزدیکشدن محمود است ٤١٠
حکایت امرؤ القیس که بادشاه عرب بود و باجمال و کمال و زنان
عرب چون زلیخا شیفتهٔ او بودند مگر دانست اینها همه تمثال
صورتی اند باید طالب معنی شد ٤١١
بیطاقت شدن برادر بزرگتر بعداز مدتی و متواری شدن در بلاد
چین در شهر تختگاه و گفتن که من رفتم الوداع تا خود را بر شاه
چین عرضه کنم ☆ اما قدمی تنیلنی مقصودی ☆ او القی رأسی
کفؤادی ثم ☆ یا پای رساندم بمقصود و مراد ☆ یا سر بنهم همچو دل از
دست اینجا ☆ و نصیحت برادران او را سود ناداشتن ☆ یا عاذل
العاشقین دع فئة ☆ اضلها الله کیف ترشدها ٤١٢
بیان مجاهد که دست از مجاهده باز ندارد اگرچه داند که بسطت
عطاء حق که آنمقصود است از طرف دیگر و بسبب عمل دیگر
بدو برساند که در وهم او نبوده باشد و او در اینطریق معین امید
بسته همین در میزند شاید که حق تعالی آنروزیرا از در دیگر
رساند که او آن تدبیر نکرده باشد و یرزقه من حیث لا یحتسب
العبد یدبر و الله یقدر و بود که بنده را هم بندگی بود که مرا از غیر
این در برساند اگرچه حلقهٔ این در میزنم حقتعالی اورا هم از
ایندر روزی رساند فی الجمله اینهمه درهای یك سرایست ٤١٣
حکایت مرد میراث یافته که در خرج اسراف کرده مفلسشد. در بیان
سبب تأخیر در اجابت دعای مؤمن از حضرت عزت. دیدن میراثی
بخواب که در مصر بفلان موضع گنجیست و رفتن بشهر مصر در طلب آن ٤١٤
رسیدن آنشخص بمصر و بیرون آمدن بکوی در شب بجهت شبکوکی
و گدائی و گرفتن عسس او را و مراد او پس از رنج حاصل آمدن و عسی
ان تکرهوا شیئا و هو خیر لکم ان مع العسر یسرا و قوله علیه السلام
اشتدی ازمة تنفرجی و جمیع القرآن و الکتب المنزله فی تقریر هذا.
در بیان حدیث الصدق طمانینة و الکذب ریبة ٤١٥
گفتن عسس خواب خود را با غریب و نشان گنج دادن در خانهٔ او. مثل
باز گشتن غریب مصر ببغداد و یافتن گنج را در خانهٔ خود ٤١٦
مکرر کردن برادران پند برادر بزرگ و قبول نا کردن او و بیطاقتی
او و خود را بیدستوری پدر بدربار چین رسانیدن ٤١٧
قصهٔ زن جوحی و عشوه دادن او قاضیرا و بمکر و حیله در صندوق کردن
رفتن قاضی بخانهٔ زن جوحی و حلقه زدن جوحی بتندی و خشم بر در و
گریختن قاضی در صندوق ٤١٨
آمدن نایب قاضی میان بازار و خریدار بکردن صندوقرا از جوحی
در بیان حدیث نبوی که من کنت مولاه فهذا علی مولاه. باز آمدن
زن جوحی سال دیگر نزد قاضی و شناختن قاضی اورا ٤١٩
باز آمدن بقصه شاهزاده و ملازمت او در حضرت پادشاه. در بیان
نوازش و احترام شاه چین شاهزادهٔ غریبرا. در بیانحدیث جزیا
مؤمن فان نورك اطفانا ری. وفات یافتن برادر بزرگ آنشاهزادگان
و ملازمتکردن برادر میانه پادشاه چین را ٤٢٠
آمدن برادر میانه بجنازهٔ برادر که آنبرادر کوچك بر فراش رنجوری
بودو نواختن پادشاه او را تاملازمشود و صدهزار از غنائم غیبی و
عینی بدو رسیدن از نظر شاه ٤٢١
در بیان استغنا و عجب شاهزاده و زخم خوردن از باطن شاه ٤٢٢
خطاب حقتعالی بعزرائیل که ترا رحم بر که بیشتر آمد از این خلایق
که قبض روح ایشان کردی و جوابدادن او حضرت عزترا. ذکر
کرامات شیبان راعی و بیان معجزهٔ هود ٤٢٣
رجوع بقصهٔ پروردن حق تعالی نمرود را بشیر پلنگ. رجوع بقصهٔ
شاهزاده که زخم خورده از خاطر شاه پیش از استکمال فضایل دیگر
از دنیا برفت. مثل وصیت کردن آنشخص که سه پسر داشت که میراث او
بکاهلترین اولاد او دهند ٤٢٤
تمثیل. خاتمه اولده الکامل المحقق بهاء الدین ٤٢٥

خلاصه فهرست دفتر هفتم ٤٢٨

بیان آنکه فیض القدس واحد است ٤٢٨
داستان آتش پرست. تفسیر من عرف نفسه. تمثیل ادراك انسان ٤٢٩
قصهٔ خواجه که غلامرا بسفر فرستاد. رفتن غلام بسفر بیان مبدء فطرت ٤٣٠
قصهٔ مبتلا بقحط در دیار قبچاق. قصهٔ خواجه یار قاضی قزوین ٤٣١
تتمهٔ قصهٔ قبچاق. رسیدن غلام عریان بر ساحل ٤٣٢
استشاره کردن آنهدایت یافته در کیفیت مآل حال ٤٣٣
شرح کردن مشیر چگونگی پایان کار. عنایت ازلی بارقهٔ انوار است ٤٣٤
رجوع بحکایت غلام پادشاه. فرستادن پادشاه نایبی را بشکار. جواب
دادن کمان عقاب را ٤٣٥
مناظره عقاب با انگشت. و جواب انگشت. دیدن عقاب التون تیاق
قصهٔ گربه که بخشم پیش شیر رفت ٤٣٦
خلاص یافتن ببر از شر شیر ٤٣٧
بیان شش مرتبهٔ ایمان. سؤال عقاب. بیان آنکه هرچه در عالم آفاقست
در عالم انفس است. متحیر ماندن عقاب از هیئت ترکیب نایب شاه ٤٣٨
جواب نایب شاه عقابرا. تفسیر شعر شیخ عطار. تفسیر و ضرب لنا
مثلا. مثل زدن درزی برای ترك. باز لاغ طلب کردن ترك ٤٣٩
قصهٔ آنواعظ با خادم. بیان امتیاز مقربان. آلتون تیاق نایب حضرت بود ٤٤٠
مناجات. تفسیر یوم یفر المرء. آمدن فقیر بخانقاه ابو یزید ٤٤١
بندهٔ دل بیدار غم فردا امروز خورد. استشاره غلام از مشیر.
نشاندادن مشیر مرشد تاجرانرا بطالب یقینی ٤٤٢
تفسیر من جاء بالحسنه. شناختن قلاوزرا. تفسیر ان الینا ایابهم ٤٤٣
تفسیر لها ما کسبت. داستان اعرابی که ببغداد آمد. درخواست
سلیمان از حضرت. رسیدن عرب بآب شیرین ٤٤٤
الموت کاس و کان الناس شاربه. عقل اشرف اشیاست ٤٤٥
استقبال ارکار دولت از غلام. تفسیر یاداود انا جعلناك خلیفه.
تفسیر الله الذی خلق السموات و الارض ٤٤٦
تتمه داستان بنده مطیع. تفسیر ثم خلقنا النطفه. مناجات در خاتمه ٤٤٧

فهرست مطالب مثنوی ـ۱۵ـ

صفحه		صفحه	
۳۸۲	مرید شیخ ابوالحسن خرقانی بزیارت شیخ		حلب رسیدن شاعر بحلب روز عاشورا و حال معلوم نمودن و نکته
	رسیدن مرید بشیخ کجاست و جواب نافر جام شنیدن از حرم او		گفتن و بیان حال کردن ـ نکته گفتن آن شاعر جهت شیعهٔ حلب ـ
	ـ جواب مرید و زجر کردن آنعطانه او را از کفر وبیهوده گوئی ـ		تمثیل حریص بردن یا بوری نماینده رزاقی حق و خزاین رحمت
	واگشتن مرید و ثناق شیخ و برسیدن از مردم و نشاندان ایشان	۳۶۴	اورا که بدانی از خرمنی می کوشمعت آنغر من را نبیبند
۳۸۳	که شیخ بفلان بیشه رفته است		سعوری زدن شخص بر در سرای خالی نیمشب و اعتراض معترض
	یافتن مرید شیخ را نزدیک بیشه ـ سوار شیری ـ حکمت در آیهٔ انی	۳۶۵	و جواب دادن اورا
۳۸۴	جاعل فی الارض خلیفه		قصهٔ بلال حبشی و شوق او و رنجانیدن خواجه او را و معلوم کردن
۳۸۵	بیان معجز پیمبر و هودعلیه السلام در تخلیص مؤمنان امت بوقت نزول بلاد		صدیق حال اورا ـ باز گفتن صدیق صورت حال بلال را نزد
۳۸۶	رجوع بقصهٔ فقیر گنجطلب ـ انابت طالب گنج و شیبانی و از تعجیل	۳۶۶	حضرت رسول صلعم
	الهام آمدن فقیر و کشف شدن آن مشکل بر او ـ داستان آنسه مسافر	۳۶۷	وصیت کردن حضرت مصطفی علیه السلام ابوبکر را جهت بیع بلال
	مسلم و جهود و ترسا که منزلی رفته و لقمه یافته در سا و جهود سیر		خندیدن جهود و بندو بست آنکه صدیق مغبون نست و ندانستن بهای
۳۸۷	بودند و مسلمان صائم		بلال را ـ معاتبه کردن حضرت صلعم باصدیق و عذر گفتن
	حکایت شتر و گاو و فوج که بندی گیاه می درراه جستند ـ مثل درباب	۳۶۸	صدیق رضی الله عنه
۳۸۸	صورت پرستان و شرایشان در لباس خیر		قصهٔ هلال که بنده مخلص بود خدای را صاحب بصیرت بیتقلید،
	باز گشتن قصهٔ گاو و اشتر و فوج ـ رجوع بتقریر ترسا و نوبت		پنهان شده در بندگی مخلوقان جهت مصلحت نه از عجز، چنانکه
	رسیدن بمسلمان ـ منادی کردن سیدملک ترمد که هر که در سه		لقمان یوسف مصریانو غیر ایشان ظاهرا و غیر او ـ مائیسرا امیر برا
	روز باچار روز بسرقند و زر دهم و زدحلعت چندین خلعت دهم و شنیدن دلقک		و آن امیر مسلمانو خدای ترمد ـ داند اعمی که مادری دارد ولیک
۳۸۹	و از ده تاختن بشهر ترمد بنزد یک شاه که من باری نیتوانم رفتن		چونی بوهم درنارد ۞ اگر با بااند پند آن تعظیم اسناد کندمکن
	قصهٔ تعلق موش با چهز و بستن پای خود بر پای او و صید کردن		بود که از عمی خلاص یابد که اذا اراد الله بعد خیر افتح عینی قلبه
	زاغ ایشان را ـ تدبیر موش باچهر که میان ما و سلیمانی باید که بوقت		لبصره بها الغیب ۞ ابنرا ز ززندگی دل حاصل کن ۞ کاین
۳۹۱	حاجت بر تو نیتوانم آمدن و سخن گفتن		زندگی تن صفت حیوانست حکایت در تقریر همین سخن ـ رنجور
	مبالغه کردن موش در لابه وزاری و وصلت جستن از چهز آبی ـ		شدن هلال و بیخبری خواجهٔ از رنجوری از او ـ تحقیر و ناشناخت
	لابه کردن موش مرچهز را که بهانه میندیش و درامر من تاخیر	۳۶۹	و واقفشدن حضرت مصطفی صلعم و رفتن آنحضرت بعیادت او
	میندیش که وفی التاخیر آفات و تمثیل ـ رجوع بحکایت چهز و موش		در بیان آنکه مصطفی صلعم چون شنید که عیسی علیه السلام بر
۳۹۲	حکایت سلطان محمود غزنوی و رفاقت چهز و شب باز دان و احوال		روی آبرفت فرمود او از دید بقنیه لیشی علی الهوا مدریا نحکایت
	ایشان مطلع شدن	۳۷۰	کبیر نودساله کروی زشت خود را گل خوشنیده و بذیر انبیاآمد
۳۹۴	قصهٔ چر بدن گاو بحری در نور گوهر شبچراغ و ریختن تاجر خاک،		دعا کردن درویش خواجه گیلانیرا که خدایتر اسلامت بخان ومان
	بر سر گوهر تابنده و گریختن گریختن در خت و رجوع ـ قصهٔ موش و چهز		باز رساند صفت آنعجوز هر جوع حکایت ـ و در بیان بخان و مان
۳۹۵	و ربودن زاغ موش و چهز را	۳۷۱	از ما جیخانه و جواب او را بر سبیل طنز ـ رجوع بداستان آنکمپیر
	بر دن بر بان عبدالغنو تر امدنی در میان خود و بعد از آن شهر آمدن بیش		حکایت رنجور یکه طبیب دروی امیدصحت ندیده گفت هرجه
	فرزند، ان و باز بیش بر پیران و فتن بحکم جنسیت معنی و همه لی او با ایشان	۳۷۲	خواهی کن ـ رجوع بقصهٔ رنجور
	ـ داستان مردو ظیفه دار از محتسب تبر که او وامها کرده و در بر امید	۳۷۳	بر تخت نشاندن سلطان محمود غلام هندو را و گریستن غلام
	وظیفه و بیخبر بود از وفات او و از هیچکس وام گزارده نیمیشد		قوله علیه السلام لیس للماضین هم المونت و انالهم حسرت الفوت
	الا از محتسب متوفی گز ارده شدیت ۞ لیس من مات راحمبت	۳۷۴	ـ باز گشتن بحکایت صوفی بر لج و قاضی
۳۹۶	۞ انما البیت میت الاحیاء		رفتن صوفی سوی آنسیلی زن و بردن اورا بقاضی ـ بهم در تقریر قصه
	آمدن جعفر رضی الله عنه بنشهائی بیگر فتن قلعه و مشورت کردن ملاک		قاضی و صوفی ـ سیلی زدن رنجور قاضیرا و سرزنش کردن
	آنقلعه با وز یر در فرمود و به کز نهار ملکر ابوی تسلیم	۳۷۵	صوفی قاضی را
	کن که او مؤید باست و از حق جمعیت عظیم دارد در جان خویش		جواب با صواب قاضی صوفیرا در این ماجرا ـ سؤالکردن صوفی از
۳۹۷	رجوع بحکایت مرد وامدار و آمدن وی بتبریز و آگاهی از فوت	۳۷۶	قاضی و جواب قاضی مراورا
	محتسب ـ استغفار کردن آنعرب را ز اعتبار مخلوقی و بادنمهای		جواب دادن قاضی صوفی را و قصهٔ ترک و درزی برامثل آوردن ـ بیان
	خالی کردن و انابت نمودن ثم الذین کفروا بهم بعدلون		حدیث ان الله بلقن الحکمهٔ علی لسان الواعظین بقدر همم المستمعین ـ
۳۹۸	مثل دو بین همچون آنغر یب شبکوه کاشانست که عمر نامداشت که		شنیدن ترک حکایت دزدی درزی انرا و گر وبستن که درزی که ازمن
	خبازی سبب اینسامش بدکان دیگر حوالت کرد و او فهم نکرد که		چیزی نتواند بردن ـ مضاحک گفتن درزی و ترک را از قوت خنده
۳۹۹	همه دکانها یکیست	۳۷۷	بسته شدن دو چشم و فرصت یافتن درزی
	توز میگر دار بایمرد در جمله شهر تبرین و جمعشدن اندك چیزی		خطاب باصر نفسی که بمثل اینلا امبتلاست ـ گفتن ترک که
	و رفتن بر تربت محتسب ـ بز بارت و انقصهٔ را برسرگور		اگر یکبار دیگر لاغ گویم قبایت تنگشود ـ مثل در تسکین فقیران
	او بطر یق نوحه گفتن ـ گریختن گوسفند از کلیم الله و شفقت		بجور روز گار ـ باز مکرر کردن صوفی سؤال را ـ
۴۰۰	و مهربانی او		جواب قاضی ـ جواب دادن قاضی صوفیرا ـ حکایت زن باشوهرو
	دیدن خوارزمشاه در سیران در موکب خود اسپ بی نادر و	۳۷۸	ماجرای ایشان
	تعلق او آن اسپ و سرد کردن عمادالملک آنرا از دل شاه	۳۷۹	پرسیدن عارفی از کشیش که تو بسال بزر گتری با پیریش
	و گریختن شاه و ابر ده مخویش حکیم آن الپی نامه	۳۸۰	باقی قصهٔ فقیر روزی طلب بواسطهٔ کسب
	گوید بیت ۞ چون نشان بان حد شود نخاس ۞ نشانده ـ یوسف		خواب دیدن فقیر و نشاندادن هاتف اورا بگنجنامه ـ تمامی قصهٔ آن
	از کرباس ـ از دلالی براد ران یوسف علیه السلام در دل مشتری ن	۳۸۱	فقیر و نشان جان آنگنج ـ فاش شدن خبر اینگنج و رسیدن بگوش شاه و
			باز دادن بادشاه گنجنامه را به آنفقیر که ما از آن بگذشتیم ـ آمدن

-۱۴-　فهرست مطالب مثنوی

صفحه
دیگرباره خطاب شاه ایازرا که تاویل کارخودومشکل منکران رابگو
وطاعنان رابحل کن که ایشان رادرالتباس رها کردن مروت نیست
-تمثیل تن آدمی بمهمانخانه وتمثیل اندیشهای مختلف بمهمانان و
عارف صابر در آن اندیشهاچونمردمهمان دوست-حکایت مهمان و
کدخداوزن وبیان فضیلت مهمان داری ۳۴۰
تمثیل فکرهرروزینه که دردل آیدبمهمان نو که ازاول روز در
خانه فرودآیدوتحکم وبدخوئی کندوفضیلت مهمانداری وناز
مهمانکشیدن-دیگربار خطاب شاه باایازونواختن اوایازرا-
-وصیت کردن آنپدردختررا که از این شوهر که تراست خودرا
نگاهدار تا حامله نشوی ۳۴۱
وصف ضعف دل وسستی آنصوفی سایه پروردهٔ مجاهده نا کرده
داغ عشق ناکشیده وبسجده ودستبوس عام وبحرمت نظر کردن و
بانگشت نمودن ایشان که امروزدرزمانه صوفی اوست غره شدن و
بوهم چونمعلم کودکان رنجورشدن وبآنوهم که من مجاهدم مرا
دراینراه بهلوان میدانندباغازیان بغزارفته که بظاهرنیزهنربنمایم
جهادرا اگرچه درجهاد اکبرمستثنام جهاداصغرچه محل دارد
-نصیحت مبارزان اورا که بااینذل وزهره که توداری که بکلابیسه
شدن چشم کافراسیردست بسته بیهوش شوی ودشنه ازدستت بیفتد
زینهارکه ملازم مطبخ خانقاه باش وسوی بیکارمروتارسوانشوی
-حکایت عیاضی رحمه الله تعالی که هفتادباربغزورفته بود وغزاها
کرده بامیدشهیدشدن وچون ازجهاداصغربجهاداکبرشتافت و
خلوتگزیدآوازطبل غازیان شنیدنفس اورا رنجه داشتی جهت
غزاکردن واونفس را دراین دعوت متهم مینمود ۳۴۲
حکایت مجاهدی دیگروجانبازی اودرغزا-حکایت آنمجاهدکه از
همیان سیم هرروزیکدرم درخندق افکندی بتفاریق ازبهرستیزه
بانفس حرص ورز وسرزنش نفس که چون اندازی یکبارانداز
تا ازین ماجرا خلاصی یابم که الیأس احدی الراحتین وجواب او-
رجوع بحکایت آنمجاهددرقتال-حکایت خلیفه مصروشاه موصل و
فرستادن لشکربطلب کنیزوصفتکردن غمازان ونقش اوبرکاغذبستن ۳۴۳
ایثارکردن صاحب موصل کنیزرابخلیفه تاخونریزی نشود ۳۴۴
پشیمانشدن آن سرلشکر ازخیانتیکه کرد وسوگنددادن او آن
کنیزک را که بخلیفه بازنگوید از آنچه رفت-پرسیدن شخصی از
بزرگی فرق میان حق وباطل را-دربیان ضعف عقل منکران بعث
-آمدن خلیفه نزد آنکنیز جهت شهوترانی وجماع-خنده کردن
آنکنیزک ازضعف شهوت خلیفه وقوت شهوت آن پهلوان وفهم
کردن خلیفه حال اورا وپرسیدن ۳۴۵
فاشکردن آنکنیزک رازراباخلیفه ازبیم زخم شمشیر و اکراه
خلیفه که راستگوسبب اینخنده راوگرنه بکشمت-عزمکردن شاه
چونواقفشد برآنخیانت که بپوشد وعفوکند واورابوی دهد و
دانستکه آن فتنه جزای قصداوبودوظلم اوبرصاحب موصل که
ومن اساءفعلیهاوان ربک لبالمرصادوترسیدن که اگرانتقام کشد
آن انتقام هم برسراوآیدچنانکه اینظلم و طمع برسرش آمد-
خواندن خلیفه پهلوانرا و کنیزک را باو عقد کردن ۳۴۶
دربیان نحن قسمنا که یکیرااقوت وشهوت خران دهدویکی راصفا
وصفوت فرشتگان✿تخمهائیکه شهوتی نبود✿براوجز قیامتی
نبود✿سرزهواتافتن ازسروریست✿ترک هواقوت پیغمبریست
دادن شاه محمود گوهررا دربزم بدست وزیر که این بچند ارزد
ومبالغه کردن وزیردرقیمت وفرمودن شاه وزیررا که اینرابشکن
وگفتن وزیر که اینگوهرنفیسراچگونه بشکنم-رسیدن آنگوهر
آخردوربدست ایازوکیاست ایازومقلدناشدن اوایشانراومغرور
ناشدن اوبمال وخلعت وجامگی افزونکردن ومدح عقل ایشانکردن
که نشایدمقلدرامسلمان دانستن اگرمسلمانباشدونادرباشد که
مقلدثباتکندبرآن اعتقادومقلدازامتحانهابسلامت بیرون آید که
ثبات بینایان ندارد- تشنیع امیران ایازرا که چراچنین گوهررا

صفحه
شکستی و جواب او ۳۴۷
قصدکردن شاه بقتل امیران وشفاعتکردن ایاز آنهارا که العفو
اولی-تفسیرگفتن ساحران فرعونرادروقت سیاست که لاضیرانا
الی ربنا منقلبون ۳۴۸
مجرم دانستن ایازخودرادراین شفاعتگری وعذراینجرم خواستن
ودرآنعذرخواهی خودرامجرم دانستن واین شکستگی ازعظمت
شاه خیزدوازشناخت او که اعلمکم بالله اخشاکم من الله انمایخشی
الله من عباده العلماء ۳۴۹

دفتر ششم مثنوی ۳۵۲

سؤال کردن سائلی ازواعظی که مرغی برسربارونشست ازسرودم
او کدام فاضلتراست وجوابدادن واعظ سائلرا ۳۵۳
نکوهیدن ناموسهای پوسیده که مانع ذوق ایمان ودلیل ضعف صدقند
وراهزن صدهزاران ابله نادان ۳۵۴
مناجات وپناه جستن بحق ازفتنهٔ اختیارواسباب آن وبیان شکوهیدن
وترسیدن آسمان وزمین ازاختیار-حکایت غلام هندو که بخواجه
زاده خودبنهان هوسداشت چوندختررا باهترزاده عقد کردندغلام
رنجورشده میگداخت کس علت اوندانست واوزهرهٔ گفتن نداشت ۳۵۵
صبرفرمودن خواجه مادر دختررا که غلامرا زجر مکن که من
اورابی زجر ازاین طمع بازآورم بتدبیر که نه سیخ بسوزد ونه
کباب خام ماند-درحقیقت حکایت وبیان آنکه هرنفسی همچو
آن هندو مبتلا است ۳۵۶
دربیان عموم آیه کلمااوقدوانارا للحرب اطفاه الله - آتش زدن
درشب وکشتن دزدآنراو غفلت آنمرد ۳۵۷
دربیان حدیث استفت قلبک ولوافتاک المفتون-حسدبردن امیران
برایازونمودن سلطان کیاست اورا-مدافعهٔ امرا آنحجت رابشبههٔ
جبریانه وجوابدادن شاه ایشانرا-حکایت آن صیاد که خودرا در
گیاه پیچیده بودودسته گل ولاله کله واربرسرنهاده تامرغان گیاه
بندارندودانستن آن مرغ زیرک آنرا ۳۵۸
حکایت آنشخص که دزدان قوچ اورا بدزدیدند وبرآنقناعت
نکردند بحیله جامهایش راهم دزدیدند-مناظرهٔ مرغ باصیاد در
ترهب ودرمعنی ترهبیکه مصطفی صلعم نهی کرد از آن امت
خودرا که لارهبانیة فی الاسلام ۳۵۹
های وهوی کردن پاسبان بعداز بردن دزدان اسباب کاروانرا-
حواله کردن مرغ گرفتاری خودرا بمکر صیادوصیادبحرص ۳۶۰
حکایت آنعاشق که شب برامیدوعدهٔ معشوق بیامدبدانوثاق که
اشارت کرده بودوبعضی ازشبرامنتظربودتاخوابش ربودمعشوق
آمدجیبش راپرگردکان نمودورفت ۳۶۱
استدعای امیرترک مخمور مطربرا بوقت صبوح ومعنی حدیث
ان لله تعالی شراباً اعده لاولیائه اذاشربواسکرواواذاسکروا
طربواالخ وقوله تعالی ان الابرار یشربون من کأس کان مزاجها
کافورا✿می درخم اسراراز آن میجوشد✿تاهرکه مجرداست
از آن می نوشد✿اینمی که تومیخوری حرامست✿مامی نخوریم
جزحلالی✿جهدکن تازنیست هست شوی✿وازشراب خدای مست
شوی✿آمدن ضریربخانهٔ پیغمبرعلیه السلام وگریختن عایشه و
پنهانشدن-امتحانکردن حضرت رسول صلعم عایشه را که چرا
پنهان میشوی که او ترانمی بیند ۳۶۲
آغازکردن مطرب اینغزل رادربزم امیرترک✿گلی یاسوسنی
یاسرویاماهی نمیدانم✿ازین آشفتهٔ بیدل چه میخواهی نمیدانم✿
وخطابکردن ترک که آنچه میدانی بخوان وجواب مطرب امیر
را-درمعنی حدیث موتواقبل ان تموتواوتفسیربیت حکیم سنائی
بمیرای دوست پیش ازمرگ اگرمی زندگی خواهی✿که ادریس
ازچنین مردن بهشتی گشت پیش ازما ۳۶۳
تشبیه مغفلی که عمرضایع کند ودرنزع بیدارشود بماتم اهل

فهرست مطالب مثنوی

بردن روباه خر اپیش شیر و جستن خر از شیر و عنایت کردن روباه با
شیر که هنوز خر دور نشتابکردی و عنفر گفتن ولا بدکردن شیر
روبه را که برود ش بر اره ش بیافت مسخ است چنانکه اصحاب سبت ود
موجبا بلا بلکه بر اره ش بیافت مسخ است چنانکه اصحاب سبت ودر
حق اصحاب مائده عیسی ؇ و جعل منهم القرده و الخناز بروا ندرین
است مسخ دل باشد و بقیامت تن را بصورت دل دهند ـ دو باره آمدن
روباه بر آنخر گریخه تاباز فریبد در خر روباها ۳۲۳
باسخ دادن روباه مر آنخر را در جباب ـ حکایت شیخ محمد سرر زی
غزنوی قدس الله سره و ریاضت که هفت شب افطار بگرزمی
کرد جهت دل نفس خود ـ آمدن شیخ بعداز چند سال از بیابان
بشهر غزنین روز نبیل گردانیدن او و بشارت غیبی و تفرقه کردن آنچه
جمع آید برفقراء ؇ هر که ارجا زعلیبکت ؇ نامه بنامه بیک
بریکست ؇ چنانکه روزن خانه باز باشد آفتاب و ماهتاب و باران
و نامه و غیره منقطع نباشد ۳۲۴
در معنی اولاک لخلقت الاخلاک ـ رفتن آنشیخ بخانه اجیری بور
که بروزی چهار بار باز نبیل با بشارت غیبی و عتاب کردن امیر اورا
بدان و قاحت و عنر آوردن شیخ امیرا ۳۲۵
گربایشدن امیر از نصیحت شیخ و عکس صدق او برویزدن و
اثار کردن مخزن بعداز گستاخی و استعصام شیخ و قبول نکر دن شیخ
و گفتن که من بی اشار تی نیارم تصرف کردن ـ اشارت آمدن از غیب
بشیخ که این دو سال بفرمان ما بستدی و ادی بعداز بنده و مستان
دست درزیر حصیر میکن که آنرا چون انبان ؇ و هر بره گردانم که
هرچه خواهی بیانی تا عالمیان را یقین شود که ورای این عالم
عالمیست که خاک یک بگربری زرشود مرده در آن آید زنده
گردد نحس اکبر در آن آید سعد اکبر شود که ر ابانشود زهر تر باق
گردد نه داخل ابنعالم است ـ خارجه ـ نه تحت نه متصل نه
منفصل بیچون و چگونه ـ و هر لحظه ؇ و از هزار ان رو زمنه چنانکه صنعت
دست بادست و غمزه چشم و فصاحت زبان به داخل است و
نه خارج و نه متصل و نه منفصل و العاقل یکفیه الاشاره ـ دانستن شیخ
ضمیر سائلان ایگفتن و دانستن قدر و امو امدار ان بیگفتن که نشان
ایشان باشد که اخرج صفا نی الی خلقی من برا ک فقر آنی ۳۲۶
سبب دانستن ضمیر های خلق ـ غالب شدن مکر روباه و زبون شدن
خرا ز حرص ـ در فضیلت جوع و احتما ـ تمثیل در صبر و قناعت ـ حکایت
مربد ی که شیخ از حرص ضمیر او آگاهشد و اورا نصیحت کرد بر
زبان و در ضمن نصیحت قوت توکل بخشیدن بامر کش ـ حکایت
آنگاو حریص که هر روزه صحرا را بر علف بیند و بجرد تا فربه
شود تا فر بر ه شود از غم روزی لاغر گردد و سالهاست که اوهمچنین می
بند و اعتماد نمیکند ۳۲۷
صید کردن آنشیر و ر انشته شدن شیر و کوشش رفتن بچشمه تا آب
خورد ـ باز آمدن شیر جگر بشود و جگر نیافت از روباه بر ببده که
کودل و جگر رو ـ گفت رو ؇ و ادل و جگر بودی آنچنان بپای سته ببده
بود آنروز و از ارجبیه جانبرده کی بر توبا ز آمدی لو کانا نسمع و نفقل
ماکنا فی اصحاب السعیر ـ حکایت آنراهب ـ بروز روشن باشمع در
طلب آدمی میگشت دعوت نکر دن مسلمان مغیر از بدین اسلام و جواب گفتن ۳۲۸
در بیان مثل شیطانی بر در گاه رحمان ـ ـ جواب گفتن مؤمن سنی کافر
جبر ی را از اثبات اختیار بنده و دلیل گفتن که سنت راهست کوفه
اقدام انبیا علیهم السلام و بر بیعن آنرا ؇ ه ـ بیان جبر ات کد خودرا
اختیار نبنده و امرو نهی را منکر شود و را منکر شدن امرو
نهی لازم آید انکار بهشت و دوزخ که بهشت جز ای مطیعانست و دوزخ
جز ای مخالفان و دیگر نگو یم بچه بچه ـ انجام دلا العاقل یکفیه الاشاره و بر
یسار آن میابان قدر است که قدرت خالق و مغلوب قدرت خلق داند
و از آنفساد ها زاید که آنمخ جبری بر شمرد ۳۲۹

حس باشد و زیاده که و جدان از حس ظاهر ترا ست برای ا حسرا
توان بستن و منع کردن از احساس و بستن راه و مدخل و جدانیات
ممکن نخوا هد بودو العاقل یکفیه الاشاره ۳۳۰
حکایت همدر بیان تقریر اختیار خلق و آنکه تقدیر و قضا
سلب کننده اختیار نیست ـ حکایت هم در جواب جبری و اثبات
اختیار و صحت امرو نهی و بیان آنکه عذر جبری درهیچ
ملتی و در هیچ دینی مقبول نیست و موجب خلاص نیست از سزای
آنکار که کرده است چنانکه خلاص نیافت ابلیس جبری آنکه
گفت : بما اغویتنی و القلیل بدل علی الکثیر در معنی ما شاء الله کان
یعنی هرچه خواست اوست و رضای اوو از خشم ورد
دیگر ان تنگدل مباشید که اگر چه لفظا ماضی است لیکن در فعل
خداه امی و مستقبل نباشد که لیس عندر بنا صباح و لا مساء ۳۳۱
در بیان معنی جف القلم کتب الطاعة و المعصیة لا یستوی الامانة
و السرقة و لا یستوی الشکر و الکفر ، جف القلم ان الله لا
یضیع اجر المحسنین ـ حکایت آندرو بشکه در هری غلامان عمید خراسانی
را آراسته بودند بر اسبان تازی و قباهای زر بفته و کلاههای مغفر غو غیر
آن برسد که اینها کدام امیر اندو کدام شاه اندگو یند اورا که اینها
امیر ان نیستند اینها غلامان عمید خراسانند روی به آسمان کرد که ای خدا
غلامی در وردن از عمید خراسان بیاموز آنجا مستوفرا عمید گویند ۳۳۲
باز جو ابگفتن کافر جبری مؤمن سنی را که باسلام و ترک اعتقاد
جبری دعوت میکرد و در از شدن مناظره از طرفین که ماده
اشکال در جواب انبرد الا عشق حقیقی که اورا پروای آن نماند
ذلک فضل الله یؤتیه من یشاء ۳۳۳
پرسیدن پادشاه قاصدا ایاز را که چندین غم و شادی با چارق
و پوستین که جهادت را ست پروایا زرا درسخن آورد ـ حکایت
تسلی کردن خویشان مجنون را از عشق لیلی ۳۳۴
حکایت جو حی که چادر پوشیده و در و عظ میان زنان نشسته و حرکتی
کرد که از نی اور ابشناخت که مرد است و نعره ای فرمودن کشید
دیگر باره ابازرا که شرح چارق و پوستین آشکار کرا ـ تا خواجه
تاش انت از آن اشارت بنده گیرند الدین نصیحة ـ حکایت کافر بکه
گفتندش در عهد ایزید که مسلمان شو و جو اب گفتن او ایشان را ۳۳۵
حکایت آنمؤذن زشت آواز که در کافرستان بانگ نماز دادبرای
نماز و مرد کافر اورا هدیه داد ـ حکایت آنزن که گفت شوهر ا
که گوشت را گربه خورد شوهر گربه را بتر از و کشید
نیم آمد برا آمدگفت این گوشتم نیم بود افزون اگر
اینگوشتست گربه کو و اگر این گربه است گوشت کو ۳۳۶
حکایت آن امیر که غلامش گفت می بیار غلام رفت و سبوی
می آورد در راه زاهدی بود امر معروف میکرد سنگی زد
سبو را بشکست امیر شنید قصد کوشمال زاهد کرد ابن
قضه در عهد عیسی علیه السلام بود که هنوز می حرام نشده بود
لیکن زاهد مدهم اندتی تنعم میکردی ـ در بیان حکایت ضیاء بلخ و
شیخ الاسلام تاج بلخ و لطیفه گفتن ضیاء بلخ ـ در بیان خبر یافتن امیر
و خشم آلود رفتن بر سر زاهد ۳۳۷
حکایت مان کردن دلک سیده سبده ـ باز مدر ا ابا زبحکایت
امیر و زاهد و اجتماع خلق ـ در بیان بعطایتی سالکان طریق از گشاد
و قبد کردن حضرت مصطفی علیه السلام افکندن خودرا از
کوه حرا و دحشت نمودن جبر یل علیه السلام خودرا وی
و منع کردن و بشارت تداون ـ جواب گفتن میر مر آن شفیعا نرا و قبول نا
کردن شفاعت بجهت گستا خیکه کرده است و سبور ا شکه ۳۳۸
دست پای امیر بو سیدن و بمبار لا بدکردن شفیعا ن و همایگا ن
زاهد ـ باز عذر و دفع گفتن امیر عندر انرا ـ تفسیر این آیه که
و ان الدار الاخرة لهی الحیوان لو کانوا یعلمون که درو راه ودیوار و
عرصه آعالم و آب و کوز و موه و درخت همه زنده اند و سخن گو و
سخن شنو و جهت آنفر موده حضرت مصطفی صلعم الدنیا جیفة و
طالبها کلا ب و اگر آخر تر اجیات نبودی دنیا هم چون دنیا جیفه
بودی و جیفه را نه از برای بوی زشت بل برای مرد گیش جیفه خوا ند ۳۳۹

۱۲۰ فهرست مطالب مثنوی

صفحه

معشوقی‌ازعاشق پرسید که‌تو خودرادوستر داری‌یامرا، گفت
من‌ازخود مرده‌ام‌وبتوزنده‌ام ازخود وصفات‌خودنیست‌شده‌ام
وبتوهست‌شده‌ام‌علم‌خودرافراموش کرده‌ام‌وازعلم تو عالم
شده‌ام‌قدرت‌خودرا از یادداده‌ام واز قدرت توقادر شده‌ام
اگرخودرا دوست‌دارم ترادوست‌داشته باشم‌واگر ترادوست
دارم خودرا دوست‌داشته‌ام‌هر که‌را آینهٔ‌یقین باشد ☆ گرچه
خودبین خدای‌بین‌باشد ☆ اخرج‌بصفاتی الی خلقی‌من‌رآك
رآنی‌ومن‌قصدك قصدنی وعلی‌هذا۔ آمدن آن امیران نمام
غماز نیمشب با سرهنگان بگشادن حجرهٔ ایازودیدن چارق
وپوستین آویخته وگمانبردن که این‌مکر است و روپوش
وخانه‌راحفره کردن‌بهر گوشه که گمان آمدوچاهکنان آوردن
ودیوار هارا سوراخکردن وچیزی‌نیافتن وخجل‌ونومیدشدن
چنانکه‌بدگمانان‌وخیال‌اندیشان‌درکارانبیاواولیا که‌میگفتند که
ساحرند وخویشتن ساخته‌اند وتصدر میجویند بعداز تفحص
خجل شوندوهیچ سود ندارد ۳۱۳
باز گشتن نمامان ازحجرهٔ ایاز بسوی شاه توبره‌تهی‌وخجل
همچون بدگمانان درحق انبیاء علیهم‌السلام در وقت ظهور
برائت وپاکی ایشان که یوم‌تبیض وجوه‌وتسود وجوه وقوله
تری‌الذین کذبوا علی‌الله وجوههم‌مسودة۔حواله کردن‌پادشاه
قبول توبهٔ نمامان وحجره گشایان و سزادادن ایشان باياز که
یعنی این خیانت برعرض او رفته‌است — فرمودن شاه ایازرا
که اختیار کن از عفو ومکافاتکه ازعدل و لطف هرچه کنی
اینجا صوابست ودر هریکی مصلحتهاست که درعدل هزار
لطف‌درج‌است‌ولکم‌فی‌القصاص‌حیوة آنکسکه کراهت‌میدارد
قصاص‌رادراین‌یك‌حیوة قاتل‌نظرمیکندودرصدهزارحیوة که
معصوم‌ومحقون خواهندشدن درحصن بیم‌سیاست نمینگرد ۳۱٤
تعجیل فرمودن پادشاه ایازرا که زود اینحکم‌را فیصل رسان
و منتظر مدار و ایام بیننا مگو که الانتظار موت‌الاحمر و
جوابگفتن ایاز شاه‌را۔حکایت درتقریر اینسخن که چندینگاه
گفت‌وگورا آزمودیم مدتی صبر و خاموشی‌را بیازمائیم۔
دربیان کسیکه سخنی گوید که حال‌او مناسب آنسخن و آن
دعوی‌نباشدچنانکه کفره‌ولئن‌سئلتهم‌من‌خلق‌السموات‌والارض
لیقولن‌الله خدمت بت سنگین کردن وجان وزرنثار اونمودن
چه مناسب باشد باجانیکه داند که خالق سموات وارضین و
خلایق الهیست سمیع وبصیرو حاضرو مراقب وغیور ۳۱۵
رسیدن زن بخانه و جداشدن زاهد از کنیزك ۔ دربیان توبه
نصوح که چنانکه شیر از پستان بیرون‌آید باز بپستان نرود
و آنکه توبهٔ‌نصوح کرد هرگزازآن گناه یاد نکند بطریق
رغبت بلکه هردم نفرتش افزونباشد وآن نفرت دلیل آنبود
که‌لذت قبول یافت وآن شهوت اول‌بیلذت‌شد واینلذت توبه
و قبولش بجای اونشست چنانکه فرموده‌اند☆ نبرد عشق‌را
جز عشق دیگر☆ چرایاری‌نگیری‌زونکوتر☆ وآنکه دلش
باز بدانگناه رغبت میکند علامت آنست که لذت قبول نیافته
است‌ولذت قبول‌بجای آنلذت گناه‌ننشسته‌است سنیسره‌للیسری
نشده‌است لذت‌فسنیسره للعسری باقیست بروی ۳۱٦
در بیان آنکه دعای عارف واصل و درخواست او از حق
همچو درخواست حقست از خویشتن که کنت‌له سمعاً و بصراً
و لساناًویداً وقوله تعالی و مارمیت اذرمیت و لکن‌الله‌رمی
و آیات و اخبار و آثار درین بسیارست وشرح سبب سازی
حق تامجرمرا گوش گرفته‌بتوبهٔ نصوح آورد۔ نوبت جستن
رسیدن بنصوح و آواز آمدن که همه‌را جستیم نصوح را
بجوئید و بیهوش شدن نصوح از آنهیبت‌وگشاده شدن کار
بعداز نهایت بستگی کما قال‌رسول‌الله صلعم اذا اصابه مرض
اوهم اشتدی ازمة تنفرجی ۔ یافته شدن گوهر و حلالی

صفحه

خواستن حاجبان و کنیزکان شاهزاده از نصوح ۳۱۷
بازخواندن شاهزاده نصوحرا از بهردلاکی‌بعد از استحکام
توبه و قبول توبه و بهانه کردن او و دفع گفتن و نرفتن ۔
دربیان آنکه کسی توبه کند و پشیمانشودو باز آن پشیمانیرا
فراموشکند وآزموده‌را بیازماید درخسارت‌ابدافتد که من
جرب‌المجرب حلت به الندامة و چون توبه اورا ثباتی و
قوتی و حلاوتی و قبولی مدد ازحق‌نرسد چون درخت بی
بیخ هرروز زردتر وخشکتربود نعوذبالله۔ تشبیه کردن‌قطب
که عارف واصلست دراجری‌دادن خلق از قوت رحمت و
مغفرت بر مراتبیکه حقش الهام دهد و تمثیل اجریخوار
که ددان باقی‌خوار وبند برمراتب قرب ایشان‌بشیرنه قرب
مکانی بلکه‌قرب صفتی وتفاصیل این بسیار است‌والله‌الهادی ۳۱۸
دیدن‌خر سقائی اسبان بانوای تازیرا بر آخر خاص و تمنا
بردن آندولترا در موعظه‌آنکه تمنا نباید بردن الا مغفرت
و عنایت که اگر در صدگونه رنجی چون لذت مغفرت بود
همه شیرینشود باقی هردولتیکه آنرا ناآزموده تمنا میبری
با آنرنجی قرینست که آنرا نمیبینی ، چنانکه ازهر دامی
دانه پیدا بود و فخ پنهان ، تودر این یك دام‌ماندهٔ تمنی
میبری که کاشکی‌باآندانهارفتمی،پنداری که آندانهاپیدامست
۔جوابدادن‌روباه خررا ۔ جوابدادن‌خر روباهرا که‌امراست
باکتساب و رضابقسمت ترك کسب‌نیست ۔ جوابگفتن‌روباه
خررا ۔ بازجواب خرروباهرا ۳۱۹
در تقریر معنی توکل حکایت آنزاهد که‌توکلرا امتحان
میکرد و ازاسباب منقطعشد وازشهر بیرون آمدازشوارع
دور و دربن کوهی مهجور سر بر سر سنگی نهادو گفت
توکل کردم بر سبب سازی و رزاقی تو واز اسباب‌منقطع
شدم تاببینم سببیت توکلرا۔بازجواب روباه خرراوتحریض
کردن بکسب۔جواب‌گفتن خر روباهرا که توکل بهترین
کسبهاست که‌هر کسبی محتاجست‌بتوکل که ایخدا اینکار
مرا راست دار و دعا متضمن‌توکلست وتوکل کسبیست که
بهیچ کسبی‌دیگر محتاج نیست‌الی‌آخره۔ مثل آوردن اشتر
دربیان آنکه در مخبر دولتی فرو اثرآن چون نبینی جای
متهم داشتن باشد که او مقلدست درآن ۳۲۰
فرق‌میان‌دعوت‌شیخ کامل‌واصل‌ومیان‌سخن ناقصان‌فاضل‌فضل
تحصیلی‌برخودبسته۔زبونشدن‌خردردست‌روباه‌ازحرص‌علف۔
حکایت آنمخنث وپرسیدن لوطی ازاو درحالت لواطه که
اینخنجر از بهر چیست گفت ازبهر آنکه‌اگر کسی بامن بد
اندیشد شکمش بشکافم لوطی برسراو آمد وشد می کردو
می گفت‌الحمدلله که من باتو بدنیندیشم ☆ بیت‌من‌بیت نیست
اقلیمست☆ هزل‌من‌هزل‌نیست‌تعلیمست☆ ان‌الله لایستحیی‌ان
یضرب‌مثلامابعوضة‌فمافوقهای‌فمافوقهافی‌تغییرالنفوس‌بالانکار
ماذاارادالله بهذا مثلا و آنکه جوابفرماید که‌این خواستم
یضل‌به کثیراویهدی‌به کثیرا که‌هرفتنهٔ‌همچون‌میزانست‌بسیارازاو
سرخ‌روشوندوبسیار بیمراد گردند ولو تاملت فیه‌قلیلالوجدت
من نتایجه‌الشریفة کثیراً فهم من‌فهم والله‌الملهم والسلام ۳۲۱
غالب‌شدن‌مکرروباه براستعصام وتعفف خرو کشیدن روبه‌خر
راسوی‌شیربه بیشه۔ حکایت آن شخص که ازترس خویشرا به
خانهٔ‌افکند روی زردچون‌زعفران لبها کبود چون‌نیل دست
لرزان‌چون برگ‌درخت خداوندخانه پرسید که خیراست چه
واقعه‌است گفت بیرون خرمی گیرند بسخره گفت مبارك خر
می گیرند توخرنیستی چه‌میترسی گفت سخت بجد میگیرند
تمییزبرخاسته‌است‌امروز ترسم که‌مراخر گیرند ۳۲۲

فهرست مطالب مثنوی - ۱۱

صفحه		صفحه	
۲۹۹	شماری نیست وجواب گفتن معشوق اورا		کسی نبود فرزندان خرج وعشرمیدیدند وبرکت نه همچون آن زن کل خرد بدو کدو ندید ۳۰۴
	بکی از عالمی پرسید که اگر کسی درنماز بگرید بآواز و آه کند ونوحه کند نمازش باطل شود جواب گفت نام آن آب دیده است تا آنگه بنده چه دیده است اگر شوق خدا یافته و از پشیمانی گناه نوحه نمازش تباه نشود بلکه کمال یابد که لاصلوة الا بحضور القلب واگر اور نجوری تن یا فراق فرزند گوید نمازش تباه می شود که اصل نماز ترک تن و ترک فرزند ابراهیم وار که فرزند را قربان میکردواز بهر تکمیل نمازوتن را به آتش نمرود میبرد وامر آمد مصطفی را علیه السلام به نخ نخال که فاتبعو ملة ابراهیم لقد کانت لکم اسوة حسنة فی ابراهیم – مریدی در آمد بخدمت شیخ و از این شیخ پیر درسی نمیخواهم بلکه پیر عقل و معرفت است اگر چه عیسی است در گهواره ویحیی است درمکتب کودکان و مرید بدنیج رابگرباند و نیز بموافقت بگریست چون فارغ شد وبدر آمد مریدی دیگر که از حال شیخ واقفترنبود از سرغیرت دردقت او تیز بیرون آمد گفت ای برادر من تراگفته باشم ای و نگوئی که شیخ میگریست و من نیز گریستم کسی سال ریاضت بریا باید کرد واز عقبات و دریاها ی پر نهنگ و کوهای بلند بر شیرو پلنگ میباید گذشت تا بدانگه به شیخ رسی بارسی اگر وی شکر زویتی الارض گوئی بسیار		در بیان آنکه عطای حق وقدرت او موقوف بر قابلیت نیست همچون داد خلقان که آنرا قابلیت باید زیرا که عطای حق قدیم وقابلیت حادث عطاصفت حقست وقابلیت صفت مخلوق و قدیم موقوف حادث نباشد واگر نه حدوث محال باشددر ابتدای خلقت جسم آدم علیه السلام به جبرئیل علیه السلام اشارت نکرد که برو از زمین مشتی خاک بر گیر وبرو آیتی از هر نواحی مشتی بر گیر ۳۰۵ فرمان آمدن بمیکائیل که از روی زمین قبضه خاک بردار جهت ترکیب و ترتیب جسم مبارک ابوالبشر خلیفة الحق مسجود الملک ومعلم ملة آدم علیه السلام - قصه قوم یونس علیه السلام بیان و برهان آنکه تضرع وزاری دفع بلای آسمانیست و حق تعالی فاعل مختار ست پس تضرع و تعظیم پیش او مفید باشد و فلاسفه گویند فاعل بالطبعست وبعلت نه مختار پس تضرع طبع را نگرداند - فرستادن اسرافیل را علیه السلام بخاک که حفنه برگیر از خاک بهر تر کیب جسم آدم علیه السلام ۳۰۶
۳۰۰	بقیه حال مرید مقلد در گریه – داستان آن کنیزک که باخر خاتون شهوت میراند و اوراچون بزو خروس آموخته بود شهوت راندن آدمیانه و کدوئی در قضیب خر میکرد تا از اندازه نگذرد خاتون بر آنوقوف یافت لکن دقیقه کدو را ندیده کنیزک را بهانه براه کرد جائی دورو باخر جمشد بی کدو بفضیحت هلاک کشد کنیزک بیگاه باز آمد و نوحه کرد کهای جانم و ای چشم روشنم کیرد یدی کدو ندیدی ذکرد یدی آندگرندیدی کل ناقص ملعون یعنی کل نظر وفهم ناقص ملعون واگرنه ظاهر مرحومنده ملعون، برخوان لیس علی الاعمی حرج نفی حرج نوعی لعنت ونفی عتاب وغضب کرد		فرمان آمدن بعزرائیل برداشتن خاک وتضرع کردن خاک ونا شنودن وبرداشتن عزرائیل بان الله تعالی – در بیان آنکه مخلوق که از او ظلمی رسد بحقیقت او همچون آلتی است عارف آن بود که بحق جوع کندنه به آلت واگر به آلت رجوع کند بظاهر نه از جهل بلکه برای مصلحتی چنانکه بایز بدقدس سره گفت چندین سال است که من با مخلوق سخن نگفته ام واز مخلوق سخن نشنیده ام لیکن خلق چنین پندارندکه با ایشان سخن میگویم واز ایشان می شنوم زیرا ایشان مخاطب کبری را نمیبینند که ایشان چو نبه ایشانند واز نسبت بحال من التفات مستمع عاقل بصدا نباشد چنانکه مثلت معروف قال الجدار للو تدلم تشقنی قال الوتد انظر الی من بدقتی من بدقتی
۳۰۱	نشلیل تلقین شیخ مرید بدان را وپیغمبر امت را که ایشان طاقت تلقین حق ندارند وباحق الفت نتوانند گرفت چنانکه طوطی با صورت آدمی الفت ندارد که از ترلقین تواند گرفت حق سجحانه وتعالی شیخ را چون آینه مرید به همچون طوطی دارد و از بس آینه تلقین میکند لا تحرک به لسانکان هو الاوحی یوحی اینست ابتدای مسئلهی منشی مثنوی چنانکه متفکر جنیان بدین طوطی اندرون آینه که خیالش میخوانی بیاختیار و تصرف اوست عکس خواندن طوطی برونی که متعلم است نه عکس آن تعلم که بس آنست ولیکن خواندن طوطی تصرف آنعلمست بس این مثال آمدنه مثل- صاحبد لی درچله بخواب سگی دید حامله در شکمش آنسگ بچگان بانگ میکردندد تعجب ماند که حکمت بانگ سگ پاس بانست بانگ اندرون شکم چون پاسبانی نیست ونیز بانگ جهت یاری خواستن و شیر خواستن یاشدوغیر هواینجاهیچ ازین فایده ها نیست وچون بخویش آمد واحضرت خناجا نکرد و ما یعلم تا و بله الاالله جواب آنکه آنصورت حال قوم بست از حجاب بیرون نیامده و چشم ودل باز نشده دعوی بصیرت کنند و مقالات گویند: از آن نها ایشانرا		۳۰۷ جواب آمدن آنکه نظر برا سباب و مرض وزخم تیغ نباید برکار نو عزرائیل هم نباید که توهم سببی اگر چه مخفیست از آنسبباو بود که برآن رنجور مخفی نباشد که وهو اقرب الیه منکم لکن لا تبصرون – دربیان وخامت چرب وشیرین دنیا و مانعشدن او از طعام الله چنانکه فرمود الجوع طعام الله یحیی به ابدان الصدیقین ای فی الجوع طعام بدل طعام الله وقوله ایت عند
	قوتی وباری رسدونه مستعارا هدایتی ورشدی		ربی اطعمنی ویسقینی وقوله برز قون فرحین ۳۰۸
۳۰۳	قصه اهل ضروان وحسد ایشان بر درویشان که پدرما از سلیمی اغلاب دخل، باغرا بسکنان مباد از انگور ومویز وحلوا و بالوده و دو شاب ودانه اردو نان همه عشر دادی لاجرم خدا تعالی در باغ وکشت اوبر کشی نهاد که همه محتاج او بودند واو محتاج		جواب آنفعل که گفت چه خودبودی کمرگ درجهان نبودی و اینجا نابزوال نبودی فیا یرجی من رحمة الله تعالی معطی النعم قبل استحقاقها وهو الذی ینزل الغیث منبعد ماقنطو اور بعد یورث قرا ور بمعصیة میمونة ور بسعادة یاتی من حیث یرجی
		۳۰۹	النعم یعلم الله یبدل سیأنهم حسنات قصه ایاز بازداشتن وچرق و بوستین جهت آمدن خواجه تاشانش که اورادر آنحجره مدفینه است سبب محکم کاری دروگرانی قدر. در بیان آنکه آنچیزی که بیان کرده میشود صورت قصه است که در خورصورت گرانست ودر خور آئینه تصویر ایشان و از قدوسی حقیقت آن نظرفراشرم می باید و از خجالت قلم سروریش کم به کند والعاقل یکفیه الاشاره
		۳۱۰	حکمت نظر کردن کردن در چارق و بوستین که فلینظر الانسان مم خلق - خلق الجان من مارج من ناروقوله تعالی فی حق ابلیس انه کان من الجن ففسق عن امر به
		۳۱۱	درمعنی ارنا الاشیا کما هی وبیان لو کشف الغطا ما ازددت یقینا ومعنی این بیت در هر که را توا نی بدهدبه مینگری اش از چنبر وجود خودمینگری ای و با یه کوکوا فکند سایه. بیان اتحاد عاشق ومعشوق از روی حقیقت اگر چه متضادند جهت آنکه تضدی نیازی نیست بیصورتی وساده است و بیصورتی ضد صورت است لیکن میان ایشان اتحادیست درحقیقت که شرح آن بنطق نیاید والعاقل یکفیه الاشاره ۳۱۲

فهرست مطالب مثنوی

صفحه		صفحه	
۲۸۹	و مال دنیا همچون پر ماه طاوس عدو جانست درصفت آنکه یخودان که از شر خود و هنر خود این شده اند که فانی اند در بقای حق همچون ستارگان که فانی اند روز در آفتاب وفانی راخوف آفت و خطر نباشد ـ در بیان آنکه ماسوی الله هر چیزی آکل است و ماکول است همچون آن مرغی که قصد صید ملخ میکرد و صید ملخ مشغول و غافل بود از باز گرسنه که از قفای او قصد صید او داشت اکنون آدمی صیاد آکل از صیاد آکل خود ایمن مباش اگر چه عینیش بنظر منظر چشم دلیل عبرتش می بین تا چشم سر بازشد ۲۹۰ سبب کشتن خلیل علیه السلام ازغرا که آن اشاره بکدام صفت بود از صفات مذموم مهلکه مرید ـ مناجات		بر مهمان خود را پنهان کردن تا عجل نشود صدر سبب رجوع کردن آنکافر بخانهٔ مصطفی صلم در آنساعت که مصطفی بالین ملوث اورا بدست خود می شست و خجل شدن او و جامه چاک کردن و نوحهٔ او بر خود و بر حال خود	
		۲۸۰	نواختن مصطفی صلم مهمان را و مسلمان شدن و تسکین دادن او را از اضطراب و ندامت ـ در بیان آنکه عقل نماز و روزه
۲۹۱		۲۸۱	و حج وهمه چیزهای براستونی گواهیء برنور اندرونی پاک کردن آب همه پلیدیها را و باز پاک کردن خدای تعالی آبرا از پلیدی لاجرم قدوس آمد حقتعالی ـ استعانت آب از حق سبحانه و تعالی بعد از تیره شدن گواهی فعل و قول بیرونی بر ضمیر و نور اندرونی ـ در بیان آنکه نور خود از اندرون شخص منور ظاهر کند بر خلقان بی فعل و قول عارف افزون از آنکه بقول و فعل او ظاهر شود چنانکه آفتاب بلند شود بانگ خروس و اعلام مؤذن حاجت نیاید بی آنکه قول و فعلی بیان کند گواهی دهد بر نور او
	در بیان حدیث نبوی صلم الاثار یزقوم ذلوغنی قوم افترو عالمایلعب بالجهال ـ قصه محبوس شدن آن آهو بچه در آخر خران طمعهٔ آن خران کاتر غریب کاو بچنگ و گام تسخر و مبتلای گشتن او بکاه خشک که غذای اوست در آن صفت بنده ٔخاص خدا ست میان اهل دنیا هوا و شهوت که الاسلام بداءغریا بیاوزسیوداکما بداءغریا فطویلی للغربا ـ حکایت محمد خوارزمشاه که شهر سبزوار را بجنگ بگرفت امان جان خواستند گفت آنگه امان دهم که از اینشهر پیش من بهدیه ابوبکر نامی بیاورید		۲۸۲	عرضه کردن مصطفی علیه السلام شهادت را بر آن مهمان خویش ـ بیان آنکه نور که غذای جانست غذای جسم اولیا میشود تا آنکه جسم یار شود جان را که اسلم شیطانی علی یدی ـ انکار کردن اهل تن غذای روح را و لرز یدن ایشان برغذای خسیس
۲۹۲	بقیهٔ قصه آهو در آخرخران	۲۸۳	مناجات ـ تمثیل لوح محفوظ واد ر ا که عقل هر کسی از آن لوح آنکه امر وقتست و مقدر هر روزه وبست همچون ادراک جبریل علیه السلام هر روزی از آن لوح محفوظ ـ تمثیل روشهای مختلف و همتهای گوناگون با خلاف تحری منجریان در وقت نماز قبله و وقت تاریکی و تحری غواصان در قعر بحر ـ در معنی
۲۹۳	در معنی آیهانی اری سبع بقرات سمان یا کلهن سبع عجاف گاوان لاغر ـ آن خدا صفت شیران گرسنه آفریده بود تا آنهفت گاو فربه راباشا میخوردند اگرچه آنخیالاست صورت گاوان در آینه خواب بنمود اما بمعنی شیر بنگر ـ بیان آنکه کشتن ابراهیم علیه السلام خروس را و مذمت او اشارت بقمع و قهر کدام صفت بود از صفات مذمومات مهلکات در باطن مرید در معنی آیهٔ لقد خلقنا الانسان فی احسن تقویم الی آخرها و آیه و من نعمره ننکسه فی الخلق افلایعقلون	۲۸۴	آیت باحـ ـ ـر علی العباد ـ سبب آنکه خیر افرجی نام نهاد ـنداز اول فی المناجات ـ صفت طاوس و طبع او وسبب کشتن ابراهیم خلیل علیه السلام و در بیان آنکه لطف حق راهم کس داند و قهر حق راهم کس داند و هر که را همه از قهر حق گریزاند یا بلطف حق در آویزاند ـ اما حقتعالی قهرها را در لطف پنهان کرد و لطفها را در قهر بنهان کر دعل باز کنهو تأنیس و مکرالله بود تاهل تمییز و بنظر نور الله از حالی بیان و ظاهر بینان جدا شوند که
۲۹٤	تفسیر آیهٔ الا الذین آمنوا و علو الصالحات فلهم اجر غیر ممنون	۲۸۵	لیبلو کم ایکم احسن عملا
۲۹۵	در مثال عالم نیست هست نما عالم هست نیست نمای		تفاوت عقول در اصل فطرت خلاف معتزله که ایشان گویند در اصل عقول جزوی برابر داین افزونی و مفاوت از علمست و ریاضت و تجربه ـ حکایت آن اعرابی که سگ او از گرسنگی میمرد و انبان اوبر نان و برسگ نوحه میکرد و شعر میگفت و می گریست و بر سر و رو میزد و در بخش میآمدلقمه از انبان سگ دادن
	در بیان معنی حدیث شریف کلابدمن قرین بدفن معکه هوحی و تدفن معه وان تست انکان کریما اکرمک و انکان لئیما اسلمک ذلک القرین عملک فاصلحه ما استطعت صدق رسول الله صلم ـ در معنی آیه و هو معکم اینا کنتم ـ در معنی حدیث شریف یجعل الهم هما واحدا کفاه الله السائرهموم و من تفرقت به الهم ما بالی الله فی ای وادنها هلک	۲۸٦	در بیان آنکه هیچ چشم بد آدمی را چنان زیان ندارد که چشم بسند خوبش مگر که چشم او مبدل شده باشد بحق بسمع وی یبصر و ر اخوشتن بیخوبش دیده باشد و معنی آیه کر یهه وان یکاد الذین کفروا الخ ـ قصه آنکه آن کیکم که دید طاوس ر ا که بر زبای خود رامیکند بنقار و میانه اختوتن خود را کل و رشت میکرد و از تعجب بر سید که چرا دیرفت نبایدگفت مبا یه مبا یش
		۲۸۷	من جان از بر عزیز تراست و این عدوی جان من است در بیان آنکه صفا و سادگی نفس مطمئنه از فکر تنها مشوش میشود چنانکه برروی آینه چیزی نویس با نقش کنی اگر جام پاک کنی داغی بماند و نقصانی ـ در معنی حدیث لارهبانیه فی الاسلام ـ در بیان آنکه نواب عمل عاشق از حق هم حقست ـ در تغیر فرو زن رسول صلم مامات من مات الاو تمنی ان بیوت قبل مامات انکان بر الکون الی وصول البر اعجل وانکان فاجر البغل فجوره
۲۹٦	در معنی این رباعی گرر اهروی راهبرت بگشاینـد ـ ورنیست شوی هستی بگر ابندور پست شوی نگنجی اندر عالم ـ وآنگاه تراپتو بنو بنما بنده ـ قصهٔ آن شخصی که دعوی پیغمبری میکرد گفتندش چه خورده ای گفت اگر چیزی یافتمی که خوردمی نه گیج شدمی و نه باوه گفتنی که هر سخن نیک که باغیر اهلش گویند باوه گفته باشد باوه گفتن مأمور باشند	۲۸۸	پشیمان شدن آنحکیم از آنسؤال از آنحبیب بحق بطاوس ـ در بیان آنکه عقل و روح در آب و گل محبوس همچو هار و توما روت در چاه بابل ـ جواب گفتن طاوس آنسائل را ـ بیان آنکه هنرها هم بر کیها
۲۹۷	سبب عداوت عامی بیگانه بستن ایشانرا اولیا که بحقشان میخواند وبه آب حیات ابدی میکشا ند ـ در بیان آنکه مرد به کارچون متمکن در به کاری شود و اثر دولت نیکو کاران ببیند شیطان شود و مانع خیر گردد از حسد همچون شیطان خرمن سوخته ها راخرمن سوخته خواهد ارایت الذی ینهی عبدًا اذاصلی ـ مناجات ۲۹۸ سؤال کردن شاه از آن مدعی پیغمبر که کو وحی بتو آمده ـ حکایت آنعاشق که بامعشوق خدمتها و وفاهای خود امیشمرد و شبهای دراز تجافی جنو بهم عن المضاجع را و بینوائی و جگر تشنگی روزهای دراز را شرح میدادو میگفت که من جز این خدمت ندانم اگر خدمت دیگرهست مرا ارشاد کن به هرچه فرمائی منقاد ام اگر در آتش رفتنست چون خلیل علیه السلام و اگر در دهان نهنگ بافتادنست چون یونس علیه السلام اگر هفتاد بار کشته شدنست چون جرجیس علیه السلام اگر گریه نابیناشدنست چون یعقوب وفا و جانبازی انبیا علیهم السلام		

فهرست مطالب مثنوی

صفحه		صفحه	
	معاینه بنماید نه برطریق خیال ـ بازگفتن موسی علیه السلام اسرار فرعون را و واقعات او را ظهر الغیب تا یخبری حق ایمان آوردیاگمان برده بیان آنکه در توبه باز است		حکایت آنزاهدیکه در سال قحط خندان و شاد بود با مفلسی و بسیاری عیال و خلق میرد نداز گرسنگی گفتندش چه هنگام شادیست که هنگام صد تعزیتست گفت مرا باری نیست ـ در بیان
۲۵۵	گفتن موسی علیه السلام مر فرعون را که از من یك پند قبول کن و چهار فضیلت عوض بستان ـ شرح کردن موسی آن چهار فضیلت راجهت بایزد ایمان فرعون ـ تفسیر کنت کنزاً مخفیا فاحببت ان اعرف ـ غره شدن آدمی به ذکاوت و تصویرات طبع خویشتن و طلب ناکردن علم غیب که علم انبیاء علیهم السلام است		آنکه مجموع عالم صورت عقل کل است چون با عقل کل یاوری جفا کردی و صورت عالم ترا غم فزاید اغلب احوال چنانکه دل بابدر بد کردی بصورت غم ترا غم فزاید و نتوانی رویش را دیدن اگر به چیزی از آن نوردیده بوده باشد و راحت جان ـ قصه فرزندان عزیر علیه السلام که از بدر احوال پدر میرسیدند گفت آری مرعقب من میآید شناختندش بیهوش
۲۵۶	بیان اینکه کلموا الناس علی قدر عقولهم لا علی قدر عقولکم حتی لا یکذب الله و رسوله ـ قوله علیه السلام من بشری بخروج الصفر بشرته بالجنة ـ مشورت کردن فرعون با آسیه در ایمان آوردن بموسی علیه السلام	۲۶۸	شدندو بعضی نشناختند میگفتند خودمرده داد این بیهوش چیست تفسیر این حدیث کای لو استغفر الله فی کل یوم سبعین مرة ـ بیان آنکه عقل جزوی تابنگور بیش نبیند در باقی مقلد انبیاست و او ولیاست بیان آیه کریمه با بها الذین آمنو الا تقدموا بین یدی الله و رسوله صلعم ـ چون نبی نیستی زامت باش ـ چونکه سلطان نه رعیت باش ـ
۲۵۷	قصه باز پادشاه که بپیرزن ـ قصه آنزن که طفل آنرا برسرناودان غزبدوخطر افتادن بوداواز علی مرتضی علیه السلام چاره جست	۲۶۹	پس زخاموشان خامشان تراش ـ و از خودی از حمنی متراش ـ قصه حکایت استرباشتر در رهی بسیار کم من بسیار در رفتن و تو در روی میآئی حکمت این چیست و جواب گفتن شتر اورا ـ تصدق کنرا ـ ستر جواب اشتر را و اقرار باینکه این بفضل او
۲۵۸	دربیان حدیث جریا مؤمن فان نورك اطفأ ناری از زبان دوزخ ـ مشورت کردن فرعون با وزیر شهامان در ایمان آوردن بموسی علیه السلام ـ نزیسف سخن هامان	۲۷۰	برخود و استعانت خواستن وبد و پناه گرفتن و صدق ونواختن شتراورا و راورا از نوردین و یاری دادن در بنده و شاهانه
۲۵۹	نومیدشدن موسی علیه السلام از ایمان آوردن فرعون و جا یافتن سخن هامان در دل فرعون ـ منازعت کردن امیر به دربار رسول خدا علیه السلام که ملك را متقاسمه کن تا نزاعی نباشد و جواب مصطفی صلعم که من مامورم درین امارت و بحث ایشان از طرفین ـ تمامی حدیث موسی در تقریع و توبیخ فرعون ـ در بیان آنکه شناسای قدرت حقتعالی نپرسد که بهشت کجاست و دوزخ چه جاست	۲۷۱	لابه کردن قبطی سبطی را که یك سبو بنیت خویش از نیل پرکن و برلب من نه تا بغورم بحق دوستی و برادری سبوئی که شما سبطیان برخود میکنید از نبل آب صافت و سبو که ما قبطیان برخود میکنیم خون صافت در خواستن قبطی دعای خیر و هدایت از سبطی و دعا کردن سبطی قبطی رابغیر و مستجاب شدن آن دعا از اکرم الاکرمین ـ حکایت آنزن پلید کار که شوهر را گفت آن خیالات از رمد و مینابه تراست که چنین مینماید چشم را و از سر امر ودین در دوخت فرود آتا آنخیالات برود و اگر کسی گوید که آنچه آنمرد میدید خیال نبود جواب آنست که این مثال نه لا مثل همینقدر بس بود که اگر برسر امر و دین برفتی
۲۶۰	جواب دهری که منکر الوهیت و عالم را قدیم میگوید تفسیر آیه کریمه کومـا خلقنا السموات و الارض و ما بینهما الا بالحق نیافر یدمشان بهر همین که شما ببینید بلکه بهر معنی و حکمت باقیه که شما نمی بینید آنرا ـ و حی کردن حقتعالی بموسی علیه السلام ایموسی من که خالقم ترا دوست میدارم خشم کردن پادشاه بر ندیم و شفاعت نکردن شفیع آن مغضوب علیه را و از پادشاه در خواستن و پادشاه شفاعت اورا قبول کردن و رنجیدن ندیم که چرا شفاعت کردی ـ گفتن جبرئیل	۲۷۲	هرگز آنرا نمی دید هم چنین خواه حقیقت و همین کافیست باقی در قصه موسی علیه السلام ـ سخت شدن کار بر قبطیان و شفاعت کردن فرعون ـ دعا کردن موسی و سبز شدن کشت
۲۶۱		۲۷۳	اطوار و منازل خلقت آدمی از ابتدا ـ در بیان آنکه خلق دوزخ گرسنگاند و نالنده و از حق خواهان که روزیهای ما را فربه گردان و زود زاد بما برسان که ما را صبر نماند
۲۶۲		۲۷۴	فتن ذوالقرنین بکوه قاف و درخواست کردن از ایکوه قاف از عظمت صفت حقتعالی مارا بگو و گفتن کوه قاف که صفت عظمت حق بگفترا نباید که پیش آنرا کها فناشود ولاف کردن ذوالقرنین از صنایعش در خاطر داری و برتو گفتن آن آسانتر بود و بگو ـ موری برکاغذ میرفت نوشتن قلم بدید قلم را ستود مور دیگر که تیز چشم تر بود گفت ستایش انگشتراکن که اینهر از ایشان میبینم موری دیگر گفت از دو چشم تیز بود که از انگشتان فرع و یندالی آخره سیاق التماس کردن
۲۶۳	مر خلیل علیه السلام را که هل لك حاجة جواب داد که اما الك فلا ـ مطالبه کردن موسی علیه السلام از حضرت عزت که لم خلقت خلقاً و اهلکتهم ـ و جواب آمدن از حضرت عزت ـ بیان آنکه روح حیوانی و عقل جزوی و وهم و خیال بر مثال دوغ و نور و روحی که باقی است در این دو دوغ همچو روغن پنهان است ـ مثال دیگر هم در این معنی	۲۷۵	ذوالقرنین از کوه قاف آن بیان صنعی از صنایع حقتعالی کند نمودن جبرئیل علیه السلام خود را بمصطفی صلعم و چون یك بار ظاهر شد و از هفتم براو و افق را بگرفت آفتاب محجوب شد با همه شعاعش
۲۶۴	حکایت آن پادشاه زاده که پادشاه حقیقتی بوی روی نمود ، بوم بفر المر من اخیه واما و اببه نقدو قناد و شه ، پاد شاهی این خاك توده کودك طبعان که قلعه گیری نام کنند آن کبود کسی که چیره آید برسر خاك توده بر آید و لافزند که قلعه مراست کودکان دیگر چون از قید رنگها برست گفت این خاکهای رنگین را و همان خاك دون میگوبهزر و اطلس و اکنون نمی گویم از این اکنون رهزن رستم و بیکسو چستم و بتناه العکم صبیاً وشاد حق امر و رسالات حاجت نیست در قدرت کن فیکون هیچکس سخن را قابلیت نگوید	۲۷۶	
۲۶۵			**دفتر پنجم**
۲۶۶	عروس آوردن پادشاه فرزند خود را از خوف انقطاع نسل ـ اختیار کردن پادشاه دختر درویش زاهدیرا از جهت پسر و اعتراض کردن اهل بر او مدون نگه داشتن ایشان از بیوندی درویش ـ مستجاب شدن دعای پادشاه در خلاص پسر از جادوی کابلی	۲۷۹	تفسیر آیه کریمه فخذ اربعة من الطیر فصرهن البك الخ
۲۶۷	در بیان آنکه نشو زاده آدمی بچه است خلیفه خدا بدرش آدم صفی خلیفه حق مسجود ملا ئك و آنگیر کابلی دنیاست که آدمی بچه را از پدر بیرد بسحر و اولیاء آن طبیب تدارك کننده اند	۲۷۹	در سبب ورود این حدیث که الکا فریا بلی فی سبعة امعاء و المؤمن یا بل فی کل معاء واحد ـ در حجره گشادن مصطفی صلعم

فهرست مثنوی

صفحه		صفحه	
	در بافتن طبیبان الهی امراض دین و دارا در سیمای مرید و بیگانه لحن گفتار او و رنگ و چشم او و اینهمه نیز از راه دل که انهم جواسیس القلوب فجالوا وهم با صدق ـ مژده دادن بایزید از زادن ابوالحسن خرقانی قدس الله روحه پیش از سالها و شان	۲۳۲	آمدن و نشانه فتن ـ بقیه قصه دعوت سلیمان بلقیس را ـ مثل قانع شدن آدمی بدنیا و حرص او در طلب و غفلت او از دولت روحانی که ای جنس بی اندوه نعره زنانکه یا ابت قومی یعلمون
۲۴۴	صورت و سیرت او و یکی که نوشتن تاریخ و بیان آنرا جهت صد قول رسول صلعم که انی لاجد نفس الرحمن من قبل الیمن ـ زادن ابوالحسن خرقانی معداز وقت بایزید بدقدس الله سره العالی اجرای دل و جان صوفی از طعام الله تعالی ـ باز گشتن حکایت غلام که رقعه	۲۳۳	بقیه دعوت سلیمان بلقیس را که فرصت غنیمت است بقیه قصه عمار که سلیمان علیه السلام مسجد اقصی را به تعلیم وحی خداوند حکمتها که در او داد و معاونت ملائکه و دیو و پری و آدمی آشکارا ـ قصه شاعر و صله دادن شاه و مضاعف کردن آن وزیر بوالحسن نام ـ باز آمدن شاعر بعد از چند سال به امید همانصله هر از در بار فرمودن شاه بر قاعده نوش و گفتن وزیر نوعم حسن بادشاها که این سخت بسیار است و دارا به خرج ما خزینه خالیست و من اورا به یک این زر خشنود کنم
۲۴۵	نوشت سوی شاه جهت کمی اجری او بویالغفار شاه آشفتن آن غلام از نار سبحان جواب رفته از قبل بادشاه ـ کوزه زرین باد بر سلیمان علیه السلام بسی ـ ز لتا و شنیدن ابوالحسن خرقانی خبر دادن بایزید از راز بد او احوال او ـ رفعه دیگر نوشتن آن غلام پیش شاه چون جواب آن رقعه اول نیافت	۲۳۴	بردن شاعر شعر را سوی شاه و خارت وزیر ـ مانسبه دراای این وزیر دون در افساد مروت شاه بوز بر فرعون یعنی هامان در افساد قابلیت فرعون
۲۴۶	ستودن پیغمبر علیه السلام عاقل را و نکوهیدن احمق را ـ قصه آنکه بابکی مشورت مبکر د گفتنش مشورت با دیگری کن که من عدوی توام ـ امیر گردانیدن رسول صعم جوان هذبلی را بر سریه که در آن بیران جنگ آزمودگان بودند	۲۳۵	نشستن دیو در مقام سلیمان علیه السلام و تشبیه کردن او بعضی کارهای سلیمان و فرق ظاهر میان هر دو سلیمان و دیو خ و بشتر آنرا سبل این داود نام کردن ـ در آمدن سلیمان هر روز در مسجد اقصی بعد از تمام شدن جهت عبادت و ارشاد عابدان و معتکفان و رستن هر گیاه در مسجد ـ آموختن پیشه گور کنی قابیل از زاغ پیش از آنکه در عالم حرفه گور کنی و گور بود
۲۴۸	اعتراض کردن معتر بر رسول صلعم بر امیر گردانیدن هذبلی جوابگفتن پیغمبر صعم اعتراض کننده ـ انصاف دادن ما اعظم شانی گفتن ابابیزید بود اعتراض مریدان و جواب او مرایشان را بطاریق گفت از زبان بلکه از راه عیان	۲۳۶	قصه صوفی که در میان گلستان سر بر زانو مراقب بود بارانش گفتند سر بر آور تفرجکن بر گلستان و ریاحین و مرغان و آثار رحمة الله تعالی که فانظر واالی آثار الله رحمة الله
۲۴۹	بیان سبب فصاحت و بسیار گوئی آن نزول بخدمت در رسول ـ بیان کردن رسول صعم سبب تفضیل و اختیار کردن او آن هذبلی را بامیری و سرلشکری بر پیر ازکاردیدگان ـ علامت عاقل تمام و نیم عاقل و مرد تمام و نیم و علامت شقی مغرو رلاشی	۲۳۷	قصه رستن خروب در گوشه مسجد اقصی و غمگین شدن سلیمان علیه السلام از آنچون سخن آمد بالاوصیت مرید گوهر را فضیحت اوست و چون شمشیر است افتاده بدست راهزن
۲۵۰	قصه آبگیر و صیادان و آن سماهی یکی عاقل و یکی نیم عاقل و آن دیگر مغرور ابله مغفل لاشی و عاقبت آن هر سه ماهی ـ سرخواندن وضو کننده او را و ضو را ـ شخصی بوقت استنجا میگفت اللهم غرحنی رایحه الجنه بجای اللهم اجعلنی من التوابین واجعلنی من المتطهرین را ورد داشت استنجاست و ورد استنجا را دروقت استنشاق میگفت عزیزی بشنید و این را طاقت نداشت ـ قصه آنمرغ گرفته گوصیت کرد که برگذشته بشیمان مخور تدارک وقت اندیش و روزگار مبر در پشیمانی	۲۳۸	بیان تفسیر آیه شریفه یا ایها المزمل ـ در بیان آنکه ترک الجواب جواب مقر را بنسخن که جواب الاحمق سکوت ، شرح این در درا ینقصه که گفته می آید ـ در تفسیر این حدیث نبوی (ص) که ان الله تعالی خلق الملائکة ورکب فیهم العقل و خلق البهائم و رکب فیها الشهوة و خلق بنی آدم و رکب فیهم العقل و الشهوة فمن غلب عقله علی شهوته فهو اعلی من الملائکة و من غلب شهوته علی عقله فهو ادنی من البهائم
۲۵۱	چاره اندیشیدن آنماهی نیم عاقل و خودرا مرده کردن ـ بیان آنکه عهد کردن احمق و قت گرفتاری و ندم هیچ وفائی ندارد که ولاردو العادوا لمانهوا عنه و انهم لکاذبون چون صبح کاذب و فانرادند. در بیان آنکه هم قلب غفلت و ستیزه ا وست بدو ماند و او نیست. مجاوبت موسی علیه السلام که صاحب عقل بود بافرعون که صاحب وهم بود	۲۳۹	تفسیر آیه و اماالذین فی قلوبهم مرض فزادهم رجسا و قوله یضل به کثیرا و یهدی به کثیرا ـ چالیش عقل بانفس همچون تنازع مجنون با ناقه ـ میل مجنون سوی حره میل ناقه سوی کره چنانک مجنون گفته ـ هوی ناقتی خلفی وقدامی الهوی ** وانی و ایاها لمختلفان
۲۵۲	بیان آنکه عمارت در ویرانی است و جمعیت در برآیند گودرستی در شکستگیست و مراد بر بیمارد وجود در عدم و علی هذا بقیة الاضداد و الازواج ـ جواب دادن موسی علیه السلام فرعون را ـ نفی کردن موسی جادوئی را از خود	۲۴۰	نشستن آن غلام قصه شکایت نقصان اجری سوی بادشاه (جذبه من جذبات الحق خیر من عبادة الثقلین) ـ حکایت آنفقه بادستار بزرگوکه آنکه دستارش بر بودن بانگ میزد که باز کن و بیند که چه میری آنگه پیش ـ نصیحت دنیا اهل دنیا را بزبان حال و بیوفائی خود را نمودن بوفا و طمع دارندگان از او
۲۵۳	بیان آنکه هرحس مدرک را از آدمی نیز مدرک کانی دیگر است که از مدرکات آنحس دیگر است بیغبر است چنانک هر پیشه ور استاد اعجمی کار آن استاد دیگر پیشه ور است و بیخبر است از آنکه وظیفه او نیست و آنمدرکت او دلیل نکند که آنمدرکت نیست اگر چه بحکم حال منکر بود آنرا اما ازمنکری اوا ینها جز بیخبری نمیخواهیم در بین مقام . حمله بردن اینجهانیان بر آنجهانیان و تاختن بردن تاسینود زن و سل ـ سرحد غبی است و غفلت ایشان از کمینگه که چون غازی به غزا برود کافر ناخن یارد	۲۴۱	بیان آنکه عارف را از غذا هست از نور ازنور حق که ابت عندی بطعمنی و یسقینی و قوله صعم الجوع طعام الله یحیی به ابدان الصدیقین ای یصل طعام الله فی الجوع ـ خطاب بامغرور دنیا و گرفتاران نفس اماره ـ تفسیر آیه فاوجس فی نفسه خیفه موسی قلنا لاتخف انک انت الاعلی
۲۵۴	بیان آنکه تن خاکی آدمی همچون آهن نیکوجوهر قابل آینه شدن است تا در و هم در دنیا بهشت و دوزخ و قیامت و غیر آن	۲۴۲	زجر مدعی از دعوی و امر کردن اورا بمتابعت انبیا و اولیا ـ بقیه قصه نوشتن آنغلام رقعه مطلب اجری خود ـ حکایت آنمداح که از جهت ناموس شکر ممدوح میکرد و بوی اندوه و غم اندرون او خلاف دلق او ظاهر ** می نمود که آنشکر هالانست و دروغ
		۲۴۳	

فهرست مطالب مثنوی ۷

صفحه		دفحه	
	تاطمع او را برعزم کردن تا باز عزمش را بشکند تا تنبیه بر تنبیه بود۔ نظر کردن پیغمبر علیه السلام باسیران و تبسم کردن و گفتن که عجبت من قوم یجرون الی الجنة بالسلاسل والاغلال ۔ تفسیر این آیه که ان تنصروا فقد جائکم الفتح طاعنان می‌گفتند که از حازم محمد آنکه حقست فتح و نصرت نش بدو این بدان میگفتند که گمان	۲۲۲	بین احدهم و سلمواالعاقل بکفیه الاشاره این خود از اشارت گذشت مثل آوردن در بیان اتحادهای انبیا و اولیا و دوستان خدا بنکه آفتاب که تمامت خانه‌ها و سراها و بیابانها و کوهها و دریاها را تابشش خود روشن کند و در هر خانه و سرای و هر دشت و صحرا روشنائی دیگر دهد هم به نور و روشنائی باشد و اختلاف خانهای
۲۰۹	داشتند خود برخنده و طالبعق بی‌غرض اکنون محمد منصور شد سر آنکه بیمار از دگر گشتن رسول علیه السلام از حدیبیه حق تعالی لقب آن فتح کرد که انا فتحناك فتحا مبینا بصورت غلق بود و بمعنی فتح مشك شکستن که بظاهر شکست است و بمعنی درست کردن است مشك را و تکمیل فوائد اوست۔ تفسیر این خبر مصطفی (ص) فرمودلا تفضلونی علی یونس بن متی۔ آگاه شدن پیغمبر (ص) ازطعن ایشان بر شانت		مردم دیگر بنور ماه و ستارگان و نور چراغ که هر کدام نور دیگری چون آفتاب طالع شد در انوار چنانکه نماند و روز حشر چون خورشید جماع و جلال حق از مشرق ازل طالع شود انوار بقیه محو گردد۔ بقیه قصه بنای مسجد اقصی در دست سلیمان قصه اغاز خلافت عثمان و خطبه وی در بیان آنکه ناصح فعال بفعل اولی بود از قوال۔ در بیان آنکه حکما گویند آدمی عالم صغری است و حکمائی الهی گویند آدمی عالم کبری است زیرا که آنچه را علم در صورت آدمی مقصور بود و علم این
	او۔ فهم کردن رسول علیه السلام ضمیر اسیران را بیان آنکه طاغی درعین ظاهری مقهور است و در عین منصوری مأسور۔ جذب معشوق عاشق را من حیث لا یعلم العاشق و لا یرجوه ولا یخطر بباله و لا یظهر من ذلك الجذب اثر فی العاشق الا الخوف الممزوج بالیأس مع دوام الطلب۔ رسیدن بخاری عاشق در بندگی صدر جهان	۲۱۰	حکما در حقیقت حقیقت آدمی موصول بود در تفسیر این حدیث که مثل اهل بیتی کمثل۔ قبة نوح من تبعها نجا و من تخلف عنها غرق۔ قصة هدیه فرستادن بلقیس از شهر سبا سوی سلیمان علیه السلام
۲۱۱	دادخواستن بشه از بعضرت سلیمان۔ امر کردن سلیمان علیه السلام ثبت مظلوم را باحضار خصم به دیوان حکم۔ واخن	۲۲۴	
۲۱۲	معشوق عاشق بیهوشش را تا هوش باز آید با خویش۔ آمدن عاشق بهوش و روی آوردن بثنا و شکر معشوق۔ حکایت آن عاشق دراز هجران بسیار امتحان	۲۲۵	کرامات و نور شیخ عبدالله مغربی۔ تقدیس مباز گردانیدن سلیمان رسولان بلقیس را ۔ آن هدیها که آورده بودند سوی بلقیس و دعوت سلیمان بلقیس را با ایمان و ترك آفتاب پرستی۔ قصة عطاری کمنگ او را روزی و گل سر بشوری و دزدیدن مشتری گلخوار از آن گل هنگام سنجیدن شکر و بدن عطار نادیده کردن مرورا۔ دلداری کردن و نواختن سلیمان علیه السلام مر آن رسولان را و دفع وحشت و دل ایشان و عذر قبول ناکردن هدیه به شرح کردن با ایشان
۲۱۳	یافتن عاشق معشوق را و بیان آنکه جوینده یابنده بود که (فمن یعمل مثقال ذره خیرا یره)	۲۲۶	دیدن درویشی جماعت مشایخ را در خواب و درخواست کردن روزی حلال شدن بی‌مشغول شدن به عبادت ماندن و ارشاد ایشان اورا بمیوه‌های ناچیده و ترش کوهی بروی کوهی شیر بن شدن بداد آن مشایخ۔ نیت کردن او که این زیر بدهم و آنه‌یم که چون من روزی بافتم بکرامات مشایخ نجدم آنه‌یم کش از ضمیر و نیت او ۔
۲۱۴	**دفتر چهارم**	۲۱۶	
	تمامی حکایت آن عاشق که از عسر گربخت در باغی مجهول خود معشوق را در باغ یافت و عیسرا از شادی دعای خیر میکرد	۲۲۷	تحریک سلیمان مر رسول را به تعجیل هجرت بلقیس بهر ایمان سبب هجرت ابراهیم ادهم و ترك ملك خراسان۔ حکایت آن تشنه که از سر جوز بن جوز در جوی آب میریخت که در گو بود و در آب نمیرسید تا بافتادن جوز بانگ آب بشنود و اورا چون سماع خوش بانگ آب در طرب میآورد ۔ تهدید فرستادن
۲۱۶	و میگفت که عسی ان تکرهوا شیئا و هو خیر لکم حکایت آنو اعظ که هر آغاز تذکیر دعای ظالمان و سخت دلان وبی اعتقادان کردی ۔ سؤال کردن از عیسی علیه السلام که در وجود از همه صعبها صبرتر چیست۔ قصة خیانت کردن عاشق و بانگ برزدن معشوق بر وی	۲۲۸	سلیمان (ع) پیش بلقیس که‌ اصرار مبندی بر شرك و تاخیر مکن در ظاهر کن دانید که ما را خلاف الامر الله جهد است در ایمان تو، بکدر غرضی نیست مرا نه در حسن تو و نه در ملك تو خود بینی چون چشم جان باز شود بنورالله۔ بقیة قصة ابراهیم ادهم قدس الله سره۔ بقیة قصة اهل سبا و نصیحت و ارشاد سلیمان آل بلقیس راه برایکی اندر خورد و مشکلات دین
۲۱۷	قصة صوفی که زن را با بیگانه بگرفت ۔ در بیان آنکه حقتعالی بنده را بیگانه اول رسوا نکند معشوق را بزیر جادر پنهان کردن جهت تلبیس و بهانه گفتن زن که ان کید کن عظیم۔ گفتن زن که او دربند جهاز نیست مراد اوسر و صلاح است و وجوب گفتن صوفی اینرا بر پوشیده۔ غرض از بصیر و سمیع و علیم گفتن خدا را ۔ مثال دنیا چون	۲۲۹	ودل او و صید کردن از جنس مرغ بصفیر آنچنانکه مرغ وطمه او آزاد شدن بلقیس از ملك و مست شدن از از شوق ایمان و التفات همت و از همه ملك منقطع شدن و وقت هجرت الا از تخت ۔ چاره باری سلیمان علیه السلام در احضار تخت بلقیس از سبا
۲۱۸	گلخن و تقوی چون حمام قصه آن دباغ که در بازار عطاران از بوی عطر و مشك بیهوش ورنجور شد۔ معالجه کردن برادر دباغ را به بغر ا بخفیه یوی سرگین۔ عذر خواستن عاشق از گناه خویش بتلبیس و روی پوش وفهم کردن معشوق آنرا نیز	۲۳۰	قصة یاری خواستن حلیمه از بتان جون عقیب فطام مصطفی علیه السلام را گم کرد و لرزیدن بتان و سجده دادن و گواهی دادن ایشان برعظمت کار مصطفی صلم ۔ حکایت آن پیر عرب که دلالت کرد حلیمه را بر استعانت بتان
۲۲۰	رد کردن معشوق عذر عاشقرا و تلبیس او را در روی ماندن۔ گفتن جهودی علی علیه السلام را که اگر اعتمادداری بر حافظی	۲۳۱	خبر یافتن جد مصطفی عبدالمطلب از گم کردن حلیمه مصطفی علیه السلام را و نالیدن او و طلبیدن او و گردش او در شهر و نالیدن در بر کعبه و از حق در خواستن و بافتن او محمد علیه السلام را۔ نشانخو استن عبدالمطلب از موضع محمد علیه السلام که کجایا بموجواب از اندرون کعبه
۲۲۱	خدا این سر اینکوشك خود در انداز و جواب آن حضرت اورا قصة مسجد اقصی و خروب و عزم کردن داود علیه السلام بیش از سلیمان بر بنای آن مسجد ۔ شرح انما المؤمنون اخوه و العلماء کنفس واحدة خاصة اتحاد داود و سلیمان و سایر انبیا علیهم السلام کاگر یکی از ایشان منکرشوی ایمان بهیچ نبی درست نباشد و این علامت اتحاد است که یکخانه از آن هزار خانه ویران کنی آنهم ویران شود و یکدیوار قائم نماند که لانفرق		

فهرست مطالب مثنوی

صفحه		صفحه	
			کردن و حجت آوردن جبریانه ـ جواب انبیاء علیهم السلام
		۱۸۳	جبریان را ـ مکرر کردن کافران حجتهای جبریانه خود را ـ باز جواب انبیاء ایشانرا ـ مکرر کردن قوم اعتراض ترجیحرا
		۱۸۴	انبیاء ـ باز جواب انبیاء علیهم السلام حکمت در آفریدن دوزخ آنجهان و زندان این جهان تا مومید منکران گردد که اتّباطوعاً او کرهاً ـ بیان آنکه حقتعالی صورت ملوک را مسخر کردن جباران که مسخر حق نباشد ساخته است چنانکه موسی علیه السلام باب صغیر ساخت بر بریش قدس جهت کوچ جباران بنی اسرائیل وقت در آمدن که ادخلوا الباب سجداً
۱۹۵	چیزی بمثال و تقیید وصیان دانستن ماهیت آن چیز بتحقیق جمع و تفریق میان نفی و اثبات یک چیزی از روی نسبت و اختلاف جهت ـ مسئله فناوبقای درویش کاهل ـ قصّهٔ وکیل صدر جهان که متّهم شد از بخار آگر بخت ازاین باز عشقش کشید ورکشان که کارجان سهل باشد عاشقانرا ـ پدید شدن روح القدس بصورت آدمی بر مریم بوقت غسل و برهنگی و پناه گرفتن بحقتعالی	۱۸۵	وقولوا حطّة نغفرلکم ـ قصّهٔ عشق صوفی بر سبزه نهی از نورش مخصوص بودن یعقوب علیه السلام جشیدن جام حق از روی یوسف و کشیدن بوی حق از بوی یوسف و حرمان برادران و غیر همه از این هردو ـ حکایت امیر و غلامش که نماز باره بود و اِس عظیم داشت و مناجات و نماز باحق بی مید شدن انبیاء علیهم السلام
۱۹۶	گفتن روح القدس مریم را که من رسول حقم بتو آشفته و پنهان ـ از من مشو که فرمان این است	۱۸۶	از قبول و پذیرائی منکران قوله تعالی حتی اذا استیأس الرسل الخ بیان آنکه ایمان قلد خوفست ورجا ـ بیان آنکه رسول صلم فرمودانه تنالی اولیائی اخفیاء ـ حکایت مندیل در تنور انداختن
۱۹۷	عزم کرد آن وکیل از عشق که رجوع کند بنجارا لاابالی وار ـ پرسیدن معشوق از عاشق غریب خود که از شهرها کدام شهر را خوشتر یافتی و انبوه تر و محتشم تر و پرنعمت تر ودلگشاتر ـ منع کردن دوستان اورا از رجوع کردن بنجارا و تهدید کردن ولاابالی گفتن عاشق ناصح و عاذل را از سرعشق		انس بک مالک و ناسوخن ـ قصّهٔ فریاد رسیدن رسول صلی الله علیه و آله کاروان عرب را که از تشنگی و بی آبی در مانده بودند و دل برمرگ نهاده و شتران و خلق بیرون انداخته
۱۹۸	رو نهادن آن رنده عاشق سوی بنجاراـ در آمدن آنعاشق بنجارا و تعذیر کردن دوستانرا او از پیداشدن ـ جواب گفتن عاشق عاذلان و تهدید کننده گانرا	۱۸۷	مشک آنغلام از غیب در آب کردن بمعجزه آن غلام سیاه اورا سپید رو کردن با بن الله تعالی ـ دیدن خواجه غلام را سپید و ناشناختن که اوست وگفتن که غلام مرا توکشتی و خون او تراگرفت و خدا نرا از دست من انداخت
۱۹۹	رسیدن آنعاشق بمعشوق خویش چون دست از جان بشست ـ صفت آنمسجد که مهمان کش بود و آن عاشق مرگ جوی لاابالی که در آن مسجدمهمان شد ـ آمدن مهمان در آن مسجد ـ ملامت کردن اهل مسجد مهمان عاشق را از شب خفتن در آنجا و تهدید کردن مراو را ـ جواب گفتن عاشق عاذلان را	۱۸۸	بیان آنکه حقتعالی هرچه داد و آفرید از سموات و ارض و اعیان و اعراض همه با ستدعای حاجت آفرید و خود محتاج چیزی باید کردن تا دعاه که امن یجیب المضطرّ اذا دعاه اضطرار گواه استحقاقست ـ آمدن زن کافره با طفل شیرخواره بنزدیک مصطفی علیه السلام و ناطق شدن طفل عیسی وار بمعجزات رسول خدا ـ ربودن عقاب موزهٔ رسول علیه السلام را و بردن بر هوا و نگون کردن و از موزه ماری سیاه برون افتادن ـ وجه عبرت گرفتن از این حکایت و یقین دانستن ان مع العسر یسرا ـ
۲۰۰	بیان آنکه عشق جالینوس براین حیات دنیا بود که هنر و هین جابکار میآید و هنری نورزیده است که درآن بازار بکار آید آنجا خود را راعوم یکسان میبیند ـ ملامت کردن اهل مسجد مهمانرا از شب خفتن در آن مسجد	۱۸۹	استدعا نمودن آمرد از موسی زبان بهایم با طیور وصی آمدن از متعنعنتی بوسی علیه السلام که بیاموزش جبیر را که استدعا یکنه ببعضی از آن ـ قانع شدن آنمرد طالب بتعلیم زبان مرغ خانگی و سگ و اجابت موسی ـ جواب خروس سگرا ـ
۲۰۱	گفتن شیطان قریش را که بجنگ احمد آئید که من یار بها کم و قبله خود با آیاری خواهم و وقت ملاقات صفّین گریختن	۱۹۰	خجل گشتن خروس پیش سگ بسبب دروغ شدن در آن سودها خبر کردن خروس از مرگ خواجه ـ دویدن آنشخص سوی موسی بزنهار چون از خروس خبر مرگ خود شنید ـ دعا کردن موسی آنشخص را تا اردنا بایمان رود ـ اجابت کردن
۲۰۲	مکرر کردن عاذلان پند را بر آن مهمان مسجد مهمان کش ـ جواب گفتن مهمان ایشانرا و مثل آوردن ـ دفع کردن حارس کشت بانک دفاز کشت اشتری را که کوی مجودی بریشت اوزندگی	۱۹۱	حقتعالی دعای موسی علیه السلام را حکایت آنزن که فرزندش نیز بست بنا البدجواب آمد که این عوض ریاضت تست و بجای جهاد مجاهدانست ـ در آمدن
۲۰۳	تمثیل گریختن مؤمن و بی صبری او در بلاء اضطراب و بیقراری نخود بجوش در دیگ تا بیرون جهد و منع لاو افف شود ـ تمثیل صابر شدن مؤمن چون جوش سر و منفعت بلاو اقف شود ـ عذر گفتن که بانو با نخود و حکمت در جوش داشتن کدبانو نخود را	۱۹۲	حمزه رضی الله عنه در حرب بی زره ـ جواب حمزه مر خلقرا
۲۰۴	باقی قصه مهمان آنمسجد مهمان کش و ثبات و صدق او ـ ذکر خیال بدانیشیدن قاصر فهمان ـ تفسیر این خبر مصطفی علیه السلام که ان للقرآن ظهراً و بطناً و لبطنه بطن الی سبعة ابطن و فی روایة الی سبعین بطناً ـ بیان آنکه رفتن انبیاء اولیاء علیهم السلام بکوهها و غارها جهت بنهانکردن خویش نیست و جهت و تشویش خلقی نیست بلکه جهت ارشاد	۱۹۳	حیله دفع مغبون شدن در بیع و شری ـ وفات بافتن بلال با شادی حکمت ویران شدن تن مرگ ـ تشبیه دنیا که بظاهر فراخ است و بمعنی تنگ و تشبیه خواب را که وامت از تنگی است ـ بیان آنکه هرچه غفلت و غم و کاهلی و تاریکیست همه از تنست بارضی است و سفلی ـ تشبه نفس بقنایی
۲۰۵	خلق است و تحریض بر انقطاع از دنیا بقدر ممکن تشبیه صورت اولیا بصورت کلام اولیا ـ بصورت عصای موسی و صورت افسون عیسی علیهم السلام ـ تفسیر یا جبال اوبی معه و الطّیر ـ جواب طعنه زنندهٔ مثنوی از قصور فهم خود ـ مثل زدن	۱۹۴	آداب المستعین والمربد عند فیض الحکمه من لسان الشیخ ـ شناختن هر حیوانی بوی عدو خود را و حذر کردن و بطالت و خسارت آنکس که عدو کسی بود که از او حذر ممکن نیست و فرار ممکن نه و مقابله ممکن نه ـ فرق میان دانستن
۲۰۶	درم دبن که را سب که از خوردن آب و سبب شغول دن سایبان بقیهٔ ذکر آن مهمان مسجد مهمان کش ـ تفسیر آیه کواجلبک علیهم بخیلک ورجلک ـ رسیدن بانگ طلم نیمش مهمان مسجدرا		
۲۰۷	ملاقات آنعاشق باصدر جهان جذب هر عنصری جنس خود را که در ترکیب آدمی مجنس شده است بغیرجنس ـ منجذب شدن جان نبز بعالم ارواح و اقضا و میل او بقر خود و منقطع شدن از اجزاء اجسام که کنده‌ای بای روحنده		
۲۰۸	فسخ عزایم و نقشها جهت اخبر کرد آدمی را از آنکه مالک وقاهر اوست وگاهگاه عزم اورا فسخ ناکردن و بافتداشت		

فهرست مطالب مثنوی - ۵ -

صفحه

فرستادن فرعون بمدائن در طلب ساحران - خولندن آن دو ساحر
پدر را از گور و پرسیدن از روان پدر حقیقت موسی علیه السلام را ۱۵۵
جواب گفتن ساحر مرده بافرزندان خود - تشبیه کردن قرآن
مجید را بعصای موسی و وفات مصطفی علیه السلام را تشبیه
نمودن بخواب موسی و قاصدان تغییر قرآن را به آندو ساحر
بچه که قصد بردن عصا کردند چون موسی را خفته یافتند -
بقیهٔ حکایت موسی علیه السلام ۱۵٦
جمع آمدن ساحران از مدائن پیش فرعون و تشریفها یافتن و
دست بر سینه زدن در قهر خصم او که این بر ما و س - اختلاف
کردن در چگونگی و شکل پیل - دعوت کردن نوح علیه السلام پسر
را و سر کشیدن او که برسر کوه روم و چاره کنم و منت تو نکشم ۱۵۷
توفیق میان این دو حدیث که الرضا بالکفر کفر و حدیث دیگر
که من لم یرض بقضائی و لم یصبر علی بلائی فلیطلب ربا سوائی ۱۵۸
مثل در بیان آنکه حیرت مانع بحث و فکر تست - در بیان آنکه
در میان صحابه حافظ کسی نبود - داستان مشغول شدن عاشق
بعشق نامه خواندن و مطالعه کردن عشقنامه در حضور معشوق
خویش و معشوق آنرا ناپسند داشتن که طلب الدلیل عند حضور
المدلول قبیح و الاشتغال بالعلم بعد الوصول الی المعلوم مذموم ۱۵۹
حکایت آنمرد که در عهد داود علیه السلام شب و روز دعا میکرد
که مرا روزی حلال ده بیرنج - دویدن گاو در خانهٔ آن دعا
کننده بالحاح قال النبی صلعم ان الله یحب الملحین فی الدعاء زیرا
همین خواست از حقتعالی و الحاح خواهنده را بهست از آنچه
میخواهد آنرا از وی و عذر گفتن ناظم یعنی مولوی و مدد خواستن او ۱٦۰
بیان آنکه علم را دو پر و گمان را یک پر است و مثال ظن و یقین
در علم - مثال رنجور شدن آدمی بوهم تعظیم خلق و رغبت
مشتریان بوی و حکایت معلم و کودکان - در بیان آنکه عقول
خلق متفاوتست در اصل فطرت و نزد معتزله متساویست و
تفاوت عقول از تحصیل علم است - در وهم افکندن کودکان استاد را ۱٦۱
بیمار شدن فرعون هم بوهم از تعظیم خلقان - رنجور شدن
استاد بوهم - در جامهٔ خواب افتادن استاد و نالیدن او بوهم رنجوری
- دوم بار بوهم افکندن کودکان استاد را که او را از قرآن
خواندن مادرد سر افزاید - خلاص یافتن کودکان از مکتب بدین
مکر - رفتن مادران کودکان بعیادت استاد - دربیان آنکه تن
روح را چون لباسی است و این دست آستین دست روح است و
این پای موزه پای روح است ۱٦۲
حکایت آن درویش که در کوه خلوت کرده بود و بیان حلاوت
انقطاع و خلوت و داخل شدن در این منقبت که انا جلیس من ذکرنی
و انیس من استانس بی ✿ گر با همهٔ چو بی منی بی همه ور بی همه چو با
منی با همهٔ ✿ دیدن زر گر عاقبت کار را و سخن بر وفق عاقبت گفتن
بامستعیر تر از و - بقیهٔ قصه آن زاهد کوهی که نذر کرده بود که
میوهٔ کوهی از درخت باز نگیرم و درخت نیفشانم و کسی را
نگویم بصریح و کنایت که بیفشان مگر آنخورم که باد افکنده
باشد از درخت - تشبیه بند دام قضا بصورت پنهان و باثر پیدا ۱٦۳
مضطر شدن فقیر نذر کرده بکندن امرود از درخت و گوشمال
حق رسیدن بیمهلت - متهم کردن آن شیخ با دزدان و بریدن دستش
را - کرامت شیخ اقطع و زنبیل بافتن او بدو دست ۱٦٤
سبب جرئت ساحران فرعون بر قطع دست و پا - شکایت استر
پیش شتر که من بسیار در رو میافتم و تو نمی افتی الا بنادر و
جوابگفتن آن - اجتماع اجزای خر عزیر بعد از پوسیدن باذن الله
و درهم مرکب شدن پیش چشم عزیر علیه السلام - جزع نا کردن
شیخی بر مرگ فرزندان خود ۱٦۵
عذر گفتن شیخ بهر ناگریستن بر مرگ فرزندان خود - قصهٔ
خواندن شیخ ضریر مصحف را در رو و بینا شدن در وقت قرائت

صفحه

صبر کردن لقمان چون دید که داود علیه السلام حلقها میساخت
از سؤال کرد با این نیت که صبر از سؤال موجب فرج باشد ۱٦٦
بقیهٔ حکایت نابینا و مصحف خواندن او - صفت بعضی از اولیا که
راضیند باحکام قضای الهی و لابه نکنند که اینحکم را بگردان -
سؤال کردن بهلول آن درویش را ۱٦۷
قصهٔ دقوقی و کراماتش - باز گشتن بقصهٔ دقوقی - سر طلب کردن
موسی خضر را با کمال نبوت و قربت - باز گشتن بقصهٔ دقوقی ۱٦۸
نمودن مثال هفت شمع سوی ساحل - شدن آنهفت شمع بر مثال
یکشمع - نمودن آنشمعها در نظر آنشیخ هفت مرد - باز نمودن
آن هفت مرد هفت درخت - مخفی بودن آندرختان از چشم خلق ۱٦۹
یکدرخت شدن آن هفت درخت - هفتمرد شدن آن هفت درخت -
پیش رفتن دقوقی بامامت ۱۷۰
پیش رفتن دقوقی بامامت آن قوم - اقتدا کردن قوم از پس دقوقی
- بیان اشارت سلام سوی دست راست در قیامت از هیبت
محاسبهٔ حق و از انبیاء استعانت و شفاعت خواستن ۱۷۱
شنیدن دقوقی در میان نماز افغان اهل کشتی را در غرق شدن -
تصورات مرد حازم - دعا و شفاعت دقوقی در خلاص کشتی ۱۷۲
انکار کردن آنجماعت بر دعا و شفاعت دقوقی و بریدن ایشان و نا
پدید شدن در پردهٔ غیب و حیران شدن دقوقی که بر هوا رفتند یا بر زمین ۱۷۳
باز شرح کردن حکایت آنطالب روزی حلال بی کسب و رنج
در عهد داود و مستجاب شدن دعای او - رفتن هر دو خصم نزد داود ۱۷٤
شنیدن حضرت داود سخن هر دو خصم را و سؤال کردن از مدعی
علیه - حکم کردن داود بر کشندهٔ گاو - تضرع آنشخص از داوری
داود علیه السلام - رفتن داود در خلوت تا آنچه حقست پیدا شود -
حکم کردن بر صاحب گاو که از سر گاو برخیز و تشنیع صاحبگاو
بر داود - حکم کردن داود بر صاحب گاو که جملهٔ مال خود را بوی ده ۱۷۵
عزم کردن داود علیه السلام بخواندن خلق بدان صحرا که راز
آشکارا کند و حجتها همه قطع کند - گواهی دادن دست و پا
و زبان بر سر ظالم هم در دنیا - بیرون رفتن خلایق بسوی آندرخت
- قصاص فرمودن داود خونی را بعد از الزام حجت بر او ۱۷٦
بیان آنکه نفس آدمی بجای آن خونی است که مدعی گاو کشته
بود و آن کشندهٔ گاو عقل است و داود حق است یا شیخ که نائب
حق است که بقوت و یاری او تواند ظالم را کشتن و توانگر
شدن بروزی بیکسب و بی حساب - مثال ۱۷۷
گریختن عیسی علیه السلام بر فراز کوه از احمقان - قصهٔ اهل
سبا و حماقت ایشان و اثر نا کردن نصیحت انبیا در احمقان -
شرح آنکور دوربین و آنکر تیزشنو و آن برهنهٔ درازدامن ۱۷۸
صفت خرمی شهر سبا و ناشکری اهل آن - آمدن سیزده پیغمبر
بنصیحت اهل شهر سبا ۱۷۹
معجزه خواستن قوم از پیغمبران - متهم داشتن قوم انبیا را
علیهم السلام - حکایت خرگوشان که خرگوشی را برسالت پیش
فیل فرستادند که بگو من رسول ماه آسمانم در پیش تو که از ین
چشمهٔ آب حذر کن چنانکه در کتاب کلیله و دمنه آمده -
جوابگفتن انبیا طعن ایشانرا و مثل زدن ایشان را ۱۸۰
بیان آنکه هر کس را نرسد مثل آوردن خاصه در کار الهی -
مثلها زدن قوم نوح را باستهزاء در زمان کشتی ساختن او -
حکایت آندزد که پرسیدندش چه میکنی نیمشب در بن این
دیوار گفت دهل میزنم ۱۸۱
جواب آنمثل که منکران گفتند از رسالت خرگوش پیغام پیل
را از ماه آسمان - معنی حزم و مثال مرد حازم ۱۸۲
و خامت حال آنمرغ که ترک حزم کرد از حرص و هوا - حکایت
نذر کردن سگان هر زمستان که چون تابستان آید خانه سازیم از
بهر زمستان - منع کردن منکران انبیا علیهم السلام را از نصیحت

- ٤ - فهرست مطالب مثنوی

صفحه

دوبار سخن آوردن سائل آن بزرگ را تاحال اومعلوم کند ۱۱۶
تتمه نصیحت کردن رسول مرآن بیمار را - ذکر دشواری
عذاب آخرت و سختی آن- ذکر قوم موسی علیه‌السلام و
بشیمانی ایشان ۱۱۷
مثال دربیان معنی یؤمن‌بالقدرخیره‌وشره- دعاوتوبه‌آموختن
رسول صلعم بیماررا ۱۱۸
بیدار کردن ابلیس معاویه را که وقت نماز بیگاه‌شد- جواب
گفتن ابلیس‌معویه‌را-ازتقریر کردن معویه‌باابلیس‌مکراورا ۱۱۹
بازجوابگفتن ابلیس معاویه‌را - عنف کردن معویه با ابلیس
نالیدن معاویه بحقتعالی ازمکر ابلیس ونصرت‌خواستن- باز
تقریر کردن ابلیس‌تلبیس خودرا بامعاویه ۱۲۰
باز الحاح کردن معاویه ابلیس را - شکایت قاضی از آفت
قضا وجوابگفتن نائب قاضی مراورا- قرار آوردن معاویه
ابلیس را- راست گفتن ابلیس مکر خودرا بامعاویه-فضیلت
حسرت خوردن آنشخص برفوت نماز جماعت ۱۲۱
تتمهٔ اقرار ابلیس بامعاویه مکر و فریب خود را - تصدیق
کرد معاویه ابلیس رادرآنقول- گریختن دزداز دست‌صاحب
خانه به آواز شخص دیگر - قصهٔ منافقان و مسجد ضرار
ساختن ایشان ۱۲۲
اندیشیدن یکی ازاصحاب که چرا رسول‌خداستاری‌نمیکند-
قصهٔ آنشخص که‌اشترضاله خودرا میجست ومیپرسید ۱۲۳
متردد شدن در میان مذاهب مختلفه وبیرون شدن ومخلص
یافتن -امتحان هرچیزی تاظاهر شود خیروشری که‌دروبست
-شرح فایدهٔ حکایت آنشخص شتر جوینده ۱۲٤
در بیان آنکه درهر نفسی فتنهٔ مسجد ضرار هست- حکایت
آن چهارهندو که باهم جنگ میکردند وازعیب خودبیخبر
بودند- قصد کردن غزان بکشتن یکمردی تاآندیگر بترسد ۱۲۵
بیان حال خود پرستان و ناشکران درنعمت وجود انبیا و
اولیا - شکایت کردن پیری به‌پیش طبیب ازرنجوری خود -
قصهٔ کودکی که‌درپیش‌تابوت پدرخودمینالید وسخن‌جوحی ۱۲۶
ترسیدن کودکی از شخص صاحب جثه و تسکین او آن
کودك را- قصه تیراندازی و ترسیدن‌او ازسواری که در
بیشه میرفت - حکایت ان اعرابی و ریگ در جوال کردن
وملامت‌دانشمند و تعلیم کردن اورا که گندم‌جوال را دوحصه
نما که‌بار عدل‌آید ۱۲۷
کرامات ابراهیم ادهم برلب دریا و تعجب امیر مرید- آغاز
منورشدن حواس عارف بنورغیب ۱۲۸
طعنه زدن بیگانه درشان شیخی وجواب گفتن‌مریدشیخ‌اورا ۱۲۹
بقیه قصهٔ ابراهیم ادهم برلب دریا وآن امیر مرید - دعوی
کردن آن شخص که خدایتعالی مرانمیگیرد بگناه وجواب
شعیب اورا ۱۳۰
تتمهٔ قصه طعنه زدن آنمرد بیگانه درشیخ- گفتن‌عایشه پیغمبر
صلعم راکه تو بی‌مصلی چون است که همه‌جانماز میگذاری
کشیدن موش‌مهار شتررا ومعجب شدن موش درخود ۱۳۱
کرامات آن درویش که در کشتی‌بدزدی متهمش کردند-
تشنیع کردن‌صوفیان پیش شیخ‌برآن‌صوفی که‌بسیارمیگوید-
عذر گفتن فقیر باشیخ خانقاه ۱۳۲
بیان آن دعوی که عین آن‌دعوی گواه‌صدق خویش‌است-
سجده کردن‌مسیح‌ویحیی علیهما‌السلام‌درشکم‌مادر یکدیگررا
اشکال آوردن نادانان براین‌قصه و جواب دادن‌ایشان‌را ۱۳۳
سخن گفتن بزبان‌حال وفهم کردن‌آن- پذیرا آمدن‌سخن‌باطل
در دل باطلان جستن‌آن درخت که هر که میوهٔ آن خورد
هرگز نمیرد- شرح کردن آن‌شیخ سرآن درخت را با آن
طالب مقلد- بیان منازعت چهار کس‌جهت انگور باهمدگر
بعلت آنکه زبان یکدیگر رانمیدانستند ۱۳٤
برخاستن مخالفت‌وعداوت ازمیان‌انصار ببرکت‌وجودمبارك
پیغمبر خدا علیه‌السلام ۱۳۵
قصهٔ بط بچگان که مرغ خانگی‌میپروردشان- حیران‌شدن
حاجیان‌در کرامات آنشیخ‌زاهد که‌برروی‌ریگ‌صحرانشسته‌بود ۱۳۶

دفتر سوم

۱۳۸
قصهٔ خورندگان پیل بچه ازحرص وترك‌نصیحت ناصح-بقیهٔ
قصهٔ متعرضان پیل‌بچگان ۱۳۹
باز گشتن بحکایت پیل- بیان آنکه‌خطای‌محبان بهتر ازصواب
بیگانگان است- امرحق‌بموسی علیه‌السلام که‌مرابدهانی‌خوان
که‌بدان‌دهان گناه نکرده‌باشی ۱٤۰
دربیان آنکه‌الله گفتن نیازمند‌عین‌لبیك گفتن حق‌است-فریفتن
روستائی‌شهری را و بدعوت خواندن اورابلابه‌والحاح‌بسیار ۱٤۱
قصهٔ اهل‌سباوطاغی کردن نعمت‌ایشان را- جمع آمدن اهل آفت
هرصباحی بردرصومعهٔ‌عیسی علیه‌السلام‌جهت‌طلب‌شفابدعای‌او ۱٤۲
باقی قصهٔ اهل سبا ۱٤۳
باقی داستان رفتن خواجه بدعوت روستائی بسوی ده-دعوت
بازبطان‌راازآب‌بصحرا- رجوع‌بحکایت خواجه وروستائی ۱٤٤
قصهٔ اهل ضروان و حیله کردن ایشان تا بیزحمت درویشان
باغها را قطاف کنند- روان شدن خواجه بسوی‌ده ۱٤۵
رفتن خواجه وقومش‌بسوی ده- نواختن‌مجنون‌آن سگی را
که مقیم کوی لیلی بود - رسیدن خواجه و قومش بسوی‌ده
ونادیده و ناشناخت آوردن روستائی ایشان را ۱٤۶
افتادن‌شغال‌درخم‌رنگ‌ورنگین‌شدن‌ودعوی‌طاوسی کردن‌میان
شغالان-چرب کردن‌مردلافی‌لب‌وسبلت‌خودراهربامدادبپوست
دنبه و بیرون آمدن میان حریفان که‌چنین‌وچنان‌خورده‌ام ۱٤۸
ایمن بودن بلعم باعور که امتحانها کردحضرت عزت اورا
وازآنهاروسیاه آمد- بردن گربه دنبه‌را ورسواشدن‌پهلوان-
دعوی طاوسی کردن آن‌شغال که‌در خم صباغ افتاد - تشبیه
فرعون ودعوی‌الوهیت‌او بدان‌شغال که‌دعوی‌طاوسی میکرد-
تفسیر ولتعرفنهم فی لحن‌القول- قصهٔ هاروت و ماروت و
دلیری‌ایشان برامتحان حقتعالی ۱٤۹
مستی بز از دیدن ماده و جستن او بکوه مقابل - تمنا کردن
هاروت‌وماروت آمدن بزمین را - قصهٔ خواب دیدن فرعون
آمدن موسی علیه‌السلام راوتدارك‌اندیشیدن - بمیدان‌خواندن
بنی اسرائیل راازبرای حیلهٔ منع و لادت موسی علیه‌السلام -
حکایت درتمثیل ۱۵۰
باز گشتن فرعون از میدان بشهرشاد بتفریق بنی‌اسرائیل‌از
زنانشان‌درشب‌حمل-جمع آمدن‌عمران‌بامادر موسی وحامله‌شدن
او-وصیت کردن‌عمران‌جفت‌خودرا بعدازمجامعت که‌مراندیده
باشی- ترسیدن فرعون از آن‌بانگ وغریووغوغا- پیداشدن
ستارهٔ موسی برآسمان وغریومنجمان درمیدان ۱۵۱
خواندن فرعون زنان نوزاده را سوی‌میدان هم‌جهت مکر -
بوجود آمدن موسی علیه‌السلام وآمدن عوانان‌بخانهٔ عمران
ووحی آمدن‌بمادر موسی که‌وی‌را درآتش‌انداز- وحی آمدن
بمادر موسی علیه‌السلام که‌درآبش افکن- حکایت مار گیری
که اژدهای افسرده را مرده پنداشت و دررسنها بپیچیده
ببغداد آورد ۱۵۲
تهدید کردن‌فرعون موسی علیه‌السلام‌را-جواب‌موسی فرعون
رادر تهدیدی که‌میکردش-پاسخ‌فرعون‌موسی‌را-جواب‌موسی
فرعون‌را-مهلت دادن‌موسی‌علیه‌السلام فرعون‌را تا ساحران
راجمع کند از مداین ۱٥٤

فهرست مطالب مثنوی - ۳ -

صفحه

روشن شد - آمدن آشنائی از سفر بدیدن حضرت یوسف
علیه‌السلام - طلب کردن یوسف علیه‌السلام ارمغان ازمهمان -
گفتن مهمان یوسف علیه‌السلام را که ارمغان بهر تو آیینه
آورده‌ام تا چون در آن نگری مرا یادآوری ۶۳
مرتدشدن کاتب وحی بسبب آنکه پرتو وحی بروی زد وآن
آیه را پیش از پیغمبر خواند وگفت منهم محل وحیم ۶۴
دعا کردن بلعم باعور که موسی و قومش‌رااز این شهر که
حصار داده‌اند بی مراد بازگردان ومستجاب شدن ۶۵
اعتماد کردن هاروت وماروت برعصمت خویش درهر فتنهٔ -
بقیه قصهٔ هاروت و ماروت ونکال و عقوبت ایشان - بعیادت
رفتن کر بخانه همسایهٔ بیمار و رنجیدن بیمار ۶۶
در بیان آنکه اول کسی که در مقابل نص صریح قیاس‌آورد
ابلیس علیه‌اللعنه بود ۶۷
دربیان آنکه‌حال‌خود ومستی خود پنهان‌بایدداشت - قصهٔ مری
کردن‌رومیان و چینیان در صفت نقاشی ۶۸
پرسیدن پیغمبرصلعم مرزیدرا که امروز چونی وچگونه از
خواب برخاستی و جواب او که اصبحت مؤمناً حقا - بقیه
جواب‌گفتن زید رسول خدا صلعم را که احوال خلق برمن
پوشیده نیست و همه را میشناسم ۶۹
متهم کردن غلامان وخواجه تاشان لقمانرا که میوه‌های خوب
را خورده - بقیهٔ حکایت‌زید باپیغمبرصلعم وجواب‌او باًنحضرت ۷۰
حکایت ماهیگیر ومردجوان وگمان‌او که ماهیگیرسلیمانست.
گفتن پیغمبرصلعم مرزیدرا که این‌سررا فاش‌ترازاین مکن ۷۱
آتش افتادن درشهر درایام عمر - خدوانداختن خصم برروی
امیرالمؤمنین علی علیه‌السلام وانداختن آنحضرت شمشیر را
از دست ۷۲
سؤال‌کردن آنکافر از آنحضرت که چون برمن ظفر یافتی
چرا از قتل من اعراض‌فرمودی و مرا نکشتی - جواب گفتن
امیرالمؤمنین که سبب افکندن شمشیر چه بود درآنحالت ۷۳
گفتن پیغمبر بگوش رکابدار امیرالمؤمنین علی (ع) که
هر آینه کشتن علی بدست تو خواهد بود ۷۴
تعجب کردن آدم از فعل ابلیس و عذرآوردن و توبه کردن ۷۵
بقیهٔ قصه امیرالمؤمنین علی علیه‌السلام و مسامحت و اغماض
کردن او باخونی خویش - افتادن رکابدار در پای امیرالمؤمنین
علی (ع) که ای امیر مرا بکش و ازین بلیه برهان - بیان
آنکه فتح طلبیدن پیغمبر صلعم درمکه وغیرها جهت دوستی
ملك دنیا نبود چونکه فرمود الدنیا جیفة وطالبها کلاب ۷۶
گفتن امیرالمؤمنین علیه‌السلام با قرین خود که چون خدو
انداختی بر روی من نفس‌من جنبید واخلاص عمل نماند مانع
کشتن تو آن شد - خاتمهٔ دفتر اول مثنوی معنوی‌مولوی ۷۷

دفتر دوم ۷۹

هلال پنداشتن آن‌شخص خیال‌را در عهد عمر وتنبیه‌نمودن اورا ۸۰
دزدیدن‌شخصی ماری‌راازمارگیری‌وگزیدن‌وکشتن‌او - التماس
کردن همراه عیسی علیه‌السلام ازاو زنده کردن استخوانرا -
اندرزکردن صوفی خادم را درتیمارداشت بهیمه ولاحول گفتن
خادم - مشورت کردن خدایتعالی با فرشتگان درایجاد خلق ۸۱
بسته‌شدن‌تقریرمعنی حکایت بسبب‌میل‌مستمعان باستماع‌ظاهر -
التزام‌کردن خادم تیمار بهیمه را و تخلف‌نمودن ۸۲
گمان‌بردن‌کاروانیان که مگر بهیمهٔ صوفی رنجور است ۸۳
یافتن بادشاه باز خویش را در خانهٔ کمپیر ومبتلا شدن ۸۴
حلواخریدن شیخ احمد خضرویه بجهت غریمان بالهام حقتعالی ۸۵

صفحه

ترسانیدن شخصی زاهدی را که کم‌گری تاکور نشوی -
تمامی‌قصهٔ زنده‌شدن استخوانها بدعای عیسی علیه‌السلام ۸۶
خاریدن روستائی درتاریکی شیر را بظن آنکه‌گاو است -
فروختن‌صوفیان بهیمهٔ‌صوفی‌مسافر را بجهت سفره و سماع ۸۷
قصهٔ آنمفلس که در زندان بود و زندانیان ازو درفغان -
شکایت‌کردن‌اهل زندان‌پیش وکیل قاضی ازدست آنمفلس ۸۸
تتمهٔ قصهٔ مفلس زندانی باقاضی ۸۹
فی‌المناجات - تمثیل بر حقیقت سخن واطلاع برکشف آن ۹۰
ملامت کردن مردمان شخصی‌را که مادررابتهمت بکشت ۹۱
امتحان‌کردن پادشاه آن دوغلام را که‌نوخریده بود - براه
کردن بادشاه یکی از آن دو غلام را وازدیگری احوال
پرسیدن وباز گفتن او آنچه درویست ۹۲
قسم خوردن غلام برصدق خود وطهارت ظن خود ۹۳
بازپرسیدن شاه حال از غلام‌دیگر ۹۴
حسد بردن حشم برآن بندهٔ خاص ۹۵
گرفتار شدن بازمیان جغدان درویرانه ۹۶
کلوخ انداختن تشنه ازسردیوار درجوی آب ۹۷
فرمودن والی آنمردرا که آن خاربن راکه نشاندهٔ برسر
راه برکن - دربیان معنی فی‌التاخیر آفات ۹۸
تمثیل در بیان خواندن آب ، آلودگان راباکی - آمدن
دوستان بیمارستان جهت پرسش ذوالنون مصری ۱۰۰
فهم‌کردن مریدان که ذوالنون دیوانه نیست و بقصد چنین
کرده - رجوع‌کردن بحکایت ذوالنون با مریدان - امتحان
کردن خواجه زیرکی لقمان‌را ۱۰۱
ظاهر شدن فضل و زیرکی لقمان پیش امتحان کنندگان ۱۰۲
تتمهٔ قصهٔ حاسدان بر غلام خاص سلطان وحقیقت‌آن - عکس
تعظیم پیغام سلیمان دردل بلقیس ازصورت حقیر هدهد ۱۰۳
انکار فلسفی‌درآیه ان‌اصبح‌ماؤ کم‌غورا ۱۰۴
مناجات‌کردن شبان باحقتعالی درعهد موسی علیه‌السلام ۱۰۵
عتاب‌کردن حقتعالی باموسی علیه‌السلام ازبهر شبان - وحی
آمدن بموسی علیه‌السلام ازبهر عذر آن شبان ۱۰۶
سؤال موسی ازحقتعالی درسرغلبهٔ ظالمان ۱۰۷
رنجانیدن امیری خفتهٔ راکه مار دردهانش رفته‌بود - حکایت
آن مرد ابله که مغرور بودبرتملق خرس ۱۰۸
گفتن نابینای سائل که مرادو کوری‌دارم مرارحم کنید ۱۰۹
تتمهٔ حکایت‌خرس وآن ابله که بوفای اواعتماد کرده بود -
گفتن‌موسی‌علیه‌السلام گوساله‌پرست‌راکه این خیال‌اندیشی
تو ازکجاست - ترك کردن آن مرد ناصح بعداز مبالغه‌بند
آن‌مغرور خرس‌را ۱۱۰
تملق‌کردن دیوانه جالینوس را و ترسیدن‌جالینوس - سبب
پریدن وچریدن مرغی با مرغ دیگر که جنس‌او نبود - تتمهٔ
قصهٔ آنمردمغرور بر وفای خرس وهلاکت او ۱۱۱
رفتن رسول خدا بعیادت صحابی‌رنجور وبیان فائدهٔ عیادت -
وحی آمدن از حقتعالی بموسی که چرا بعیادت من نیامدی -
جداکردن باغبان صوفی وفقیه وعلوی‌را از همدیگر ۱۱۲
رجعت‌بقصهٔ‌مریض‌وعیادت پیغمبر صلعم - رفتن بایزید بسطامی
بکعبه ودرراه بخدمت بزرگی رسیدن وگفتن آن بزرگ
که‌کعبه منم مرا طواف‌کن - حکایت پیر و مرید - دانستن
پیغمبر که سبب رنجوری آنشخص‌از گستاخی‌بوده‌است‌دردعا ۱۱۳
عذرگفتن دلقك باسید که گفت چرا فاحشه بنکاح‌آوردی ۱۱۴
بحیلت‌درسخن آوردن سائل‌شیخ‌بهلول‌را که خود رادیوانه
نمود - حمله بردن سگ بر کور گدا - خواندن محتسب‌مستی
ر بزندان وجواب‌گفتن او ۱۱۵

فهرست مطالب مثنوی

صفحه		صفحه	
	طوطی را از نفس و پریدن او - وداع کردن طوطی خواجه را		داند؛ هست ٭ که اگرنده گرداندهٔ هست ٭ از آنچرخه
۳۸	پریدن - در بیان مضرت تعظیم خلق و انگشت نما شدن		که گرداند زن پیر - قیاس چرخ گردونرا همی گیر - در
	در بیان تفسیر آیهٔ ماشاءالله کان ومالم یشا، لم یکن - در بیان		بیان آنکه موسی علیه السلام و فرعون هر دو متفق به
	تفسیر قول حکیم سنائی قدس سره در این ابیات ٭ باز ار اوئی		مشیت اند چنانکه زهر و فاز هر وظلمات و نور و مناجات فرعون
	باید همچو ورد ٭ چون نداری گرد بدخوئی مگرد ٭ زشت	۵۰	باحق تعالی - سبب حرمان اشقیا از دو جهان که خسرالدنیا والآخرة
	باشد روی نازیبا و ناز ٭ سخت آید چشم نابینا و درد -		حقیر دیدن خصمان صالح ناقورا چون حقتعالی خواهد لشکری
۳۹	داستان پیر چنگی که در عهد عمر برای خدا در گورستان چنگ میزد		را هلاک گرداند در نظر ایشان خصمان را حقیر نماید و
	و در بیان تفسیر من کان لله کان الله له و بیان آن - در معنی حدیث	۵۱	بقللکم فی اعینهم لیفض الله امراً کان مفعولا
	ان لربکم فی ایام دهرکم نفحات الا فتعرضوالها	۵۲	تفسیر آیهٔ کریمهٔ مرج البحرین بلتقیان بینهما برزخ لایبغیان
۴۰	سؤال کردن عایشه از پیغمبر (ص) که باران شد و جامهٔ تو		در بیان آنکه آنچه ولی کامل کند مرید انشاء الله گستاخی کردن
۴۱	تر نگشت و جواب آنجناب		و همان فعل کردن که حلوا طبیب را زیان ندارد و مریض را
	تفسیر بیت حکیم سنائی ٭ آسمانهاست در ولایت جان ٭		زیان دارد و سرما و برف انگور رسیده را است و مریض را
	کارفرمای آسمان جهان ٭ در ره روح پست و بالاهاست ٭		غوره را زیان دارد که در راهست و نارسیده لینفر لک الله ما
	کوههای بلند و صحراهاست - در معنی حدیث اغتنموا		تقدم من ذنبک و ما تاخر صدق الله العلی العظیم - مخلص
	بردالربیع فانه یعمل بابدانکم کما یعمل باشجارکم و اجتنبوا		ماجرای عرب و جفت او در فقر و شکایت - دل نهاد مرد
	بردالخریف فانه یعمل بابدانکم که یعمل باشجارکم - پرسیدن		عرب بر التماس دلیر خویش و مبالغه نمودن که مرا در این
	عایشه که یا رسول الله سر باران امروز چه بود	۵۳	تسلیم حیله و امتناعی نیست
۴۲	بقیهٔ قصهٔ پیر چنگی در زمان عمر و مخلص آن - در خواب	۵۴	تعیین کردن زن طریق طلب روزی شوی خود را و قبول او
	گفتن هاتف با عمر که چندین زر از بیت المال بآن مرد ده		هدیه بردن از آن اعرابی سبوی آب باران از میان بادیه بسوی بغداد
	که در گورستان خفته است - نالیدن سنون حنانه از فراق		نزد خلیفه و پنداشتن که آنجا قحط آبست - در نم دوختن
	پیغمبر علیه السلام که جماعت انبوه شدند که ما روی مبارک		زن سبوی آب را و مهر بر روی نهادن از اعتقاد - در بیان آنکه
	را چون برآن شستن نمی بینیم و خنده ساخته و شنیدن رسول		گدا عاشق کریم است و عاشق هم عاشق گداست اگر
	(ص) ناله ... - ... در حریج و مکالمات آنحضرت با آن		گدا را صبر بیش بود بر دراو آید و او اگر کریم را صبر
۴۳	اظهار معجزه پیغمبر علیه السلام و سخن آمدن سنگریزه در		بیش بود ابراهیم در او آید اما صبر کمال گداو نقص کریم است -
	دست ابوجهل و گواهی دادن برسالت آنحضرت - بقیهٔ قصهٔ		فرق میان آنکه درویش است خدا و تشنهٔ خداو آنکه درویش
	پیر چنگی و پیغام رسانیدن باو		است از خدا و تشنه است بغیر او
۴۴	گرداندن عمر نظر اورا از مقام گریه ٭ هستی است بمقام	۵۵	پیش آمدن نقیبان و دربانان خلیفه از بهر اعرابی و
۴۵	استغراق که نیست نیست		پذیرفتن هدیهٔ اورا - در بیان آنکه دنیا عاشقی است برمثال
	تفسیر دعای آن دو فرشته که هر روز رسر بازار منادی کنند		دیوار بست که بر بر آفتاب تافته و جهد نکرد تا فهم کند که
	که اللهم اعط کل منفق خلفاً و کل ممسک تلفاً و بیان آنکه منفق		آن تاب از دیوار نیست و از آفتابست از آسمان چهارم لاجرم
	مجاهد راه حق است نه مصرف راه هوی - قربانی کردن		کلی دل بر دیوار نهاد و حیل پیشم و بین ما یشتهون
	سروران عرب بامید قبول افتادن - قصهٔ خلیفه که در کرم از		معروم ماند و حیل بینهم و بین ما یشتهون
	حاتم وائی بگذشته بود - قصهٔ اعرابی درویش و ماجرا کردن		بردن عرب هدیهٔ خود و اغلامان خلیفه - ماجرای مرد نحوی
۴۶	زن با او از فرودرد		در کشتی با کشتیبان - قبول کردن خلیفه هدیه را و عطای
	هنرور شدن مریدیان مر یدمان محتاج و شبیه بمدعیان مر ور و ابشان را	۵۷	بسیار فرمودن با کمال بی نیازی از آن هدیه
	شیخ واصل پنداشتن و قدر اورا از قبل ندانستن و باخن - در		در صحبت پیر و مطاوعت کردن با او - وصیت کردن رسول
	بیان آنکه نادر دانند که مربی در مدعی مزور اعتماد کند		صلعم مرعلی (ع) را که چون هرکسی بنوع طاعتی تقرب
	بصدق و بمقامی رسد که شیخش بخواب بدیده باشد و آب		بحق جوید تو تقرب جوی بصحبت عاقل و بندهٔ خاص تا از
	و آتش او را گزند نرساند و شیخش را گزند برساند دولی		ایشان همه پیشقدم باشی قال التی اذا تقرب الناس الی الخالقهم
	نادراست - صبر فرمودن اعرابی زن خود را - بحث کردن		بانواع البرفتقرب الی ربک بالعقل بالفعل و السر تستهم بالدرجات
	زن بر شوی را که سخن افزون از قدر و مقام خودمگو ٭ لم		والازمی عند الناس فی الدنیا وعندالله فی الاخره
	تقولون مالانفعلون ٭ این سخنها اگرچه راستست اما این مقام	۵۹	کبودی زد - مرد قزوینی برشانه گاه و پشیمان شدن او بسبب
۴۷	ترا نیست و سخن بر فوق مقام گفتن زیان دارد	۶۰	زخم سوزن - رفتن شیر و گرگ و روباه به خدمت شیر بشکار
	نصیحت مرد زن را که در فقر فقیران بخواری منگر و در کار		امتحان کردن شیر گرگ را و گفتن که این صد مارا قسمت
	حق بگمان کمال نگر ٭ و طعنه ٭ مزن در فقر فقیران و شکوه مکن -		کن - قصهٔ آنکس که در یاری بکوفت از درون گفت کیست
	در این آنکه جنبیدن هرکسی از آنجا است که وبت هرکسی		گفت منم گفت چون تو توئی در نمیگشایم که کسی را از
	از جنسرهٔ خودش بیند تابهٔ شیشه کبوت آفتاب کبود نماید		باران نمیشناسم که من باشد - خواندن آن یار خود را بس از
	و تابهٔ شبههٔ سرخ سرخ و چون تابها از رنگ بیرون آید	۶۱	تربیت یافتن
۴۸	سبد شود و از همهٔ تابها دیگر او راستگوتر باشد		روی درکشیدن سخن از ملالت مستمعان - ادب کردن شیر گرگ
	مراعات کردن زن شورا و استغفار نمودن از گفتار خود - در		را بجهت بی ادبی او - تهدید کردن نوح علیه السلام مرقوم را
۴۹	بیان حدیث انهن یغلبن العاقل و یغلبهن الجاهل		که با من میپیچید که من روی پوشم خدایا پس باخدا میپیچید
	تلبیه کردن مرد خودرا بامر زن و اعراض اورا اشارت حق		نه با من
	دانست ٭ نظامی درشیرین و خسرو فرموده ٭ بنزد عقل هر	۶۲	نشاندن پادشاهان صوفیان عارف را پیش روی خود تا چشمشان

دفتر اول

صفحه

حکایت عاشق شدن پادشاه بر کنیزك وخریدن او آن کنیزك را
وبیمار شدن کنیزك ودرازی بیماری - ظاهر شدن عجز طبیبان
از معالجهٔ کنیزك بر پادشاه وروآوردن بدرگاه پادشاه حقیقی ۳
در خواستن توفیق رعایت ادب و وخامت بی ادبی - ملاقات
پادشاه با آن طبیب الهی که درخوابش بشارت بملاقات او داده
بودند - بردن پادشاه طبیب را بسر بیمار تا حال اورا ببیند ٤
خلوت طلبیدن آن ولی از پادشاه جهت دریافتن رنج کنیزك ٥
در یافتن آن طبیب الهی رنج کنیزك را و بشاه وا نمودن -
فرستادن پادشاه رسولان بسمرقند درطلب آن مرد زرگر ٦
در بیان آنکه کشتن مرد زرگر باشارهٔ الهی بود نه بهوای نفس -
حکایت مرد بقال وطوطی و روغن ریختن طوطی در دکان ۷
داستان پادشاه جهودان که نصرانیان را میکشت از بهر تعصب ملت
خود وحکایت آن استاد وشاگرد - حکایت وزیر پادشاه ومکر او
در تفریق ترسایان تلبیس اندیشیدن وزیر با نصاری ومکر او ۹
جمع آمدن نصاری با وزیر و راز گفتن او با ایشان - تمثیل مرد
عارف و تفسیر الله یتوفی الانفس حین موتها الخ ۱۰
سؤال کردن خلیفه از لیلی وجوابدادن لیلی اورا - در تحریص
متابعت ولی مرشد - در بیان حسد کردن وزیر جهود - فهم
کردن حاذقان نصاری مکر وزیر را ۱۱
پیغام شاه پنهانی بسوی وزیر بر تزویر - تخلیط وزیر در
احکام انجیل و مکر آن ۱۲
در بیان آنکه اختلاف درصورت و روش است نه درحقیقت - بیان
خسارت وزیر در این خدعه و مکر - مکر کردن وزیر و در
خلوت نشستن و شورافکندن در قوم ۱۳
دفع کردن وزیر مریدان را - مکرر کردن مریدان که خلوت
را بشکن - جواب گفتن وزیر که خلوت را نمی شکنم -
اعتراض کردن مریدان بر خلوت وزیر بار دیگر ۱٤
نومید کردن وزیر مریدان را از نقض خلوت خود - فریفتن
وزیر امیران را هریك بنوعی و طریقی ۱٥
کشتن وزیر خودرا درخلوت ازمریدان - در بیان آنکه جملهٔ
پیغمبران حقند که لانفرق بین احد من رسله - در بیان آنکه
انبیاء علیهم السلام را گفتند کلموا الناس علی قدرعقولهم زیرا
که آنچه ندانند انکار کنند وایشانرا زیان دارد قال علیه السلام
امرنا ان تنزل الناس منازلهم الی آخره - منازعت کردن امرا
با یکدیگر در ولی عهدی ۱٦
نعت تعظیم حضرت مصطفی که درانجیل بود - دربیان حکایت
پادشاه جهود دیگر که در هلاك دین عیسی جهد کرد ۱۷
آتش افروختن پادشاه وبت را در پهلوی آتش نهادن که هر که
این بت سجود کند از آتش برهد - آوردن پادشاه جهود زنی
را با طفل و انداختن اوطفل را در آتش و بسخن آمدن طفل
در میان آتش ۱۸
انداختن مردمان خود را بارادت در آتش از سر ذوق - کژ
ماندن دهان آن شخص گستاخ که نام پیغمبر بتمسخر برد - عتاب
کردن جهود آتش را که چرا نمیسوزی و جواب او ۱۹
قصهٔ هلاك کردن باد در عهد هود علیه السلام قوم عاد را -
طنز و انکار کردن پادشاه جهود ونصیحت ناصحان اورا ۲۰
قصهٔ نخجیران و بیان توکل و ترك جهد کردن - جواب شیر
نخجیران را و بیان خاصیت جهد - باز ترجیح نهادن نخجیران
توکل را برجهد - باز ترجیح نهادن شیر جهد را بر توکل و
تسلیم - باز ترجیح نخجیران توکل را بر جهد و کسب -

صفحه

دیگر بار بیان کردن شیر ترجیح جهد بر توکل ۲۱
باز ترجیح نهادن نخجیران مر توکل را بر جهد - نگرستن
عزرائیل بر مردی و گریختن آنمرد درسرای حضرت سلیمان
و تقریر ترجیح توکل برجهد و کوشش - بیان ترجیح دادن
شیر جهد را بر توکل و فوائد جهد بیان کردن مقرر شدن ترجیح
جهد بر توکل ۲۲
انکار کردن نخجیران وجواب خرگوش مر ایشانرا مهلت
خواستن خرگوش نخجیران را - اعتراض کردن نخجیران
بر خرگوش و جوابدادن خرگوش ایشانرا - ذکر دانش
خرگوش وبیان فضیلت ومنافع دانش ۲۳
باز جستن نخجیران سر و اندیشهٔ خرگوش را - منع کردن
خرگوش راز را از نخجیران - قصهٔ مکر کردن خرگوش
با شیر وبسر بردن - زیادت تأویل رکیك مگس رنجیدن
شیر از دیر آمدن خرگوش ۲٤
هم دربیان مکر خرگوش و تأخیر آن در رفتن ۲٥
رسیدن خرگوش بشیر وخشم شیر بروی - عذر گفتن خرگوش
بشیر از تأخیر ولابه کردن - جواب گفتن شیر خرگوش راو
روان شدن با او - قصهٔ سلیمان وهدهد وبیان آنکه چون قضا
آید چشمها بسته میشود ۲٦
طعنه زدن زاغ در دعوی هدهد - جواب گفتن هدهد طعنهٔ زاغ را -
قصهٔ آدم علیه السلام وبستن قضا نظر او را از مراعات صریح
نهی و ترك نهی و تأویل ۲۷
پای واپس کشیدن خرگوش از شیر چون نزدیك چاه رسید -
پرسیدن شیر از سبب پای واپس کشیدن خرگوش را ۲۸
مژده بردن خرگوش سوی نخجیران که شیر در چاه اوفتاد -
جمع شدن نخجیران بر خرگوش و ثنا گفتن اورا ۲۹
پند دادن خرگوش نخجیران را که ازمردن خصم شاد مشوید -
تفسیر رجعنا من الجهاد الاصغر الی الجهاد الاکبر - آمدن
رسول قیصر روم بنزد عمر برسالت - یافتن رسول قیصر عمر
را خفته در زیر خرمابن ۳۰
سخن گفتن عمر با رسول قیصر ومکالمات وی - سؤال کردن
رسول قیصر روم از عمر بن الخطاب ۳۱
اضافت کردن آدم علیه السلام زلت خودرا بخویش که ربنا انا
ظلمنا انفسنا و اضافت کردن ابلیس گناه خودرا به حق تعالی
که رب بما اغویتنی - تمثیل - تفسیر آیهٔ وهو معکم اینما کنتم
وبیان آن - سؤال کردن رسول از عمر ازسبب ابتلای ارواح
باین آب وگل اجساد ۳۲
دربیان حدیث من اراد ان یجلس مع الله فلیجلس مع اهل التصوف -
قصهٔ آن بازرگان که بهندوستان بتجارت میرفت وپیغام دادن
طوطی محبوس بطوطیان هندوستان ۳۳
صفت اجنحهٔ طیور عقول الهی - دیدن خواجه طوطیان را
در دشت وپیغام رسانیدن - تفسیر قول شیخ فریدالدین عطار
قدس سره - تو صاحب نفسی ایغافل میان خاك خون میخور
که صاحبدل اگر زهری خورد آن انگبین باشد - تعظیم
کردن ساحران موسی را که اول تو عصا بینداز ۳٤
باز گفتن بازرگان با طوطی آنچه در هندوستان دیده ۳٥
شنیدن آن طوطی حرکت آن طوطی را ومردن ونوحه کردن خواجه ۳٦
در بیان تفسیر قول حکیم سنائی روح الله تعالی روحه - بهرچه
از راه وامانی چه کفر آن حرف وچه ایمان - بهرچه ازدوست
دورافتی چه زشت آن نقش وچه زیبا - فی معنی قول النبی ان
سعداً لغیور و انا اغیر منه والله تعالی اغیر منی و من غیرته
حرم الفواحش ما ظهر منها و ما بطن ۳۷
رجوع بحکایت خواجهٔ تاجر - بیرون انداختن مرد تاجر

باشور وبیقراری ازعشق وارادتیکه بشمس داشته ساخته شده و بنام شمس تبریزی تخلص کرده بقسمی که اگر کسی آگاه نباشد تصور میکند شمس شاعزی بوده که اینهمه غزل را بنظم آورده (قریب صد غزل بنام صلاح الدین وحسام الدین وقریب دویست غزل هم نام خمش یاخاموش درمقطع آن ذکر شده) مابرای آنکه خوانندگان بسبك غزلیات مولانا آشناباشند ۲۳ غزل گلچین نموده درصفحات ۳٤ و ۳۵ چاپ کرده ایم.منتخب دیوان شمس که بوسیلهٔ رضاقلیخان هدایت انتخاب شده چندین مرتبه در تهران چاپ شده است

۵- رباعیات مولانا-درمطبعهٔ اختراستانبول بسال ۱۳۱۲هجری قمری چاپ شده متضمن ۱٦۵۹ رباعی است که قسمتی از آن بیشک متعلق بمولانااست وقسمتی مشکوك میباشد وبرای نمونه ۵٤رباعی درصفحه ۳٦ نقل شده است

٦ - مثنوی چنانکه سابقاً ذکر شد مثنوی را مولانا بخواهش حسام الدین چلبی شروع فرموده وازسال ٦۵۷ تا ٦٦۰ دفتر اول آنرا برشتهٔ نظم کشید وپس ازفترت دوساله به نظم دفتر دوم پرداخت. تا انتهای دفتر ششم که از جهت مطلب [illegible] ومقطوع ماندو قصه شهزادگان بسر نیامده مولاناجان تسلیم فرمود وسوای ۱۸ بیت آغاز دفتر اول که بخط مولانا نوشته شده بقیه را میفرموده وحسام الدین و سایر مریدان مینوشتند وبعد برای مولانا میخواندند اما دفترهفتم با یك مراجعهٔ اجمالی بابیات آن ازحیث طرز شعر و [illegible] غریب واعتقاد صاحب [illegible] بامام فخررازی وغیره واضحست که ازمولانا نیست وما برای اینکه خوبی واستحکام اشعار مولانا واضح گردد بچاپ دفتر هفتم بدون شرح مبادرت ورزیده ایم تابدانند که هر که مثنوی ساخت مولانانمیشود.مثنوی قریب صد مرتبه درایران وهند واروپا و مصر و ترکیه چاپ شده وملاحسین کاشفی آنراملخص وبحسب مرام مرتب ساخته لب ولباب نامیده وچندین نفر دیگرهم قسمتی از آنرا بنام مثنوی الاطفال و خلاصة المثنوی ومنتخبات مثنوی وغیره گلچین نموده چاپ کرده اند

مثنوی حاضر

این بنده در دیماه سال ۱۳۱٤ درصدد چاپ مثنوی بر آمده وبر آنشدم که نسخهٔ چاپ مرحوم میرزامحمود خونساری راکه بتصحیح میرزای جلوه ودیگران رسیده بود عیناً باکشف الابیات بطبع رسانم اتفاقاً مثنوی خطی کهنه ای که بسال ۸٤۳ هجری نوشته شده بدست آمد که متأسفانه ازاول و آخر آن چندصفحه افتاده داشت وپس ازمقابله معلوم شد مثنوی محتاج اصلاح بسیاریست،دراین اثنا آگاه شدم که نسخهٔ نفیسی ازمثنوی دراختیار حضرت استادی آقای سرتیپ عبدالرزاق مهندس بغایری است که بیك واسطه از روی خط بهاءالدین ولد پسر مولانا نوشته شده ونسخهٔ خطی دیگری ازاستاد معظم آقای ملك الشعراء بهار بعاریت گرفته شد که مولوی عبداللطیف با ٤۸ نسخهٔ مثنوی مقابله کرده وامتیازاتی داشت وهمچنین بدورهٔ مثنوی چاپ استاد نیکلسن ونسخ مرغوب چاپ هند و ایران مراجعه کرده در نتیجه مقابله کلیه نسخ فوق مثنوی حاضر بدست آمد وبرای آنکه ابیات ملحقه بمثنوی که درنسخ قدیمه نیست (چون حتماً نمیتوان گفت که درمثنوی نبوده) امتیازی داشته باشد باعلامت ستاره(❀)در جلو آنرا نشانه کردیم تاخوانندگان محترم بدانند که آن ابیات دردونسخه کهنه خطی ومتن نسخه چاپ نیکلسن نیست وازدفترسوم که کلیه نسخ فوق مهیا بودبرای مزیدفایده نسخه بدلهائی هم درذیل ابیات افزودیم . اماذیل وشرح ابیات مشکله دفترنخستین رایکی ازمعاصرین نوشته وچون مطلوب واقع نشددفاتر بعدراازروی هفت شرح مثنوی قدیم که حاجی سبزواری ومولوی عبداللطیف وغیرهم نوشته بودند گردآوردیم که همگانرابکار آید دفترهفتم را ازاین رو چاپ کردیم تاپارهٔ کوتاه فکران که تصور میکنند مثنوی از حیث شعربرجسته نیست باشتباه خودبرخوردهٔ فرق مابین اشعار مولاناودیگرانرا که مثنوی هاساخته و هیچیك نتوانسته اندباوبرسند ملاحظه کرده باشتباه خود واقف گردند وبدانند که مثنوی علاوه بر توجه بمعنی وحقیقت از حیث ظاهر لفظهم آراسته و پیراسته است

پس ازخاتمه چاپ مثنوی درصدد تهیه کشف الابیات بر آمده ودراینراه چهارسال رنج بردم ودرنتیجه کشف الابیات حاضر بدست آمد که بانسخ سابق فرق واضحی ازحیث ترتیب منظم وسهولت مراجعه ومخلوط نبودن ب و پ و ج و چ و ک و گ و غیره دارد . اما کتاب لطائف اللغات فرهنگ جامعی ازلغات مثنوی بقلم مولوی عبداللطیف میباشد که درنتیجه صرف عمری درراه مداقه درمثنوی و تدریس آن ومقابله صدها نسخه بایکدیگر گردآورده،سابقاً نسخهٔ مغلوط وناقصی از آن درهند بچاپ رسیده بود که بامراجعه بنسخ خطی نفیس تصحیح و در آخر کتاب ضمیمه گشت.وپس ازچاپ متن کتاب و کشف الابیات ولغت درصدد تهیه مقدمه بر آمده برای آنکه مثنوی کاملا جامع باشد علاوه بر فهرست مطالب که بابتدای کتاب افزوده شد تمام مجالس سبعه وقسمتهائی ازسایرآثار مولانا ضمیمه شد وعلاوه برمآخذی که در ابتدای شرح حال ذکرشده رسالهٔ شرح حال بقلم سپهسالار وسه دفتر کتاب ولدنامه(که از آقای الفت خریداری شده)ومناقب العارفین هم در دسترس استفاده قرار گرفت.چهار قطعه عکس ازمولاناو آرامگاه او از کتاب آقای فروزانفر برداشته شده سه قطعه درابتدای مقدمه وقطعه چهارم دراینجا چاپ میشود

درگاه تربت مولانا

از آقای سیدیعقوب انوار که بامراجعه دقیق بمثنوی حاضر بنده رااباشتباهات آن واقف ساختندو برای تهیه غلطنامه استفاده بسیار کردم واز آقای علی قویم که کمکهای ذیقیمتی نموده اند تشکر کرده خداراسپاسگزارم که مقابله و چاپ مثنوی باهمه اشکالاتی که پیدا کرد وموانعی که برای آن پیش آمدپس از پنج سال پایان یافت.

دراینجا بامادهٔ تاریخی که شاعرشیرین گفتار معاصر آقای پژمان برای چاپ مثنوی ساخته اندمطلب خودراخاتمه میدهم ۲۰ر۱۲ر۱۹ محمدرمضانی

مثنوی آنشمع یزدانی فروغ — کش بود خورشید حکمت زیرظل
کردچون ازمطلع خاور طلوع — پرتو مهرش فرود آمد بدل
خواست پژمان مطلعی خورشیدفر — تاطاوعش را بدان بخشدسجل
لیك چشم طبع و پای دانشش — این بتاریکی فروشد آن به گل
یاری ازشیخ بهائی جست وخواست — مصرعی خاطر فروزوغم گسل
آن بزرگ آوردسر درجمع وگفت — مثنوی باشد چوقرآنی مدل

سر کار آگهی نداشتند از حالاتش در شگفتی میماندند ومیگفتند آن کیست که این بزرگ مردرا چنین فریفته ودلباختهٔ خودساخته است.

چون کوشش مولانا درطلب شمس الدین بجائی نرسید ناچار باجمع مریدان بقونیه باز آمد وسماع بنیاد کرد وپس از سالی چند باز عشق شمس سراز گریبان جانش در آورده باردیگر روی بدمشق نهاده ماهها درشام بجستجو گذرانید لکن این بار نومیدی تمام بحصول پیوست. ولی بقول سلطان ولد اگرچه مولاناشمس را بصورت در دمشق نیافت ولی بمعنی درخود یافت - پس از آنکه مولانا ازوصول بشمس الدین نومید شد بقونیه باز گشته بتربیت واصلاح خلق پرداخت و بجدی تمام به تکمیل ناقصان وارشادسالکان مشغول شد

مولانا که درعلم وعرفان بمقام بلندی رسیده بود نظر باستغراقی که خود در کمال مطلق وجلوات جمال ربوبیت داشت پیوسته یکی ازیاران گزین را بدستگیری وارشاد طالبان برمیگماشت. نخستین بار صلاح الدین فریدون زر کوب قونوی را منصب شیخی وپیشوائی داد . یاران ومریدان که درآتش عشق نگداخته و دربوتهٔ ریاضت وسلوك از غش هوی ووهم پاك برنیامده بودند بجزمولاناهیچکس راقبول نمیکردندوشیخ صلاح الدین را که بروایت افلاکی مردی بیسواد ودربازار قونیه بزر کوبی روز گار میگذرانید برای دستگیری و راهنمائی سزاوار نمیدیدند بار دیگر سراز فرمان مولانا پیچیده بدشمنی صلاح الدین برخاستند وسخنان گزنده درحقش گفته بر آن شدند که اورا ازمیان بردارند مولانا علی رغم منکران حسود دیده برشیخ صلاح الدین گماشت وعنایت ولطف را نسبت باو بحدی رسانید که پیوستگان وفرزندان خودرا فرمان داد تا دست نیاز دردامن وی زنندواز فرط علاقه فاطمه خاتون دختر صلاح الدین را برای سلطان ولد عقدبست ولی پس از دو سال صحبت بی انقطاع ناگهان شیخ صلاح الدین رنجور شد وبیماریش سخت دراز کشیده درسنهٔ ٦٥٧ در گذشت

بعداز مرگ صلاح الدین توجه مولانا بحسام الدین حسن چلبی معروف به ابن اخی ترك معطوف شدواورا منصب شیخی دادحسام الدین از نخبهٔ مریدان مولانا بود که درزهد وتقوی ومعرفت دارای مقامی رفیع ودر رعایت دقایق شریعت بی نهایت مراقب بود

دوستی مولانا نسبت به چلبی بجائی رسید که لحظه ای خاطرش بی او نمیشکفت واورا برفرزندان خود ترجیح داده وآنچه اززخارف دنیوی برایش میرسید فوراً بحسام الدین میفرستاد ویاران ومریدانهم که درطول مدت مهذب ومؤدب شده بودند پیشوائی چلبی را باکمال میل پذیرفته درپیشگاه اوسر تمکین نهادند

بهترین یادگار ایام صحبت مولاناباشیخ حسام الدین نظم مثنوی معنویست که یکی ازشاهکارهای ادبی ایران وبزرگترین وعالیترین اثر متصوفهٔ اسلام میباشد

سبب افاضهٔ این فیض ازوجود مولانا چلبی بوده که چون میدید یاران بیشتر بقرائت آثار شیخ فریدالدین عطار نیشابوری و شیخ ابوالمجد مجدود سنائی غزنوی مشغولند شبی در خلوت ازمولانا درخواست کرد کتابی بطرز منطق الطیر عطار یاالهی نامه سنائی (حدیقه) بنظم آرد مولانافی الحال از سر دستار خودبر گی که هجده بیت از آغاز دفتر نخستین مثنوی بر آن نوشته بودبیرون آورده بدست اوداد

جذب وکشش حسام الدین باردیگر دریای طبع مولانارا بجنبش در آورد وشور وشوق دیگر داد . شبها حسام الدین در محضرش می نشست مولانا ببدیههٔ خاطر شعر میسرود و رموز و اشارات عالم غیب را بشیوهٔ سخن گستری بیان میکرد واو مینوشت . چون دفتر نخستین مثنوی بانجام رسید همسر حسام الدین در گذشت وشیخ را پراکنده دل وغرق سکوت کردطبع مواج مولاناهم که مشتری نمیدید از تلاطم افتاد دوسال تمام درنظم مثنوی تأخیرشد تاباردیگر تفرق خاطرچلبی بجمعیت مبدل و خواهان انجام مثنوی شد

صحبت مولانا باشیخ حسام الدین پانزده سال امتداد یافت ویاران ومریدان ازاثر صحبت آندو فوائدبیشمار میبردند و بهارادت تمام بخدمت آنان مسابقت میورزیدند مولانا اززحمت ناقصان تاحدی آسوده خاطرو درم صحبت چلبی بود ویاران پروانه وار گرد شمع وجودش میگردیدند که ناگاه آن توانای عالم معنی به حمای محرق دربستر ناتوانی بیفتاد ، هرچه طبیبان بمداوا کوشیدندسودی نبخشیده مقارن غروب روزیکشنبه پنجم ماه جمادی الاخرهٔ سال ٦٧٢ در سن شصت وهشت سالگی روح پرفتوحش بریاض قدس اتصال یافت. بروایت افلاکی درشب آخر که مرض مولاناسخت شده بودخویشان وپیوستگان اضطراب عظیم داشتند وسلطان ولدهم هردم بیتابانه بسر پدرمی آمد مولانا این غزل آتشین رانظم فرمود :

روسربنه ببالین تنهامرا رها کن　　ترك من خراب شب گردمبتلا کن

مسلمین قونیه ازخوردوبزرگ در تشییع جنازهٔ مولاناحاضرشدند یهود و نصارای آنشهرنیز که صلح جوئی ونیکخواهی ویرا آزموده بودند بهمدردی اهل اسلام شیون و افغان میکردند . بروایت محمود مثنوی خوان درثواقب مسلمین ازیهودونصاری پرسیدند که : شمارا بامولانا چه تعلق بوده است ؟ گفتند: اگرمسلمانان را بجای محمد بود ماراهم موسی و عیسی بود واگرشمارا پیشوا ومقتدی بود ماراهم همان بود که قلب وفؤادماداند ؛ شیخ صدرالدین ابوالمعالی محمدبن اسحاق قونوی از بزرگان علماء تصوف و مشاهیر شاگردان شیخ محی الدین عربی برمولانا نماز گزاردواز شدت بیخودی ودرد پس از سلام شهقهٔ زده ازهوش برفت جنازه را بحرمت تمام بر گرفته درارم باغچه نزدضریح منور پدرش (سلطان العلماء) مدفون ساختند

بروایت افلاکی قاضی سراج الدین ابوالثنامحمدبن ابوبکر ارموی ازاجلهٔ علماء عصر دربرابر تربت مولانا این بیتها برخواند

کاش آنروز که درپای توشدخاراجل　　دست گیتی بزدی تیغ هلاکم برسر

تادرین روز جهان بی تو ندیدی چشمم　　این منم برسرخاك تو که خاکم برسر

مدت چهل روز یاران ومردم قونیه تعزیت مولانا میداشتند وبا ناله وگریه برفوت آن سعادت آسمانی دریغ وحسرت میخوردند

علم الدین قیصر که بروایت افلاکی از اکابر قونیه بود باسرمایهٔ سی هزار درم همت بست که بنائی برسرتربت مقدس مولانابنیاد کند وزیر معین الدین سلیمان بن علی مشهور به پروانه اورا بهشتادهزار درم نقدو پنجاه هزار درم دیگر حواله مساعدت فرمود وقبهٔ موسوم به خضراء برمرقد مبارك تأسیس یافت علی الرسم چندقاری ومثنویخوان درسر تربت مولانابودند. سلطان العلماء پدرش وپنجاه تن ازاولادو جانشینان مولانا آنجامدفونند .

آثار مولانا

آنمقدار از آثار مولانارا که باقی مانده بدوقسمت منثور (فیه مافیه ـ مجالس سبعه ـ مکاتیب) و منظوم (غزلیات. رباعیات ـ مثنوی) میتوان تقسیم کرد

۱ - فیه مافیه ـ مجموعهٔ تقریرات مولانااست که درمجالس خود بیان فرموده وپسرش سلطان ولد یادیگری ازمریدان یادداشت کرده وبصورت کتاب در آمده ـ موضوع فصول ومجالس ونتیجهٔ آنها مسائل اخلاق وطریقت ونکات تصوف وعرفان وشرح وتبیان آیات قرآن و احادیث نبوی وکلمات مشایخست، بسال ۱۳۳۳ هجری قمری در تهران وبعد در هندوستان وشیراز چاپ شده است و ما برای نمونه پارهٔ ازموضوعات مختلف آن را درصفحهٔ ۳۳ آثارمولانا نقل کرده ایم

۲ - مجالس سبعه که عبارت از ۷ مجلس ازمواعظ مولانااست که برسر منبر بیان فرموده و نسخهٔ خطی آن دراسگدار در کتابخانه سلیم آقامحفوظ بوده وسه سال قبل با اجازهٔ آقای ولد چلبی افندی وبسعی آقای محمدفریدون نافذدر استانبول چاپ شده است ومابرای آنکه همه بتوانندبآن دسترسی داشته باشندعین آنرا جزء آثار مولانانقل کرده ایم

۳ ـ مکاتیب مولانا ـ مجموعهٔ مراسلات او بمعاصرین است که اخیراً در استانبول بسعی آقای فریدون نافذ چاپ شده وما ۷ مکتوب آنرا جزء آثار مولانا انتخاب کرده ایم

٤ - غزلیات ـ که بنام دیوان شمس معروفست و دوبار در هندوستان چاپ شده در حدود پنجاه هزار بیت میباشد که قسمتی از آثار دیگرانهم بااشعار مولانا مخلوط گردیده ـ اکثر غزلیات مولانا

مینوشت وازیجوزولایجوز سخن‌میراند وخاق بعلوم‌ظاهر وزهدو ریاضت اوفریفته شده‌بخدمت‌ودعای وی‌تبرك‌میجستند که ناگهان آفتاب عشق‌وشمس‌حقیقت پرتوی‌بر آن‌جان‌پاک افکند. آن‌طوفان عظیم که‌این‌اقیانوس آرام‌رامتلاطم‌ساخت شمس‌الدین‌محمدتبریزی ژولیده پیری‌از پیران‌صوفیه بود که نفسی گرم و جاذبه‌ای قوی و بیانی مؤثر داشت

بروایت افلاکی شمس‌الدین محمدبن‌علی‌بن‌ملك‌دادتبریزی (که گویندپدرش اصلا ازباوردخراسان‌بوده وبتجارت به آذربایگان رفته) ابتدادست ارادت بدامان‌شیخ ابوبکرزنبیل‌باف که‌در کشف القلب‌یگانهٔ‌زمان‌خود‌بود زده چون‌درسیروسلوك درجهٔ کمال یافت درطلب کاملتری سفری‌شد وسالها گردبلادوامصاربر آمده ازشهری بشهری راه‌میپیمودوبااهل راز وریاضت‌انس والفت مینمود پیوسته نمدسیاه میپوشیدوهمه‌جادر کاروانسرای منزل‌میکردوبخدمت‌چندین ابدال واوتاد و اقطاب رسیده اکابرصورت ومعنی‌رادریافته‌بود

شمس‌تبریز بامداد روزدوشنبهٔ ۲٦جمادی‌الاخره سال٦٤٢ بقونیه‌رسیده درخان‌شکر ریزان نزول کرد . ودریك مجلس چنان مولانارا مجذوب وفریفتهٔ‌خودساخت که منبر ومحراب وحوزهٔ‌درس ومسند ارشادرا رها کرده حلقهٔ‌بندگی‌اورا بگوش کشید !

آفتاب‌دیدارشمس چنان‌برروان‌مولانابتافت‌وآتش درخرمن هستی اوزد که‌هرچه جزمعشوق‌باقی‌بسوخت

چگونگی‌دیدارپیرتبریزی را بامولاناباختلاف‌ذکر کرده‌اند محی‌الدین عبدالقادر مصری مؤلف الکواکب المضیئه فی‌طبقات الحنفیه درسبب‌تجرد وانقطاع مولانا مینویسد که: روزی درحجره نشسته‌بودو کتابی چند پیرامون خودنهاده وطالب علمان بروی گرد آمده‌بودند شمس‌الدین‌قلندروار درآمد وسلام گفت ودرصف نعال بنشست واشارت‌بکتب کرده پرسید : این‌چیست ؟ مولانافرمود تو این‌ندانی‌هنوزاین‌سخن بانجام‌نرسانیده‌بود که آتش‌در کتابها‌و کتابخانه افتاد ؛ مولانابرسید این‌چه‌باشد؟شمس گفت‌تونیزاین‌ندانی!برخاست وبرفت‌مولانامجردواربر آمدوترك‌مدرسه و یاران‌وفرزندان گفت.

مطابق روایت سلطان ولدپسرمولانادر ولدنامه:عشق مولانا بشمس‌الدین مانند جستجوی موسی‌است ازخضر که بامقام شامخ رسالت ورتبهٔ کلیم اللهی‌بازهم مردان خدارا‌طلب میکرده .

مولانا که‌تا آنروز خلقش‌بی‌نیازمیشمردند نیازمندواربدامن شمس که از مستوران قباب‌عزت‌بود درآویخته یکجا اسیرعشق و جذبهٔ‌وی گردید ومطلوب‌را بخانه‌برده‌بااو بخلوت‌نشست ودربرآشنا وبیگانه ببست و آتش استغنا در محراب‌ومنبرزده ترك‌مسندفتوی‌و تدریس و کرسی‌وعظ وتذکیربگفت وباهمهٔ‌استادی درخدمت معلم عشق‌زانو زده نوآموز گشت

بروایت افلاکی‌این‌خلوت‌بچهل‌روز‌یاسه‌ماه کشید

شمس‌الدین‌بمولانا چه‌آموخت وچه‌فسون‌ساخت که‌او ازهمه‌چیز وهمه کس گذشته خودرا نیز درقمار محبت‌باخت برمامجهول‌است . ولی کتب مناقب وآثاربرین متفقند که‌مولانا پس‌ازین خلوت روش خودرا بدل‌ساخت ، وبجای‌قیل‌وقال‌مدرسه واهل بحث وجدل گوش به نغمهٔ‌جانسوز نی وترانهٔ دلنوازرباب نهاد، بااینکه قبلاشب‌تابصبح درنمازبود وهرسه‌روزیکبار روزه‌میگشاد . وچیزیکه‌مولانارا از همهٔ رسیدگان‌جهان ممتازمیسازد همین تحول‌روحانی است که در پیوستن‌به پیر تبریزی برای‌او‌پیش آمد

برشاگردان ویاران‌مولانا که‌باچشمهای‌غرض‌آمیز بشمس‌الدین مینگریستند تمکین‌او که شیخ‌وشیخ‌زاده ومفتی‌ومدرس ومذکربود نسبت بمردیکه بنظرشان لاابالی وبیرون ازاطوار معرفت میآمد سخت گران‌وناگوارمینمود.مریدان نیز شکایت وتشنیع آغاز کردند فقها وزهادحتی عوام قونیه‌هم ازتغییر روش‌مولانا خشمگین شدند

بالاخره‌شمس پس‌از شانزده‌ماه از گفتارورفتار ایشان که اورا ساحر وجادو میخواندند رنجیده بیخبرسرخویش گرفت و برفت .

مولانا درطلب اوبقدم جد ایستاد وپس‌از جستجوی بسیار خبریافت که گمشدهٔ‌او دردمشق شام‌است . نامه وپیام متواتر کرد وپیك‌درپیك پیوست ، غزلهای سوزناك سروده بخدمت شمس‌الدین فرستاد آن‌نامه های‌منظوم که‌قدیمترین اشعار تاریخی مولاناست‌در دل شمس اثربخشیده متمایل گردید که‌باردیگرعنان مهر بسوی آن عاشق دلسوخته بتابد . مریدان ویاران مولاناهم که‌در نتیجهٔ‌غیبت شمس‌الدین و پژمردگی ودلتنگی مولانا ازفیض دیدار وحلاوت گفتار وذوق تربیت‌اوبی‌بهره مانده موردبی‌عنایتی شیخ‌خود واقع گردیده‌بودند از کرده‌پشیمان گشته دست انابت دردامن غفران وی زدند . مولاناعذرشان‌پذیرفته‌فرزندخودسلطان‌ولدرابدمشق‌فرستاد

سلطان‌ولد نقودچندی نثارقدم‌شمس کردوبندگیها نموده پیغامهای پدررا برسانید دریای مهرشمس جوشیدن گرفت و گوهر های حقایق‌برسلطان ولدافشانده رهسپار قونیه گردید وسلطان‌ولد بیش‌ازیکماه ازسرصدق ونیاز پیاده دررکابش راه میپیمود

مولانااز‌رسیدن شمس‌خاطرش چون گل ازنسیم‌صباشکفت مریدان‌ویاران‌پوزشها کردند وهریك‌باندازهٔ‌وسع‌خویش‌خوان‌نهاده وسماع دادند ـ مولاناچندی باپیر تبریزی تنگاتنگ‌صحبت داشته درخلوت بروی غیر ببستند ، گاهی‌هم بااوبصحرا رفته وخوش‌شور وغوغائی داشتند ولی‌رفته‌رفته بازمریدان ویاران مولانا وخواص وعوام‌قونیه درخشم آمده بدگوئی وشناعت آغاز کردند مولانارا دیوانه وشمس‌الدین را جادو خواندند

ظاهراً علت تشنیع فقها وزهاد و هیجان عوام آن بود که مولانا پس از اتصال به‌شمس ترك وعظ و تدریس گفته بسماع و رقص نشست وجامه ودستار فقیهانه‌را به فرجی هندباری و کلاه‌پشم عسلی بدل کرد وفرمود رباب‌را که ازقدیم‌العهد عرب چهارسوبود شش‌خانه ساختند وشب و روز بوجدوسماع‌پرداختند

مولانا مریدان قدیم‌خالص داشت که‌بعضی از بلخ‌درر کاب‌پدرش بقونیه آمده‌بودند وعدهٔ‌هم دربلاد آسیای‌صغیربدین خاندان پیوسته بودند و اورا عالم ربانی وپیشوای بحق وشیخ‌راستین وقطب‌زمان میدانستند پس‌از آمدن‌شمس‌الدین وانقلاب حال‌مولانا دستشان‌از دامان شیخ‌خود کوتاه ماندتشنیع فقها وزهادهم مقوی این کدورت گشته آنانرابدشمنی‌شمس وامیداشت،احتمال قوی میرود که‌دسته‌ای ازخویشان وبستگان مولانا نیز که‌ازشکست کارخود نگران بودند با این گروه در آزار شمس‌الدین‌همدست‌شدند

بروایت سلطان‌ولد چون مریدان و یاران وبستگان مولانا بکین شمس کمربستند پیر تبریز دل‌ازقونیه بر کند و مصمم‌شد که چنان رود که دیگر خبرش‌هم بدورو نزدیك نرسد . این سخن‌را با سلطان ولد در بین نهاد و ناگهان از میان همه گم‌شد و انجام کارش معلوم نشد !

چون‌شمس‌حقیقت‌درزیر ابراسرار ناپدید شد اخبار واراجیف که‌شایدبعضی‌از آنراهم دشمنان‌برای رنجش‌خاطرمولانا میساختند ازهم نمیگسست ، خبرمرگ وقتل وحیات شمس‌الدین همه‌روزه بگوش میرسید ، مولانادرجوش و خروش ومیان امید ونومیدی سرگردان بود و بروایت دولتشاه در آرزوی شمس میسوخت و قوالان رامیفرمود تاسرودعاشقانه‌میگفتندوشب وروزبسماع اشتغال داشتند وبیشتر غزلیاتش درفراق‌شمس‌الدین‌است .

چون ازمجموع اخبار مستفادشد که مشرق‌آفتاب عشق دمشق شام‌است وتشنیع فقیهان وجنبش‌عوام‌قونیه‌هم خاطر مولانارا سخت افسرده بود درطلب یار گمشده رهسپار شام گردید وخلقی بسیار دربی اوروان گشتند.مولانا دردمشق‌همچنان مجلس سماع ورقص ساز کردوپیوسته بافغان وزاری شمس‌تبریزی‌راازهر کوی وبرزن میجست‌ونمی‌یافت وازشدت اشتیاق ناله‌های پرسوز ازدل‌برمیآورد و اشعار غم‌انگیز میسرود . دمشقیانی که اهل دیدبودند بمولانا گرویده مال‌وخواسته در قدمش‌نثار میکردند وبرخی دیگر که‌از

درآسیای‌صغیر بوده . وچون‌سلجوقیان آن خطه‌را از امپراتوری روم شرقی منتزع کرده بودند شاخه‌ای ازسلسلهٔ سلجوقی که در آنجا استقراریافت معروف بسلاجقهٔ‌روم‌شد . ولی‌لقب‌مولوی تازه‌است

نسب مولانا به‌ده‌واسطه به‌ابوبکرصدیق می‌پیوندد ومطابق تحقیقات‌آقای کاظم‌زادهٔ ایرانشهر بدین ترتیب است : جلال‌الدین محمدبن بهاءالدین محمدبن‌حسین‌بن احمدبن محمودبن مودودبن ثابت‌بن مسیب‌بن مطهربن حمادبن عبدالرحمن‌بن ابی‌بکرالصدیق

نیای مولانا حسین‌بن‌احمدخطیبی از افاضل خطهٔ‌خراسان‌بشمار میآمده از خاندان علم وعرفان وپدربرپدرازمشایخ کبار‌بلخ‌بوده بروایت شمس‌الدین احمد افلاکی درمناقب‌العارفین امام‌رضی‌الدین نیشابوری از اجلهٔ فقهای قرن ششم درمحضروی تلمذ کرده.جدهٔ ‌لاناازخاندان‌جلیل‌خوارزمشاهیان‌وظاهراًدختر قطب‌الدین‌محمدبوده

پدر مولانا بهاءالدین محمدبن‌حسین ملقب بسلطان‌العلماء مشهوربه‌بهاءالدین‌ولد معروف‌به مولانای‌بزرگ ازبزرگان‌صوفیان ایران‌تربیت‌یافتهٔ شیخ‌اجل‌ابوالجناب نجم‌الدین‌احمدبن‌عمرخوارزمی معروف به‌کبری بوده و خرقه‌اش به‌سبب عماریا سر و ابوالنجیب سهروردی‌به‌شیخ‌احمدغزالی‌میپیوسته.بروایت‌فریدون سپهسالار(از یاران‌مولانا که‌رساله‌ای‌درسوانح‌زندگانی‌مولانا گردآورده)شهرت‌علمی سلطان‌العلماء‌باندازه‌ای‌بودکه‌ازاقصای‌خراسان‌فتاوای‌مشکل‌رابحضرت او آوردندی ودرشهر بلخ مسند افاضت و ارشاد داشته خواص و عوام آن‌خطه اوراعظیم معتقدبودندپیوسته بامر معروف ونهی‌از منکراشتغال‌داشت‌وهرگاه که‌مجلس میگفتی گروه بیشماری از هر طبقه درپای منبر وعظش گرد میآمدند واوبرهمهٔ دلها مشرف‌بود

مسلك تصوف ازقرن‌پنجم هجری باینطرف درمیان مسلمین رونق و عظمت تمام‌یافته ازخواص گذشته در تودهٔ عوام هم منتشر شده‌بود . اقطاب مشایخ‌روش‌خویش‌را بدین ومذهب‌نزدیك ساخته سخنان‌ومجالس خودرابذکرخداورسول وآیات‌واحادیث‌میآراستند در دورهٔ‌که بیشتر علماء فقه وحدیث بواسطهٔ تصدی شغل قضا آلایش مادی پیداکرده حدود شرع را مهمل میگذاشتند رؤسای صوفیه به‌ترك‌دنیا و اعراض ازامراء و عزلت و انقطاع ظواهر حال خودرا میآراستند

بواسطهٔ‌مخالفتی که میان صوفیه و حکما بود سلطان‌العلماء علناً در محضر وبرسرمنبر بآنان بد میگفته وپیروان فلسفهٔ‌یونانرا گمراه و مبتدع میخوانده خصوصاً باما‌م فخرالدین محمدبن عمر رازی از بزرگان حکماو متکلمین‌عصر که‌درآن اوقات درخوارزم اقامت داشته استاد و مصاحب‌سلطان علاءالدین محمد خوارزمشاه بوده است تعریض میکرده

بروایت افلاکی سلطان‌العلماء درنتیجهٔ دسته‌بندی علماء‌معقول ومنقول ومکدرساختن صفای آئینه خاطر خوارزمشاه نسبت بوی‌از سلطان‌ومردم بلخ رنجیده تصمیم بمهاجرت داد (از جملهٔ ساعیان‌نام امام‌فخروقاضی‌زین‌فزاری ورشیدقبائی‌ذکرشده‌است)سلطان‌العلماء در نیشابورشیخ عطارراملاقات نمود که‌اسرار نامه‌را بمولانا که‌در آنوقت پنجساله بود بخشیدواز آنجا بعزم‌حج بیت‌الله‌الحرام رهسپار بغداد شدوبروایت‌نورالدین‌عبدالرحمن‌جامی درنفحات‌الانس‌روزیکه باخانواده‌ومریدان بدارالسلام درآمد جمعی‌برسیدند که : اینان‌چه طائفه‌اند ، ازکجا میآیندوبکجامیروند؟ گفت : من‌الله والی‌الله‌ولا قوة الابالله . این سخن‌را بسمع‌عارف مشهورشیخ‌شهاب‌الدین‌عمربن محمد سهروردی‌رسانیدندفرمود:ماهذاالابهاءالدین‌البلخی؟وموکب سلطان‌العلماء را استقبال کرد

باحسن‌پذیرائی شیخ واقبال‌خواص اهل‌عرفان سلطان‌العلماء سه‌روز بیشتر دربغدادنمانده‌روزچهارم ازمرکزخلافت‌اسلامی روانهٔ حجازشد وپس ازگزاردن مناسك حج وتشرف بمدینهٔ طیبه بعزم بیت‌المقدس وزیارت‌مزارسایرانبیاءعظام‌ازحجازرهسپارشام گردید، اهل‌شام‌خواستند اورا نگاهدارند نپذیرفت وبطرف‌ارزنجان‌رفت و چهارسال‌در آن‌خطه‌رحل‌اقامت‌افکندوازفخرالدین‌بهرامشاه‌حکمران ارزنجان‌وپسرش‌علاءالدین‌داودشاه‌اقبال‌هادیدمولانادرهیجده‌سالگی درشهرلارنده بفرمان‌پدر گوهرخاتون دختر خواجه‌لالای‌سمرقندی را بهمسری اختیار کرد وبهاءالدین محمدمعروف بسلطان‌ولد و علاءالدین‌محمد ازین اقتران بوجودآمدند بروایت افلاکی‌سلطان العلماء پس‌ازچهارسال اقامت‌درملاطیه وهفت‌سال‌درلارنده‌بخواهش علاءالدین کیقباد دوازدهمین پادشاه سلجوقی روم بشهر قونیه که دارالملك‌بودرفت. شاه‌وامیران‌بزیارتش آمدند و ازسرصدق دست ارادت دردامانش‌زده درمراعات‌جانب‌او لوازم‌اهتمام بعمل‌میآوردند وپای‌وعظش‌می‌نشستند واهل‌روم ازجان‌ودل بوی گرویدند .

ازانتقال‌سلطان‌العلماء به‌قونیه‌بیش‌ازدوسال نگذشته‌بود که‌تن بربستر ناتوانی‌نهاده درسنهٔ ششصدوبیست‌وهشت زندگانی‌رابدرود گفت.مردم‌شهردرعزای‌اورستخیزعظیم‌برپا کردند.سلطان‌علاءالدین یکهفته درمسجدجامع‌خوان‌نهاد ومالهابفقرابخش کرد.چون‌پدرسر درحجاب‌خاك کشیدمولانا که‌درآنهنگام‌بیست‌وچهارساله‌بودبخواهش پادشاه وامراء والحاح‌مریدان‌برجای‌وی برمسندوعظ وافادت‌نشست ویکسال‌تمام‌دورازطریقت،مفتی‌شریعت‌بود که‌سیدبرهان‌الدین‌محقق ترمدی ازشاگردان سابق‌سلطان‌العلماء،وخواص‌اولیاء صوفیه‌بقونیه رسیدو درآنشهربساط‌ارشاد ودستگیری‌خلایق بگسترد ومولانارا در علوم ظاهری بیازمود و گفت : پدربزرگوارت راهم علم قال بکمال‌بود وهم‌علم‌حال چون درعلوم شریعت وفتوی‌جانشین‌اوشدی میخواهم‌که درعلم‌حال‌هم سلوکها کنی تاخلف‌صدق‌پدرباشی‌اگر مریدشوی مرادیابی وآنچه ازاو بمن رسیده دیدنیست نه آموختنی. مولانا برغبت تمام براوبگروید وبروایت‌سپهسالار مدت نه‌سال‌سرو کارش باسیدبرهان‌الدین بودوبراهنمائی آنعارف کامل طریق‌سیر وسلوك‌میپیمود .بروایت افلاکی مولانا دوسال‌پس‌ازمرگ‌سلطان العلماء باشارت سید باچندنفرازمریدان پدربجانب‌شام عزیمت کرد تامرتبهٔ‌کمال خودرا درعلوم ظاهر باکملیت رساند . ابتدا درشهر حلب بمدرسهٔ حلاویه‌نزول فرمود و از حوزهٔ درس‌مدرس‌دانشمند آن‌مدرسه‌کمال‌الدین‌ابوالقاسم‌عمربن‌احمدمعروف‌بابن‌العدیم‌استفاده‌ها برد وپس‌از آنکه سه‌سال درحلب به‌تحصیل علوم‌اسلامی پرداخت رهسپاردمشق‌شد.علماومعارف‌شهرمقدمش‌را گرامی‌داشته‌درمدرسهٔ قدسیه فرودش‌آوردند وخدمات‌شایان بتقدیم‌رسانیدند .

مولانا چهارسال در کرسی‌شام که درآنهنگام مرکزبزرگان و مجمع‌علم‌وعرفان‌بودبه‌زهدوریاضت‌تمام‌درتکمیل‌معارف‌دینی‌کوشیدو هدایه‌را که کتاب‌جامعیست درفقه حنفی دارای شروح وتعلیقات و حواشی بسیارتألیف شیخ‌الاسلام برهان‌الدین‌علی‌بن‌ابی‌بکرمرغینانی نزداساتیدفن بدقت‌دیدوهم درین شهربفیض صحبت عارف مشهور محی‌الدین العربی وبزرگان‌دیگرنائل گردید

مولانا پس‌از هفت‌سال مسافرت بقونیه‌باز گشت و بدستور سیدبرهان‌الدین بریاضت‌پرداخته‌سه‌چلهٔ‌متوالی‌برآوردتانقدوجودش بی‌غش‌وتمام‌عیار بلکه سراپا نور گردید . چون‌جان‌پاك‌سیددرسنهٔ ٦٣٨ ازخاکدان‌تن بقرب قدس‌انتقال یافت مولانا در دارالملك قونیه برمسند ارشاد وتدریس متمکن گردیده به‌تربیت مستعدان همت گماشت‌مریدان‌بسیار بروی گردآمدند وپروانه‌وارپیرامن‌شمع وجودش‌میگردیده‌حضرتش‌را پیشوای‌دین‌ومفتی‌شریعت وراهنمای طریقت میشناختند

مولانا نزدیك‌پنج‌سال بسنت جدوپدرهم درمدرسه‌بتدریس فقه ودیگرعلوم‌اسلامی‌میپرداخت وهم‌برسم‌زهدپیشگان آنزمان‌مجلس وعظوتذکیرمنعقدساخته ومردم‌را تبشیر وتنذیرمیکرد. همه‌روزه طالبان علم‌که بگفتهٔ دولتشاه‌سمرقندی عده‌شان بچهارصد میرسید متناوباً درمدرس‌ومحضرش برای‌استفاده‌حاضر میشدندوصیتش در اطراف جهان‌منتشر گردید .

مولاناسرگرم تدریس وقیل‌وقال مدرسه‌بود فتوای شرعی

کشیده اند و گردن منکران را میزنند مولانا تصدیق نموده گفت نیك دیدی چنانچه درمثنوی بدان‌اشارت نموده

دشمن‌اینحرف‌ایندم درنظر   شدممثل سرنگون‌اندرسقر
ای‌ضیاءالحق‌تودیدی‌حال‌او   حق‌نمودت پاسخ‌احوال او
دیدهٔغیبت چوغیبت اوستاد   کم‌مبادازاین‌جهان‌این‌دیدوداد

چون جلداول مثنوی بانجام‌رسید زوجهٔمکرمهٔ حسام‌الدین بسرای‌جاویدخرامیدبدانسبب‌یابسبب‌دیگراختلال‌دراحوال‌حسام‌الدین ظاهر گردید مدت‌دوسال [تنظیم مثنوی] بتعویق‌افتاد ومولانابگفتن مثنوی‌لب‌نگشاد بعداز انقضای‌مدت مذکوره باردیگر حسام‌الدین ازخدمت مولانا اتمام مثنوی‌استدعا نمود چنانچه در اول‌جلد دوم اشاره‌برین فرموده

مدتی این مثنوی تأخیر شد   مهلتی بایست تاخون شیرشد
تـا نزاید بخت تو فرزند نو   خون‌نگرددشیرشیرین‌خوش‌شنو
چون‌ضیاءالحق‌حسام‌الدین‌عنان   باز گردانید زاوج آسمان
چون‌بمعراج حقایق رفته‌بود   بی‌بهارش غنچها نشکفته بود
مثنوی که صیقل ارواح بود   باز گشتش روز استفتاح بود
مطلع‌تاریخ این سوداوسود   سال‌اندرششصدوشصت‌ودوبود

آنگاه بجدتمام‌وسعی‌مالا کلام‌باتمام مثنوی قیام‌فرمود جلد ششم بپایان‌نرسیده عارضهٔ بربدن‌شریفش روی‌نمود ودر آن بیماری ازجهان فانی بعالم جاودانی انتقال فرمود چنانکه بهاءالدین‌ولد در آخر مثنوی برآن ایمائی مینماید

مدتی زین مثنوی چون والـدم   شد خمش گفتش‌وراکای‌زنده‌دم
از چه‌رودیگر نمیگوئی سخن   بهـر چـه بستی در علـم لـدن
گفت‌نطقم‌چون‌شترزین‌پس‌بخفت   نیستش باهیچکس تاحشر گفت
همچو اشتر ناطقه اینجا بخفت   او بگوید من دهان بستم‌ز گفت
قصـهٔ شهزادگـان نـامـد بسر   مـانـد نـا سفتـه در سیـم پسر
باقی این گفته آیـد بیزبـان   با درون آنکه دارد زنده جان
فهم میگوید شتر چون‌خفت‌او   وقت رحلت‌آمد و جستن زجو
گفتگو آخر رسیدو عمر هم   مژده کامد وقت کـز تن وارهم
درجهان جان کنم جولان‌همی   نگذرم زین نم در آیم دریمـی

فقیر گویداز محققان‌ملک‌روم‌و دانشمندان‌آنمرز وبوم بکرات استماع نمود واز ثقات دیار مصر و شام مکررشنود که مولانا از آن‌مرض صحت یافته دفتر دیگربرمثنوی افزوده آنرا هفت جلد فرموده‌است‌چنانچه‌شیخ‌اسماعیل قیصری که‌عالم‌معالم‌سخن‌برور بست درحدود هزاروآند هجری‌شرحی بردفترهفتم نوشته ودر عنوان‌آن کتاب‌مدعیست که ناظم جلدهفتم‌جناب مولویست وازملحقات نیست چون‌بعدازتدوین‌جلدششم گفته شده‌لهذابغیراز کشورشام‌وروم‌شهرت نیافته‌است‌والله‌اعلم‌بحقایق الامور گویندا‌ین‌اشعار ازجلدهفتم است

ای ضیاءالحق حسام‌الدین سعید   دولتت پاینده فقـرت بر مزید
چونکه ازچرخ‌ششم کردی گذر   بر فـراز چرخ هفتم کن مقـر
سعداعداداست‌هفت‌ای‌خوش‌نفس   زانکه تکمیل‌عدد هفت‌است‌وبس

شیخ نجیب‌الدین‌رضا تبریزی‌الاصل اصفهانی المسکن که‌در زمان شاه‌سلیمان صفوی پایهٔ‌سلسلهٔ ذهبیه‌بوده و کتاب سبع‌المثانی‌را ببحرمثنوی تألیف نموده درعنوان آن کتاب فرموده که‌درعالم‌واقعه مولانا بمن خطاب کرده فرمود که‌جلد هفتم‌مثنوی‌را توباتمام‌رسان بنابفرموده مولانا کتاب‌سبع‌المثانی‌را بنظم‌آوردم‌فقیر گوید آنچه‌نزد درویشان روم وشام وعربستان درخصوص‌جلد هفتم‌بصحت اقربست قول‌اولست(آندفتر درآخرهمین کتاب‌مسطوراست)اصحاب‌معرفت بعداز دقت معلوم میکنند که ناظم آن جناب مولوی بوده یانبوده

معاصرین مولاناـ آورده‌اند که درعصرمولانا جلال‌الدین قدس‌سره در کشور روم وایران وغیره عرفای عظام ومشایخ کرام بسیاربوده از آنجمله‌شیخ‌اوحدالدین کرمانی وشیخ‌بهاءالدین زکریاء ملتانی‌وشیخ‌نجم‌الدین‌رازی‌وشیخ‌مصلح‌الدین‌سعدی‌شیرازی وشیخ محی‌الدین‌الاعرابی‌وشیخ‌صدرالدین قونیوی وشیخ‌مؤیدالدین‌جندی وشیخ‌ابوالحسن مغربی‌الشاذلی‌وشیخ‌ابوالعباس‌المرسی‌وابن الفارس الحموی‌المصری‌وشیخ‌عزیزالدین‌نسفی‌وشیخ ابوالحسن‌علی‌الصعیدی المعروف‌بابن صباغ‌وشیخ‌فخرالدین عراقی وشیخ‌نجیب‌الدین‌بزغش شیرازی و شیخ برهان‌الدین ترمدی وشیخ نورالدین عبدالرحمن اسفراینی و شیخ جمال‌الدین جوزقانی وشیخ رضی‌الدین علی‌لالا غزنوی‌وشیخ سیف‌الدین باخرزی وشیخ سعدالدین حموی وشیخ ابومحمد عبدالله المغربی وشیخ یاسین‌المغربی و شیخ عفیف‌الدین سلیمان قلمانی وشیخ ابوالغیث الیمنی وشیخ صلاح‌الدین زرکوب وشیخ‌موسی‌سدرانی وشیخ‌صدرالدین‌فرغانی‌وعین‌الزمان‌جمال‌الدین وحاجی بکتاش ولی قدس‌الله اسرارهم که اکثر آن بزرگوارانرا در شهر قونیه وغیره ملاقات نموده وطریق‌معاشرت پیموده

در شهور سنه ٦٧٢ هجری‌درهمان دیاربدارالقرار انتقال نمودمزارفیض مدارش‌درغایت‌اشتهاروزیارتگاه ابنای‌روزگاراست (وفات‌خواجه‌نصیرالدین‌طوسی‌هم در اینسال‌اتفاق افتاده)

از ملوك‌زمان که معاصر آنجناب بودند هلاکوخان و آباقاآن خان در ایران وبندوق‌دار درمصروشام وعلاءالدین کیقبادسلجوقی در کشورروم‌وناصرالدین ایلتمش در هندوستان حکومت‌مینمودند وازفرقهٔ‌حکما محقق‌طوسی معاصر آن‌بزرگواربوده

روزی اصحاب‌راخطاب کرده فرمود : اوصیکم بتقوی‌الله فی‌السروالعلانیه و بقلة‌الطعام وقلة‌المنام وهجران‌المعاصی‌والآثام و مواظبة الصیام‌ودوام‌القیام وترك‌الشهوات‌علی‌الدوام واحتمال‌الجفاء من جمیع‌الانام وترك‌مجالسة‌السفهاء والعوام ومصاحبة‌الصالحین والکرام وان‌خیرالناس ماینفع‌الناس وخیرالکلام ماقل ودل

پوشیده نماناد که سلسلهٔ مولوی دربلاد روم‌ومصروشام‌وعرب وجزایربحرروم‌ودیار روم‌ایلی‌وعراق‌عرب‌جاری و معمولست ودر نزدخوردو کلان‌واعیان‌وداناونادان وحاجب‌وسلطان مقبولست‌لباسی خاص مخصوص درویشان آن سلسله‌است وتاج نمدی بیدرز برسر گذارندومشایخ‌ایشان‌عمامهٔ نیزبرآن‌تاج‌ببندندوذکروفکر ومراقبت اورادوسماع وحلقهٔ ذکرجلی‌درمیان ایشان متداولست ودرهنگام سماع نی‌ودف‌میزنند درآن‌سلسله‌قانون‌است که‌چون‌خواهد کسی‌در آن‌طریقه درآیدباید که‌مدت‌هزارویکروز خدمت‌نماید براینموجب که‌چهل‌روزخدمت چهارپایان کند وچهل‌روز خدمت فقرا نماید و چهل یوم آب کشی وچهل‌یوم‌فراشی وچهل‌یوم هیزم‌کشی‌وچهل‌یوم طباخی‌وچهل‌یوم‌حوائج‌ازبازارآوردوچهل‌یوم‌خدمات‌مجلس‌درویشان کند وچهل‌یوم نظارت‌نماید برین‌نسق تامدت مقرره تمام‌شود اگر چنانچه یکروز ازآنمدت‌ناقص گردد باید که خدمت‌را ازسر گیرد و چون‌تمام‌کند آنکس‌را غسل‌توبه‌دهند ازجمیع‌محرمات و کسوت از سرکارخانقاه‌بپوشانندوتلقین اسم‌جلاله براو کنندوحجره‌جهت‌آسایش وعبادت بوی‌دهند وطریق‌ریاضت‌ومجاهده تعلیم‌وی‌نمایند وآنکس برآن‌قاعده وقانون مشغول‌شود تاآنکه‌صفائی درباطن‌اوظاهر گردد

مخفی‌نماند که صوفیه گفته‌اند که مولانارامذهب شیعه‌بوده وبر طریقهٔ حقه عمل مینموده وبر اینمطلب شواهد بسیاراست والله‌اعلم

خلاصه‌شرح حال‌مولانا

مولانا جلال‌الدین محمدبلخی مشهوربه‌مولانای روم درششم‌ماه ربیع‌الاول سال ٦٠٤ هجری‌قمری‌در قبة‌الاسلام‌بلخ(یکی‌از چهار شهربزرگ‌خراسان که پیش‌ازهجوم مغول‌منتهای آبادی‌راداشته) متولدشده در سال ششصدونودونه‌بمعیت پدربزرگوارش‌ازخراسان بآسیای‌صغیرمهاجرت گزیده‌وهم‌آنجا درپنجم‌جمادی‌الاخرهٔ ششصدو هفتادوسه‌بریاض خلدخرامیده وپهلوی‌ضریح‌پدرش‌مدفون‌شده‌است

مولانا درشعر چنانکه‌دربسیاری از غزلهایش بطریق‌تلمیح‌آورده است خاموش تخلص میکرده و اورا علاوه بـر جلال‌الدین بلقب خداوندگار نیزمیخوانده‌اند و اطلاق خداوندگار بمناسبت سلطنت وحکومت ظاهری وباطنی اقطاب برمریدان خود دراعتقادصوفیان تناسب‌تام دارد. شهرتش برومی یامولانای روم بواسطهٔ‌طول‌اقامت

مولانا گفت روش سنت و آداب شریعت است شمس الدین فرمود این خود ظاهر است مولانا گفت ورای آن چیست شمس الدین گفت که علم آنست که ترا بمعلوم رساند و بشاهراه حقیقت کشاند و این بیت سنائی را برخواند

علم کز تو ترا نه بستاند جهل از آن علم به بود بسیار

مولانا از استماع این سخن متأثر و متحیر گشته مرید شمس الدین گردید و بروایت دیگر چون شمس الدین بقونیه رسید مولانا را ملاقات نمود در حالتی که مولانا در کنار حوض نشسته بود و کتابی چند پیش خود نهاده شمس الدین از مولانا پرسید که این چه مصاحفست مولانا جواب داد که این را قیل و قال گویند ترا با آن چه کار است شمس الدین فی الحال کتابها را در آب انداخت و مولانا را متحیر ساخت مولانا از روی تاسف فرمود که ای درویش بعضی فواید والابود که دیگر یافت نمیشود دیوانگی کردی و ضایع ساختی شمس الدین دست دراز کرد یکان یکان همهٔ کتابها را بیرون آورد که آب در آنها اثر نکرده بود مولانا پرسید که این چه سر بود که بظهور پیوست شمس الدین فرمود که این از ذوق و حال است ترا از آن چه خبر بعد از آن باهمدگر صحبت بسیار داشتند و مولانا فرجی و وضع دستار مشابه او ساخت و طریقهٔ سماع آموخت و بیمن تربیت او علم معرفت بر سر عالم افراخت چنانکه میفرماید

هزاران درج در دارد بناگوش ضمیر من از آن الفاظ وحی آسای شکربار شمس الدین
ز عقل و روحها بگذر حجاب عقل برهم در دو سه منزل از آنسو تر ببین باز ار شمس الدین

منقولست که چون مولانا ربودهٔ شمس الدین گردید مدت شش ماه در خلوت با او مینشست و می آرامید موالی مولانا شور و غوغا بر آوردند و بر شمس الدین طعن و تشنیع آغاز کردند که سر و پا برهنهٔ و شکم گرسنهٔ ظهور نمود و مقتدای مسلمانان را گمراه کرده است شمس الدین بالضرورة بصوب تبریز روان گردید و مولانا را سوز عشق زبانه کشید و در فراق شمس الدین شعر های سوزناك گفتن گرفت آخر الامر طاقتش طاق شده سوی تبریز شتافت و بعد از زحمات بسیار مطلوب را در یافت در مثنوی از زبان وامدار بر اینمعنی اشارت نموده

ساربانا بار بگشا ز اشتران شهر تبریز است و کوی دلستان
فر فردوس است این پالیز را شعشعهٔ عرش است این تبریز را
هر زمانی فوج روح انگیز جان از فراز عرش بر تبریزیان

مولانا و شمس الدین پس از چندی بایکدیگر بروم آمدند و چند گاه خالی از اغیار مشغول صحبت شدند بار دگر دوستان مولانا که درحقیقت دشمنان بودند حسد و حقد آغاز نمودند

خدای تخم حسود از جهان براندازد اگر حسود نباشد جهان گلستانست

این بار شمس الدین بطرف شام فرار کرد و مدت دو سال در نواحی شام اقامت فرمود مولانا در آن مدت از فراق شمس الدین میسوخت و غزلهای عاشقانه میساخت و عشق شمس الدین بنیاد صبر مولانا را یکباره بر انداخت آرام و قرار ازو گم گردید عاقبت مبلغ هزار دینار زر به پسر خود بهاء الدین ولد داده و گفت بزودی بسوی شام بخرام و شمس الدین را در مقام صالحیه خواهی دریافت که بافرنگی زادهٔ شطرنج میباوزد زینهار بخاطر خطرهٔ میار که آن پسر یکی از مردانست و از این راه آگاهش میسازد و این زر را بعتبهٔ شمس الدین ایثار کن و کفش آنحضرت را بسوی روم گردان و این ابیات را بخوان

بروید ای حریفان بکشید یار ما را بمن آورید حالی صنم گریز پا را
اگر او بوعده گوید که دم دگر بیاید مخورید مکر او را بفریبد او شما را

از این غزل بهمین دو بیت اکتفا نمود بهاء الدین بحکم والد بشام رفته آنچه از والد شنیده بود دید و آنچه فرموده بود بانجام رسانید و شمس الدین بصوب روم مصمم گردید در آنسفر بهاء الدین در رکاب شمس الدین مسافت یکماهه را پیاده طی نمود هر چند آنجناب مبالغه کرد که سوار شود بهاء الدین قبول نکرد و گفت شاه سوار شود و بنده سوار چگونه خواهد بود

آفرین خدای بر پدری که تو پروردو مادری که تو زاد

چون شمس الدین بقونیه رسید مولانا بشرف مواصلت مشرف گردید آنجناب در اثنای صحبت اظهار بهجت از بهاء الدین میفرمود و گفت من ازو راضی شدم مرا سری بود و سری سر بتو دادم و سر به پسرت بخشیدم اگر بهاء الدین ولد را هزار سال عمر بودی و همه را در راه طلب رضای خدا صرف نمودی آنچه در این سفر اورا حاصل گشت هزار یك آن حاصل نشدی

نقل است که شبی شمس الدین با مولانا در خلوت صحبت میداشت و اعلام طریقت بر فراز حقیقت می افراشت ناگاه کسی از بیرون در بشمس الدین اشارت کرد مولانا گفت کیست آنجناب فرمود بقتلم میخوانند چون بیرون رفت مولانا صیحهٔ شنیده بیرون دوید چون نظر کرد قطرهٔ خون ریخته دید از آنزمان تاحال از شمس الدین چون عنقا نامیست بعضی گویند بمولانا در عالم واقعه شمس الدین گفت که مرا کشته بچاه انداختند چون مولانا از خواب بیدار شد بسر چاه رسید وجسد آن یوسف مصر ولایت را از چاه بیرون کشید و در مقام مناسب دفن نمود

راقم گوید اینقول بصحت اقربست چنانکه اکنون مزار آن بزرگوار در آن دیار مطاف طائف خلق روزگار است در نفحات مسطور است که باعث هلاك شمس الدین علاء الدین محمد که به تیرانه لیس من اهلك نشانه شده پسر ناخلف مولانا بود و علاء الدین بعد از اقدام بر آن امر شنیع بمرضی مزمن گرفتار گشته بسرای دیگر انتقال نمود و مولانا بجنازهٔ او حاضر نگشت

مخفی نماناد که در کیفیت ملاقات شمس الدین با مولانا اخبار متعدده وارد است که از طول کلام اندیشیده از تذکار آن عنان قلم باز کشید شهادت شمس الدین در سنه ٦٦١ هجری روی نمود

آورده اند که مولانا جلال الدین بعد از واقعهٔ هایلهٔ شمس الدین همواره غمگین میبود و علی الدوام زاری و بیقراری مینمود و آخر الامر خاطر حزین و دل اندوهگین خود را بصحبت و تربیت حسام الدین چلبی المعروف بابن اخی ترك تسلی فرمود نسب وی بدان کس میرسد که فرمود امسیت کردیا واصبحت عربیا حسام الدین درحجر تربیت مولانا نشوونما یافته و مهر شفقت و مرحمت مولانا بر وجنات حال وی تافته و محبوب و منظور مولانا بوده و بحسن طاعت و انقیاد بدرجهٔ عالی ترقی نموده است و کتاب مثنوی که مشهور در السنهٔ صغار و کبار مذکور است باستدعای حسام الدین مولانا بسلك نظم کشیده الحق کتابی بدین نظم و نسق بزبان فارسی چشم زمانه ندیده و گوش روزگار نشنیده است بمرتبهٔ مقبول و مطبوع عرفا گردیده که شیخ بهاء الدین عاملی با آنهمه فضل و کمال در تعریف آن میفرماید

من نمیگویم که آن عالیجناب هست پیغمبر ولی دارد کتاب
مثنوی معنوی مولوی هست قرآنی بلفظ پهلوی
مثنوی او چو قرآن مدل هادی بعضی و بعضی را مضل

در نزد محققان هر قوم پسندیده است چنانکه راقم در جمیع بلاد اقالیم سبعه دیده و شروحی بسیار بزبان فارسی و عربی و ترکی و هندی بر آن نوشته اند

نقلست که حسام الدین شبی اندیشه نمود که در خدمت مولانا استدعا نماید که بوزن منطق الطیر شیخ فرید الدین عطار قدس سره کتابی بنظم آورد و در صبح آنشب بنیت مذکور بخدمت مولانا مشرف گشته مرکوز خاطر را عرضه داشت مولانا بعد از استماع سخن حسام الدین کاغذی از دستار خود بیرون آورده بدست وی داد و فرمود که دیشب وقتیکه از خاطر تو گذشت بر من وارد گشت که اینگونه کتابی منظوم شود و انجام رسد لهذا این ابیات همانوقت از خاطر من سر زد

بشنو از نی چون حکایت میکند وز جدائیها شکایت میکند
اولین شعر کتاب مثنوی تا
در نیابد حال پخته هیچ خام پس سخن کوتاه باید والسلام

بعد از آن مولانا بگفتن مثنوی مشغول گشت از اول شب مولانا نظم نمودی و آخر شب حسام الدین بآواز بلند در حضور مولانا خواندی و بسمع مجلسیان رساندی نوبتی حسام الدین بخدمت مولانا معروض داشت که در وقت خواندن مثنوی گویا میبینم از غیب شمشیرها

امام‌فخرالدین ازاینمعنی عرق حسدش میجنبید ودائماً بگردسعایت وفساد میگردید امافرصت‌نمیدید اتفاقاًروزی سلطان‌بزیارت‌مولانا آمده‌بود کثرتی عظیم باشکوه بیش‌از پیش دید وفخرالدین‌رازی راخطاب کرده و گفت بیحد کثرتی مشاهده میشود وی‌فرصت‌یافته گفت اگر بتدبیر دفع این کثرت‌نشود بیم‌است که‌در ارکان‌سلطنت خلل افتد بواسطهٔ آنکه طباع برحسد مجبولست این‌سخن واهی برسلطان اثر کرده فرمود که‌تدبیر باید نمود درجواب گفت‌صواب آنست که کلید خزائن و قلاع را بخدمتش بفرستیم و بگوئیم که امروزجمعیت و کثرت آنحضرت راست وبواسطهٔ‌استیلای مریدان وشوکت معتقدان وهنی درامور مملکت ظاهر گشته و بجز کلید دردست‌مارااختیاری نمانده‌یا کلیدهاراقبول کنند یا ازدارالسلطنه بیرون روند وازمملکت‌هر کجا خواهند متمکن شوند چون‌براین سیاق عمل کردند دمار ازدودمان خویش‌برآوردند ازاستماع این سخن‌مولاناسخت‌برنجید وقسم‌یاد کرد که‌تامحمد خوارزمشاه‌پادشاه خراسان باشد بدانجا نیاید مثنوی

تادل مردخدا نامد بدرد هیچ قومی‌را خدا رسوا نکرد

گویند باعث انقراض دولت خوارزمشاهیان و تسلط چنگیزیان برمملکت‌ایشان نخست قتل مجدالدین‌بغدادی‌شد واومریدنجم‌الدین خوارزمی و مرشد شیخ فریدالدین عطار قدس الله اسرارهم بود وتفصیل احوال آن‌بزرگوار در کتب تواریخ مسطور است‌ودیگر رنجش خاطرمولانا بهاءالدین‌است.

نقلست که مولانا روز دیگر در میان مجلس گفت فردا عزم سفر دارم هر کرا ارادت درویشان‌است آماده‌باشدروزدیگر ازمریدان و معتقدان سیصد نفر درخدمتش روانه شدند در آنوقت‌مولاناجلال الدین بسن شش ساله بود و مولانا بهاءالدین در نیشابور باجناب شیخ فریدالدین عطار قدس سره ملاقات کرد وجناب شیخ کتاب اسرار نامه‌راکه یکی از مؤلفات خودبودبمولانا جلال‌الدین‌عنایت نمود وبیهاءالدین گفت که‌این فرزندرا گرامی‌بدار زودباشد که از نفس گرم آتش‌برافسردگان عالم زند مولانا بهاءالدین جناب‌شیخ را وداع‌نموده عازم بیت‌الله‌الحرام گردید و چون‌بدارالسلام بغداد رسید اکابرواعاظم و بزرگان مولانارا تعظیم تمام کردند و لوازم احترام نسبت‌بآن‌بزرگوار بجای‌آوردند مدت‌یکماه تفسیر بسم‌الله فرمود چنانکه‌تقریراول‌بثانی نسبت نداشت جمعی ازطرف سلطان علاءالدین کیقباد سلجوقی از کشور روم بدارالخلافه بغداد آمده بودند آن‌تقریردلپذیرازمولانااستماع نمودند وچون‌بروم‌باز گشتند دراثنای حکایات‌درحضرت سلطان از مناقب مولانا آنچه مشاهده کرده‌بودند عرضه داشتند سلطانرا درغیبت‌اعتقادی عظیم‌راسخ‌شد و دائماً تمنای ملاقات صوری‌داشت تا از تقدیر کردگار مولانارا عزیمت حجازافتاد وازحجازبطرف‌شام‌عبورفرموده‌ودرآنجامولانا برهان‌الدین ترمدی‌رحلت‌نمود آنجناب در حین‌وفات خدمت‌مولانا وصیت کرد که‌باید شما بطرف روم عزیمت نمائید که جهت شما در آن دیار فتوحی خواهد بود بنا بفرمودهٔ آن بزرگوار مولانا بمدینهٔ ارزنجان آمده در خانقاه عصمتیه تاج ملك خاتون که عمهٔ‌سلطان علاءالدین بود نزول نمود خاتون سعادت مقرون خدمات پسندیده بجای آورد و التماس کرد که آنجا متمکن شود قبول نفرمود وبزودی از آنجا عزیمت آنشهر نمود و فصل زمستان‌در آنجا اقامت کرد بعداز آن بطرف روم نهضت فرمود سلطان را معلوم شد که قرب منازل حاصل شده است قاصدان بخدمتش فرستاد استعجال حرکت مولانا نمود ملتمس سلطان باجابت لاحق شد چون بصحرای قونیه رسید سلطان باجمیع اکابروارکان‌دولت مولانارااستقبال نمود سلطان بعداز اظهار اخلاص و ارادت استر شمام نام که در گام‌زدن پیك باد شمال بود برسم نیاز پیشکش‌نمود وچندگام در رکاب مولانا پیاده رفت مولاناچندانکه مبالغه‌فرمود که سوار شود سلطان بر تواضع وفروتنی می افزود و میگفت جهت‌مزید دولت‌وسعادت خویش این‌عبودیت بتقدیم میرسانم آنگاه در منزلی که‌لایق آنجناب‌بود فرود آورد وچندان‌خدمات‌ومراعات نمود که عشر عشیر آن بشرح و بیان در نیاید در آن اوان مولینا جلال الدین بسن چهارده سالگی بود و در آن صغر سن از روی علوم وحکم عالمی بزرگ شده بود چون والد بزرگوارش در سنه ٦٣١ هجری رحلت نمود مولانا بموجب وصیت والد بر مسند افاده قدم گذاشت ولوای نشر علوم و درس فنون وامر معروف و نهی منکر برافراشت

آورده اند که مولانا بعداز تحصیل‌علوم رسمی و اصطلاحی از اقسام علوم آنچه سیدبرهان‌الدین ازشیخ خود از حقایق مکتوم معلوم کرده‌بود مولانارا تعلیم‌و تلقین میکرد چون‌ذات‌ملك صفات اورا بریاضات و مجاهدات مکاشفات ومشاهدات دست داد و قابل اسرار احدی و محرم رموز کنوز احمدی شد بصحبت حضرت خضرعلی نبیناوعلیه السلام مشرف گشت و جمعی کثیر ازعرفای عصر را ملاقات نمود آخرالامر بخدمت تاج العارفین مولانا شمس‌الدین تبریزی رسیدوارادت آن‌جناب‌را ازدل وجان‌بر گزید ونسبت طریقت شمس‌الدین بجناب قطب الاولیاء و زبدت‌الاصفیاء علی‌بن موسی‌الرضاعلیه آلاف‌التحیة و الثناء میرسد براین‌موجب:

شمس‌الدین مرید باباکمال جندی بود و او مرید شیخ نجم‌الدین خوارزمی و او مرید شیخ‌عمار بدلیسی واومرید شیخ نجیب‌الدین سهروردی و او مرید شیخ احمد غزالی واو مرید شیخ ابوبکر نساج واومریدشیخ ابوالقاسم کورکانی (و او مرید شیخ ابوعمران مغربی و او مرید شیخ ابو علی رودباری) و او مرید شیخ جنید بغدادی‌واومرید شیخ‌سری سقطی و او مرید شیخ معروف کرخی و او مرید و دربان علی‌بن موسی‌الرضا علیه التحیة والثناء بود

آورده‌اند که‌شمس‌الدین ولد علاءالدین‌بوداز‌نژاد کیا بزرگ‌امید گویندپدروی‌ترک‌مذهب‌اسمعیلی کرده شعار اسلام ظاهر نمود و در نهانی ولدخود شمس‌الدین‌را بخواندن علم به تبریز فرستاد و در آنجا علم وادب آموخت و انواع فضائل اندوخت جامی‌صاحب نفحات‌الانس آورده‌که شمس الدین از خاندان اسمعیلیان نیست بلکه‌او تبریزی‌الاصل‌پسر‌بزاز‌یست‌وبعضی‌گفته‌اند که‌اصل‌شمس‌الدین ازخراسان بوده وخود درشهر تبریزتولدنموده ودراین باب روایت دیگر نیزوارداشت راقم گوید شاخ گل هرجا که‌میروید گل‌است

نقلست که‌چون شمس‌الدین درعالم طلب سیاحت میکرد تا آنکه بخدمت باباکمال‌الدین جندی قدس‌سره رسید و به‌هزار جان ودل مریدش گردیدوقتی باباکمال جمعی از مریدانرا که‌ازآنجمله‌شیخ بهاءالدین زکریا و شیخ فخرالدین عراقی و امیر حسین هروی بودند در خلوت نشاند وشمس‌الدین را نیز بریاضت و خلوت امر کردشیخ فخرالدین عراقی لوایح اسرار را بصورت لوامع و اشعارواملا نموده بعرض شیخ کمال‌الدین‌رسانیدوشمس‌الدین اظهار اینمعانی نمیکرد روزی آن بزرگوار فرمود فرزند شمس‌الدین از حقایق و اسرار که فرزند فخرالدین باظهار آن قیام مینماید برتوهیچ لایح نمیشود عرض‌نمود بیش‌ازآن حقایق مشاهده‌می‌افتد او از جهت‌اشتغال‌بمصطلحات‌علوم‌بعبارتی‌مناسب کشف‌بعضی‌اسرار مکتوب‌میتواند کرد ومرا دست‌نمیدهدشیخ‌فرمود که‌باریتعالی ترا مصاحبی‌روزی کند که‌معارف‌وحقایق‌اولین‌وآخرین‌را بنام‌تواظهار کندوینابیع حکمت‌ازدل‌اوبرزبانش‌جاری‌شودوهمهٔ‌آن کسوت‌مقالات مطرزبنام‌توباشدبعدازآن‌باباکمال‌فرمودکه‌ترابطرف‌روم‌بایدرفتن‌ودر آنجاسوخته‌ایست‌میبایداورامشتعل کردن‌شمس‌الدین‌بموجب‌فرمودهٔ وی عمل‌نموده متوجه روم گردیدودرحین گردش‌آن‌مرزوبوم‌بشهر قونیه‌رسیدودرکاروانسرای‌شکرفروشان‌منزل گزید

روزی‌دربازارمولاناجلال‌الدین براستری‌سواربکوکبهٔ تمام‌عبور مینمود و شمس‌الدین اورا دیده بفراست مطلوب‌را شناخت و در رکابش روان‌شده پرسید که‌غرض‌از مجاهده و دانستن علوم‌چیست

پیش‌از آنکه رویم جمله زدست   چاره سازیم تا رهیم ز شست
سوی ایشان شویم توبه کنان   وصل جوئیم تا رود هجران
همه جمع آمدند بر در او   می‌نهادند بر زمین سر و رو
گریه زارشان چورفت ازحد   بانگ و افغانشان گذشت ازحد
چون شنیدند آن دو زاریرا   ساز کردند چنگ یاری را
در گشادند و راهشان دادند   قفل های بیسته بگشادند

درگذشتن صلاح‌الدین ورسیدن خلافت به‌چلبی حسام‌الدین

شیخ بااو چودر دوتن‌یکجان   بود آسوده و خوش‌وشادان
مست از همدگر شده ده‌سال   داشته بی خمار هجر وصال
جمع یاران بگردشان‌زده‌صف   آندوچون‌بحروباقیان‌چون‌کف
همه‌چون‌اختران‌وآندوچوماه   همه‌چون‌بندگان‌و آندوچوشاه
درچنین عیش‌ودولت ونزهت   در چنین جاه‌و ملکت و زینت
ناگهان شدصلاح‌دین رنجور   گشت از صحبت بدن مهجور
شیخ فرمود در جنازهٔ من   دهل آرید و کوس بادف زن
سوی گورم برید رقص کنان   خوش‌وشادان‌ومست‌ودست‌افشان
تا بدانند کاولیای خدا   شاد و خندان روند سوی لقا
کردچشمان فرازو رفت‌بناز   ناز نازان بصد هزار اعزاز
اولیا را بود زمرگ حیات   زانکه در مرگ دیده‌اند نجات
جسم پاك ورا چواندر خاك   بنهادند رفت پاك بپاك
بود راضی‌شه از حسام‌الدین   داده بودش هزار گنج گزین
مرشد جمله بود مولانا   آن خدیو یگانهٔ والا
رتبت هر یکی براو روشن   گشته همچون میان‌روح وبدن
شیخ گفت ای حسام‌حق آئین   چونکه‌رفت‌ازجهان‌صلاح‌الدین
بعدازین نایب وخلیفه توئی   زانکه اندر میانه نیست دوئی
آن یکی باز گفت مولانا   زین سه مهتر کدام بود اعلی
گفتش اندرجواب‌کای‌همراه   شمس چون‌مهربد صلاح چوماه
چون‌ستاره‌است‌شه‌حسام‌الحق   زانکه گشته‌است باملك ملحق
شیخ اینرا بجای آن بنشاند   بر سرش نور ها نثار افشاند
گفت اصحاب‌را که سربنهید   پیش او عاجزانه بر بنهید
همه امرش ز دل بجا آرید   مهر او در درون جان کارید

مصاحبت‌شیخ‌حسام‌الدین تاپایان‌زندگانی‌مولاناومستفیدشدن یاران‌بی‌حدازهردو

بود با شیخ در زمانهٔ شیخ   همدل و همنشین بخانهٔ شیخ
در صفاو وفابهم همدم   همه اصحاب شادمان بیغم
بخشش هردو برهمه شامل   همه از هر دو عالم و عامل
خوش‌بهم‌بوده مدت ده‌سال   پاك و صافی مثال آب زلال
بعداز آن نقل کرد مولانا   زین جهان کثیف پر زعنا
سال هفتاد و دو بده بعدد   ششصد از عهد هجرت‌احمد
چشم‌زخمی‌چنین‌رسیدبخلق   سوخت‌جانها زصدمت آن‌برق
لرزه افتاد در زمین آندم   گشت نالان فلك در آن ماتم
مردم شهر از صغیرو کبیر   همه اندر فغان وآه‌و نفیر
بجنازه همه شده حاضر   از سر مهر و عشق نز پی بر
قوم هر ملتی براو عاشق   اهل هر مذهبی براو صادق
عیسوی گفته‌اوست‌عیسی‌ما   موسوی گفته‌اوست موسی ما
مسلمش‌خوانده‌سرونوررسول   گفته هست‌اوعظیم‌بحر نغول
همه کرده‌زغم گریبان‌چاك   همه از سوز کرده برسر خاك
آنفغان و خروش کانجابود   کس‌ندیده‌است‌زیرچرخ کبود
همچنان‌این کشیدتاچل‌روز   هیچ ساکن‌نشد دمی‌تف‌وسوز
روزوشب‌بودگفتشان‌همه‌این   که‌شد آن گنج زیرخاك‌دفین
ذکراحوال‌وزندگانی او   ذکر اقوال‌و در فشانی او
ذکرعشق‌خداو تجریدش   ذکرمستی‌و صدق‌و توحیدش
ذکرلطف‌وتواضع‌وکرمش   ذکرحال وسماع چون ارمش
ذکرتذکیروو‌عظوگرمی‌او   ذکر مهر و وفا و نرمی او
ذکراسرارولطف‌انوارش   ذکر آن کشفها ز دیدارش
ذکرتقوی وحلم‌ورحمت‌او   ذکر فتوی وعلم‌و حکمت او

از کتاب بستان‌السیاحه

برضمایر مهرمآثراولواالابصار مخفی ومستور نماند که ولادت باسعادت‌مولانا در قبة‌الاسلام بلخ من‌بلاد خراسان‌درششم‌ربیع‌الاول سنه ٦٠٤ ششصدو چهار هجری روی نمود

همان شراب کش بادهٔ خم‌جبروت همان همای‌بلند آشیان‌عرش‌نشین
رموز گوی‌ازل‌مولوی که‌دادنجات مقیدان هوا را زقید این سجین
زجلدهای کتابش که‌مینوشت‌گرفت جهات سته به پیرایهٔ ابد تزیین
سخن‌زمرتبهٔ‌شعراونه‌حدمنست که‌همچوعرش‌بلنداست‌وهمچوشرع‌متین

گویند آنجناب در پنج سالگی بهر سه چهار روز یکبار افطار میفرمود و در نسب از نسل ابوبکربن ابی‌قحافه خلیفهٔ اول بود بدین ترتیب :

هوابن بهاءالدین محمدبن حسین‌بن احمدالخطیب بن محمود بن ثابت بن مسیب بن مطهر بن‌حماد بن عبدالرحمن بن ابوبکر

اباًعن‌جدازعلماء نامدار عالیمقدار و از فضلاء کبار آندیار بودند و شیخ‌احمدالخطیب بلخی مریدقطب‌العارفین شیخ‌احمدغزالیست و فرزند ارجمند او شیخ حسین که‌جد مولاناست بغایت متقی و پرهیزکار و اسباب دنیوی در نظرش بیمقدار بود نقل است که در واقعه حضرت رسالت پناه صلعم خوارزمشاهرا فرمود که ما دختر ترا بشیخ حسین عقدکردیم تو نیز قبول کن و ایضاً وزیر خوارزمشاه همان خوابرا مشاهده نمود و شیخ حسین نیز درهمان شب خواب میبیند که حضرت رسول صلعم میفرماید که ماصبیهٔ خوارزمشاهرا بتو تزویج نمودیم خوارزمشاه بفرمودهٔ آنحضرت عمل نموده دختر پاکیزه گوهر خودرا بنکاح‌شیخ حسین درآورد و بهاءالدین محمد از آن عفیفهٔ مکرمه بوجود آمد چون بسن‌رشد و تمیز رسید بتحصیل علوم مشغول شده در اندك زمانی دراکثر علوم ماهر گردید و نیز در عنفوان شباب بعد از اکتساب علوم و آداب اولا تلقین ذکر از والد خود گرفته و او از پدرش امام احمد خطیب و بدینواسطه سلسلهٔ بهاء الدین متصل بشیخ احمد غزالیست بعداز آن صحبت شیخ‌الشیوخ نجم‌الدین کبری‌را دریافته است و از روی ریاضت و مجاهده با علی قلل مشاهده شتافته و مقبول همهٔ دلها شده و در بلخ متمکن میبوده و بدرس و فتوی نیز اشتغال مینموده‌و طالبانرا بکشف حقایق و معارف راهنمائی میکرده‌و از برای ارشاد عوام عقد مجالس نصایح و مواعظ می ساخته و بحال همهٔ طوایف میپرداخته و سلطان محمدخوارزمشاه از جملهٔ مریدان و معتقدان بوده و سید برهان‌الدین الترمدی که ازجملهٔ اقطاب بود ازمریدان آنجناب بشمار است که باتابکی‌مولانا جلال‌الدین محمدرومی اشتغال مینمود

آورده اند که شبی سیصد دانشمند مفتی از مشاهیر بلخ که از جملهٔ منکران بودند در خواب سیدکاینات را دیدند که درخیمهٔ سبز نشسته بود و مولانا بهاءالدین‌بازبدهٔ ممکنات صلی‌الله‌علیه‌وآله همنشین وحضرت‌رسول‌صلعم مولانارا نوازشها نموده‌وفرمودماترا سلطان‌العلماء لقب‌نهادیم آنجماعت چون‌بیدارشدندروی‌بخدمت‌مولانا نهادند وچون‌درراه‌بایکدیگر ملاقی‌شدند وازخواب‌دوشینه حکایت میکردند متعجب ومتحیر میماندندومولاناسلطان‌العلماء بعداز اداء صلوةواذکار بربام رفته بود و اینجماعت ازهیبت اینحال امکان در کوفتن‌ومجال‌اخبار نداشتند آخرالامرسراز بام فرو کرده‌فرمود : تاحضرت‌سیدالمرسلین‌علیه‌افضل‌الصلوات‌ازحال‌درویشان‌وروش‌ایشان اخبار نفرمودشماز‌نارانکار‌ازمیان‌نگشودیدآنجماعت استغفار کردند ومریدومعتقدشدند.سلطان‌محمدبعداز‌استماع‌این‌کلام‌درخدمت‌اهتمام بیشتربتقدیم‌رسانیدوامام‌فخرالدین‌رازی‌نیز به‌تبعیت‌میآمدچه که‌معلم سلطان‌بود وجناب مولانا در اثنای موعظت مذمت مذهب حکمای یونان میفرمود و میگفت: جمعی که کتب آسمانی را در پس پشت انداخته و اقاویل وعقاید فلاسفه پیش گرفته اند چگونه امید نجات داشته باشند

از امیر و توانگر و درویش   هریکی قدروسع وطاقت خویش
بخشش آورد و میهمانی کرد   تا شود یار مهربانی کرد
مدتی این چنین گذشت زمان   در حضور شهان هردو جهان
آن دوشه چون بهار وایشان دشت   همه را تازه گشته زیشان کشت
شاخ و برگ درونشان پربار   رسته بیخار هر طرف گلزار
درچنین عیش و درچنین وصلت   همه پر نورو غرق در رحمت

گستاخی مریدان و ناپدید گشتن شمس الدین

باز شیطان بصورتی دیگر   زد درایشان کدورتی دیگر
رخت اعمال جمله‌را دزدید   هر یکی زاعتقاد بر گردید
باز گشتند همچو اول بار   می‌ومستی گذشت وماند خمار
روشنی شد بدل به تاریکی   صحت تن به رنج باریکی
بازچون شمس دین بدانست این   که شدند آن گروه پراز کین
گفت او باولد که‌دیدی باز   چون شدند ازشقا همه‌دمساز
که مرا از حضور مولانا   که‌چو او نیست هادی‌ودانا
فکنندم جدا و دور کنند   بعد من جملگان سرور کنند
خواهم این‌بار آنچنان‌رفتن   که نداند کسی کجایم من
همه گردند در طلب عاجز   ندهد کس زمن‌نشان هرگز
ناگهان گم شداز میان همه   تا رهد از دل و زبان همه
یکدوروزاوچو گشت ناپیدا   کرد افغان زدرد مولانا
هیچ از وی کسی ندادخبر   نی‌بکس بورسید ازاو نه اثر
شیخ گشت ازفراق اومجنون   بی‌سروپازعشق چون‌ذوالنون

استغراق و بیقراری مولانا از فراق شمس‌الدین

شیخ مفتی ز عشق شاعر شد   گشت خمار اگر چه زاهدبد
نی زخمری که اوبود زانگور   جان نوری نخورد جز می‌نور
روز وشب‌درسماع رقصان‌شد   برزمین‌همچو چرخ گردان شد
بانگ و افغان او بعرش‌رسید   ناله اشرا بزرگ و خردشنید
غلغله اوفتاد اندر شهر   شهر چه بلکه در زمانه ودهر
کاین چنین قطب‌ومفتی اسلام   کوست اندر زمانه شیخ‌وامام
شورها میکند چو شیدا او   گاه پنهان و گه هویدا او
خلق‌ازوی‌زشرع‌ودین گشتند   همگان عشق‌را رهین گشتند
حافظان‌جمله‌شعرخوان‌شده‌اند   به‌سوی مطربان دوان شده‌اند
عاشقی شد طریق‌ومذهبشان   غیرعشق است پیششان هذیان

رفتن مولانا درجستجوی شمس‌الدین بجانب شام

باچنان مستی و چنین‌جوشش   باچنان عشق و باچنان کوشش
کرد آهنگ‌ورفت جانب‌شام   در پیش شد روانه پخته و خام
چون‌رسیداندر آن‌سفربدمشق   خلق‌راسوخت او ز آتش‌عشق
همه گشتند عاشقش ازجان   دیده در درد او دوصد درمان
جمله ازجان مریدو بنده‌شدند   همچو سایه بپیش فکنده شدند
شامیان هم شدند واله او   کاینچنین فاضل پیمبر خو
ازچه‌گشته‌است‌عاشق‌ومجنون   کاندرو مدرج است صدذوالنون
شمس‌تبریزخودچه‌شخص‌بود   تا پیش این چنین یگانه رود
گفت اگرچه به‌تن‌ازودوریم   بی تن و روح هر دو یکنوریم
هردوباهم بدیم بی تن‌وجان   پیش‌از آن کاین فلك‌شود گردان
بی‌زمین و زمان بهم بودیم   از وجود جهان نیفزودیم
حالت ما بهم نمی ماند   کیست کاحوال ما عیان داند
شمس تبریز را بشام ندید   در خودش دید همچو ماه بدید
کرد رجعت بروم باز آمد   رفت‌چون کبك وهمچو باز آمد
قطره‌اش‌چون فزوددرباشد   بود عالی ز عشق اعلی شد
مطربانرا بخواند از سر او   بی سر و پا ببام و بر در او
روز وشب‌یکدمش‌قرارنبود   بی قدح خمر عشق می پیمود
حیرت‌خلق‌شد در او افزون   کاین‌چه‌شوراست‌واینچگونه‌جنون
چندسالی نشست‌وباز زعشق   رفت با جمله خلق سوی دمشق
باز آنجا فکند صد غوغا   جمله گفته عجب زهی سودا
ماهها در دمشق ساکن شد   عاشقی کی ز عشق ساکن شد

بازگشتن مولانا بقونیه وبرگزیدن صلاح‌الدین زرکوب‌قونوی

بعداز آن باز گشت‌جانب روم   تا زند بر جبین شیر رقوم
سرزدازچرخ‌روح‌آنخورشید   تاسها را کند پر از ناهید
گفت چون‌من‌ویم‌چه‌میجویم   عین اویم کنون‌زخود گویم
وصف‌حسنش که میفزودم‌من   خودهمان‌حسن‌ولطف‌بودم‌من
درچنین‌جوش یک‌مریدازاو   یافت‌قربت سوار گشت نکو
لقبش بود شه صلاح الدین   قطب‌هفت‌آسمان‌وهفت‌زمین
چون‌ورادید شیخ‌صاحب‌حال   برگزیدش ززمرهٔ ابدال
روبدوکرد وجمله‌رابگذاشت   غیراوراخطاوسهوانگاشت
گفت از روی مهر بایاران   نیست‌پروای کس‌مرابجهان
سرشیخی چونیست درسرمن   نبود هیچ مرغ همپر من
پس‌ازین جمله سوی‌اوپوئید   همه ازجان وصال اوجوئید
پس ولدرا بخواند آنحق‌بین   گفت‌بنگر رخ صلاح‌الدین
نظرش کیمیاست بر تو فتد   رحمت کبریاست بر توفتد
برهاند ترا ز مرگ و فنا   برساند به تخت ملك بقا
کندت بر علوم سر دانا   جمله اسرار ازوشود پیدا

آرام گرفتن مولانا با صلاح‌الدین از طلب شمس وحسد بردن مریدان

شورش‌شیخ گشت‌ازو ساکن   وآنهمه‌رنج وگفتگوساکن
زانکه‌بد نوع دیگرارشادش   بیشتر بود از همه دادش
آنچه از اولیا نبردی کس   سالها میرسید ازو بنفس
شیخ با او چنانکه باآن‌شاه   شمس تبریز خاص خاص‌اله
نظر شیخ جمله بروی بود   غیر او نزد شیخ لاشی بود
ننشستی بهیچکس جز او   چشم‌را بر نداشتی زان رو
باز در منکران غریو افتاد   سخت درهم شدند اهل‌فساد
باز آغاز کرد جوش حسد   زانکه‌بودندغرق‌نفس‌وجسد
گفته باهم کزآن‌یکی‌رستیم   چون نگه میکنیم درشستیم
کاش کان اولینه بودی باز   شیخ مارا رفیق‌و هم دمساز
نبداز قونیه بد از تبریز   بود جان پروروبد خونریز
همه این مرد را همیدانیم   همه هم‌شهرئیم و هم‌خوانیم
نی وراخط وعلم‌ونی گفتار   بر ما خود نداشت او مقدار
دائما‌ٔدر دکان‌بدی زرکوب   همه همسایگان ازو در کوب
آنکسانیکه منکران بودند   از ازل کور وهم کران‌بودند
ازخوداورابنقص کرده‌نظر   جان جانرا شمرده چون‌پیکر
که چسان ترهات میگفتند   از غم و غصه شب نمی‌خفتند
پیش‌ازین‌جاش‌بودصف‌نعال   فخر کردی زما میان رجال
چون‌شوداینکه‌ماوراا کنون   شیخ خوانیم بل زشیخ‌افزون
زین‌نمط‌فحشهای‌زشت‌ودرشت   گاه گفته بروش‌وگه‌پس‌پشت
جمله را رأی‌اینچنین افتاد   که‌چوزاسب مراد زین افتاد
سر ببازیم‌و زنده اش‌نهلیم   چون‌ازو جان‌فکار وخسته‌دلیم
یك مریدی برسم طنازی   شد از ایشان و کرد غمازی
درهمان لحظه نزد مولانا   آمد و گفت این حکایت را
پس‌رسیداین‌بشه‌صلاح‌الدین   نورچشم و چراغ هر ره بین
خوش‌بخندیدو گفت آنکوران   که ز گمراهیند بی ایمان
نیستنداینقدر زحق آگاه   که بجز زامراو نجنبد کاه
چون‌تواند کسی‌مراکشتن   یا بخاك و بخونم آغشتن
می برنجید ازاینکه‌مولانا   کرد مخصوصم از همه تنها
خودندانسته اینکه آینه‌ام   نیست نقشی مرا معاینه‌ام
درمن‌اوروی‌خویش‌می‌بیند   خویشتن را چگونه نگزیند
گشت‌واقف زرازشیخ‌علیم   خشمگین شد بر آنگروه اثیم
راه بربست دیگر ایشانرا   آن لئیمان کوربینان را
همه گشتندسرد از آن گرمی   رویشان سخت شد زبیشرمی
روزشان گشت همچو شب تاریك   گردن جمله شد زغم باریك
هریکی دست خود همی خائید   از دلش نعره ها همی زائید
گفته باهم اگرچنین ماند   چه شود حال ما خدا داند

همه کردند رو بفرزندش   که تویی در جمال مانندش
شیخ مازین سپس تو خواهی بود   از تو خواهیم جمله مایه و سود
شست بر جای وی جلال الدین   روبدو کرد خلق روی زمین
مفتی شرق و غرب گشت بعلم   از جهان جهل در نوشت بعلم
رایت شرع احمدی افراخت   هر که دین داشت خواجه را بشناخت
بیقراران شدند از او ساکن   همه در ظل او زخوف ایمن

آمدن سیدبرهان الدین محقق ترمدی بقونیه

مدتی چون بماند در هجران   طالب شیخ خویش شد برهان
گشت بسیار و اندر آخر کار   داد با وی خبر یکی زکبار
گفت شیخت بدان که در روم است   نیست پنهان بجمله معلوم است
آمد از عشق شیخ خود تازان   با هزاران تبختر و نازان
گشته از شیخ پر چو جام از می   همچنان کز شکر شود پرنی
چونکه شادان بقونیه برسید   شیخ خود را از شهریان پرسید
همه گفتند آنکه میجوئی   هرطرف بهر او همی پوئی
هست سالی که رفت از دنیا   رخت خود را کشید درعقبی
جسم خاکیش رفت اندر خاك   جان پاکش گذشت از افلاك
گفت سید که شیخ اندر ماست   همچو روغن نهان شده در ماست
عین شیخم زمن نماند اثر   هیچ دیدی شکر جدا زشکر
آب اگر دره‌ز رکوزه بود   عاقل از کوزه ها زره نرود
آب جوید ز کوزه تابخورد   تشنه در نقش کوزه کی نگرد
خلق را پس بخویش دعوت کرد   گشت از جان غلام او زن و مرد
شهر جمله مرید او گشتند   در درون تخم مهر او کشتند

مرید شدن مولانا جلال الدین بسید و رسیدن بمقام قطبیت

گفت سید بشه جلال الدین   گرچه در علم نادری و گزین
لیك بدوالد تو صاحب حال   جوی آنرا و در گذر از قال
قال اورا گرفته‌ای بدو دست   همچو من شوز حال او سرمست
وارث والدی تو اندر پوست   مغز من برده‌ام نگر در دوست
از مرید پدر چو آن بشنید   گشت جان و بگرد تن تنید
شد مریدش ز جان و سر بنهاد   همچو مرده به پیش او افتاد
بود در خدمتش بهم نه سال   تا که شد مثل او بقال و بحال
همسرو سر شدند در معنی   زانکه یکدل بدند در معنی
ناگهان سید از جهان فنا   کرد رحلت سوی سرای بقا
ماند بی او جلال دین تنها   روزوشب کرد روی سوی خدا
خواب و خور را در آن هوس بگذاشت   علم جستجوی را افراشت
پنج سال این چنین ریاضت کرد   از سر صدق و سوز و ناله و درد
عمل و درد را چو کرد قرین   رفت همچون ملك بچرخ برین
خاص و عامش مرید و بنده شدند   چون نبات از بهار زنده شدند
ده هزارش مرید بیش شدند   گرچه اول زصدق دور بدند
وعظ گفتی همیشه برمنبر   گرم و گیرا چو وعظ پیغمبر
صیت خوبش گرفت عالم را   کرد زنده روان آدم را

رسیدن مولانا جلال الدین بشمس تبریزی و تغییر حال او

ناگهان شمس دین رسید بوی   گفت انی ز تاب نورش فی
از ورای جهان عشق آواز   برسانید بی دف و بی ساز
گفت اگرچه بباطنی تو گرو   باطن باطنم من این بشنو
دعوتش کرد در جهان عجب   که ندید آن بخواب ترك و عرب
نزد یزدان چو بود مولانا   از همه خاصتر بصدق و صفا
خضرش بود شمس تبریزی   آنکه با او اگر در آمیزی
هیچکس را بیك جوی نخری   پرده های ظلام را بدری
بعد بس انتظار رویش دید   گشت سرها بر او چو روز پدید
شد بر او عاشق و برفت از دست   گشت پیشش یکی بلندی و پست
دعوتش کرد سوی خانهٔ خویش   گفت بشنو شها ازین درویش
پس از آن هر دو خوش روانه شدند   شاد و خندان بسوی خانه شدند
شیخ استاد گشت نو آموز   درس خواندی بخدمتش شب و روز
گرچه در علم فقر کامل بود   علم نو بود کان بوی بنمود

حسد بردن مریدان مولانا برشمس

یکزمانی بهم همی بودند   مدت یک دو سال آسودند
غیرت حق در آمد و ناگاه   فج فج افتاد در همه افواه
در شناعت در آمدند همه   آن مریدان بیخبر چو رمه
گفته باهم که شیخ ما زچه رو   پشت بر ما کند زبهر چه او
ما همه عاشقیم در ره شیخ   بندهٔ صادقیم در ره شیخ
شده ما را یقین که مظهر حق   اوست بی شك و زاو بریم سبق
چه کس است اینکه شیخ ما را او   برد از جا چو یك کهی را جو
کرد اورا زجمله خلق نهان   می نیابد کسی زجاش نشان
ساحر است این مگر بسحر و فسون   کرد بر خویش شیخ را مفتون
همه در فکر این که کی از شهر   رود او یا فنا شود از قهر
جمله گشته بخون او تشنه   ساخته بهر کشتنش دشنه
چون غلوشان بر او ز حد بگذشت   دشمنیشان زحد و عد بگذشت
شمس تبریز رفت سوی دمشق   تا شود پر دمشق و شام زعشق
چون حزین شد زهجر مولانا   گشت معرض زجمله آن دانا
دوستی را از آن نفر ببرید   مرغ مهرش زلانه‌شان بپرید
چونکه آن را ایشان نیامد راست   عکس شد آنچه هر یکی میخواست
گفته بودند اگر رود زینجا   ماند آن شاه ما بما تنها
باردیگر زبندهای خوشش   بجهیم از جهان و پنج و ششش
آنگروهی که بودشان غفلت   کرده بودند از سفه جرأت
پیش شیخ آمدند لابه کنان   که ببخشا مکن دگر هجران
توبهٔ ما بکن زلطف قبول   گرچه کردیم جرمها ز فضول

فرستادن مولانا بهاء الدین ولدرا

بود شه را عنایتی بولد   در نهان اندرون برون از حد
خواند او را و گفت رو تو رسول   از برم پیش آن شه مقبول
ببر این سیم را بپایش ریز   گویش از من که ایشه تبریز
آن مریدان که جرمها کردند   زانچه کردند جمله وا خوردند
همه سازند از دل و از جان   جانشان را فدای آن سلطان
رنجه کن اینطرف قدم را باز   چند روزی بیا و با ما ساز
آنچه از ما سزید اگر کردیم   همچو خار خلنده سر کردیم
همچنین زین نمط بوی میگو   دل او را بلابه ها میجو
باشد این گر بود مرا آن بخت   نرم گردد نگیرد این را سخت
دهدم باز وصل از سر لطف   بهلد هجر و بگذرد از عنف
پس ولد سر نهاد والد را   شکر کرد او خدای واحد را
گشت از جان روان بسوی دمشق   راه را میبرید از سر عشق
چون رسید او بنزد شمس الدین   آن شه اولیای با تمکین
در سخن آمد و درر بارید   در دل و سینه عشق نو کارید
سر سر حدیث و قرآن گفت   کرد پیدا سری که بود نهفت
بی پرش بر فلك بپرانید   بی تنش گرد عرش گردانید
حجب از پیش چشم دل برداشت   شب تاریك را نمود چو چاشت
ظلمت از تن ببرد و از دل و جان   تا روان گشت همچو سیل روان

بازگشت ولد بقونیه در رکاب شمس الدین

چون شنید از ولد رسالت را   خوش پذیرفت آن مقالت را
باز گشت از دمشق جانب روم   تا رسد در امام خود مأموم
شد ولد در رکاب او پویان   نز ضرورت ولی ز صدق و زجان
در ره از وی هزار سر بشنید   صد جهان از ورای چرخ بدید
چون رسیدند پیش مولانا   نوش شد جمله نیش مولانا
وانجماعت که منکران بودند   منکر قطب آسمان بودند
جمله شان جانفشان باستغفار   سر نهادند کای خدیو کبار
از سر صدق روی آوردیم   توبه کاریم از آنچه ما کردیم
بعد از آن جمله از وضیع و شریف   حلقه گشتند گرد شاه ظریف
پهلوی شه نشسته مولانا   چون دو خور که زنند سر زسما
شمس تبریز در سخن آمد   زنده شد آنکه فهم کن آمد
هریکی زان سخن بعشق پرید   هر یکی از خودی تمام برید

سر آغاز

کم کسیست که بادبیات پارسی وشعر وعرفان آشنائی داشته باشد و عارف نامی جلال الدین محمد بلخی مشهور بمولانای روم قدس سره سرایندهٔ مثنوی معنوی را که یکی از بزرگترین نوابغ ایران و درخشنده ترین ستارهٔ فروزان مشرق است نشناسد. و کمتر کتاب تاریخ وتذکره ایست که از حالات وجذبات مولانا در آن ذکری نشده باشد

در مقدمهٔ بیشتر چاپهای مثنوی ترجمهٔ مختصری که حاجی زین العابدین مستعلیشاه شروانی در بستان السیاحه خود نگاشته نقل شده است وآن خلاصه و عصارهٔ کلیهٔ شروحی است که پیشینیان از احوال این بزرگترین مردان رسیدهٔ راه حقیقت نوشته اند

خوشبختانه درسالهای اخیر سه رساله ذیقیمت در ترجمهٔ حال و تتبع شخصیت مولانا بخامهٔ نویسندگان دانشمند معاصر طبع ونشر شده است :

(١) ولدنامه یامثنوی ولدی اثر شیخ بهاء الدین محمد معروف به سلطان ولد فرزند روحانی وجسمانی مولانا با مقدمه وتعلیقات آقای جلال همائی که در حدود ده هزار بیت وقدیمترین وصحیحترین سند تاریخی است که از خصوصیات زندگانی مولانا جلال الدین و پدرش بهاء الدین محمد ملقب بسلطان العلماء و یاران برگزیدهٔ وی سید برهان الدین محقق ترمدی و شمس الدین محمد تبریزی وصلاح الدین فریدون قونیوی و حسام الدین حسن چلبی و اصحاب و مریدان او بحث میکند

سلطان ولد برسر هر فصل و عنوان منظومهٔ ولدنامه نثرهای شیرینی نوشته است که اگر آنهارا جمع کنند رسالهٔ بسیار ساده و فصیحی در مطالب عرفانی و تاریخی و خلاصهٔ طریقهٔ مولویه که بیشتر آداب و رسوم قدیمش مولود خود اوست فراهم خواهد شد

(٢) شخصیت مولوی نگارش آقای حسین شجره که در ٢٣٨ صفحه با قلمی شیوا از اصل و منشأ تصوف و نبوغ عقل ازنظر عرفان و نفوذ تصوف ایران در شرق و غرب و حالات مولانا و تدوین مثنوی معنوی ومعنی و مفهوم اشعار مولوی و گفتار ونظریات مستشرقین وفضلای غرب در بارهٔ مولانا و مثنوی بحث کرده اند

(٣) رساله در تحقیق احوال و زندگانی مولانا جلال الدین محمد مشهور بمولوی ومشایخ و یاران و مریدان و معاصرین او نگارش محققانهٔ آقای بدیع الزمان فروزانفر با ١٥ گراور و یك شجره نامه در ٢٣٢ صفحه که علاوه بر تتبعات دانشمندانهٔ خود از ده منبع قدیمی بسیار معتبر وازمجموعهٔ یادداشتهائی که آقای کاظم زادهٔ ایرانشهر در برلن از گفتهٔ بازماندگان ومعتقدان مولانا گرد آورده استفاده کرده اند

اگرچه با انتشار این سه رساله احتیاج بنوشتن شرح حال در مقدمهٔ مثنوی خود نداشتیم ولی برای کسانیکه دسترسی بمطالعهٔ آثار نامبرده نداشته باشند اختصاری از ولد نامه و عین مقالهٔ بستان السیاحه و خلاصه‌ای از تحقیقات آقای فروزانفر را در رساله زندگانی مولانا با مراجعه بشرح حال مولانا بقلم سپهسالار بترتیب مینویسیم ودر خاتمه از آثار مولانا ومزایای مثنوی حاضر بحث نموده وبفهرست جامعی ازمطالب مثنوی گفتار خود را خاتمه میدهیم

محمد رمضانی

از کتاب ولدنامه

مرید شدن سید برهان الدین محقق مولانا بهاء الدین را و خواب دیدن مفتیان پیغمبر را

گفت برهان دین محقق حق   سبق برده زسابقان بسبق
سخنش را هرآنکه بشنودی   دایم اورا بصدق بستودی
در جوانی ببلخ چون آمد   خواست کان جایگاه آرامد
جد مارا چو دید آن طالب   که بر و بود عشق حق غالب
لقبش بد بهاء دین ولد   عاشقانش گذشته از عدوحد
جمله اجداد او شیوخ کبار   همه در علم ودر عمل مختار
اصل اورا نسب ابوبکری   زانچو صدیق داشت او صدری
مثل او کس نبود در فتوی   از فرشته گذشته در تقوی
بود اندر همه فنون استاد   حق بوی علم را تمام بداد
خوانده سلطان عالمان اورا   مصطفی قطب انبیاء خدا
مفتیان بزرگ اندر خواب   دیده یك خیمهٔ کشیده طناب
مصطفی اندرون خیمه بناز   زده تکیه بصد هزار اعزاز
ناگهانی بهاء دین ولد   از در خیمه اندرون آمد
مصطفی چون بدید جست ازجا   پیش رفت و گرفت دستش را
برد پهلوی خویش بنشاندش   زان ملاقات گشت بیحد خوش
گفت از آنپس بمفتیان اینرا   که از امروز این شه دینرا
جمله سلطان عالمان گوئید   در رکابش بجان ودل پوئید
بامدادان باتفاق همه   از سر صدق بی نفاق همه
بر درش آمدند تا گویند   سر آن خواب را ازو جویند
پیش از آنی که دم زنند او گفت   خوابشانرا وسر نکرد نهفت
دادشان از مقام و حال نشان   وقعه را کرد بالتمام بیان
جمله پیشش فغان برآوردند   بی دف و نای شورها کردند
گشت سید مریدش ازدل وجان   تا روانرا کند زشیخ روان
در مریدی رسید او بمراد   زانکه شیخش عطای بیحد داد
چشمهٔ عشق از دلش جوشید   جان او بادهٔ بقا نوشید
جمله غمهاش ذوق وشادی شد   سوی عشقش چو شیخ هادی شد
خارهجرش زوصل گلشن گشت   شب تارش چوروز روشن گشت
مس جانش زنار عشق گداخت   گشت زر چون بکیمیا در ساخت
عاقبت قطب گشت در عالم   سجده گاه ملك شد و آدم

رنجیدن سلطان العلماء از بلخیان و هجرت گزیدن از خراسان

چونکه از بلخیان بهاء ولد   گشت دلخسته آن شه سرمد
ناگهش از خدا رسید خطاب   کای یگانه شهنشه اقطاب
چون ترا این گروه آزردند   دل پاك ترا زجا بردند
بدر آ از میان این اعدا   تا فرستیمشان عذاب و بلا
چونکه از حق چنین خطاب رسید   رشتهٔ خشم را دراز تنید
کرد ازبلخ عزم سوی حجاز   زانکه شد کار گرد او آن راز
بود در رفتن و رسید خبر   که از آن راز شد پدید اثر
کرد تاتار قصد آن کشور   منهزم گشت شاه شوم اختر
بلخ را بستد و بزاری زار   کشت از آن قوم بیحد و بسیار
نتوان گفت در ره آن سلطان   که چها داده با کهان ومهان
چه کرامانها که در هرشهر   مینمود آن عزیز وزبدهٔ دهر
گر شوم من بشرح آن مشغول   فوت گردد از آن سخن مأمول
آمد از کعبه در ولایت روم   تاشوند اهل روم ازو مرحوم
از همه ملك روم قونیه را   برگزید و مقیم شد آنجا
رونهادند سوی او خلقان   اززن ومرد وطفل وپیرو جوان
آشکارا کرامتش دیدند   زو چه اسرار ها که بشنیدند
چند روزی براین نسق چو گذشت   که وَمه مرد وزن مریدش گشت
گشت سلطان علاء دین چون دید   روی اورا بعشق و صدق مرید
چونکه وعظش شنید شد حیران   کرد اورا مقام در دل و جان
دید بسیار ازو کرامت ها   یافت در خویش ازو علامتها
گفت دل میلرزدم زهیبت او   می هراسم بگاه رؤیت او
هیبتی میزند ازو بر من   که از آن لرزه می فتد در تن
شد یقینم که او ولی خداست   در جهان نادراست وبیهمتاست
دائماً با خواص این گفتی   روز و شب در مدح او سفتی

مردن سلطان العلماء و نشستن مولانا جلال الدین بجای پدر

بعد دوسال آن ولی خدا   سر ببالین نهاد او ز عنا
شاه شد از عنای او محزون   هیچ ازین غصه اش نماند سکون
چون بهاء ولد نمود رحیل   شد ز دنیا بسوی رب جلیل
نار در شهر قونیه افتاد   از غمش سوخت بنده و آزاد
در جنازه اش چوروز رستاخیز   مردوزن گشته اشك خونین ریز
علما سر برهنه و میران   جمله پیش جنازه با سلطان
شه زغم هفت روز بر ننشست   دل چون شیشه اش زدرد شکست
هفته ای خوان نهاد در جامع   تا بخوردند قانع و طامع
تعزیه چون تمام شد پس از آن   خلق گرد آمدند پیر و جوان

مثنوی معنوی

مولانا جلال الدین محمد بلخی رومی

شرح حال مولانا ملخص از آثار مولانا، کتاب مجالس سبعه مولانا، شرح ابیات مشکله مثنوی در ذیل صفحات، دفتر هفتم منسوب به مولانا، کشف الابیات جامع، لطائف اللغات

تصحیح و مقابله و همت

محمد رمضانی

دارنده کلاله خاور

از سال ۱۳۱۵ تا سال ۱۳۱۹ در تهران چاپ شد

بها صد ریال

چاپخانهٔ خاور «تهران»

مرحوم حاجی علی اصغر رمضانی کتابفروش

روز ۱۲ مهر ۱۲۵۰ هجری شمسی بدنیا آمد و شب ۲۰ آذر ۱۳۱۶ هجری شمسی دنیا را بدرود گفت

بپاس سی و سه سال عمری که برای تربیت من بنده صرف کرد

پنج سال زحمتی که برای تصحیح و مقابله و چاپ مثنوی کشیده‌ام

بروان پاکش تقدیم میدارم

و آرزو دارم توفیق یابم سی و سه جلد کتاب نفیس اخلاقی و دینی بنام او چاپ نموده تقدیم دوستداران اخلاق و دین و فرهنگ بنمایم

محمد رمضانی

Rumi's Path Institute

Educational Code: RPI-QM-002

دوست دارد یار این آشفتگی   کوشش بیهوده به از خفتگی

پیشگفتار

پروردگار یکتا را بی‌پایان سپاس می‌گوییم که توفیق یافتیم موسسه راه مولانا را به همراه جمعی از عاشقان طریقت عشق الهی در شهر ونکوور، کانادا پایه‌گذاری کنیم.

در راستای جهش به سوی تحولی بنیادین و تغییر نگرش‌ها در عرصه آموزش و بازنگری برنامه‌های پرورشی، موفق شدیم با تکیه بر مبانی عرفان نظری (مولویه) و با توجه به چهارچوب برنامه درسی موسسه، فعالیت خود را آغاز کنیم. این برنامه‌ها، فارغ از هرگونه مسائل سیاسی، اجتماعی، ملی، منطقه‌ای و بین‌المللی، تنها بر محتوای کتاب‌ها و منابع موجود به زبان‌های مختلف متمرکز است و ترجمه آن‌ها به زبان فارسی و بازتولید محتوای دروس آموزشی موسسه را هدف قرار داده است. در این مسیر، تلاش کردیم تا سازماندهی و طرح درسی بسته آموزشی موسسه را به فرجام برسانیم.

سری کتاب‌های درسی موسسه راه مولانا از کلاس اول دبستان آغاز و تا دوازدهم ادامه می‌یابد و پس از آن با سایر انتشارات و کتاب‌های رده بالاتر تکمیل می‌شود.

این مجموعه کتاب‌ها مختص به زمان و مکان خاصی نیست و برای هر فردی که علاقه‌مند به یادگیری زبان فارسی و قرارگیری در مسیر طریقت عشق الهی می باشد، طراحی شده است. هدف ما این است که به همراه آموزش این زبان شیرین، مفاهیم عرفان نظری (مولویه) را نیز به فراگیران ارائه دهیم. از این طریق، آنان می‌توانند با مطالعه کتب مهمی همچون مثنوی معنوی (مولانا)، دیوان شمس و سایر کتب مرتبط به زبان فارسی، با طریقت عشق الهی آشنا شده و در این مسیر گام بردارند. لذا به جای درج تاریخ انتشار بر روی جلد کتاب، شماره نگارش و کد آموزشی مدرک مربوطه درج می‌شود.

این بدان معناست که محتوای این مجموعه کتاب‌ها با گذشت زمان تغییر نخواهد کرد و فردی که ده‌ها و یا صدها سال بعد در هر نقطه‌ای از جهان، وارد عرصه وجود شود، قادر خواهد بود از این سری آموزشی دوازده‌گانه و دوره‌های عالی پس از آن برای یادگیری زبان فارسی، آشنایی با مفاهیم عرفان نظری (مولویه)، مطالعه مثنوی معنوی و دیگر کتاب‌های منتشره موسسه راه مولانا بهره‌برداری نماید.

برای پویاتر کردن آموزش و عمق‌بخشی به آموخته‌ها، توصیه می‌شود از روش‌های فعال، مشارکتی و همیاری استفاده شود تا دانش‌آموزان، دانشجویان و پژوهشگران در فرآیند یاددهی-یادگیری نقش مؤثرتری ایفا کنند و استعدادهای خود را شکوفا سازند.

لازم به ذکر است که برای تهیه این سری آموزشی از منابع مختلف در ادوار مختلف تاریخ استفاده شده و محتوای آن‌ها مطابق با مسیر ذکر شده در بالا بازنگری و تنظیم گردیده است.

امیدواریم آموزش از طریق این برنامه‌ها، سبب شکوفایی فردیت و دستیابی به شادمانی جاودانه گردد.

موسسه راه مولانا
ونکوور - کانادا

www.rumispath.com   Maulana Jalalu-'d-din Muhammad i Rumi

به نام حضرت دوست که هر چه داریم از اوست

عنوان کتاب: مثنوی معنوی (تصحیح محمد رمضانی)
دفتر اول

اثر: مولانا جلال الدین محمد بلخی رومی

ناشر: موسسه راه مولانا - ونکوور - کانادا

کد مدرک آموزشی: RPI-QM-۰۰۲

شابک

شومیز : ۹۷۸-۱-۷۷۸۹۹-۰۳۹-۷

گالینگور: ۹۷۸-۱-۷۷۸۹۹-۰۴۰-۳

محل چاپ: شبکه بین المللی در بیش از چهل هزار کتابفروشی در بیش از ۷۷ کشور جهان

ثبت: در کتابخانه مرکزی - آتاوا - کانادا

Educational Code: RPI-QM-002

Rumi's Path Institute

مثنوی معنوی

مولانا جلال الدین محمد بلخی رومی

شرح حال مولانا . ملخصی از آثار مولانا . کتاب مجالس سبعه مولانا . شرح ابیات مشکله مثنوی ذیل صفحات . دفتر هفتم منسوب به مولانا . کشف الابیات جامع . لطایف اللغات

دفتر اول

www.rumispath.com

Maulana Jalalu-'d-din Muhammad i Rumi

www.ingramcontent.com/pod-product-compliance
Lightning Source LLC
Chambersburg PA
CBHW061120070526
44583CB00028B/3350